KB122999

녹색평론선집 1

녹색평론선집 1

창간호 (1991년 11-12월호) ~ 제6호 (1992년 9-10월호)

김종철 엮음

녹색평론사

책머리에

　이 책은 창간호부터 통권 제6호까지 일년 동안 격월간 《녹색평론》에 수록되었던 여러 형태의 글 가운데서 일부를 추려서 한권의 선집으로 엮어본 것이다. 《녹색평론》은 1991년 11월에 환경-생태학에 관련된 주제를 중점적으로 다루는 국내의 유일한 인문 교양잡지로서 출발하여 현재까지 통권 제9호가 발간되었다. 처음 출발하였을 때와 마찬가지로 이 잡지는 매호 160면 정도의 분량을 유지해왔는데, 이러한 '작은 책'을 고수해온 것은 물론 아직까지 넉넉한 필진을 자유롭게 확보하지 못한 까닭도 있지만, 무엇보다도 지금과 같은 상업주의와 거대주의가 판치는 상황에서 생명의 편에 서서 발언하고자 한다면 이 가공할 파괴와 낭비의 문화로부터 조금이라도 벗어나야 한다는 믿음 때문이었다.

　그러나 비록 작다고는 하나 한 해 동안의 작업이 모인 결과는 결코 적은 분량이 아니었고, 따라서 선집 편찬을 위해 글을 선별한다는 것은 쉬운 일이 아니었다. 애당초 우리는 이런 종류의 책 발간이 내키지 않았지만, 그러나 주로 정기구독자들의 지원으로 발간되고 있는 이 잡지가 호를 거듭함에 따라 조금씩 널리 알려지면서 새로운 독자들이 꾸준히 증가하였고, 그 과정에서 창간호를 비롯하여 이미 절판이 된 지난호들을 찾는 새 독자들이 적지 않았기 때문에 궁여지책으로 구상한 것이 바로 이 선집이었다. 영인본을 만들면 어떻겠느냐고 조언해준 일부 독자들의 뜻을 어기면서 이런 단행본을 발간하기로 한 결정에 따라, 이번에도 너무 부피가 큰 것을 피해야 한다는 원칙 때문에 글의 선택에 고심하였고, 그 결과 많은 중요한 글을 재편집과정에서 불가피하게 제외하였다. 그러니까, 이 선집은 지난 일년 동안의 《녹색평론》의 충실한 성과를 보여주는 것이라기보다는 이 잡지의 의도와 지향을 전체적으로 균형있게 어느 정도 예시해줄 수 있어야 한다는 각도에서 편집된 것이라고 보는 것이 좋을 것이다.

지금은 엄청난 생명파괴와 비인간화가 구조화, 일상화되어 있는 시대이다. 이러한 생명파괴의 문명이 언제까지나 계속된다는 것은 불가능하지만, 이 추세가 시급히 꺾여지지 않으면 결국은 인간과 모든 생명체들이 조만간 엄청난 재앙에 직면하리라는 것은 명백한 사실이다. 우리가 《녹색평론》을 시작한 것은 사태를 이 지경으로 몰고 온 근원을 살피고, 이제야말로 자연과 생명의 질서에 순응하는 새로운 삶의 논리를 책임있는 태도로 모색하지 않으면 안된다는 생각 때문이었지만, 이러한 의도가 얼마나 구체적인 작업 속에 실천될 수 있었는지 의문스럽다. 그러나 보잘것없는 작업이지만 이 잡지의 출현과 지속적인 발간으로 인해 우리사회 속에 잠재되어 있는 어떤 창조적 갈망이 표현되고, 민감한 정신들끼리 상호교감할 수 있는 기회가 미약하게나마 주어질 수 있었다고 우리는 믿는다.

그동안 《녹색평론》은 해외의 녹색운동의 이론과 실천적 작업도 눈여겨보면서, 그런 실천의 성과로서 태어난 지적, 정신적 업적을 소개하는 과정에서 상당한 정도로 번역에 비중을 두어왔다. 번역물은 물론 점차로 줄여나가는 것이 바람직한 것이겠으나 아직까지 녹색운동이 일천한 우리사회에서 전통적인 문화 및 정치논리와는 근본적으로 성격을 달리하는 녹색의 논리를 선양하는 데 해외의 성과를 주목한다는 것은 필요한 일일 것이다. 예를 들어, 그리 역사가 깊다고는 할 수 없으나 어떻든 서구나 북미 혹은 일본이나 인도의 사회과학계에서는 단순한 환경경제학을 넘어 이제는 심지어 생명경제학이라는 새로운 개념이 대두되어 비교적 정밀한 체계를 갖추어 나가기 시작했음에 반해 아직 국내 사회과학계의 이 방면에 대한 공식적 관심은 거의 한심한 수준에 머물러있다고 할 수밖에 없다.

이 광란적인 낭비적 생산과 소비생활의 고삐를 잡지 못하는 한 파멸은 불가피하다고 할 때, 무엇보다 절실한 것은 생태계의 질서와 인간영혼의 요구에 대한 완전한 무지와 몰각에 기초해온 종래의 경제학의 근본가정이 전면적으로 바뀌지 않으면 안된다는 사실일 것이다. 정치적 이데올로기에 상관없이 지금까지 경제학을 지배해온 성장경제 논리가 순환경제의 논리로 전환할 수 있어야만 우리가 생태적, 사회적 위기를 제대로 극복하고, 이른바 지속가능한 사회로 들어갈 수 있으리라는 것은 너무나 분명한 일이다.

그럼에도 불구하고, 이 순환경제로 전환해야 할 필요성에 대한 깨달음을 암시하는 학문적, 지적 노력이 아직도 지극히 미미하다는 사실은 우리의 학문이나 지성적 노력에 내재한 어떤 형태의 뿌리깊은 종속적, 식민주의적 경향에 부분적으로 관련이 있을지도 모른다. 그러나 무엇보다 중요한 요인은 아마도 우리들 대부분이 그동안의 경제개발 혹은 산업화에 대한 근본적인 도전을 행할 만한 심리적, 정신적 조건을 갖추고 있지 못한 점에 있는지도 모른다. 다시 말해서, 순환경제를 받아들이자면 무엇보다도 우리가 이 지구상에서 혼자만이 아니라 여럿이서, 다른 생명체들과의 공동체적 연대를 통해서만 생존할 수 있다는 자각이 있어야 하는 것이다. 이런 의미에서의 영성적인 문화의 결핍 — 이것이 아마 산업문화가 단 한시도 생명에 대한 부당한 폭력 없이는 유지될 수 없는 야만성으로 점철되어 있는 궁극적 요인일 것이다. 일찍이 간디는 서구식 산업주의가 언젠가 인류 모두에게 가장 큰 저주가 될 날이 올 것이라고 말한 바 있지만, 우리는 지금 도처에서 매순간 간디의 예언이 맞아떨어지고 있음을 보고 있는 것이다.

인간으로 태어난 우리 모두에게 지금 과해진 가장 큰 책임은 결국 비폭력적 삶의 방식을 회복하는 데 어떻게 이바지할 것인가를 심각하게 찾아

보는 일일 것이다. 경쟁이 아니라 공생의 관계를 실질적으로 우리의 사회적 삶뿐만 아니라 생명공동체 전체 속에서 확보하고, 넓혀가는 일이야말로 지금 우리가 하지 않으면 안되는 일이다. 그러나 이것은 우리 각자의 내면적인 자유와 성숙이 없이는 불가능한 일이라는 것은 말할 필요가 없다. 우주 생명은 하나이며 만물은 형제라는 사실에 대한 인식이 없이는 안되는 것이다.

《녹색평론》이 창간된 이후 국내의 환경운동은 전에 못 보던 수준으로 활발해졌다. 이것은 여러 요인이 작용한 결과이겠지만, 그 가운데서도 우리의 환경위기가 나날이 더 심화되어 왔다는 점이 가장 큰 요인일 것이다. 이것은 유감스럽지만 외면할 수 없는 사실이다.

환경운동이 활발해졌다고는 하나 아직도 대세를 이루는 것은 기술주의적 접근이며, 경제성장 논리를 흔들림 없는 가치로 놓고 보는 공리주의적 환경론일 뿐이다. 이런 사정은 단적으로 농업과 농촌공동체의 중요성이 환경위기와 유기적인 관련 속에서 파악되는 경우가 드물다는 데 잘 드러나 있다. 순환경제는 농업공동체를 근간으로 하지 않을 수 없는데, 이런 기초적인 문제를 도외시하고는 어떠한 환경론도 초점에서 빗나간 노력일 수밖에 없을 것이다. 농업이니 땅이니 흙이니 하는 것들을 떠나서 살 수 있고, 그런 삶이 진보적이라고 믿는 망상에서 해방되는 것이 급선무인 것이다.

그러한 미망에 사로잡힌 인간의 자기중심적 물질적 탐욕이 아니라 어디까지나 생명중심, 생태중심의 가치와 세계관이 우리 개개인의 일상적, 문화적, 사회적 활동들의 기본틀을 지배해야만 비로소 우리에게 희망적인 전망이 열릴 것이 분명하다. 이제, 그러한 희망을 위한 작은 노력의 하나가 될 수 있기를 바라면서 《녹색평론선집 1》을 내놓는다. 덧붙여서, 잡지의 형식으로는 충분한 객관적인 검증을 받기 어려울지 모르지만, 이처럼 단행본으로 출판되면 어떻든 서평의 대상이 될 수 있고, 그런 성실한 비평을 통해서 그동안의 우리의 작업의 의미가 좀더 엄정하게 객관적으로 검증될 수 있는 기회가 있을지도 모른다는 기대도 이 선집을 엮어내는 하나의 동기가 되었음을 밝히고 싶다. 독자 여러분의 기탄없는, 그러나 구경꾼이 아니라 안으로부터의 매서운 비판을 부탁드린다.

1993년 3월
녹색평론 발행인 김종철

목차

III

IV

V

I

생명의 문화를 위하여

녹색평론 창간사

김종철

우리에게 희망이 있는가?

지금부터 이십년이나 삼십년쯤 후에 이 세상에 살아남아 있기를 바라는 사람이 과연 몇이나 될 것인가?

범람하는 인쇄물 공해의 시대에 또하나의 공해를 추가하는 것에 불과할지도 모를 이 조그마한 잡지를 시작하면서 우리의 마음은 참으로 무겁다. 거의 파국을 향하여 질주하고 있는 산업문명의 이 압도적인 추세 속에서 우리의 보잘것없는 작업이 무슨 의미가 있을지, 게다가 이 작업이 불가피하게 삼림파손에 이바지한다는 사실을 생각할 때 우리의 마음은 실로 착잡하다고 할 수밖에 없다. 우리가 시도하려는 작업이 어떤 의미가 있든지 간에 이것이 생태계의 훼손을 조금이라도 수반하는 것이라면, 이 작업이 정당화될 수는 없을 것이다.

그러나 많은 망설임 끝에 결국 이 잡지를 내기로 결정한 것은 그것이 크게 가치있거나 많은 사람들의 필요에 부응할 수 있으리라는 자기도취적인 낙관이 있어서가 아니다. 점점 가속적으로 악화일로를 걷고 있는 환경문제를 보면서, 그리고 그러면 그럴수록 인간을 포함한 수많은 생명체들이 지구상에서 지속적으로 생존할 수 있는 가능성이 대단히 불투명해지는 현실에 직면하여, 우리는 우리 자신은 그렇다 치고 우리의 아이들은 어떻게 될지, 그 아이들이 성장하여 사랑을 하고 이번에는 자기 아이들을 가질 차례가 되었을 때 그들의 심중에 망설임이 없을까 — 하는 좀더 절박한 심정에 시달리지 않을 수 없다. 이것은 아마 조금이라도 생각이 있고 책임감이 있는 사람이라면 회피하기 어려운 당면 현실일 것이다. 우리가 《녹색평론》을 구상한 것은 지극히 미약한 정도로나마 우리 자신의 책임감을 표현하고, 거의 비슷한 심정을 느끼고 있는 결코 적지 않을 동시대인들과의 정신적 교류를 희망하면서, 민감한 마음을 지닌 영혼들과 이 어려운 상황을 극복해나가기 위한 이야기를 나누어보고 싶은 욕망 때문이었다.

우리는 우리가 느끼는 절박한 심정이 지금 많은 사람들에 의해 공유되고 있다고는 생각하지 않는다. 그렇지만 그러한 심정이 단지 지나치게 예민한 사람의 예외적인 판단에 기인한다고도 생각하지 않는다. 그다지 상상력이 풍부하지 않은 마음으로도 지금 상황은 인류사에서 유례가 없는 전면적인 위기 — 정치나 경제의 위기일 뿐만 아니라 무엇보다 문화적 위기, 즉 도덕적 철학적 위기라는 것을 막연하게나마 느끼지 않을 수 없을 것이다. 우리들의 대부분은 오늘날 우리의 삶이 일종의 묵시록적인 상황에 임박해 있다는 사실에 직면하는 것이 두렵기 때문에 애써 이것을 부인하거나 외면하면서 살아가고 있지만, 스스로 일상적으로 겪고 있는 안팎의 모든 체험에 비추어 다소간 정도의 차이는 있을지 몰라도 우리 각자는 저마다 내심 깊은 공포를 느끼고 있음이 분명하다. 그렇기 때문에, 지금 환경문제를 둘러싸고 벌어지고 있는 지배적인 논의방식에서 보는 것처럼 이것을 단순한 외부적 재난이 아니라 삶에 대한 우리 자신의 기본가정 자체의 결함으로 인식하는 데 무능력을 드러내는지도 모른다. 근원적인 공포가 사태의 정당한 인식을 가로막고 있는 것이다. 그래서 무엇인가 본질적인 결핍을 느끼면서도 환경재난에 대한 기술주의적 접근방법만이 활개를 치고, 또 그러한 현실에 대체로 묵종해버리는 것인지도 모른다.

하여튼 환경재난이 제기하는 보다 근원적인 물음으로부터 자꾸만 도피한다면, 모처럼 이 위기가 인간의 자기쇄신이나 성숙을 위하여 제공하는 진정한 도전에 성실하게 응답하지 못하는 결과가 될 것은 틀림없어 보인다. 오늘날 우리가 경험하고 있는 전대미문의 이 생태학적 재난은 결국 인간이 진보와 발전의 이름 밑에서 이룩해온 이른바 문명, 그 중에서도 특히 서구적 산업문명에 내재한 논리의 필연적인 결과로서의 사회적, 인간적, 자연적 위기라는 사실을 명확히 인식하는 것이 무엇보다 중요하다. 다시 말해서, 이것은 사람이 이 세상에 산다는 것은 무엇인가, 이 지구상에서 사람이 삶을 영위하는 올바른 방식은 과연 무엇이어야 하는가를 근본적으로 성찰할 것을 요구하는 진실로 심오한 철학적 종교적 문제에 직결되어 있다고 할 수 있다.

지난 백여년간 서양문화로부터의 충격 속에서 거의 제정신을 차리지 못하고 근대화 콤플렉스에 깊숙이 젖어온 민족의 입장에서, 하나의 인간 공동체로서 번영을 누릴 뿐만 아니라 단순히 살아남기 위해서도 모든 사람의 에너지를 경제성장과 산업화에 쏟아부어야 하는 것이 당연하다고 생각했고, 그 결과 어느 정도는 물질적 성공과 서구적 생활방식의 모방의 가능성이 주어지는 것으로 기대되는 바로 그 시점에서, 다름아닌 그러한 성공의 대가로 인간생존의 터전 자체의 붕괴를 경험해야 한다는 것은 한국사람들로서는 참으로 받아들이기 어려운 고통일 것임이 분명하다. 이 시점에서 대다수가 문제의 본질을 제대로 못 보고, 적당히 짜깁기함으로써 위기를 벗어날 수 있으리라고 생각하는 것도 따지고 보면, 오랜 기간 의심할 나위 없이 믿어왔던 삶의 목표와 우선순위에 대한 관점을 근본적으로 변경할 만한 심리적 준비가 되어있지 않기 때문일 것이다. 그러나 아무리 환상을 갖고 싶어도, 이대로 간다면 머지않아 생존의 자연적 토대가 완전히 허물어지고 만다는 냉정한 사실이 달라지는 것은 아니다. 지금 온갖 곳에서 매순간 끊임없이 불거져나오는 환경재난과 생명훼손의 사례들은 이 추세에 강력한 제동이 걸리지 않으면 우리 자신이나 다음 세대들의 이 지상에서의 생존이 사실상 불가능하게 될 것임을 예고하는 불길한 징후들이다. 물론 오랜 옛날부터 예언자들은 흔히 세상의 종말을 이야기해왔다. 그러나 그러한 예언은 무엇보다 종교적 열정에 근거를 둔 것임에 반해서 오늘의 묵시록적인 전망은 다분히 과학적 증거에 의해 뒷받침되고 있는 것이다. 오늘날 과학자들간에는 토양오염이나 온실효과나 오존층 고갈이나 세계의 사막화에도 불구하고 인류가 살아남을 수 있는 가능한 방법에 대한 기술적 탐색에 골몰하고 있는 사람들도 적지 않지만, 인간 자신이 생물학적 존재조건을 변경시킬 수 없는 한, 어떠한 기술적 재간으로도 생물체로서의 생존조건을 파괴하면서 살아남는다는 것은 있을 수 없는 일이다. 그리고 그렇게 살아남는다 한들 그것이 무슨 의미가 있겠는가? 맑은 공기도, 푸른 하늘도, 숲도, 강물도 없는 세상에서 사람은 살고 싶은 욕망을 느낄 수 있는가?

과학기술이 모든 어려운 문제를 해결해주리라는 어리석은 믿음이 지배하고 있다는 점도 오늘의 크나큰 비극을 가중시키는 주요한 요인이라고 할 수 있다. 과학도 기술공학도 결코 만능이 아닐 뿐더러 오히려 사태의 악화에 훨씬더 많이 기여해왔다는 것을 알기 위하여 우리 각자가 전문적인 지식을 갖추어야 할 필요는 없을 것이다. 오늘날 많은 사람들이 과학에 대해 품고 있는 맹목적인 숭배나 신뢰는 과학은 거짓이 없고 실패가 없다는 전연 근거없는 미신에 기초하고 있는데, 이런 터무니없는 미신이 널리 유포된 데에는 이 시대에 만연하고 있는 비역사적 사고가 크게 기여한 것으로 보인다. 과학사의 관점에서 볼 때, 과학의 진리에 대한 관계는 언제나 잠정적이고 모색적인 것이었지 결코 항구적인 절대성을 갖는 것은 아니었다. 진정하게 과학적인 태도는 그러니까 늘 열려있는 겸손한 태도일 수밖에 없으며, 자신의 현재 능력이나 인식방법으로써 포착할 수 없는 경험이라고 하여 그것을 무시하거나 비과학적이라고 매도하거나 적대적인 태도를 보인다는 것은 참다운 과학정신과 인연이 먼 태도라 해야 옳다.

오늘날 과학기술의 힘이 막강하고, 부분적이나마 과학기술 수준이 찬탄스러운 것이라 해도, 과학은 여전히 우리의 삶의 바탕과 이 세상과 우주의 근원적인 진리를 해명하는 데에는 너무나 미약하고 부적절한 수단밖에 가지고 있지 않다는 사실에 우리는 주목해야 한다. 하물며, 기계론적 우주관과 선형적 진보사관에 의지하여 전개되어온 지난 수세기의 근대과학 기술의 성과는 이제 인류의 파멸까지도 배제하지 않는 지구생태계의 대재난을 초래하는 데 결정적인 기여를 해온 것이 아닌가? 삶의 태반을 망가뜨리면서 그것을 진보와 발전이라고 믿어온 것은 실로 우매의 극치라 할만하고, 완전한 미치광이짓이라고 할 수밖에 없다. 과학과 기술에 대한 인간의 본질적 관계, 그리고 근대과학의 근본가정에 깔려있는 폭력성에 대한 뿌리로부터의 철저한 반성 없이, 계속하여 더 많은 과학과 더 정교한 기술만을 구한다면 파멸은 불가피할 것이다.

그러면 어떻게 해야 하는가? 무엇보다 우리는 지금 닥친 위기가 민족단위로서는 말할 것도 없고, 인류사 전체의 경험으로서도 미증유의 것이라는 것을 생각해야 하고, 그러니만큼 여기에 관한 한 어디에서 빌려올 수 있는 손쉬운 처방이 없다는 사실에 유의해야 한다.

그리고 무엇보다도 이런 유례없는 위기는 본질적으로 우리의 삶의 현상적 측면에 대한 이러저러한 부분적, 임시적, 외면적 수습책으로는 절대로 극복될 수 없다는 사실을 우리는 똑바로 보지 않으면 안된다. 오늘날 우리의 생활공간에 빚어지고 있는 공해, 오염, 자연파괴의 문제는 우리의 일반적인 사회관계가 견디기 어려울 만큼의 적의와 긴장에 차있을 뿐더러 우리의 사회상황이 극심한 부패와 윤리적 타락으로 고통당하고 우리 각자의 내면이 날로 피폐해져가고 있는 상황에 정확히 대응한다고 할 수 있다. 자연과 인간 사이의 관계는 그러니까 결국 사람과 사람 사이, 그리고 개인의 자기자신에 대한 관계의 문제와 근본적으로 일치하는 문제라 할 수 있고, 그렇기 때문에 이것을 정치·경제의 문제이자 동시에 철학과 도덕과 종교의 문제로 보아야 하는 것이다.

사람 사이의 불평등한 관계를 예의 주목하고 그것을 혁파하는 일에 주력해온 전통적으로 진보적인 사회사상은 그것이 사람에 의한 사람의 지배, 착취를 반대해왔다는 점에서 존경받아 마땅한 사상이라 할 수 있지만, 그러나 그것이 어디까지나 인간중심의 관점에 머무르고 있는 한, 특히 자연세계와의 조화가 중심문제로 된 오늘날 그것은 크게 미흡한 사상이라고 하지 않을 수 없다. 이것은 무엇보다 역사가 증명하고 있다. 때때로 인간과 자연의 동시적인 해방에 관한 언급이 없었던 것은 아니지만, 맑스주의는 일반적으로 인간의 삶을 생산과 소비의 측면에 제한하여 본다는 점에서는 부르주아 철학과 궤를 같이해왔다고 할 수 있다. 인간의 역사를 수렵채취의 생활양식으로부터 산업적 생활방식에 이르는 직선적인 진화의 흐름으로 파악한다는 관점은 이 지구상에서 오랜 세월에 걸쳐 이어져온 인류생활의 최신의 전개가 반드시 바람직한 생활형태를 기록하는 것은 아니라는 사실로 해서 받아들이기 어려운 관점이다. 생산과 소비의 양적 증가는 도리어 인간생활을 비참하게 만들어버린다는 비극적인 경험을 겸허하게 받아들이지 않으면 안되는 상황이 바로 오늘의 현실인 것이다.

전통적으로 산업화의 이데올로기로 봉사해왔다고 할 수 있는 맑스주의에서 인간 속에 뿌리깊이 내재한 정신적 종교적 욕구가 흔히 등한시되어온 것은 당연한 일인지 모른다. 영국의 작가 로렌스는 볼셰비키혁명 후 러시아의 민중이 빵을 고르게 먹는 것은 가능해졌으나 그 빵이 맛이 없어졌다고 말함으로써 인간 영혼의 근원적 요구를 외면하는 사상이나 사회운동에 대한 그 자신의 불신을 표명한 바 있지만, 사람이 이 세상에서 사람답게 살 수 있게 하는 불가결한 차원의 하나가 초월에 대한 욕구라는 것은 아무래도 부인하기 어려운 것으로 보인다.

사람의 초월에 대한 욕망은 인간성에 깊이 내재하고 있는 충동인지도 모른다. 이것은 자연이나 우주적 연관에서 자신의 삶을 돌이켜봄으로써 획득되는 정신적 체험을 통해 비로소 충족될 수 있는 것이다. 아리스토텔레스가 그의 윤리학에서 삶의 최고형태를 명상하는 삶에서 찾았을 때, 이것은 일반적으로 고대인들이 품고 있었던 조화와 균형과 통일의 세계관을 요약하는 것이었다고 할 수 있다. 고대문화에서 흔히 그러했듯이, 사람의 명상할 수 있는 능력은 개인이 자기보다 더 큰 전체, 공동체나 자연이나 우주적 전체 속의 작은 일부로서 스스로의 존재를 느끼고 사색할 줄 아는 습관 속에서 길러지는 것일 것이다. 인간은 좁고, 미약하고, 일시적인 자기의 개인적인 삶의 테두리를 늘 보다 큰 지평 속에 관계시킴으로써 영속적인 거대한 우주적 생명활동에 스스로를 참여시킬 수 있었던 것이다. 이것이야말로 진정한 의미에서, 고대사회에서나 토착 전통사회에서나 혹은 이른바 미개사회에서 대부분의 사람들이 인생의 의미와 가치를 실현하는 방식이었다. 현대 산업사회의 핵심적인 비극은 이러한 의미에서의 인생의 의미를 완전히 몰각(沒覺)해왔다는 점에 있다. 따지고 보면, 인류의 오랜 역사에서 삶의 우주적 연관이나 자연적 근거를 완전히 망각한 문화라는 것은 거의 낯선 것이었다고 할 수 있고, 사람의 에너지를 온통 소득과 소비의 경쟁 속에 쏟아붓도록 강요하는 오늘의 지배적인 산업문화는 인류사에서 극히 예외적인 생존방식이라고 할 수 있다.

오늘날 생태학적 위기로 요약되는 이 어처구니없기도 하고 끔찍스럽기도 한 사태를 극복하기 위해서 무엇보다 필요한 것은 결국 우리들 각자가 자기 개인보다 더 큰 존재를 습관적으로 의식할 수 있게 하는 문화를 회복하는 일일 것이다. 우리가 생명의 문화라고 부를 수 있는 그러한 문화의 재건은 우리 각자의 인간적인 자기쇄신 없이는 이루어질 수 없음이 분명하다.

따지고 보면, 현대 기술문명의 기저에는 정복적 인간의 교만심이 완강하게 버티어있다고 할 수 있다. 그렇기 때문에, 자연의 도를 따르는 순리의 생활을 우습게 여기면서, 모든 것을 자기자신의 통제와 조종 속에 종속시키려고 하는 야만적인 폭력이 끝없이 창궐하고, 우리가 사는 세상이 자연적 환경이든 인문적 환경이든 나날이 지옥으로 변해가고 있는 것이 아닌가? 우리와 우리의 자식들이 살아남고, 살아남을 뿐 아니라 진실로 사람다운 삶을 누릴 수 있기 위해서 우리가 할 수 있는 것은 협동적인 공동체를 만들고, 상부상조의 사회관계를 회복하고, 하늘과 땅의 이치에 따르는 농업중심의 경제생활을 창조적으로 복구하는 것과 같은 생태학적으로 건강한 생활을 조직하는 일밖에 다른 선택이 없다. 그러나 그러한 사회생활의 창조적 재조직이 가능하려면, 자기자신을 내세우지 않는 겸손을 실천할 수 있어야 하고, 그러한 겸손에서 기쁨을 느낄 수 있는 정신적 자질을 갖추지 않으면 안될 것으로 보인다.

우리는 결국 모두 형제들이다

시애틀 추장 연설

편집자 해설

미국 서부지역에 거주하던 두아미쉬-수쿠아미쉬족(族)의 추장 시애틀의 연설문을 소개한다. 이 연설이 행해진 것은 1854년, 미합중국 대통령 피어스에 의해 파견된 백인 대표자들이 이 인디언 부족이 전통적으로 살아온 땅을 팔 것을 제안한 데서 비롯되었다. 지금의 워싱턴 주에 해당하는 이 지역 토착민들의 삶터를 차지하는 대신에 그들이 '평화롭게' 살 수 있는 보존지구를 주겠다는 것이 백인정부의 제안이었다. 여기에 대하여 몸집이 장대하고 우렁찬 목소리를 가졌다고 전해지는 시애틀 추장은 다음과 같이 답하였는데, 이 거의 시적이라고 할 만한 연설문은 오늘날 환경과 자연에 대한 분별없는 파괴의 결과로 인하여 전인류가 심각한 고통에 직면하게 된 시대에 오히려 생생한 호소력을 가지고 있다.

그런데 19세기라는 한정된 시대를 뛰어넘어서 지금의 우리들에게 감동적으로 전해오는 이 연설문의 아름다움과 진리성은, 본질적으로 우주와 세상을 조화로운 질서있는 하나의 전체로서 보는 통합적 비전으로부터 나오는 것이라 할 수 있다. 그리고 이러한 통찰력은 실은 인류사의 오랜 전통에서 많은 현자들과 신비가들에게, 그리고 많은 구전전통에서 잘 알려진 세계관에 뿌리를 둔 것이다. 자연에 근거한 소박한 언어와 이미지와 비유를 가지고 시애틀 추장은 존재의 위대한 신비와 인간의 삶터와 창조주와의 관계에 대한 직관적인 인식을 표현한다.

우리가 이 연설문에 나타난 생각을 단지 원시자연숭배나 애니미즘의 선언으로 간주한다면, 이 발언 속에 포함된 깊은 진리를 지나쳐버리게 될 것이다. 시애틀 추장은 자주 '어머니로서의 땅(大地)' 혹은 '자아로서의 땅'에 주목하여 인간이란 자연 속의 먼지나 아이와 같은 존재임을 환기하고, 그러면서도 인간에게는 땅을 지키고 보호할 거룩한 임무가 창조주로부터 주어져 있음을 주목하기도 한다. 생명에 대한 봉사의 정신과 깊은 겸손의 마음으로부터 우러나오는 인간적 위엄을 가지고 그는 그 자신과 자기 부족의 전통에서 깨우친 진리를 말하고 있는 것이다.

그는 백인의 난폭한 욕망이 필연적으로 토착적 전통가치를 파괴하고, 인디언 문화의 멸망을 초래할 것임을 내다보면서도 창조주의 자비로움에 대한 확고한 믿음을 견지한다. 그리하여 그는 "바다의 파도처럼 왔다가 가는" 인간의 근본적인 운명을 너그럽게 받아들이는 것이다. 그렇게 함으로써 그는 우리 모두를 이 세상 만물의 무수한 다양한 형태 속에 그 아름다움을 드러내고 있는 하나의 거룩한 존재를 발견하도록 초대하고 있다. 인디언 문화의 근본적인 비폭력성과 그들이 느끼는 우애와 형제애의 중심에는 실로 이러한 거룩한 존재에 대한 보편적인 인식이 깔려있는 것이다. 이 인식은 모든 것이 상호 빈틈없이 연결되어 있는 우주의 근원적 구조를 알게 하고, 모든 존재, 모든 사람이 참으로 공통한 운명에 종속되어 있음을 알게 한다. 이러한 커다란 통합적 비전이야말로 진정하게 비폭력적인 삶의 기술을 보장하는 원천이 아닐 것인가? 우리가 이러한 비전에 동참할 것인가 어쩔 것인가는 자유롭게 선택해야 할 문제이지만, 이것을 완전히 무시할 때 우리가 개인적으로나 사회적으로 파국에 직면하리라는 것은 분명하다. 모든 존재의 공통한 운명과 상호의존성에 언급하는 인디언 추장의 발언에 귀기울인다는 것은 우리가 좀더 겸손하고 책임감 있는 인간으로 다시 태어나야 한다는 것을 뜻하는 것이 아닐까?

워싱턴의 대추장이 우리 땅을 사고 싶다는 전갈을 보내왔다. 대추장은 우정과 선의의 말도 함께 보내왔다. 그가 답례로 우리의 우의를 필요로 하지 않는다는 것을 잘 알고 있으므로 이는 그로서는 친절한 일이다. 하지만 우리는 그대들의 제안을 진지하게 고려해볼 것이다. 우리가 땅을 팔지 않으면 백인이 총을 들고 와서 우리 땅을 빼앗을 것임을 우리는 알고 있다.

그대들은 어떻게 저 하늘이나 땅의 온기를 사고 팔 수 있는가? 우리로서는 이상한 생각이다. 공기의 신선함과 반짝이는 물을 우리가 소유하고 있지도 않은데 어떻게 그것들을 팔 수 있다는 말인가? 우리에게는 이 땅의 모든 부분이 거룩하다. 빛나는 솔잎, 모래 기슭, 어두운 숲속 안개, 맑게 노래하는 온갖 벌레들, 이 모두가 우리의 기억과 경험 속에서는 신성한 것들이다. 나무 속에 흐르는 수액은 우리 홍인(紅人)의 기억을 실어나른다. 백인은 죽어서 별들 사이를 거닐 적에 그들이 태어난 곳을 망각해 버리지만, 우리가 죽어서도 이 아름다운 땅을 결코 잊지 못하는 것은 이것이 바로 우리 홍인의 어머니이기 때문이다. 우리는 땅의 한 부분이고 땅은 우리의 한 부분이다. 향기로운 꽃은 우리의 자매이다. 사슴, 말, 큰 독수리, 이들은 우리의 형제들이다. 바위산 꼭대기, 풀의 수액, 조랑말과 인간의 체온 모두가 한 가족이다.

워싱턴의 대추장이 우리 땅을 사고 싶다는 전갈을 보내온 것은 곧 우리의 거의 모든 것을 달라는 것과 같다. 대추장은 우리만 따로 편히 살 수 있도록 한 장소를 마련해주겠다고 한다. 그는 우리의 아버지가 되고 우리는 그의 자식이 되는 것이다. 그러니 우리 땅을 사겠다는 그대들의 제안을 잘 고려해보겠지만, 우리에게 있어 이 땅은 거룩한 것이기에 그것은 쉬운 일이 아니다. 개울과 강을 흐르는 이 반짝이는 물은 그저 물이 아니라 우리 조상들의 피다. 만약 우리가 이 땅을 팔 경우에는 이 땅이 거룩한 것이라는 걸 기억해 달라. 거룩할 뿐만 아니라, 호수의 맑은 물 속에 비추인 신령스러운 모습들 하나하나가 우리네 삶의 일들과 기억들을 이야기해 주고 있음을 아이들에게 가르쳐야 한다. 물결의 속삭임은 우리 아버지의 아버지가 내는 목소리이다. 강은 우리의 형제이고 우리의 갈증을 풀어준다. 카누를 날라주고 자식들을 길러준다. 만약 우리가 땅을 팔게 되면 저 강들이 우리와 그대들의 형제임을 잊지 말고 아이들에게 가르쳐야 한다. 그리고 이제부터는 형제에게 하듯 강에게도 친절을 베풀어야 할 것이다.

아침 햇살 앞에서 산안개가 달아나듯이 홍인은 백인 앞에서 언제나 뒤로 물러났었지만 우리 조상들의 유골은 신성한 것이고 그들의 무덤은 거룩한 땅이다. 그러니 이 언덕, 이 나무, 이 땅덩어리는 우리에게 신성한 것이다. 백인은 우리의 방식을 이해하지 못한다는 것을 우리는 알고 있다. 백인은 땅의 한 부분이 다른 부분과 똑같다. 그는 한밤중에 와서는 필요한 것을 빼앗아가는 이방인이기 때문이다. 땅은 그에게 형제가 아니라 적이며, 그것을 다 정복했을 때 그는 또다른 곳으로 나아간다. 백인은 거리낌없이 아버지의 무덤을 내팽개치는가 하면 아이들에게서 땅을 빼앗고도 개의치 않는다. 아버지의 무덤과 아이들의 타고난 권리는 잊혀지고 만다. 백인은 어머니인 대지와 형제인 저 하늘을 마치 양이나 목걸이처럼 사고 약탈하고 팔 수 있는 것으로 대한다. 백인의 식욕은 땅을 삼켜버리고 오직 사막만을 남겨놓을 것이다.

모를 일이다. 우리의 방식은 그대들과는 다르다. 그대들의 도시의 모습은 홍인의 눈에 고통을 준다. 백인의 도시에는 조용한 곳이 없다. 봄 잎새 날리는 소리나 벌레들의 날개 부딪치는 소리를 들을 곳이 없다. 홍인이 미개하고 무지하기 때문인지는 모르지만, 도시의 소음은 귀를 모욕하는 것만 같다. 쏙독새의 외로운 울음소리나 한밤중 못가에서 들리는 개구리 소리를 들을 수가 없다면 삶에는 무엇이 남겠는가? 나는 홍인이라서 이해할 수가 없다. 인디언은 연못 위를 쏜살같이 달려가는 부드러운 바람소리와 한낮의 비에 씻긴 바람이 머금은 소나무 내음을 사랑한다. 만물이 숨결을 나누고 있으므로 공기는 홍인에게 소중한 것이다. 짐승들, 나무들, 그리고 인간은 같은 숨결을 나누고 산다. 백인은 자기가 숨쉬는 공기를 느끼지 못하는 듯하다. 여러 날 동안 죽어가고 있는 사람처럼 그는 악취에 무감각하다.

그러나 만약 우리가 그대들에게 땅을 팔게 되더라도 우리에게 공기가 소중하고, 또한 공기는 그것이 지탱해주는 온갖 생명과 영기(靈氣)를 나누어 갖는다는 사실을 그대들은 기억해야만 한다. 우리의 할아버지에게 첫 숨결을 베풀어준 바람은 그의 마지막 한숨도 받아준다. 바람은 또한 우리의 아이들에게 생명의 기운을 준다. 우리가 우리 땅을 팔게 되더라도 그것을 잘 간수해서 백인들도 들꽃들로 향기로워진 바람을 맛볼 수 있는 신성한 곳으로 만들어야 한다.

우리는 우리 땅을 사겠다는 그대들의 제의를 고려해보겠다. 그러나 제의를 받아들일 경우 한 가지 조건이 있다. 즉 이 땅의 짐승들을 형제처럼 대해야 한다는 것이다. 나는 미개인이니 달리 생각할 길이 없다. 나는 초원에서 썩어가고 있는 수많은 물소를 본 일이 있는데 모두 달리는 기차에서 백인들이 총으로 쏘고는 그대로 내버려둔 것들이었다. 연기를 뿜어내는 철마가 우리가 오직 생존을 위해서 죽이는 물소보다 어째서 더 중요한지를 모르는 것도 우리가 미개인이기 때문인지 모른다. 짐승들이 없는 세상에서 인간이란 무엇인가? 모든 짐승이 사라져버린다면 인간은 영혼의 외로움으로 죽게 될 것이다. 짐승들에게 일어난 일은 인간들에게도 일어나게 마련이다. 만물은 서로 맺어져 있다.

그대들은 아이들에게 그들이 딛고 선 땅이 우리 조상의 뼈라는 것을 가르쳐야 한다. 그들이 땅을 존경할 수 있도록 그 땅이 우리 종족의 삶들로 충만해 있다고 말해주라. 우리가 우리 아이들에게 가르친 것을 그대들의 아이들에게도 가르치라. 땅은 우리 어머니라고. 땅 위에 닥친 일은 그 땅의 아들들에게도 닥칠 것이니, 그들이 땅에다 침을 뱉으면 그것은 곧 자신에게 침을 뱉는 것과 같다. 땅이 인간에게 속하는 것이 아니라 인간이 땅에 속하는 것임을 우리는 알고 있다. 만물은 마치 한 가족을 맺어주는 피와도 같이 맺어져 있음을 우리는 알고 있다. 인간은 생명의 그물을 짜는 것이 아니라 다만 그 그물의 한 가닥에 불과하다. 그가 그 그물에 무슨 짓을 하든 그것은 곧 자신에게 하는 짓이다.

그러나 우리는 우리 종족을 위해 그대들이 마련해준 곳으로 가라는 그
대들의 제의를 고려해보겠다. 우리는 떨어져서 평화롭게 살 것이다. 우리
가 여생을 어디서 보낼 것인가는 중요하지 않다. 우리의 아이들은 그들의
아버지가 패배의 굴욕을 당하는 모습을 보았다. 우리의 전사들은 수치심
에 사로잡혔으며 패배한 이후로 헛되이 나날을 보내면서 단 음식과 독한
술로 그들의 육신을 더럽히고 있다. 우리가 어디서 우리의 나머지 날들을
보낼 것인가는 중요하지 않다. 그리 많은 날이 남아있지도 않다. 몇 시간,
혹은 몇번의 겨울이 더 지나가면 언젠가 이 땅에 살았거나 숲속에서 조그
맣게 무리를 지어 지금도 살고 있는 위대한 부족의 자식들 중에 그 누구
도 살아남아서 한때 그대들만큼이나 힘세고 희망에 넘쳤던 사람들의 무덤
을 슬퍼해줄 수 없을 것이다. 그러나 내가 왜 우리 부족의 멸망을 슬퍼해
야 하는가? 부족이란 인간들로 이루어져 있을 뿐 그 이상은 아니다. 인간
들은 바다의 파도처럼 왔다가는 간다. 자기네 하느님과 친구처럼 함께 걷
고 이야기하는 백인들조차도 이 공통된 운명에서 벗어날 수는 없다. 결국
우리는 한 형제임을 알게 되리라.

백인들 또한 언젠가는 알게 되겠지만 우리가 알고 있는 한 가지는 우리
모두의 하느님은 하나라는 것이다. 그대들은 땅을 소유하고 싶어하듯 하
느님을 소유하고 있다고 생각할지 모르지만 그것은 불가능한 일이다.
하느님은 인간의 하느님이며 그의 자비로움은 홍인에게나 백인에게나 꼭
같은 것이다. 이 땅은 하느님에게 소중한 것이므로 땅을 해치는 것은 그
창조주에 대한 모욕이다. 백인들도 마찬가지로 사라져갈 것이다. 어쩌면
다른 종족보다 더 빨리 사라질지 모른다. 계속해서 그대들의 잠자리를 더
럽힌다면 어느날 밤 그대들은 쓰레기더미 속에서 숨이 막혀 죽을 것이다.
그러나 그대들이 멸망할 때 그대들을 이 땅에 보내주고 어떤 특별한 목적
으로 그대들에게 이 땅과 홍인을 지배할 권한을 허락해준 하느님에 의해
불태워져 환하게 빛날 것이다. 이것은 우리에게는 불가사의한 신비이다.
언제 물소들이 모두 살육되고 야생마가 길들여지고 은밀한 숲 구석구석이

수많은 인간들의 냄새로 가득 차고 무르익은 언덕이 말하는 쇠줄(電話線)로 더럽혀질 것인지를 우리가 모르기 때문이다. 덤불은 어디에 있는가? 사라지고 말았다. 독수리는 어디에 있는가? 사라지고 말았다. 날랜 조랑말과 사냥에 작별을 고하는 것은 무엇을 의미하는가? 삶의 끝이자 죽음의 시작이다.

우리의 땅을 사겠다는 그대들의 제의를 고려해보겠다. 우리가 거기에 동의한다면 그대들이 약속한 보호구역을 가질 수 있을 것이다. 아마도 거기에서 우리는 얼마 남지 않은 날들을 마치게 될 것이다. 마지막 홍인이 이 땅에서 사라지고 그가 다만 초원을 가로질러 흐르는 구름의 그림자처럼 희미하게 기억될 때라도, 기슭과 숲들은 여전히 내 백성의 영혼을 간직하고 있을 것이다. 새로 태어난 아이가 어머니의 심장의 고동을 사랑하듯이 그들이 이 땅을 사랑하기 때문이다. 그러므로 우리가 땅을 팔더라도 우리가 사랑했듯이 이 땅을 사랑해 달라. 우리가 돌본 것처럼 이 땅을 돌보아 달라. 당신들이 이 땅을 차지하게 될 때 이 땅의 기억을 지금처럼 마음속에 간직해 달라. 온 힘을 다해서, 온 마음을 다해서 그대들의 아이들을 위해 이 땅을 지키고 사랑해 달라. 하느님이 우리 모두를 사랑하듯이.

한 가지 우리는 알고 있다. 우리 모두의 하느님은 하나라는 것을. 이 땅은 그에게 소중한 것이다. 백인들도 이 공통된 운명에서 벗어날 수는 없다. 결국 우리는 한 형제임을 알게 되리라.

"이대로 가면 세상이 곧 죽을 것이다"

'인류의 형님들'이 보내온 메시지

앨런 이레이라

편집자의 말

여기에 소개하는 것은 남아메리카 시에라 네바다의 높은 산악지대에 살고 있는 토착민족 코기 사람들이 오늘날의 문명세계를 향하여 보내는 메시지이다. 이 메시지는 지금과 같은 방식으로 문명세계가 계속된다면 머지않아 인류가 멸망하게 될 것이라는 경고를 담고 있다. 코기 사람들은 자기들이 인류의 형님이라고 믿고 있는데, 탐욕에 눈이 멀어 삶의 토대 자체가 붕괴되고 있는 것도 모르고 있는 문명세계의 아우들에게 너무 늦지 않게 이 사실을 알려야 한다는 책임감 때문에 그들이 오랫동안 지켜왔던 절대적인 고립 상태에서 일시적으로 문을 열고 최초로 외부세계의 사람과 접촉을 시도하였다.

그 접촉의 대상이 되었던 인물은 앨런 이레이라(Alan Ereira)라고 하는 영국의 역사가이며 텔레비전 프로듀서이다. 그는 1988년에 《아르마다》라는 기록영화를 만들고 있었는데, 그것은 16세기에 세계의 바다를 제패했던 유명한 스페인 무적함대에 관한 것으로 나중에 그해 최고의 기록영화로 인정되어 왕립텔레비전협회가 주는 상을 받았다. 이레이라는 이 영화 제작 중에 과거 스페인 군대를 재정적으로 지탱했던 황금의 출처를 알아보기 위하여 콜롬비아로 갔다. 거기서 조사를 하던 도중에 그는 산타 마르타 근처의 밀림 속에서 거대한 도시의 유적을 보았다. 그것은 발견된 지 얼마 안되는 유적이었는데, 타이로나(Tairona)라고 불리는 그 도시를 건설했던 종족의 후손들이 지금도 그 가까이에 살고 있다는 사실을 알게 되었다. 그후 접촉을 시도한 지 일년이 걸려서야 이레이라는 그곳 사람들의 정식 초청을 받아서 시에라로 들어갈 수 있었다.

현재 코기들이라고 알려져 있는 그들의 인구는 약 11,000명 정도인데, 지난 4백년 동안 높은 산악지대 속에서 그들은 농사를 짓고 그들의 오랜 전통을 보존하면서 바깥세계와 단절된 채로 살아왔다. 그들은 그 지역에서 콜롬비아가 성립하기 이전의 문화를 아직까지 유지하고 살아올 수 있었던 유일한 민족이다. 그 사회를 다스리는 사제라고 할 수 있는 '마마'들은 이레이라에게 코기족의 이야기를 다루는 기록영화를 만들 것을 허락하였다. 지구의 상태에 관해서 세상사람들에게 긴히 전할 말이 있다는 것이었다. 인류의 형님들로서, 지구상의 생명을 지키고, 세상을 보존하고 유지하는 것이 자기들의 책임이라고 생각하기 때문에 그들은 내키지 않지만 잠시나마 외부와의 교통을 시도한 것이다. 그들은 세상의 아우들이 살아가는 방법을 바꾸지 않으면 세상이 곧 죽을 것이라고 말한다.

이레이라가 코기 사람들과 함께 만든 기록영화는 현재 여러 나라에서 방영되고 있다. 여기서 소개하는 것은 이 이야기의 전말이 기록되어 있는 이레이라의 책 《세계의 심장(The Heart of the World)》(1990)의 일부를 발췌, 우리말로 옮긴 것이다.

우리는 형님들이었다.
우리는 모두의 형님이었다.
정신, 물질 어느 쪽으로나 더 많이 아는 형님이었다.

'형님들'의 말은 아득한 옛날에 뿌리를 두고 있다. 유럽인들이 아메리카를 정복하기 이전부터 존재했던 수준 높은 문명의 마지막 계승자인 이 사람들은 4세기 동안 콜롬비아 산속에 숨겨진 그들의 세계에서 말없이 세상을 지켜보아왔다. 그들은 자기들의 세계를 온전히 유지해왔고, 바깥세상으로부터 거리를 두어왔다. 지금 지상의 생명의 마지막 날들이 될지도 모른다는 두려움 속에서 그들은 우리들 — 아우들 — 을 불러 귀를 기울이라고 하는 것이다.

'형님들'의 이야기는 여러가지 이유로 심각하게 받아들일 필요가 있다. 그것은 스페인 정복자들을 현혹시켰고 오늘날 우리 앞에 말없이 서 있는 저 도시들과 황금의 배후에 있었던 사고방식을 들여다볼 수 있게 하는 독특한 통찰을 제공한다. 그 이야기들은 우리 자신의 과거를 이해하는 한 가지 길을 제시하며, 또한 고대 종교사상의 진정한 의미와 깊이에 대한 통찰을 제공하고 있다.

그러나 무엇보다도 우리가 귀기울일 필요가 있는 것은 그 이야기에 담겨있는 메시지의 중요성 때문이다. '형님들'은 자기들이 지상의 생명을 지키는 수호자라고 믿고 있다. 그들은 자기들이 돌보고 보살펴야 하는 하나의 살아있는 존재로서 세계를 본다. 그들의 전체 생활방식은 세계의 모든 식물과 동물을 양육하는 데 바쳐져 있다. 간단히 말하여, 전적으로 지구의 건강을 염려하면서 살고 있는 하나의 생태학적 공동체가 여기 있는 것이다. 이제, 이 형님들이 생명의 종말을 표시하는 변화가 시작되고 있음을 본 것이다. 세계는 죽어가기 시작한다. 그들은 우리가 세계를 죽이고 있다는 것을 알고 있다. 그래서 '형님들'이 말을 한 것이다. 그들은 우리에게 경고하고, 우리를 가르치고 싶은 것이다.

이미 우리는 우리의 환경이 파멸적인 변화의 위기에 처해 있다는 것, 그리고 그 변화의 원인이 우리 자신들에게 있다는 것을 알려주는 신호들을 인식하고 있다. 그러나 우리의 반응은 재난을 모면케 해줄 기술적 '땜질'을 찾고자 하는 것일 뿐이다. 자동차에는 무연휘발유와 촉매변환장치를 사용하고, 공장 배출물을 깨끗이 하는 '정화기'를 설치하며, 석탄 대신에 보다 많은 원자력을 이용한다는 따위의 반응이다. 코기 사람들이 옳다면, 이러한 해결방안들은 아무것도 진정한 희망을 제시해주지 못한다. 왜냐하면 그 해결방안들은 문제를 만들어온 바로 그와 같은 태도의 소산이기 때문이다. 우리는 세계를 다른 방식으로 이해하는 것을 배우지 않으면 안된다. 그래서 '형님들'은 우리가 귀기울여 듣기를 간절히 바라는 것이다.

그들은 너무 늦지는 않았다고 말한다. 그러면서 그들은 두번 다시 얘기하지는 않겠다고 말한다.

마지막 타이로나인들

코기들은 수렵채취민이나 떠돌이 부족이 아니다. 그들은 천년 넘게 계속하여 같은 밭을 가꾸고, 같은 도시와 촌락에 머물며 살아온 민족이다. 마야나 잉카문명의 편린이 안데스와 중앙아메리카의 고립된 공동체들 속에서 이어지고 있는 반면에 코기 사람들은 우리 세계와 공존하면서 우리 세계로 말미암아 다소간 재구성된 옛 문명의 잔존형태를 보여주고 있다. 코기들만이 원래대로의 상태로 살아남았다. 그들은 그들 자신의 신정(神政)제도의 권위를 유지하고, 고대의 법률을 집행하며, 우리와는 전혀 다른 방식으로 자신들이 인식하는 우주 속에서 살고 있다. 이들 '형님들'은 우리들을 위험스럽고 비합리적이며 본질적으로 무력한 어린아이들로 보고 있다. 스페인말로 그들은 우리를 시빌리자도스, 즉 문명인들이라고 부르는데, 이것은 깊은 아이러니이다.

코기들은 콜롬비아 이전 아메리카 문명의 가장 완전하게 살아남은 모습을 대변하고 있다. 그러나 그들은 화석화되지 않았고, 그들의 사회가 박물관인 것도 아니다. 스페인 사람들이 처음 상륙했을 때, 그들은 타이로나라고 하는 문명에 마주쳤다. 실제로, 타이로나는 시에라에 있던 많은 민족들 가운데 한 민족의 이름이었지만, 그러나 그 민족들은 모두 긴밀하게 상호연관된 하나의 문명을 형성하고 있었다. 오늘날 고고학자들은 이 문명 전체를 가리키는 데 여전히 타이로나라는 이름을 사용하고 있다.

중앙 및 남아메리카의 모든 문화는 스페인 사람들과의 만남을 통해서 극단적으로 파괴되었다. 타이로나인들의 독특한 업적은 그들 자신의 내적인 힘과 비상한 지리적 조건의 결합에 의해서 그들이 바로 그 스페인 사람들과의 만남에서 살아남을 수 있었다는 사실이다. 그러나 그 문화는 거의 파괴되었고, 이 파국적인 위기에 대한 대응으로서 코기 사회가 창조되었던 것이다.

그들의 문화는 다섯 세기에 걸쳐 변화해왔다. 그리고 그들은 그 변화를 통제해왔다. 완전한 파괴의 위협에 직면하여, 그들은 그들에게 정말로 중심적인 것, 즉 살아남는다는 것이 무엇을 의미하는지를 결정해야 했다. 한 문화가 살아남는다는 것은 개인들이 살아남는다는 것과 같은 것이 아니다. 그것은 육신이 아니라 정신이 살아남는 일이다. 그리하여 코기 사회는 정신의 삶을 유달리 강조하게 되었고, 그렇게 유지되어왔는데, 그것은 우리로서는 거의 이해하기 어려운 삶이다.

코기 사회가 살아남는 데 근원적인 것은 그들의 세계와 바깥 문명세계 사이에 물리적인 거리를 유지하는 것이다. 그들의 영토에 대한 어떠한 종류의 침입도 ― 관광객, 인류학자, 도둑, 농민들, 혹은 지혜나 이윤을 추구하는 사람들에 의한 ― 위협이 된다. 그들은 숨어서 침묵과 비밀의 문화를 발전시켜 왔다. 바깥세계와의 교통은 금기이다. 아이들은 낯선 사람들을 보면 몸을 숨기도록 가르쳐졌고, 어른들은 모든 국외자들을 위험스럽게 간주한다. 코기에 관한 것은 무엇이나 감추어져 있는 것이다.

하필이면 왜 나를?

나는 숙련된 탐험가가 아니다. 나는 일종의 역사가로서 텔레비전 프로그램을 만드는 사람이다. 나는 위험을 즐기는 사람이 아니고, 불편을 싫어한다. 나는 스스로 육체적으로 강하다고 생각한 적도 없으며, 잠깐 걷는 것보다도 편안한 의자를 더 좋아한다. 나는 인류학이나 고고학에 대한 특별한 지식도 없고, 일찍이 남아메리카에 가본 적도 없다.

그런데 코기들은 그들의 오랜 침묵을 깨뜨리기로 했고, 나를 이 일에 가장 도움이 될 사람이라고 결정한 것이다.

코기들이 이러한 결정을 할 수밖에 없었던 것은 그들로 하여금 오랫동안 은밀하게 살아오게 했던 바로 그 논리, 즉 그들이 살아남아야 할 의무가 있다고 하는 논리 때문이었다. 그 의무는 그들이 인류의 '형님들'이기 때문에 주어지는 것이다.

그들이 지상의 생명을 지키는 수호자라고 하는 것은 코기 사람들이 가지고 있는 근원적인 믿음이다. 바로 그것이 '형님'의 본분인 것이다. 그들은 세계의 현실에 질서를 주고, 자연의 풍요함과 비옥함을 마련한다. 시에라 네바다의 비상한 생명력, 그들 자신의 잘 관리된 환경과 산의 낮은 지대의 황폐함 사이의 강력한 대조, 그리고 그들이 누리는 장수 등에 의해서 그들의 그러한 확신은 유지되어왔다. 우리는 인간의 정상적인 수명을 칠십으로 친다. 그들은 보통 20년이나 더 산다. 여든살의 코기 사람은 쉰살의 우리들보다 더 건강하고 활기차 있다. 그리고 나는 백살 가량으로 정정하게 활동하고 있는 코기 사람 여럿을 알고 있다.

세계의 안녕에 대하여 그들 자신이 책임이 있다고 믿으면서, 그들은 '아우들'의 안녕에 대해서도 책임을 느낀다. 그렇다고 해서 우리에게 요구하는 것은 아무것도 없다. 코기들이 살아남아 그들의 일을 계속할 수 있는 한, 세계는 근본적으로 안전하다.

여태까지 우리는 아우를 내버려두어 왔다.
우리는 따끔한 회초리조차 한번 들지 않았다.

그러나 그들은 이제 더는 아우를 그대로 내버려둘 수 없다. '아우'들은 한계를 넘어버렸고, 온 세계의 구조와 안전성을 망가뜨리기 시작했다.

이 특이한 사회의 지도자들 — 마마들 — 은 우리에게 경고를 해야 한다고 결정하였다. 우리가 무슨 짓을 하고 있는지를 알려주고, 대재난이 우리에게 빠른 속도로 다가오고 있다는 것을 이해시켜 주어야 한다. 그들이 보기에, 우리에게나 그들에게나 이것만이 유일한 희망이다.

이제 우리는 우리 혼자서만 세상을 돌볼 수 없게 되었다. 아우가 너무나 많은 해를 끼치고 있다. 아우도 보고, 이해하고, 책임을 져야 한다. 이제 우리는 함께 일해야 할 것이다. 그렇지 않으면 세계는 죽을 것이다.

회합

오후에 오라는 전갈이 왔다. 우리는 오솔길을 따라 조용한 읍내로 걸어 들어갔다. 회합은 교회에서 있을 예정이었다. 교회 건물은 여기가 산 안토니오였을 때 세워진 네모난 초가 구조물인데, 지금은 연장들을 보관하고, 암파로와 만나는 곳으로만 이용되고 있었다. (암파로 지메네즈 루쿠에는 콜롬비아 내부의 인디언문제 담당관인데, 코기 사람들과 바깥세계 사이를 공식적으로 유일하게 연결하는 책임을 맡도록 보고타의 정부관리들이 임명한 여성이다.) 그것은 아우들과 연결되는 장소로서, 일종의 중립지대이다.

건물에 사람들이 가득 차 있었다. 긴 의자가 몇개 있었지만, 사람들은 대부분 서 있었다. 사람들은 밤부터 아침까지 걷거나 말을 타고 이곳에 도착하고 있었다. 나는 눈부신 흰 옷에 빛나는 검은 말을 타고 강을 건너오고 있는 몇몇 사람들을 보았다. 어떤 사람들은 맨발로 산을 넘어 이틀이나 걸려 걸어오기도 했다.

모든 사람의 얼굴이 나에게로 향해졌다. 흰 옷을 입고, 포포로(코기 남자들이 씹는 코카잎을 활성화하는 데 쓰이는 라임을 담아둔 파이프)를 손에 든 타이로나문명의 원로들이 내가 말하기를 기다리고 있었다. 암파로가 나를 소개하였다. 그는 내가 BBC라고 하는 매우 존경받는 기관에서 온 정직하고 진지한 사람이라고 말하였다. 신뢰의 문제가 중요한 것은 분명했다. 정복자, 약탈자, 살인자이며, 땅을 훔친 자라는 것밖에 '아우'에 대해서 코기 사람들이 알고 있는 것이 무엇이었던가? 그들은 위험성이 좀 덜해 보이는 사람들 — 수녀들과 암파로와 안드레스 — 을 몇몇 만나보았다. 그러나 이런 사람들은 대부분 여성들이었다. 그들이 백인 남자를 신뢰한다는 것은 어려웠을 것이다. 그리고 또 'BBC'라는 것이 무엇인지 그들에게는 분명치 않았다. 어떤 코기 사람들은 그것이 일종의 친족집단이라고 생각하는 게 분명했다. 그렇기 때문에 내가 암파로와 같은 언어를 사용하지 않는다는 것이다.

말하는 것은 힘든 일이었다. 우선 내가 영어로 문장을 하나 말하면, 펠리시티(동행한 인류학자)가 스페인말로 옮기고, 마지막으로 라몬(스페인말을 하는 코기 사람)이 코기 언어로 전했다.

나는 영화가 무엇인지를 설명하는 것으로 말을 시작하였다. 놀랍게도 당장에 반응이 있었다. 영화라는 것은 진실이 아니라고 그들이 내게 말했다. 그러니까 그들은 진실이 아닌 일에 연루되기를 원치 않는다는 것이었다.

나는 그들이 영화에 관한 얼마간의 지식을 가지고 이야기를 하고 있다는 느낌을 지울 수 없었다. 나는 어리둥절했다. 어떻게 그들이 영화에 관해 알고 있단 말인가?

나중에 나는 사정을 알게 되었다. 마마들은 일종의 조사체계를 통해서 그들의 권위를 행사한다. (그들이 사용하는 스페인말은 가톨릭교회의 언어에 의존하는 경향이 있기 때문에 그들은 이 조사체계를 스페인말로 '고백'이라고 번역한다.) 누군가가 몸이 불편하거나 두통이나 악몽에 시달리거나 혹은 어떤 위기에 처할 때, 그는 마마에게 도움을 받으러 간다. 마마는 그에게 오랫동안 그가 경험한 모든 것을 남김없이 자세히 이야기하라고 요청하는데, 이야기를 다 하는 데는 여러 날이 걸린다. 마마는 이 과정을 통해서 문제의 열쇠, 즉 이 사람을 세계와의 균형에서 벗어나게 만든 것이 무엇인지를 발견하고자 하는 것이다.

그렇게 하여 마마들은 코기 사람 어느 개인이건 그가 알고 있는 모든 것을 알게 되고, 이렇게 알게 된 것을 마마들끼리 서로 나눈다. 그들은 바깥세계에 대하여 얻을 수 있는 정보는 모두 수집한다. 그리고 바깥세계로 파견된 사자(使者)로서 라몬의 임무 가운데 하나가 마마들에게 정보를 계속 전하는 일이다. 코기 사람 하나가 언젠가 산타 마르타에 가보았다면 — 몇몇 사람이 라몬처럼 멀리 보고타까지 가본 적이 있다 — 그는 텔레비전을 보았을 수도 있고, 혹은 영화관에도 들어가 보았을지도 모른다. 한 코기 사람이 경험한 것은 마마들 모두가 알게 된다. 그들 자신은 텔레비전이나 영화를 본 적이 없지만, 내가 무슨 얘기를 하고 있는지 그들은 잘 알고 있었다.

아니오, 하고 나는 그들에게 확실히 말했다. 이 영화는 진실이 될 겁니다. 이것은 공동작업이 될 겁니다. 그렇게 되어야만 합니다. 나는 당신들과 당신들의 세계에 관해 아는 것이 없습니다. 나는 무엇을 말하고, 무엇을 보여주어야 할지 모를 겁니다. 말할 필요가 있는 것이 무엇인지 그것은 당신들이 결정하고, 그걸 어떻게 보여주어야 할지는 우리가 함께 결정할 문제입니다.

라몬의 통역에는 리듬과 권위가 있었다. 그것은 내가 짐짓 신중하게 하는 말투와 잘 어울렸을 뿐만 아니라 그걸 한결 드높여 주었다. 나는 다만 라몬이 내가 하고 있는 말을 실제로 잘 전하고 있기를 바랄 뿐이었다. 때때로 그는 어떤 개념을 잘 이해하지 못했다. 그러면 암파로가 펠리시티의 스페인어를 그가 알아듣도록 다시 해석해주어야 했다. 이야기가 진행되어 감에 따라 분위기가 변하였고, 더욱 적극적으로 되었다. 내가 단계마다 마마들과 상의할 것이며, 그들의 조직을 통해서만 작업을 할 것이라고 말했을 때, 찬성을 표시하는 와자지껄한 소리들과 포포로 막대기를 두드리는 요란한 소리가 났다.

나는 기록영화를 만드는 데는 이득도 있지만 위험도 따른다는 것을 설명하였다. 그 영화 때문에 관광객들이 몰려들지 모른다. 사람들이 시에라로 와서는 안된다는 말을 영화 속에 넣는 게 중요할 것이다. '형님들'이 아메리카의 토착민들 가운데서 유일하게 조상들의 세계를 지켜왔는데, 그것은 바깥세계와의 격리 덕분이라는 것을 '아우들'은 알아야 할 것이다. 그들의 고립은 존중되지 않으면 안된다. 또한번 찬성을 표하는 와글와글 소리가 났다.

그들은 영화를 만드는 것이 좋은 생각인지를 결정해야 하며, 그들은 나로서는 알지 못할 이유로 그 결정을 내릴 것이다. 또 와글와글. 그러나 또한 그들은 이 작업에 어떤 것이 포함되는지를 알아야 한다. 우리는 기계를 가져와야 할 것이다. 우리는 헬리콥터를 타고 와야 할 것이다. 우리는 조명을 위해 발전기가 필요할 것이며, 건물 안에 불을 켜야 할 필요가 있을 것이다. 카메라는 어두운 곳에서는 작동할 수 없다. 시끄러울 것이며, 사람들이 많이 올 것이다. 코기 사람들은 영화 카메라와 함께 일하고, 일정에 따라 일해야 할 것이다. 그들이 "예"라고 말할 것이면 이 모든 것들을 허용할 준비가 되어있어야 할 것이다. 그렇지 않으면 "아니오"라고 말하는 편이 나을 것이다.

마지막으로, 나는 조그만 가정용 비디오 카메라를 내놓고, 영상의 개념을 설명하였다. 이것은 기억을 가진 눈이지만, 썩 좋은 눈이 아니기 때문에 잘 보려면 밝은 빛이 있어야 한다. 누구라도 좀더 알고 싶으면 밝은 바깥으로 나가서 한번 들여다보아야 할 것이다.

모여있던 사람들의 삼분의 일 가량이 바깥으로 나갈 만큼 충분히 흥미를 느꼈다. 나는 그들에게 카메라 사용법을 보여주었다. 아무도 아무것도 묻지 않았다. 그들은 단순히 카메라의 파인더를 들여다보고, 그들의 찍힌 모습을 되돌려 보았다. 일부는 분명히 재미있어했고, 다른 일부는 시종일관 엄숙성을 지켰다.

나는 얘기를 끝냈다. 마마들은 밤새도록 의논을 하고, 아침에 산꼭대기로 가서 신(神)의 뜻을 물어 점을 칠 작정이었다.

새벽에, 건너편 산허리에 마마들의 모습이 분명히 보였다. 산꼭대기라고 하는 것은 개념적인 것이 분명했다. 아침이 조금 지나 그들이 돌아왔고, 우리는 다시 불려갔다. 긴 의자가 여러 줄 놓여있었다. 나는 그 회합을 기록할 방법이 있느냐는 질문을 받았다. 나는 녹음기를 꺼내어, 그게 무엇인지 설명하였다. 나는 그걸 켜라는 말을 들었다.

한 사람씩 차례차례 일어나서 마마들이 말을 했다. 그들의 말은 리듬이 있고, 강한 어조였으며, 되풀이가 많았다. 그것은 지금까지 내가 들어왔던 것과 다른 언어처럼 들릴 지경이었다.

여기에 모여있는 모든 마마들이
그들의 모든 지식을 가지고
저 산기슭에서 점을 쳤다.
그들은 정신을 한군데 모아서 살펴보았다.
저 위에서 이렇게 말했다 —
이제 우리는 아우들에게
우리가 형님들이었다고 말하리라.
우리는 모두의 형님들이다.
정신이나 물질로나 더 많이 아는 형님들이다.
세란쿠아는 우리에게 말한다.
그가 우리를 만들고,
그가 땅을 만들고,
그가 하늘을 만들었다고.
그는 세란쿠아라고 한다.
생물들과 꽃들과 자연을 보살피라고
그가 우리를 만들었다.
그렇게 된 것이다.
형님들은 땅을 지키려고 있는 것이다.
땅은 우리의 어머니이기 때문이다.
땅 없이는 우리는 살 수 없다.

온 콜롬비아가 형님이었다.
형님은 가면을 가지고
깃털을 가지고
황금을 가지고
옷과 온갖 습관을 가지고
춤을 어떻게 추는지 알고 있었다.
모든 것, 콜롬비아가 온통 거룩했다.
거룩한 땅,
어머니인 땅이었다.

수많은 세월이 흐른 뒤에
아우가 다른 나라에서 왔다.
세뇨르 크리스토퍼 콜럼버스가 이곳에 왔다.
그는 보물들을 보자마자
많은 원주민을 죽이고, 쏘았다.
그는 거기 있던 황금을 가져갔다.
거룩한 금, 가면의 금,
온갖 금을.
그들은 너무나 많이 차지했다.
너무나 많이.
너무나 많이.

그래서 바닷가 가까이 살던 원주민들은 갔다.
모두가 갔다.
그들은 위로 올라갔다.
그래서 그들은 황금도 없이 위에서 지냈다.
기진맥진, 먹을 것도 없는 곳으로
그들은 올라갔다.
그들에게 나무들은 사람과 같았다.
그들은 나무를 베지 않았다.
그들은 작은 조각들을 거두었다.
거기서 그들은 씨를 뿌렸다.
그러나 그때 아우가 도착했다.
금방 아우들은 불어나고
숲을 베기 시작했다.
원주민들은 배를 곯며
산꼭대기에 좀더 가까이 옮겨갔다.
더러는 굶주리고 힘이 빠져서 죽었다.
먹을 것이라곤 없었다.
그들은 죽었다.

그러나 이러한 때 아무런 도움도 없었다.
누구에게서도 없었다.

마마는 말한다 ─
나는 황금도 없이,
아무것도 없이 지냈다.
그러나 튼튼하고 깊은 생각은 있었다.
하나의 체계.
"이 관습을 지키자.
전통을 지키자.
이것을 지키자."
우리는 어머니인 땅을 존중한다.

오늘날 물이 말라가고 있다.
이제 충분한 물이 더 없다.
그래서 마마는 말한다.
누구의 잘못인가?
아우의 잘못이다.
그가 나를 높은 곳으로 쫓았고,
이제 숲을 찍어 넘어뜨리고,
나무를 베어내고 있으니까.
누구의 잘못인가?
잘못은 아우에게 있다.

이제 아우는 눈을 떠야 하고,
문제를 똑바로 보아야 한다.
오늘 그는 나를 도와서 아래쪽을 깨끗이 해야 한다.
그래서 동물과 식물과 자연이 살 수 있게 해야 한다.
깊은 물이 있게 해야 한다.
넉넉한 물,

물.
그래서 온갖 모양의 자연이 있게 해야 한다.

이것이 바로 그들이 영화를 만들고자 한 까닭이었다. 그들은 할 말이
있었고, 이것이 그 말을 하고, 아우에게 도달하는 방법이었다. 그러나 그
것은 결코 세상을 향해 문을 열려고 하는 의도는 아니었다.

마마들이 말한다

우리는 형님들이다.
우리는 옛 관습을 잊지 않았다.
내가 춤을 출 줄 모른다고 어떻게 말하겠는가?
우리는 아직 춤출 줄 안다.
우리는 아무것도 잊지 않았다.
우리는 비를 어떻게 부르는지 안다.
비가 너무 심하게 오면 비를 어떻게 멈추게 할지 우리는 안다.
우리는 여름을 부른다.
우리는 세상을 축복하여 세상이 번창하도록 할 줄 안다.

그러나 지금 그들이 '어머니'를 죽이고 있다.
아우들, 그들이 생각하는 것은 약탈뿐이다.

어머니는 아우도 보살피지만, 아우는 생각을 하지 않는다.
아우는 어머니의 살을 베고 있다.
아우는 어머니의 팔을 자르고 있다.
아우는 어머니의 젖가슴을 잘라내고 있다.
아우는 세계의 심장을 죽이고 있다.
최후의 어둠이 내리면 모든 것이 멈출 것이다.
불이며, 긴 의자며, 돌이며, 그 모든 것이.

온 세상이 괴로움에 시달릴 것이다.
그들이 형님들을 모두 죽이면 그때는 그들 자신도 끝장이다.
우리 모두가 끝장일 것이다.

마마들이 모두 죽으면 그들은 무슨 생각을 할까?
그들은, 그래서? 그러니 어쨌단 말야? 라고 생각할까?
아니면 어떤 생각을 할까?
그런 일이 일어나서, 우리 마마들이 모두 죽으면,
그래서 우리의 일을 하는 사람이 없으면,
그러면 하늘에서 비가 내리지 않을 것이다.
하늘로부터 점점더 뜨거워질 것이다.
나무들이 자라지 않을 것이다.
곡식이 자라지 않을 것이다.

아니면, 내가 틀렸고, 그것들은 어떻든 자랄까?

마마들은 이 과정이 시작되었다는 것을 알고 있다. 나는 그때까지 그들
이 어떻게 알았는지, 정확히 무엇 때문에 그들이 그렇게나 큰 두려움을
갖게 되었는지 알지 못했지만, 끊임없이 물에 관해서 언급하고 있는 것은
분명히 심상치 않은 일이었다. 되풀이하여 그들은 더위와 가뭄과 생명의
종말에 관해 경고했다. 이것은 하나의 게임이 아니다. 그들에게나 우리에
게나 이것은 세상에서 가장 중요한 문제이다.

그래서 오늘날 땅은 온갖 병에 걸렸다.
짐승들이 죽는다.
나무들이 말라간다.
사람들이 병이 든다.
많은 질병이 나타날 것이다.
그리고 치료할 방법이 없을 것이다.

왜 그럴까?
우리들 사이에 아우가 있기 때문이다.
아우는 세상의 법칙의 근본을 깨뜨리고 있다.
모조리 깨뜨리고 있다.
훔치고,
강탈하고,
도로를 만들고,
석유며
광물을 뽑아낸다.

마마들이 말한다.
부탁하노니, BBC여,
다른 아무도 이곳에 와서는 안된다.
약탈은 안된다.
땅은 무너지려고 한다.
땅이 약해진다.
우리는 땅을 지켜야 한다.
우리는 땅을 존경해야 한다.
아우는 땅을 존경하지 않는다.
아우는 땅을 존경하지 않는다.

아우는 생각한다.
"그래, 내가 여기 있다! 나는 우주에 관해 많이 알고 있다!"
그러나 이 지식은 세계를 파괴하고,
모든 것을 파괴하고,
모든 인간을 파괴하는 지식이다.

땅은 느낀다.
그들이 석유를 뽑아내면
땅은 고통을 느낀다.

그래서 땅은 아픔을 밖으로 내보낸다.
많은 의료와 약이 있을 것이다.
그러나 마지막에는 약이 아무 소용이 없을 것이다.
의료가 아무 소용이 없을 것이다.
아우가 이 이야기를 알고 깨달아야 한다고
마마들은 말한다.

파라모

눈덮인 산봉우리는 시에라에서 가장 성스러운 곳이며, 코기 사람들은 그곳을 침범하는 것을 모두 위험한 신성모독으로 본다. 세상을 보살피는 일이 적절히 수행될 수 있도록 그곳에 갈 필요가 있는 사람들말고는 거기에 누구도 가서는 안된다. 이것이 난처한 문제를 일으켰다. 코기 사람들의 두려움이 산봉우리 근처에서 일어나고 있는 변화를 관찰함으로써 비롯되었다는 암시가 많이 있었다. 그리고 내가 그곳에 가보도록 하는 것이 라몬에게 맡겨진 일의 하나였다. 그러나 그곳에 대한 나의 방문은 잠깐이어야 하고, 사실상 눈에 뜨이지 않아야 했다. 마마들은 이 일에 관해 알고 있었고, 그것을 금하지 않았다. 그들은 그저 시선을 돌려버렸다.

헬리콥터를 타고 산봉우리로 날아가보니 장관이었다. 밝고 상쾌하고 엷은 공기 속에서 눈이 눈부시게 빛나고 있었다. 우리는 코기 사람들의 근심이 어디에서 나왔는지를 보여주는 최초의 징후를 당장에 볼 수 있었다. 마치 거대한 아이스크림 숟가락으로 떠낸 것처럼 움푹 패인 빙하의 퇴석(堆石)에 얼음이 비어 있었다. 물빛이 짙은 커다란 호수들은 주위의 바위 색깔로 보아서 물이 극적으로 줄어들었음을 분명히 보여주고 있었다. 만년설이 녹아 내리고, 물은 증발하고 있었다.

우리는 눈 아래 고지의 툰드라에 착륙했다. 우리는 갑작스러운 고도변화로 말미암아 아주 천천히 움직였다. 나는 땅을 내려다보았다. 그리고 나는 두려움을 느꼈다.

우리는 여기로 올라오면서 꽤 많은 것을 겪었다. 많은 위험이 있었지만, 그러한 위험들은 모두 모험의 일부였다. 그리고 그런 위험들에 수반하는 두려움은 자극적인 흥분을 자아내는 것이었다. 뿐만 아니라, 나는 언제나 다른 사람, 즉 로프를 잘 다룰 줄 아는 누군가의 보호를 받고 있었다. 그러나 여기에서는 보호를 맡아줄 사람이 없었다. 지구의 죽음에 대해서는 아무런 보호책이 없다.

이 지역 ─ 툰드라라고 하건 파라모라고 하건 혹은 생태학자들이 무어라고 부르건 간에 ─ 은 하나의 거대한 스펀지다. 그것은 눈녹은 물과 고지의 빗물을 머금고 있다. 그것이 호수를 채우고, 거기로부터 강이 태어난다. 그것은 아래쪽에 있는 모든 것에 깨끗한 물을 공급해주는 원천이다. 시에라의 모든 나무, 모든 짐승, 모든 식물, 모든 사람의 생명은 이곳의 땅과 풀들 속에 저장되어 있고, 호수로 스며들어 가고 있는 깨끗한 물에 의존하고 있다.

그런데, 물이 없었다. 풀은 죽어 있었다. 풀은 시들어 노랗게 말라 비틀어져 있었는데, 내가 손가락으로 만지는 순간 부스러져 먼지가 되어버렸다. 땅은 단단하게 메말라 있었고, 갈라진 틈이 그물처럼 퍼져있었다.

수십년 혹은 수백년이 걸려 몇인치 높이가 된 툰드라의 조그만 나무들은 죽어서, 잿빛을 하고 있었다. 건드리자 금방 폭삭 내려앉았다.

우리 주위의 산들은 벌거벗은 바위였다. 때때로 등산안내인으로서 그 부근 산봉우리들을 방문한 적이 있었던 프랭키(원래 도굴꾼이었으나 영화제작 과정에 참여한 백인)는 십년 전에는 그 바위들이 모두 눈으로 덮여있었다고 말하였다. 해마다 눈이 물러나고 있었고, 이제 거의 사라져버린 것이다.

백 에이커의 열대우림이 일분마다 벌채되고 있다. 백년 동안 온 세계의 기온이 점차적으로 올라가고 있다. 이 변화는 적도에서 가장 느끼기 힘들고, 극지방에서 가장 느끼기 쉽다. 진실로 시에라는 세계의 표본이다. 시에라의 높은 산꼭대기에서 일어나고 있는 것은 남극과 북극에서 일어나고 있다. 얼음이 얇아지고 있다.

선사시대의 삼림 속에 갇혀있거나, 석탄과 기름과 천연가스로서 땅 속에 저장되어 있던 탄소가 끌려나와 태워져서 탄산가스가 되어 대기 중에 들어갔다. 해마다 50억 톤의 탄소가 소비되고 있다. 살아있는 숲의 파괴로 말미암아 20억 톤이 더 추가된다. 일만년 동안 대기 중에는 백만분의 280이라는 고정된 퍼센트로 탄산가스가 함유되어왔다. 지금은 백만분의 350에 이르고 있고, 해마다 늘어나고 있다. 우리가 숨쉬는 공기는 변하고 있으며, 생명의 균형이 바뀌고 있다.

아우는 생각한다.
"그래! 내가 여기 있다! 나는 우주에 관해 많이 알고 있다!"
그러나 이 지식은 세상을 파괴하는 지식이다.
모든 것을 파괴하고,
온 인류를 파괴하는 지식이다.

시에라의 꼭대기에서 세계는 죽어가고 있다. 물의 순환이 깨어졌다.

그들은 파라모의 구름을 빼앗아갔다.
그들은 구름을 팔아먹었다.

그 결과로 아래쪽의 모든 것이 죽을 수밖에 없다. 강물은 붕괴하여 실개울이 되고, 식물과 나무들은 목말라 죽어야 한다. 더이상의 벌목이 없다고 해도, 잎사귀들로부터 수분 증발은 줄어들 것이다. 잎사귀들이 점점 더 적어질 것이니까.
마마들은 모든 생명 사이의 연관들을 보고, 모든 생명을 하나로 전체로서 이해하도록 훈련되어 있다. 그들은 지상의 생명을 하나의 살아있는 존재로 느낀다. 그들은 그 존재가 신음소리를 내는 것을 듣고 있다.

'어머니'가 괴로워하고 있다.
그들은 어머니의 이빨을 깨뜨렸고,

어머니의 눈과 귀를 파내어 갔다.
어머니는 토하고 있다.
어머니는 설사를 한다.
어머니는 병이 들었다.

우리가 우리의 팔을 잘라내면, 우리는 일을 못한다.
우리가 우리의 혀를 잘라버리면, 우리는 말을 못한다.
우리가 우리의 다리를 자르면, 우리는 걷지 못한다.
지금 어머니가 그러하다.
어머니는 괴로워하고 있다.
어머니는 가진 게 아무것도 없다.

나는 갈라진 땅을 내려다보면서 내가 세계의 죽음을 보고 있다는 확신이 들었다. 그러나 마마들은 아직 시간이 있다고 믿는다. 우리는 종말에 가까이 와 있고, 지구가 심하게 병들고 있지만, 그러나 아직 우리 자신을 구제할 기회는 있다. 그것이 바로 마마들이 말을 한 까닭이다.

우리는 무엇이 일어나고 있는지 안다.
세상이 끝날 것이라고 한다.
그러나 아직 끝날 때는 아니다.
우리가 잘하면 세상은 끝나지 않을 것이다.
땅은 아직 비옥하다.
땅은 아직 곡식을 마련해주고 있다.
곡식은 아직 자라고 있다.

땅이 죽어가면, 불모지가 될 것이다.
아버지 세란쿠아는 이 땅이 끝나지 않고,
우리가 여기서 언제까지나 살아갈 수 있도록
세상을 만들었다.

아우여,
너의 물이 저 밑에서 말라가고 있다.
우리가 책임질 일이라고 생각지 말라
우리가 우리의 일을 잊었다고 생각지 말라.
세상이 언제 끝날 것인가?
우리는 모른다.
아우도 우리도 모른다.

코기들은 예언을 하지 않는다. 그들의 말은 다만 우리가 변하지 않으면 세상이 죽을 것이라는 것을 그들이 진실로 믿는다는 것이다. 땅이 더는 기름지지 않을 것이다. 그들은 우리가 저지르고 있는 파괴에 직면하여 그들의 일이 부질없다고 말한다.

그들은 우리가 자기들처럼 되어야 한다고 요구하지 않는다. 그러나 그들은 지금과 같은 방식으로 땅 속에서 연료를 파내는 것을 우리가 멈추어야 하고, 지금과 같은 방식으로 나무들을 찢어 벗기는 것을 우리가 멈추어야 한다고 말한다. 무엇보다도, 최소한 조금이라도 우리는 지구의 생명에 대해 민감해질 필요가 있다.

우리는 그 사람들을 그대로 내버려두어야 한다. 그들은 바다에 접근할 필요가 있고, 그것을 가능하게 할 통로가 되는 땅을 되찾을 필요가 있다. 그들은 도굴꾼들로부터 자기네 조상의 유적지를 보호할 필요가 있다. 그러한 것을 떠나서, 그들이 원하는 것은 오직 침묵뿐이다. 그들은 간섭받지 않고 평화롭게 있고자 한다. 그들이 우리에게서 필요로 하는 것은 거의 아무것도 없다.

그래서 나는 이 메시지를 전한다. 나는 '아우'에게 약간의 충고를 하고자 한다. 이대로 간다면 그들은 무슨 일이 일어날지를 보게 될 것이다. 나는 아직 어느날에 세상이 끝날지 모른다. 그러나 기름이나 그밖의 모든 것에 대한 너무나 지나친 약탈로 말미암아 세상은 끝날 것이다.

이해심을 가지고 이 책을 읽은 사람이라면 누구든지 시에라로 들어가지 않는 것이 어째서 중요한가를 깨달을 것이다. 선의의 사람들이나 좋은 의도를 가진 여행자들도 코기 사람들의 눈에는 어떤 다른 침입자들이나 마찬가지로 위험스럽다. 관광객이든 철학자든 도둑이든 학생이든 그 누구에 의해서 이루어지는 침입이든지, 그것은 '세계의 심장'의 최종적 붕괴를 향해 가는 또하나의 발걸음이 될 것이다. 마마들은 한번 말을 했다. 그들은 두번 다시 말할 생각이 없다. 아무도 그걸 요구해서는 안된다.

간디의 오두막

이반 일리치

마하트마 간디가 살았던 오두막에 앉아있던 어느날 아침 나는 이 오두막의 정신과 전언을 받아들이고자 노력했다. 내게는 두 가지가 크게 감명적이었다. 하나는 그 정신적인 면이었고, 다른 하나는 그 쾌적함이었다. 나는 그 오두막을 지을 때의 간디의 관점을 이해해보려고 했다. 내게는 그 집의 단순성과 아름다움과 청결함이 참으로 좋았다. 간디의 오두막은 모든 사람과의 사랑과 평등의 원칙을 선언하고 있다.

멕시코에 있을 때 내게 제공되었던 집이 여러가지로 이 오두막과 비슷한 것이었으므로 나는 이 오두막의 정신을 이해할 수 있었다. 이 오두막에는 일곱 종류의 장소가 갖추어져 있다. 입구에는 신발을 벗고 집안으로 들어가기 전의 신체적, 정신적 준비를 위한 장소가 마련되어 있다. 그 다음에는 대가족을 수용할 수 있을 만큼 큰 중간방이 있다. 세번째 공간은 간디 자신이 앉아서 일하던 곳이다. 두 개의 방이 더 있는데, 하나는 손님을 위한 것이고, 다른 하나는 환자들을 위한 것이다. 노천 베란다가 하나

이 글의 출전은 최근에 간행된 일리치의 책 *In the Mirror of the Past* (1991)이다.

있고, 또한 넓은 욕실이 있다. 이 모든 방들은 서로 유기적인 관계를 가지고 있다.

부유한 사람들이 이 오두막을 본다면 아마 웃을지도 모른다. 내가 소박한 인도사람의 관점에서 보았을 때, 나는 간디의 오두막보다 더 큰 가옥이 있어야 할 까닭을 알 수 없었다. 오두막은 나무와 진흙으로 만들어져 있다. 이 오두막을 짓는 작업은 인간의 손으로 이루어졌고, 단 하나의 기계도 사용되지 않았다. 나는 오두막이라고 불렀지만, 실은 훌륭한 집이다. 집과 가옥 사이에는 차이가 있다. 가옥은 사람들이 가구들과 소유물들을 보관하는 곳이다. 그것은 사람들 자신보다는 가구의 안전과 편의를 위해 마련된 곳이다.

델리에서 내가 머문 가옥은 많은 편의시설이 있었다. 그 건물은 이러한 편의시설들의 관점에서 건축되었다. 그것은 시멘트와 벽돌로 만들어졌고, 가구와 기타 편의시설들이 잘 어울리는 상자 같은 것이었다. 우리는 우리가 평생 동안 끊임없이 수집하는 가구나 기타 물품들이 우리에게 내면적 힘을 주지는 않는다는 것을 이해해야 한다. 이러한 물건들은 불구자의 목발 같은 것이다. 그러한 편의물들을 우리가 많이 가지면 가질수록 그 물건들에 대한 우리의 의존도는 더 커진다. 다른 한편, 간디의 오두막에서 내가 발견한 가구는 전혀 다른 차원에 속하는 것이었다. 그 가구에 사람이 의존적으로 될 가능성은 거의 없었다. 사람들은 건강을 위해서 병원에 의존하고, 아이들의 교육을 위해서 학교에 의존한다. 그런데 실제로는 병원의 수는 그만큼 사람들의 불건강을 나타내고, 학교의 수는 그만큼 사람들의 무지의 정도를 나타낸다. 그와 마찬가지로, 소유물의 증가는 창조성의 표현을 줄어들게 한다.

역설적인 것은 많이 가진 사람들이 우월한 존재로 간주된다는 것이다. 이것은 불행한 일이다. 의족을 사용하는 사람들이 우월한 존재로 간주된다면 이상한 일이 아니겠는가? 간디의 오두막에 앉아있는 동안 나는 이러한 뒤틀림에 대해 곰곰이 생각하면서 마음이 슬펐다. 간디가 살았던 이 오두막보다 더 큰 장소를 가지고 싶어하는 사람들은 마음과 몸과 생활방식에서 가난한 자들이다. 그들은 자연과 거의 아무런 관계를 갖지 않으며, 그들의 동료 인간들과 거의 아무런 친밀성을 갖고 있지 않다.

내가 설계가들에게 어째서 그들은 간디가 우리에게 가르쳐준 소박한 접근방법을 이해하지 못하는가 하고 물었을 때, 그들은 간디의 방식은 너무 어렵고 사람들이 그걸 따를 수 없을 것이라고 말했다. 그러한 단순한 원리가 이해되지 않고 있다니 어떻게 된 일일까? 실제에 있어서, 일반 민중은 그러한 단순성의 원리를 완전히 이해하고 있다. 이해하기를 거부하는 사람들은 무엇인가 기득권을 가지고 있는 사람들뿐이다.

간디의 오두막이 함축하는 것은 인도사회와의 완전한 조화를 이룸으로써 가능해지는 기쁨이다. 우리는 사람들이 소유하고 있는 불필요한 물건이나 상품들은 주위환경으로부터 행복을 섭취할 수 있는 사람의 능력을 위축시킨다는 것을 이해하지 않으면 안된다.

간디의 이 오두막은 평범한 사람의 존엄성이 어떻게 고양될 수 있는가를 세상에 알려주고 있다. 그것은 또한 우리가 단순성과 봉사와 진실성을 실천함으로써 얻을 수 있는 행복의 상징이기도 하다.

나쁜 요술 ─ 테크놀로지의 실패

제리 맨더와의 대담

대담자 ─ 캐서린 잉그램

편집자의 말

미국의 저명한 환경운동가인 제리 맨더(Jerry Mander)는 1978년에 텔레비전의 위해성을 문제삼은 유명한 책 《텔레비전을 없애야 하는 네 가지 이유》를 내놓은 지 십여년이 경과한 뒤 1991년에 다시 《거룩한 것의 부재 ─ 테크놀로지의 실패와 인디언 민족들의 생존》이라는 책을 발표하여 주목을 받고 있다. 맨더는 텔레비전의 프로그램을 누가 만들고, 누가 통제하는가 하는 것보다 더 중요한 것은 텔레비전이라는 매체 자체가 본질적으로 권위주의적이고, 반생명적일 수밖에 없음을 인식하는 것이라고 했고, 그런 인식 위에서 텔레비전이 아예 없어져야 한다고 논증한 최초의 이론가가 되었다. 그의 이러한 분석은 많은 논란을 불러일으켰지만, 기술문화에 대한 비판이라는 새로운 지적 노력을 증대시키는 데 크게 기여하는 바가 되었다.

이번에 나온 그의 새로운 책의 주제는 이전의 주제를 보다 심화하고 확대한 것으로 보인다. 하나의 기술에는 처음부터 그것이 어떻게 이용될 것인지를 규정하는 내재적인 경향이 있다. 그러므로 기술이란 결코 중립적인 것이 아니라는 것이다. 뿐만 아니라 오늘의 현실에서 기술과 대기업의 결합은 불가피한 사실인데, 기술의 조작과 판매로부터 가장 큰 이득이 대기업에 돌아가는 것은 말할 것도 없고, 그 과정에 치명적인 사회적·생태적 훼손이 일어나는 것이다. 맨더의 새로운 책은 더 나아가 이렇게 파괴적인 기술문명적 생활방식에 대한 대안을 검토하고 있는데, 그 대안은 아메리카 인디언을 비롯한 세계 도처의 여러 토착민들의 문화에서 구해지고 있다. 오랜 세월 자연과 조화로운 관계 속에서 살아온 토착민들의 문화에 내포된 지혜로부터 배우려는 노력이 없다면 산업문명은 가망이 없다는 것이다. 상품축적과 성장경제를 끊임없이 강조하는 체제와 그 가치관은 무엇보다 지속가능성이 없고, 자연과 양립할 수 없는 것이다. 그러나 맨더가 실제로 제안하는 것이 수렵채취사회로 되돌아가자는 것은 아니다. 그런 일은 가능하지도 않다고 그는 말한다. "이것은 뒤로 가는 것이 아니다. 이것은 인간세계에 존재해온 유구한 가치와 원칙에 우리가 새로운 관계를 맺기 위해 나아가자는 것이다."

여기에 우리말로 옮겨 싣는 맨더와의 대담은 원래 그의 새 책의 출간을 기념하여 이루어진 것으로 미국 잡지 *The Sun* 1991년 11월호에 발표된 것이다.

캐서린 잉그램 미국인들은 놀라운 기술이 새로 나타날 때마다 그것을 열렬히 사랑하곤 했습니다. 기술이 실용화되기 전에 물어보았어야 할 질문은 어떤 것들일까요?

제리 맨더 문제는 새로운 기술이 지구와 사회관계, 정치관계, 인간의 건강, 자연, 자연에 대한 우리의 개념, 우리 자신에 대한 우리의 개념 등에 어떤 영향을 끼칠지 충분히 논의해보지 않은 채 우리에게 소개된다는 점입니다. 새로 생겨나는 기술은 모두 그런 것들에 영향을 끼칩니다. 예를 들어 자동차는 우리사회를 완전히 바꾸어 놓았습니다. 자동차의 존재에 대해 미리 논의가 있었더라면 우리는 땅을 온통 포장해버리기를 원하는지 물어보았을 겁니다. 사회가 콘크리트로 된 도시중심부 속으로 옮겨가는 것을 원하는지, 기름이라는 하나의 자원이 세계의 인간관계와 정치관계를 주도하는 것을 원하는지 물어보았을 겁니다. 걸프전쟁은 백년 전에 우리가 자동차를 선택한 데서 나온 결과입니다.

잉그램 그렇지만 그런 것들을 누가 예견할 수 있겠습니까?

맨더 하나의 기술이 발명될 때 그것이 어떤 영향을 끼칠지 하는 것은 대부분 이미 알려져 있습니다. 매사추세츠 공과대학에서, 기술들이 발명될 때 어떤 이야기들이 있었는지를 조사하는 연구를 행한 적이 있는데요. 기술의 영향의 대부분은 그것을 발명하고 유포시킨 사람이 실제로 이미 알고 있었다는 사실이 밝혀졌습니다. 그것이 논리적으로도 당연한 일인 것이 그 사람들은 그 기술들의 가능한 모든 용도를 생각해내는 데 많은 돈을 투입하기 때문입니다. 그리고 나서 그들은 기술의 긍정적인 면을 주목하는 평가에 기초하여 판매정책을 세우는 것입니다. 그와 동시에 그 기술로 인하여 가능할 수 있는 부정적인 영향도 생각해보고 그것을 될 수 있는 대로 감추려고 합니다. 자동차는 자유로움 – 조용히 개인주의적으로 할 수 있는 여행, 안락함 등등 – 을 보장하는 것으로서 권장되었습니다. 그것이 지닌 다차원적인 심각한 영향은 제시되지 않고 말입니다. 우리사회에는 부정적인 면을 듣는 장치가 없습니다. 기술적인 발명이나 진화에 대한 통제가 없지요.

최악의 경우를 예시한 시나리오를 만들어 그것을 공적으로 널리 알리고 그리고 나서 우리사회가 그런 방향으로 가기를 원하는지 않는지에 대한 전반적인 토론을 전개하는 것이 필요합니다. 그래서 그것을 거부하는 것이 가장 논리적인 해결책이라고 결정되었을 때 그 기술을 거부할 수 있는 정치적인 능력이 우리에게 있어야 합니다.

잉그램 어떤 점에서 원자력 관계로 우리는 이런 경험을 했다고 할 수 있습니다. 원자력은 별 논의없이 존재하게 되었지만, 그러고 나서 큰 논란이 있었고, 사용가능한 동력원으로서 원자력은 부정되었습니다. 그런데 지금 우리는 원자력의 인기가 다시 살아나는 것을 보고 있습니다.

맨더 우리가 원자력에 관해 처음 듣게 되었을 때 본 것은 최악의 시나리오에 해당되는 경우였지요. 그것이 히로시마에서 8만명을 죽이기 전에는 아무도 원자력에 대해서 알지 못했으니까요. 그것은 모든 사람의 의식에 결정적인 충격을 주었고 사람들은 어디에서 살고 있는지에 상관없이 이 한 가지 기술의 가능성에 공포를 느꼈습니다. 원자력 기술에 관련한 최선의 시나리오에 해당되는 경우는 공적 논의의 두번째 단계에서 제시되었습니다. 원자력을 발전시키고자 한 사람들은 그것이 깨끗하고 자유롭고 무제한의 에너지를 제공할 것이라고 말했습니다. 그러나 원자력에 관한 논의는 히로시마와의 관련을 떠날 수 없었어요. 사람들은 모두 겁먹고 공포에 질려 있었거든요. 우리가 거대한 판매전략에 앞서서 그 기술이 발생시킬 수 있는 최악의 경우에 접하는 일은 실제로 아주 드문 일입니다. 그런데도 원자력의 긍정적인 용도에 대한 선전은 계속됩니다. 원자력은 있을 수 있는 하나의 선택으로서 계속 남아있습니다. 그것은 여러 곳에서 사용되고 있고, 지금 그것을 더 많이 사용하려는 큰 움직임이 있습니다.

잉그램 생명공학과 장기이식(臟器移植)에 대해서 이야기해보십시다. 그것이 앞으로의 주된 테크놀로지에 속하니까요. 저는 방금 백혈병으로 죽어가고 있는 자기 딸에게 골수를 제공할 사람을 얻으려는 의도로 새로이 임신한 부인에 관한 글을 읽었습니다. 이런 상황은 정말 어려운 선택을 요구합니다. 아이를 구할 수 있는 기술이 있다면 그것을 마다할 어머니가 어디 있겠습니까? 우리의 신체기관을 서로 바꿀 수 있게 되었으니 우리는 콩팥이나 눈이나 다른 장기를 친척에게 줄 것인지 말 것인지 결정을 해야 될지 모릅니다. 생명공학은 또다른 문제들도 제기하고 있습니다. 만일 에이즈에 대한 유전공학적인 치료 방법이 있다면, 우리는 여러모로 볼 때 생명공학이 나쁜 것이라는 이유만으로 그런 치료법을 거부할 것인가 하는 것 말입니다.

맨더 우리의 문화에는 인간의 지구상에서의 올바른 역할이 무엇인가라는 것에 관한 철학적 이해가 결여되어 있습니다. 그러한 이해가 있다면 우리는 아니오, 그런 방향으로 갈 수는 없습니다라고 말할 수 있을 겁니다. 왜냐하면 유전학의 경우와 마찬가지로 그런 일은 직접적으로 생명의 신성함을 빼앗기 때문입니다. 우리 문화는 우리가 자연세계 속에 근거를 두고 있다는 느낌을 갖지 못하게 하고, 우리의 삶의 한계에 대한 감각을 가지고 있지 못하게 합니다. 일단 산업기술사회에 살고 있으면 선택은 어렵게 되는 거지요. 당신이 자동차가 타당하지 않다고 믿는다 해도 자동차가 없으면 당신은 거의 제 기능을 할 수가 없습니다. 또 전화를 가지고 있지 않아도 그래요. 사회활동에의 참여를 포기해버리지 않는다면 말입니다.

잉그램 돈을 많이 가지고 말이지요.

맨더 글쎄요, 꼭 그렇지는 않아요. 저는 체제로부터 물러나는 데 많은 돈이 필요하다고 말하지는 않겠어요. 그러나 체제로부터 물러난다는 것은 체제가 지금대로 계속되도록 내버려 둔다는 것을 뜻합니다. 만일 체제를 변화시키거나 거기에 영향을 미치는 데 관심이 있다면, 물러나지 않겠지요.

그렇지만 무슨 일을 하고 무슨 일을 하지 않을 것인가에 대하여 많은 개인적인 결정을 할 수 있습니다. 나 자신은 컴퓨터를 사용하지 않습니다. 나는 텔레비전에 나가지 않습니다. 나는 비교적 단순한 기술을 사용하는 방식으로 살려고 합니다. 또 사용하는 기술의 양을 제한하려고 합니다. 그리고 나는 어떤 원칙에 따라서 살려고 노력하고 있습니다. 그런데 우리는 각자 자신의 원칙에 따라 살고 있는 셈이니까 누구에게도 어떤 원칙이 그 사람에게 적절한지 내가 말해줄 수는 없지요. 그렇지만 사실상 누구나 스스로 결정을 내리고 있지요.

그런데, 이 사회에서는 사람들이 결정을 내리기 전에 그 문제에 관해 충분한 지식을 가지는 것이 어렵습니다. 이 사회는 더욱더 많이 축적하는 것이 올바른 삶의 방식이며, 기술이 우리의 문제들에 대한 해결책이라고 줄곧 주장합니다.

이런 문화 속에서 과학과 기술은 우리의 종교가 되었습니다. 기술의 진화과정을 우리의 필요에 따라 할 수 있게 하는 종교적·철학적 기초가 이제 우리에게 없습니다. 중요한 결정은 모두 기업의 세계에서 이루어집니다. 그러나 금기(禁忌)들이, 금기라는 개념 자체가 아직 존재하는 사회들도 있습니다. 거기 비하면, 우리사회에서는 금기라는 개념 자체가 유일하게 금기시되고 있지요. 전통적인 사회들에서는 식물을 경작할 것인지 아니면 계속 유목민으로 남을 것인지 또는 어떤 종류의 농업관계가 좋은 건지에 대하여 여러 세기에 걸친 논의를 해왔습니다. 금기는 철학적인 틀을 구성합니다.

잉그램 그렇지만 우리사회에서는 그런 종류의 통제, 즉 어떤 것이 개발되기 전에 그것을 거부하는 것을 파시스트적이라고 볼 겁니다.

맨더 네. 그런 태도 때문에 되돌아오기 어려운 발전의 방향으로 우리가 계속 가고 있다는 것을 알지 못하고 말이지요.

방금 골수이식에 관한 당신의 구체적인 질문은 아주 정서적인 문제를 건드리는 것인데요. 자기 아이를 구하기 위해서는 무슨 일이라도 할 거라는 말이지요. 나는 그런 질문에 개인이 대답해야 하는 기술체계들을 없애고, 그 대신 지금과는 다른 차원에서의 삶의 기쁨과 보람을 누리는 합의된 삶의 양식과 철학적 체계가 있어야 한다고 봅니다. 그런 질문이 아예 생겨나지 않는 차원 말이지요.

잉그램 내 생각에는 사람들이 흔히 아주 정서적이고 자주 이기적인 관점에서 결정을 하는 경향이 있는 것 같아요. 그것이 역사를 통해 인류를 움직여온 힘이 아닐까 합니다. 어쩌면 여기에 예외가 되는 놀라운 사람들의 경우도 있을지 모르지만요.

맨더 당신의 말을 중단시키고 그 점에 대해 다른 견해를 말해도 되겠습니까? 사람들이 자기 이익이나 욕심에 의해 움직인다는 말은 주로 산업사회에서만 적용됩니다. 그것은 또 산업사회의 영향으로 공동체를 빼앗긴 사람들에게 적용될 수 있지요. 그런 곳에서는 통합되고 협동적이며, 만물이 서로 긴밀히 연관되어 있는 자연 속에서의 조화로운 존재양식이 파괴되어 버렸습니다. 그러나 역사가 기록되기 시작한 이래로, 이른바 서구적인 문명과 나란히 많은 공동체들이 이 세계에 존재해왔는데 그들은 오늘날까지도 공동체에 기초를 두고 있는 협동적이고 합의에 의한 문화 — 개인의 이익 위주가 아니라 — 그런 문화에서의 경험과 삶의 양식을 보여주고 있습니다.

나는 바로 얼마 전에 〈뉴요커〉지(誌)에서 인도네시아의 페난족(族)에 관한 글을 읽었습니다. 그들은 열대우림을 파괴하면서 통나무를 실어나르는 트럭들이 사용하고 있는 다리를 봉쇄한 것 때문에 재판을 받고 있었습니다. 재판과정에서 그들이 범죄의 개념을 이해하지 못한다는 것이 분명해졌습니다. 그 사람들에게는 범죄라는 것이 없는 것 같아요. 그 사람들에게 자기네 사회에서 다른 사람들이 찬성하지 않을 행동의 예를 들어보라고 했더니, 이들은 잠시 모여서 의논을 한 다음에 만일 어떤 사람이 자기가 가진 것을 공개적으로 남들과 나누지 않으면 그 사람은 비난을 받을 것이라고 말했습니다. 그것이 그들이 생각해낼 수 있는 유일한 범죄였어요! 나는 이기심이 본능적이라는 생각에 반대합니다. 이기심이 인간본성의 한 부분이라고 보통 생각되고 있지만, 그것은 우리가 영위하는 삶의 방식에서만 그러할 뿐입니다. 우리는 너무나 고립되어 있기 때문에 오직 우리 자신의 개인적인 이익에 따라서만 행동하는 경향이 있습니다.

잉그램 어떻게 되어서인지 우리는 이렇게 되었습니다. 내부의 어떤 것이 우리를 추진시켜 왔고 그것은 아주 전염성이 높은 것 같습니다. 그것은 자꾸 확산되어 갑니다.

맨더 그것이 확산되어 간다는 데에 저도 동의합니다. 일단 외부의 모델이 침입하여 사람들이 협동하면서 공동체 전체를 위하여 행동하는 전통적인 구조를 파괴해버리면 온통 제멋대로 되어버리고 맙니다.

잉그램 그러면 욕심과 침략, 어느 것이라도 포기하지 않으려 하는 우리의 태도를 어떻게 하지요? 어떻게 그것을 되돌리지요? 어떻게 하면 우리가 신성한 것이 존재하는 곳으로 되돌아갈 수 있을지, 그리고 그것을 어떻게 대규모로 행할 수 있을까요?

맨더 이것은 정말로 신비한 일의 하나입니다. 어떻게 실제로 그것을 성취할 수 있는지, 그리고 그 과정에서 마주치는 어려움 때문에 절망에 빠져버리지 않고 계속할 수 있는지 말이지요. 나는 슬로건이 될 만한 간결하게 압축된 대답을 갖고 있지는 않아요. 그렇지만 지금 우리가 가지고 있는 것으로는 안된다는 게 분명합니다. 지난 1백년 동안 산업기술적 생활양식을 지지하는 사람들이 증진시켜온 이상적인 삶의 환상은 이제 명백하게 그릇된 것임이 드러났습니다. 우리는 그것을 얻지 못했습니다. 우리가 갖게 된 것은 소외와 방향감각의 상실, 지구의 파괴, 자연체계의 파괴, 다양성의 파괴, 문화와 지역의 동질화, 범죄, 무주택, 질병, 환경파괴, 거대한 불평등구조입니다. 우리의 현실은 엉망진창이에요. 현 체제는 자신이 선전한 것을 실현시키지 못했습니다. 사람들에게 다음에 무엇을 해야하는가를 말하는 정책을 개발함에 있어 우리는 우선 그 점을 강조해야 합니다. 우리가 기술산업주의의 수레바퀴에서 벗어나 어떤 다른 길을 생각해내면 삶은 실제로 나아집니다. 돈을 더 많이 벌게 해주지는 않을지 모릅니다. 그러나 돈을 더 많이 갖는 것은 소용이 없습니다. 우리의 삶을 물건으로 가득 채우는 일은 결코 만족을 주지 못한다는 것을 사람들은 대부분 알고 있습니다.

잉그램 당신은 텔레비전의 경우와 마찬가지로 컴퓨터의 경우에도 누가 이익을 보느냐 문제가 아니라 누가 가장 많이 이익을 보느냐가 문제라고 하였습니다. 환경주의자들이 컴퓨터로부터 조금 이익을 보기는 하지만 기업들, 군대와 금융단체들이 막대한 이익을 본다는 것이지요. 그렇지만 이렇게 질문해보겠습니다. 그러면 왜 우리는 이익을 보지 말아야 합니까? 조금이라도 얻는 것이 있으면 아무것도 얻지 못하는 것보다는 약간 나은 것이 아닐까요?

맨더 나는 사회개량주의자들이나 공중전파매체센터에서 활동하는 사람들에게 텔레비전을 사용하지 말라고 말하는 게 아닙니다. 내 얘기는 텔레비전이 아예 없어져야 한다는 것입니다. 컴퓨터에 대해서도 같은 말을 할 수 있습니다. 저의 주장은 텔레비전이 없다면 삶이 더 나아질 것이고 권력체계는 더 평등해질 것이며, 정보의 흐름이 좀더 균등한 것이 되고, 대중전달매체는 더 민주적으로 될 것이라는 것입니다. 사람들이 지금처럼 소외되고 정신적인 마비상태에 빠져 있지는 않을 겁니다. 그러나 텔레비전만 없애고 다른 것은 모두 현재대로 유지한다는 것은 불가능합니다. 텔레비전은 기술문화의 신경체계입니다. 그것은 고도로 통합된 체계의 한 부분이므로 우리가 텔레비전을 언급할 때에는 기술체계 전체에 대하여 이야기해야만 합니다.

물론 우리는 약간의 이익을 얻을 수 있겠지요. 그러나 내 얘기는 전체로 볼 때 텔레비전은 이로운 것보다는 해로운 것이 더 많을 거라는 거지요. 테크놀로지의 본성을 두고 볼 때 매체가 개선될 수 있으리라는 생각은 이상주의적이고 유토피아적인 환상입니다. 텔레비전은 사람들이 어떤 심상(心象)을 받아들이기를 강요하고 그에 따라 사람들을 조작하는 중앙집중화된 상의하달(上意下達) 식의 용도에 가장 효율적입니다. 심상(이미저리)은 사람들 마음속에 남게 되고 사람들은 그것을 모방합니다. 그것은 강력한 세뇌와 동질화를 이루어내는 기계입니다. 당신이나 나 아니면 우리의 친구들이 갑자기 이 매체를 장악해서 모든 사람을 명상하는 철학자로 만들 수 있으리라고 생각하는 것은 터무니없는 망상입니다. 정말 문제는 텔레비전으로 한두 가지 좋은 일을 해낼 수 있느냐가 아닙니다. 중요한 것은 테크놀로지의 전반적인 효과가 무엇이냐 하는 것이에요.

잉그램 이 세상에 신성하지 않은 것은 아무것도 없다고 말하는 사람들이 있습니다. 존재하는 모든 것은 다양한 형태로 나타나는 거대한 생명의 현시라고 말입니다.

맨더 모든 것이 신성하다고 하는 것은 모든 것을 받아들일 수 있다는 뜻이지요.

잉그램 모든 것이 신성하다는 관점을 고수하면서 고통스러운 상황을 극복하기 위하여 일하는 것이 가능할까요? 변화를 일으키고 고통을 경감시키려는 우리의 작업, 그리고 고통 그 자체가 모두 거대한 생명활동의 한 부분이라고 한다면 말입니다.

맨더 당신은 우리가 원자력이 창조의 또다른 현시이므로 그것이 신성하다고 말하면서 원자력에 반대하는 일을 할 수 있는가라고 물으시는 거지요. 모르겠습니다. 실제로는 나는 그런 관점을 취하지 않습니다. 나는 그것이 특별히 쓸모있는 사고방식이라고 보지 않아요. 그대신 나는 그것을 아메리카 인디언이나 여러 토착 원주민사회에서처럼 다른 생명체들에 대한 통합된 이해와 그들과의 조화로운 관계를 중시하는 태도와 비교하고 싶군요. 인도네시아의 우림(雨林)지역 사람들이 댐 건설을 반대하고 나섰을 때 그들은 댐을 보고 "이것은 창조의 또하나의 신성한 현시이다"라고 말하지 않을 거예요. 그들은 "이것은 생명을 죽인다. 이것이 생명을 파괴한다. 이것은 지구에 해로운 것이다"라고 말할 것입니다. 나는 이것이 모든 것은 신성하다라고 말하는 것보다 훨씬더 필요한 관점이라고 생각합니다. 신성한 것에 대한 토착민들의 견해는 무엇이 해도 좋은 일이고 무엇이 해서는 안되는 일인가에 대한 가치판단을 포함하고 있습니다.

잉그램 열대우림보호를 위한 조직의 의장인 랜디 헤이스는 아메리카 인디언들에게는 '신성하다'라는 용어가 '기능적이다'나 '쓸모가 있다'라는 개념과 서로 바꾸어 쓸 수 있는 것이라고 말해주었습니다.

맨더 나는 토착민들의 영성(靈性)과 그들의 의식(儀式)이 비토착민사회에 대하여 갖는 관련성을 고찰하는 회의에 참석한 일이 있습니다. 회의가 시작될 때 둘러앉아서 보통 자기 소개를 하지요. 우리는 대개 "저는 맨더입니다. 그리고 이러이러한 일을 합니다"라는 식으로 말하지요.

잉그램 네, 우리가 누구인지 말하라고 하면 우리는 보통 우리가 하는 일을 말하지요.

맨더 그래요. 그런데 캐나다의 인디언집단에서 온 한 여성은 자기가 누구인지를 말하는 데 45분이 걸렸습니다. 그 사람은 자기 증조부모로부터 시작해서 조상들이 어디에서 살았는지를 설명했어요. 어떤 이는 강에서 살던 사람이고 어떤 이는 산에서 살던 사람이고 또 어떤 이는 산 너머에서 온 사람들이었습니다. 바닷가에서 살던 사람들도 있었지요. 그러고 나서 그 여자는 그 지역의 다른 조상들에 관해 자기가 아는 것을 얘기했습니다. 그 사람들이 누구이고 어떠했는지를. 그러고는 그 모든 사람들이 자기라고 말했습니다. 그런데 그것은 역사적인 부분일 뿐이었어요. 영적(靈的)인 부분도 있었는데 그것은 그 여자가 지금 세상에서 무슨 일을 하며 그 일이 어떻게 그 모든 조상들의 화합물인가에 관련이 있었습니다. 내가 말하려는 것은, 그 여자가 누구인지를 물었을 때 그 여자는 자기의 조상들과 자연과 공동체와 그리고 공동체가 그 장소와 관련되어 있는 방식에 대한 것을 말한다는 것입니다.

그 여자는 영성(靈性)에 대해서 마치 그것이 법전화된 체계인 것처럼 이야기할 수는 없다고 말하고 있었습니다. 왜냐하면 영성은 그 모든 통합된 관계들이 분명히 드러나 있는 그 장소에 존재하는 여러 조건들에서 나오기 때문입니다. 이 모든 것들의 결과가 영성입니다. 토착민의 영성에 관련을 갖기 위해서 우리가 어떻게 노력할 수 있는지에 대해서, 그 여자는 영성이 생겨나는 공동체의 조건들을 보존하는 것이 우리가 할 일이라고 말했습니다. 그런데 우리는 거꾸로 하고 있는 것 같아요.

신성한 것이 없는 곳에서는 무엇이든지 통합니다. 왜냐하면 우리는 완전히 궤도에서 이탈하여 뿌리뽑혔고, 무엇이 중요한 것인가에 대한 감각도, 가족도 공동체도 아무것도 갖고 있지 않기 때문입니다.

잉그램 정말 우리는 엄청난 소외의 시대에 살고 있습니다. 삶이 너무나 겁나기 때문에 많은 사람들이 텔레비전을 보거나 비디오게임을 하면서 위안을 찾습니다. 어떤 기술들은 마약과 같은 역할을 합니다. 어떻게 그런 것들을 없애고 다른 것으로 대체할 수 있을까요?

맨더 이 기술들은 사실 마약의 역할을 합니다. 그것들은 잃어버린 것들을 보상하기 위해 사회가 제공하는 것들입니다. 가족과 공동체와 더욱 크고 깊은 통찰력을 박탈한 대가로 사회는 텔레비전, 마약, 음식, 소음, 빠른 속도, 그리고 무감각을 제공합니다. 그것들은 다른 것들이 존재한다는 사실을 우리가 알지 못하도록 막는 것들이기도 합니다. 사람들이 그것들을 찾고 그것에 중독이 되는 이유를 알기는 쉽습니다. 그것들은 하나하나가 다 어떤 만족의 요소를 제공하니까요. 예를 들어, 텔레비전을 보는 것은 다른 것들에 대하여 생각을 하지 않게 해주고 시간을 보내게 해주며, '오락'을 제공하고 때때로 웃겨 주기도 합니다. 그것은 세상일에 대해서 조금 알려주는 바가 있습니다. 당신이 그 일에 대해서 관계를 갖지는 못하게 하지만 말입니다. 그러한 패턴을 어떻게 바꾸어야 하느냐고 묻는다면 나는 새로운 비전을 창조해야 한다고밖에 말할 수 없습니다. 사람들에게 그들이 잃어버린 것을 경험하게 해야 합니다.

잉그램 하지만 당신이 당신의 책에서 말씀하신 대로 디인족(族)과 이누이트족(族)의 문화는 텔레비전이 들어오자 2년 이내에 급격히 몰락하였습니다. 어째서 텔레비전에서 '달라스' 같은 드라마를 보는 것이 전통적인 오락양식보다 더 사람의 마음을 끄는 걸까요?

맨더 그 토착민들의 문화가 텔레비전에 의해 몰락한 것은 아닙니다. 텔레비전의 충격은 막대한 것이었고 그들은 걱정이 되었기 때문에 나에게 오라고 청한 것입니다. 그것은 그들이 의식하고 있다는 표시입니다. 무감각하지 않다는 거지요. 그리고 그들에게는 아직도 대체할 수 있는 현실이 있다는 표시입니다. 그것이 토착민들과 서구인들 간의 차이입니다. 그들은 무엇이 본질적인 중요성을 갖는지 알고 있습니다. 야생의 자연이 아직 존재하고, 그것이 그들과 어떤 관련을 갖는지를 알고 있는 사람들이 아직 있다는 얘깁니다. 세계의 토착민 문화들 가운데는 아직도 저항을 위한 기억과 철학적 기초가 있습니다.

왜 어떤 사람들은 저항하지 않고 그것에 굴복해버리는지에 대해서는 복잡한 요인이 있을 것 같습니다. 정치적으로 그들은 압도되고 있습니다. 기술도 그들을 압도합니다. 텔레비전에 침범을 당하고 있을 뿐만 아니라 석유회사에 의해서도 침범당합니다. 디인족의 경우에는 캐나다 정부에 의해서도 침범당하고 있습니다. 캐나다 정부는 그들이 캐나다인이 되어 유전(油田) 노동자가 되기를 바랍니다. 그들은 끊임없이 그들의 존재방식은 옳지 않으며 그들이 달라져야 한다는 말을 듣고 있습니다. 우리는 그들을 바라보면서 어떻게 저들이 자기들이 가지고 있는 것을 포기할 수 있겠느냐고 묻지만 우리 자신은 이미 오래 전에 그것을 포기했습니다. 우리는 이제 인디언들도 그렇게 되어간다는 사실로 자신이 정당화된다고 느끼는 뿌리뽑히고 소외된 서구인들입니다. 우리는 그들을 보며 이렇게 말합니다. "저 사람들은 개가 끄는 썰매를 버리고 설차(雪車)를 쓰는구나. 그리고 텔레비전을 받아들이고 전통적인 전달수단을 버렸구나."

기술은 본질적으로 매력이 있습니다. 그것은 반짝이고 새롭거든요. 인간은 유전적으로 새로운 것에 대해 큰 호기심을 갖도록 되어있습니다. 우리가 자연과의 관련 속에서 살았을 때 어떤 새로운 것이 나타나면 그것이 우리에게 영향을 미치리라는 것을 알 필요가 있었지요. 그래서 인간에게는 새로운 것에 대한 타고난 반응이 있습니다. 게다가 기계들은 아주 흥미롭습니다. 그것들은 어떤 일, 예컨대 4백 야드 떨어진 곳에서부터 동물을 불러온다든지, 이곳에서 저곳으로 물을 옮긴다든지, 사람을 어떤 곳까지 훨씬 빨리 데리고 간다든지 하는 일을 하겠다고 선언하고 실제로 그런 일을 합니다. 그러니까 새로운 기술을 보았을 때 "굉장하구나, 정말 멋지다, 이걸 사용하자"라고 생각하는 것은 아주 자연스러운 일이죠. 일단 그것을 사용하고서야 그 폐해를 알기 시작합니다. 우리 문화에서는 그 폐해를 아는 데 아주 오래 걸렸습니다. 내 경험으로는 토착민들이 그런 폐해를 더 빨리 알아봅니다.

잉그램 미국에서 도시로 나갔던 젊은 인디언들 중에 환멸을 느끼고 인디언 보호구역으로 되돌아간 사람들이 있다는 말을 들었습니다. 젊은 인디언들 사이에 전통적인 방식이 되살아나고 있는가요?

맨더 네. 대단한 현상입니다. 그리고 미국에서 이런 일이 일어나는 것이 특히 고무적인 일이지요. 그들이 외부세력에 가장 큰 영향을 받은 사람들이니까요. 그들은 어린 시절에 가족들로부터 떨어져 행정당국이 관리하는 학교에 다니도록 강요당했으며 그곳에서는 자기네 말을 쓸 수도, 머리를 기를 수도 없었고, 서구식 옷만 입어야 했습니다. 이것은 미국 전역에서 일어난 일입니다. 그들은 가족에게서 떼어져서 끔찍한 자기혐오심을 갖도록 교육되고, 강제적으로 기독교와 모르몬교리를 주입받았습니다. 모르몬교리는 백색이 좋은 것이고 인디언이기를 포기해야 한다고 가르치지요.

잉그램 당신의 책에서 당신은 기업들을 개인의 권리는 누리면서 그 책임은 지지 않는 존재들이라고 말하였습니다. 이것을 좀더 설명해 주시겠습니까?

맨더 지금까지는 기업들이 왜 그렇게 행동하지 않으면 안되는지 그 본질적인 특성에 관련하여 비판받아 본 일이 없습니다. 일반적으로 만일 기업인들이 보다 나은 가치나 자연보존 등에 관해 교육을 받으면 기업들이 더 책임있게 행동할 수 있을 거라고 믿습니다. 이것은 순진한 생각입니다. 기업이라는 형태가 기업들이 어떻게 행동해야 하는지 그 방식을 미리 결정합니다. 자기지속을 위해서 그리고 은행이나 다른 기관과의 관련에서 재정적으로 살아남기 위해서 기업들은 이윤을 만들어내고, 성장을 해야 합니다. 이윤과 성장이 절대적으로 요구되는 것입니다.

기업들은 개인들에게 주어지는 모든 법적 권리와 보호를 받고 있는 일종의 지하세계에서 살고 있습니다. 예를 들면 기업의 발언을 어떤 식으로든 규제할 수가 없는데, 왜냐하면 그들은 '허구적인 사람들'로서 개인들과 동일한 언론 자유의 권리를 가지고 있기 때문입니다. 그러나 차이점은 개인이 기껏 쪽지를 사용하거나 때때로 잡지에 약간의 글을 낼 수 있는 데 비해 기업들은 막대한 돈을 들여 광고를 할 수 있다는 것입니다.

기업들은 인간으로서의 권리를 많이 가지고 있습니다. 재산을 소유할 수 있고 이사를 할 수 있고 자유롭게 말할 수 있고 피해를 입으면 소송을 제기할 수 있습니다. 그러나 그에 상응하는 책임은 하나도 지지 않습니다. 지역공동체가 그들을 통제할 수 없습니다. 그들은 항상 다른 지역으로 옮겨갈 수 있기 때문입니다. 그들은 유형적 실체를 가지고 있지 않으므로 처형될 수도 없습니다. 기업 내의 어떤 사람이 범행을 저질렀다면 그 사람을 감옥에 가둘 수는 있습니다. 그러나 기업 그 자체는 그 속의 사람들이 어떻게 되든 살아남습니다.

사람과 기업의 차이와 사람이 책임있게 행동하고자 할 때 본질적인 문제가 무엇인가를 보여주는 최근의 예가 두 가지 있습니다. 하나는 알래스카의 원시 야생지역에 유조선이 기름을 흘린 엑슨 발데즈(Exxon Valdez) 사건이고, 또하나는 유니온 카바이드(Union Carbide) 사건으로, 인도의 보팔에서 화학폭발로 2천명이 죽고 20만명이 부상당한 사건입니다. 두 경우에 모두 회사의 최고 간부들이 경악하고 공식적으로 유감의 뜻을 발표했습니다. 유니온 카바이드의 회장은 자기의 여생을 이 잘못에 대한 보상을 위하여 바치겠다고 말했습니다.

그런데 회사 간부들이 그런 말을 할 때 그들은 감정이 있는 인간으로서 말을 한 것입니다. 그러나 기업은 그들이 인간처럼 행동하는 것을 허용할 수가 없습니다. 왜냐하면 기업이 존속하려면 성장하고 이윤을 내는 것이 필요하기 때문입니다. 미국의 법률에 따르면 만일 한 기업이 이윤추구를 주목적으로 행동하지 않으면 주주들이 경영진을 상대로 주주들의 권리를 무시했다는 이유로 소송을 제기할 수 있습니다. 두 경우에 모두 최고간부가 처음 한 말을 철회했어요. 그들은 자기들의 책임이 아니었으며 모든 법률소송에 맞서 싸우겠다고 말했습니다. 유니온 카바이드의 회장은 나중에, 자기가 처음에 '과잉반응'을 했다고 말했습니다. 실은 처음에는 인간으로서 행동한 것이지요. 나중에는 자기들이 기계의 한 부분이며 기계의 목적은 인간의 목적과는 다르다는 것을 깨달은 것입니다. 우리는 그것을 환경관련 문제에서 날마다 봅니다. 기업들이 지금은 환경보호를 얘기하고 있습니다. 그렇지만 그건 모두 자기선전일 뿐이지요.

잉그램 당신의 책에서 당신은 기업들이 환경에 관심있는 척할 때 그들은 거짓말을 하고 있다고 말했습니다. 기업이 자연에 대한 책임감을 느낀다면 그렇다고 말하는 값비싼 상업광고를 낼 필요가 없겠지요.

맨더 기업들은 사실이 아닌 것이면 무엇이든 광고를 할 것입니다. 만일 광고하는 내용이 사실이라면 애초부터 그 기업의 이미지에 아무런 문제가 없었을 것이니까요. 그 기업이 훌륭한 시민노릇을 하고 있다면 그렇다고 말을 할 필요가 없을 겁니다. 기업들은 일반적으로 자연에 반하는 행동을 한다는 것이 진실이지요. 왜냐하면 이윤이란 것은 원료를 새롭고 더 잘 팔릴 만한 형태로 변형시키는 데에 기초를 두고 있기 때문입니다.

잉그램 가트(관세 및 무역에 관한 일반협정)나 유럽공동체 같은 세계적인 경제통합기구에 대하여 이야기해 주십시오.

맨더 유럽공동체에 덧붙여 미국-캐나다 자유무역협정, 미국-멕시코 자유무역협정, 북아메리카 자유무역협정, 서반구 자유무역협정, 동남아시아 자유무역협정, 태평양연안 자유무역협정 등이 있습니다. 결국은 동-서 자유무역협정이 생기겠지요.

그런 기구들은 모두 거대기업들의 이익을 극대화하기 위해 조직된 것입니다. 가트의 경우, 각 지역의 건강, 안전, 임금의 기준이나 우유의 기준, 살충제나 방사능에 대한 규제 또는 어떤 수준의 지역별 통제도 중앙의 협정에 희생될 것입니다. 일본에는 커다란 백화점이 동네 식료품점과 같은 구역에 있지 못하게 하는 법률이 있습니다. 그것은 아직 일본에 존재하고 있는 전통적인 소규모 경제를 보존하는 방법이지요. 그러나 가트 협정에서 미국은 이 법의 폐지를 추구하고 있습니다. 그래서 큰 백화점이 한 구역을 모두 사버리려고 하면 그런 일이 일어날 것인지 아닌지를 시장이 결정하게 둔다는 것이지요. 소규모의 자족적인 경제를 위한 보호책은 모두 사라지는 겁니다. 가트나 다른 협정들로부터 우리가 얻는 것은 거대기업들을 위해 길을 닦는 것뿐입니다. 그들은 어떠한 지역공동체, 도시 혹은 국가의 통제권 밖에 있을 겁니다.

잉그램 당신은 마지막 남은 두 개의 미개척 원시상태를 우주와 유전학이라고 하였습니다. 인간의식 그 자체도 여기에 포함됩니까?

맨더 인간정신은 아직 개발되지 않은 일종의 원시상태라고 말할 수 있습니다. 그런데 우주와 유전학에 관해 말하면서, 나는 그것들이 기업들이 이윤을 얻을 수 있는 산업적인 형태로 바꾸어놓고자 하는 것들 중 마지막 것들이라는 뜻으로 말했습니다.

텔레비전이 역시 이 '상품화' 과정에 깊이 관여하고 있습니다. 그 목적은 느낌과 의식과 욕망과 인식을 모두 상품화하려는 것이지요. 인간의 정신은 우주나 유전학에 앞서서 이미 개발대상이 되어왔습니다. 사람의 의식은 이미 자연의 상품화를 받아들이고 그것에 적합하도록 재구성되어 왔습니다. 인간정신에 대한 침략은 오래 전에 일어났습니다. 인간정신을 재구성하려는 것이 광고가 하고자 하는 것입니다. 텔레비전과 대중전달매체가 이런 일을 맡아 하지요. 이것들은 과거의 어떤 것들보다 효과적인 도구들입니다. 광고는 인간의 감정 속에 들어가 하나의 영상을 제시합니다. 당신은 충분히 예쁘십니까? 라든지 당신은 충분히 멋집니까? 당신은 충분히 생기발랄합니까? 하는 등이지요.

잉그램 당신이 사랑하는 그 사람에게 오늘 전화를 하셨나요? 도 있지요.

맨더 맞아요. 그런 것들은 모두 느낌에 관련된 것입니다. 그것들은 영상으로 제시되고 그러면 사람들은 자기자신에게 반응합니다. 그리고 사람은 그 박탈당한 느낌을 되찾기 위해서 무언가를 지불해야 됩니다. 정말 절묘한 과정이지요.

잉그램 이른바 주제공원(theme park)으로서의 서부 에드먼튼 몰이나 에프코트센터 혹은 샌프란시스코를 묘사할 때, 당신은 이러한 인공적으로 통제된 환경, 즉 테크노토피아의 도래가 우리가 당면하고 있는 생태학적 붕괴보다 더 나쁘다고 암시하였습니다.

맨더 그렇습니다. 그런 거대한 쇼핑센터 같은 환경에서 우리가 갖는 것은 합성품으로서의 유토피아적 삶입니다. 그런 곳들을 우주에서의 돔(dome) 속의 생활과 비교하려 했습니다. 서부 에드먼튼 몰은 돔으로 된 우주도시라고 할 수 있어요. 에프코트센터는 지붕은 없지만 풀잎 하나 동물 하나하나까지도 미리 규정되어 있지요. 아마 그것은 우리가 궁극적으로 가지게 될 교외(郊外)라고 할 수 있을 겁니다. 자연과는 아무런 관련이 없고, 기업과 기술세계가 제공할 수 있는 것밖에 여하한 것과의 관련의 느낌도 파괴해버리도록 모든 것이 마련된 곳에서의 삶을 그들은 구상한 것입니다. 게다가 아주 매력적으로 보이도록 만들어졌지요. 에프코트센터에 관한 안내책자는 미래에 일어날 고도로 기술화된 변화 속에서 사람들이 편안함을 느낄 수 있도록 하려는 것이 그 목적이라고 말하고 있습니다. 이러한 전망은 기본적으로 인간의 모든 경험이 단추 누르거나 꾸러미를 등에 지고 공간과 시간 속을 멋지게 여행하는 것으로 축소되는 미래를 위한 판매체계인 것입니다. 그들은 세계의 전반적인 재구성을 꿈꾸고 있습니다. 그곳에서는 예전의 영국 혹은 예전의 노르웨이 같은 진정한 삶터들이 '주제공원'처럼 오락거리로 재창조될 겁니다. 내가 '주제공원 샌프란시스코'라는 말을 쓰는 이유가 그것입니다. 그런 일이 이곳에서 이미 일어나고 있으니까요. 그렇지만 그것은 다른 모든 곳에서도 일어나기 시작하고 있습니다. 인간의 삶터들이 관광을 진작시키기 위하여 자기 선전에 열을 올리고 있습니다. 삶터가 상품이 되어버린 거지요.

잉그램　우리가 그동안 내내 분주히 파괴해왔던 것을 다시 만들어내려 하고 있다는 것은 아이러니입니다. 그것은 우리에게서 박탈한 것을 우리에게 되팔고 있는 텔레비전 광고의 예와 같습니다. 이제 우리는 에덴동산을 돔(dome) 안에서 다시 사야겠군요.

맨더　그래요. 사람들은 돔 내부에 자연을 갖게 되겠지만 바깥에는 자연이 거의 없을 겁니다.

잉그램　유럽판《월 스트리트 저널》의 전면 기사에서 지구의 대기를 개선하기 위해서 달을 폭파시키자는 한 과학자의 이야기를 읽은 적이 있습니다. 당신의 책에서 그러한 기술주의적 해결책으로 바다에 수십만 톤의 쇳가루를 뿌려서 해조류의 성장을 촉진하여 종래 숲이 해왔던 것처럼 탄산가스를 흡수하게 하자는 계획에 언급하는 부분이 있지요.

맨더　그러한 해결책은 모두 미치광이 짓이에요. 생태계의 급격한 변화에서 오는 파생효과에 대한 인식이 너무나 부족합니다. 그런데 그런 계획은 이윤 동기에서 추진되는 것입니다. 자본주의체제 내에서 효과적으로 기능하는 해결책이니까요.

인공적인 환경, 유전공학, 우주여행, 우주 속에서의 돔, 주제공원 — 이런 것들을 향한 발돋움은 실제로 우리가 이미 우주에서 길을 잃고 있음을 보여주는 예라고 캔사스 주립대학의 게리 코우티즈 교수는 주장합니다. 우리는 이미 우주비행사들처럼 어디에 뿌리를 두고 있다는 느낌도 없이 우리가 어디에서 왔는지도 모르고 어느 쪽이 위인지 어느 쪽이 아래인지도 모르고 떠돌고 있습니다. 그리고 이 모든 것 속에서 우리가 진정으로 하고자 하는 것은 에덴으로 돌아가려는 것입니다. 우리는 근원으로 되돌아가려고 애쓰고 있습니다. 에덴의 상실이 서구사회를 움직이는 신화입니다.

잉그램　토착민들은 항상 서로 싸우고 있다든지, 그들은 자치능력이 없다든지라고 하는, 토착민들에 대한 인식에 영향을 미치는 상투형에 대해 말씀해 주십시오.

맨더 인디언들에 대한 서구인들의 견해는 수세기 전 가톨릭 교회에서 인디언이 인간인가 아닌가 하는 논의를 한 데까지 거슬러 올라갑니다. 교회는 인디언들에게 영혼이 있는지, 그래서 구원할 가치가 있는지, 아니면 학살을 하거나 노예로 만들거나 할 것인지를 판단하고자 했습니다. 인디언들이 그들 나름으로 정당성을 가지고 있는지에 대해서는 생각조차 해보지 않았습니다. 자연에 대한 태도와 흡사하다는 것을 당장 알 수 있지요. 지금 사람들은 자연이 인간에 봉사하는 것이 아니라 그 자체로서 정당성을 가지고 있는지를 이야기하기 시작하고 있으니까요.

서구 산업국가들에서 인디언들은 근본적으로 시대에 뒤진, 과거의 존재로 간주되고 있습니다. 정부나 사회를 유지할 능력이 없고, 위대한 사고를 할 수 없으며, 서구의 사상에 기여하거나 아름다운 건축물을 남길 수 없다는 뜻으로 부정적인 의미에서 원시적이라고 간주되지요. 그들은 우리가 스스로 잘한다고 생각하는 모든 분야에서 비판을 받았습니다. 그렇지만 미국 헌법의 철학적 기초는 이로코이족(族)의 〈위대한 결속법(Great Binding Law)〉에 유래한다는 실질적인 증거가 있습니다. 그 법은 적어도 1500년대부터 있었던 것입니다. 이로코이족의 말로는 그보다 천년 전부터 있었다고 합니다.

〈위대한 결속법〉은 절대적 민주주의와 강력한 견제 및 균형을 가진 평등주의적이고 연합된 통치체제입니다. 어떤 면에서는 실제로 오늘날에도 계속 존재하고 있습니다. 미국 헌법이 그 원칙들 중에서 많은 것을 빌려왔음이 틀림없어요. 그 당시에 모범을 삼을 만한 민주적이고 연합된 정부체제의 예가 달리 없었으니까요. 내 책에서 인디언들의 통치체제에 대하여 애써 설명을 했습니다.

인디언의 경제체제들에 대해서도 주목해야 합니다. 왜냐하면 서구사회는 서구식의 발전형태와 기술이 사람들을 고통과 노예상태로부터 구원한다는 수사를 늘어놓거든요. 토착민들의 전통경제를 조금만 조사해보면 세계의 대부분의 지역에서, 온난한 지역은 물론이고 기후가 좋지 않은 지역에서도, 사람들이 별로 일하지 않고서 최대한의 즐거움을 누리면서 그리고 최소한의 기술을 가지고 살아갈 수 있었음을 알 수 있습니다.

잉그램 그리고 그들은 하루에 세 시간에서 다섯 시간밖에 일하지 않았지요.

맨더 평균해서 그렇지요. 그것도 일을 할 때에 그렇습니다. 전혀 일이 없는 달이 많았지요.

잉그램 그렇게 많은 일이 없는 시간에는 무얼 했습니까?

맨더 빈둥거렸지요. 남녀가 희롱하고, 음악을 즐기고, 잠을 잤습니다. 즐겁게 지낸 것 같아요. 이야기도 했습니다. 공동체 생활이 많았습니다. 그렇지만 누가 알겠습니까? 확실하게 알려면 이러한 활동이 아직 살아있는 석기시대의 공동체에 지금 들어가 보아야 하겠지요. 실제로 그런 사회에 들어가 본 사람들은 그들이 빈둥거리면서 재미있게 지낸다고 말합니다. 모든 것이 완전하지는 않지요. 갖가지 음모와 금기들이 있습니다. 해서는 안되는 일들, 그것에서 벗어나려고 애쓰는 일, 그리고 보복들이 있습니다. 그러나 그것은 아주 강렬한 직접적인 체험입니다.

잉그램 그들은 필경 고양된 소속감을 느끼겠군요.

맨더 바로 그것이죠. 보세요, 인디언들에 대한 서구인들의 견해는 인디언들과의 접촉에 기초를 둔 것이 아닙니다. 평균적인 미국인은 혹간 도시에서 술취한 인디언을 보는 일은 있을지 몰라도 인디언을 만나는 일이 전혀 없습니다. 인디언들은 대체로 황야에서, 즉 우리가 있지 않은 곳에서 살고 있어요. 그래서 우리는 그들과 실제로 상호접촉할 수 없고, 또 그들은 대중매체에 정확하게 반영되지도 못하지요. 대중매체에 나타나는 그들의 모습은 모두 상투적인 것입니다. 처음에는 인디언들이 야만인으로 그려졌습니다. 그리고 나서는 고상한 야만인으로 제시되었지요. 그 두 가지 모두 부정확해요. 실제 그들은 그저 아주 잘 운영되는 일정한 구조를 지닌 보통 사회에서 살고 있는 보통사람들일 뿐입니다. 그러니까 인디언들에 대한 우리의 인식은 환상일 뿐이지요. 우리는 실제로 그들의 사회가 어떠한지 알 방법이 없습니다.

토착민들의 전통은 철학적 전통입니다. 토착민 사회들은 수천년 동안 잘 유지되어왔는데 그것은 자연에 대한 관계에 뿌리를 둔 철학적인 체계를 발달시켰기 때문이지요.

잉그램　그것은 주로 구비전통입니까?

맨더　전적으로 구비전통입니다. 우리는 성문화하는 것이 옳다고 믿지만 그들은 그렇게 생각하지 않아요. 오논다가족(族)의 지도자인 오렌 리온즈는 법률의 구비전통을 강조합니다. 〈위대한 법〉이 문자화되면 온통 왜곡되고 맙니다. 왜냐하면 실제는 상당히 유동적이기 때문이죠. 사람들이 모두 모여서 그 상황에서 무엇이 옳은지를 이야기하여 찾아냅니다. 인디언들과 함께 시간을 보내보면 구비전통이 어떻게 작용하는지에 대하여 많은 것을 알게 됩니다. 그들의 기억력은 믿을 수 없을 정도이니까요. 그들은 당신이 한 말을 아주 분명하게 아주 오랫동안 기억합니다. 녹음기를 사용하거나 기록을 하지도 않고 말입니다.

잉그램　왜 그렇습니까?

맨더　그 과정을 생생하게 경험하기 때문이지요. 그들은 귀기울여 듣습니다. 구비전통에서는 귀기울여 듣는 것이 훈련됩니다. 예를 들어, 숫자로 표시되는 시계를 가지고 있으면 시계를 볼 줄 몰라도 됩니다. 기계가 다 해주니까요. 계산기는 계산하는 능력을 파괴해버립니다. 기계적인 기록체계가 있으면 사람은 주의력을 별로 집중하지 않게 되고, 기억력을 사용하지 않습니다. 저는 그런 일을 자주 보았습니다. 60년대 중반에 나는 호피족(族) 보호구역에서 어떤 회합에 참가한 일이 있는데요. 사람들이 모두 둥글게 둘러앉아서 한 가지 주제를 다루는 데 하루 온종일이 걸렸습니다. 회합이 시작될 때 이 사람들은 모두 눈을 감고 둘러앉아 있었습니다. 나는 그들이 잠들어 있는 줄 알았지요. 훨씬 나중에야 그들이 완전히 깨어 있었고 모든 말을 다 듣고 있었다는 것을 알게 되었어요. 그뿐만 아니라, 그들은 자기가 들은 말에 대해서 할 말이 아주 많았지만 차례차례 아주 느리고 자세하게, 생생한 기억을 가지고 말하는 것이었습니다.

잉그램　당신은 책에서, 역사 속에서 인디언에 관한 진실을 우리가 들을 수 없는 이유는 우리가 우리 자신의 죄과를 직면하고 싶지 않기 때문이라고 말하였습니다. 우리가 이곳에 왔을 때 이 땅의 사람들에게 행했던 일을 보여주는 것은 좋은 텔레비전 프로라고 생각되지 않는 거지요. 원래 영화 〈늑대와 춤을〉이 인디언 부족을 학살하는 장면으로 끝나게 되어있었는데 시사회(試寫會)에서 끔찍한 반응이 있었답니다. 그래서 그 부족이 사라지는 것으로 바꾸었답니다.

맨더 나는 영화에서 학살이 없어서 고맙게 생각했습니다.

잉그램 문제는 우리가 과거에 한 일을 우리는 알고 싶어하지 않는다는 것입니다. 더구나 그것은 옛날이야기도 아닌데요! 그런 일이 온 세계에 걸쳐 일어나고 있습니다. 지금 여기에서 말입니다.

맨더 미국인들은 자신들의 잘못을 인정하는 데 가장 저항을 많이 느낍니다. 근래에 많은 민족들이 여러가지 행동에 대해서 사과를 했습니다. 러시아인들은 폴란드인들에게 사과했고 폴란드인들은 자기네 민중에게 사과했습니다. 그것은 공식적인 사과였으며 당사자들은 협상을 하고 해결을 보았습니다. 인디언들은 우리가 현재뿐만 아니라 과거에 대해서도 사과를 하고 우리가 그들에게서 훔친 많은 땅을 되돌려 주기를 요구하고 있습니다. 전통적인 문화가 존속하는 데 땅은 결정적입니다.

지금 우리는 그렇게 해야 될 때입니다. 그리고 그렇게 한다면 그것은 인디언에게 덕이 되는 만큼 분명히 우리에게도 덕이 될 것입니다. 나는 심리적인 후련함 — 죄책감에서 벗어나는 것 – 만을 말하는 것이 아닙니다. 그보다 더 중요한 것은, 땅에 기초한 고대로부터의 지식, 즉 인간이 지구상에서 살아가는 적합한 방식에 대한 지식을 아직도 지니고 있는 토착민 문화를 유지함으로써 우리가 얻을 수 있는 혜택입니다.

II

시의 마음과 생명공동체

김종철

여러분, 반갑습니다. 제가 특별히 아는 것도 없고 말주변도 없는 사람인데《문화비평》쪽의 간곡한 부탁 때문에 이 '문학의 밤' 행사에 나오기는 나왔습니다. 오늘 저녁 귀중한 시간에 여러분들이나 저에게 무언가 좀 보람있는 이야기가 되어야 할 것 같은데 퍽 걱정스럽습니다.

오늘 말씀드리려고 하는 이야기는 제목을 '시의 마음과 생명공동체'로 하였습니다. 조금 전에 사회 보시는 분의 소개말씀에도 나왔습니다만, 요즘 생명운동이니 생명사상이니 하는 말이 별로 낯설지 않게 쓰이고 있습니다. 저 자신도 이런 용어를 가끔 사용할 때가 있기는 합니다만 실은 스스로 이런 말에 약간 거부감을 느끼고 있습니다. 우리가 목숨을 가진 존재들로서 산다는 것 자체가 근원적인 현상인데, 생명이라는 용어의 새로운 유행은 모든 것이 자칫하면 소비상품으로 떨어지기 쉬운 이 자본주의 사회에서 정말 상품으로 되어서는 곤란한 생명의 문제조차 그렇게 되어버릴 염려도 있고, 또 우리의 삶 자체가 부단한 움직임이고 운동일 것인데

김종철(金鍾哲) — 본지 편집·발행인. 이 글은 1991년 7월 대구에서 발행되는 교양지《문화비평》주최의 '문학의 밤' 행사에서 행하였던 강연을 정리한 것임.

새삼스럽게 우리 삶의 어떤 절박한 위기를 생명운동이라는 말로써 분리·부각시키는 것이 과연 합당한가 하는 의문이 있기 때문입니다. 저는 차라리 녹색운동이나 녹색사상이라고 하는 것이 조금 더 겸손하게 들리기도 하고 어떻든 좀더 적절한 용어가 아닐까 싶습니다만, 그러나 녹색이라는 말에 대하여 아직 우리 주변에는 약간의 저항이 있는 모양입니다. 아무래도 그것은 구미 쪽에서 건너온 말이 틀림없는데요.

아무튼 지금 생명 운운하면 누구든지 그것이 무엇을 의미하는 것인지 대개 알아차릴 수 있게 되었는데, 실은 이렇게 되어버린 상황 자체가 정말 두려운 것이지요. 우리가 사는 세상이 어쩌다가 이 지경이 되었는지 모르지만 참 기가 막히게 대규모로, 조직적으로, 그리고 설새없이 우리의 일상생활은 생명에 대한 파괴를 자행하지 않고는 영위될 수 없게 되었습니다.

제 생각으로는 이제 생명공동체라는 개념이 펙 절실한 것이 아닌가 싶습니다. 이것은 기왕에 우리가 흔히 얘기해온 그냥 공동체라는 개념과는 조금 다른 내용을 포함하는 것입니다. 대개 언어습관상 우리가 공동체라고 할 때 뜻하는 것은 인간공동체 또는 사회공동체이기 쉽지요. 요컨대 인간중심의 공동체라는 테두리를 벗어나지 않는다는 이야긴데요. 그런데 지금 인간공동체나 사회공동체가 불필요해졌다는 것이 아니라 그런 개념만으로는 우리의 당면한 위기를 극복하는 데는 굉장히 미흡하지 않을까 하는 것입니다. 이것은 우리가 직면하고 있는 상황으로부터 바로 나오는 요구라고 생각합니다. 제가 보기에는 지금 우리에게는 사람마다 정도의 차이는 있겠지만, 오늘날 환경이나 생명에 가해지고 있는 엄청난 위협에 대하여 마음속 깊은 곳에서 어떤 불길한 느낌이나 두려움이 있습니다. 오늘 저녁에도 여기로 오면서 석간을 훑어보니까 어김없이 환경재해에 관한 보도가 또 나와 있더군요. 경북지방 공장노동자들의 직업병에 관한 기사인데, 심각하게 중금속에 오염되어 있다는 통계가 발표되어 있었습니다. 하여튼 이런 종류의 기사는 요즘 와서 하루도 빠지는 날이 없게 되었습니다. 그저께에는 어떤 것을 읽었느냐 하면, 작년 한 해 동안 우리나라에서 자동차 사고로 사망한 사람이 만 3천명, 부상당한 사람이 25만명에 이른다고 하는 것이었습니다. 여러분 한번 냉정하게 생각해봅시다. 우리는 십여년 전에 있었던 광주사태로 인하여 그동안 굉장한 마음의 고통을 겪어왔습니다. 지금도 그 고통은 그대로 남아있는데요. 그런데 다른 것은 일단 괄호 속에 묶어두고 인명이 변칙적으로 폭력에 의해서 박탈된다는 점만을 고려한다면, 자동차 사고로 인한 사상자의 수효로 보면 우리가 광주사태를 끊임없이 경험하고 있다는 얘기가 됩니다. 그런데도 대부분의 사람들은 그것을 천재지변이듯이 별로 문제삼지 않고, 기껏해야 도로확장의 필요성을 이야기하는 정도입니다. 자동차 특히 개인 승용차의 사회적 생태학적 비용은 실로 엄청난 것인데요. 과연 우리사회가 그러한 교통수단을 보편적인 것으로 하면서 살아남을 수 있는 사회인지 어떤지에 대해서 진지하게 따져보는 노력 한번 없이 그런 생활이 진보이고 선진화나 되는 듯이 무턱대고 확산되고, 자동차 기업은 번창하고, 자동차 기업의 이익을 보장하기 위해서 정부는 그나마도 비좁은 국토에 어지럽게 도로망을 뚫어놓고 있습니다. 그런데 또 한편 생각해보면, 광주사태 때는 말이지요, 그때는 인명은 크게 손상되었지만 자동차로 인한 재해에서 보듯 사람 아닌 다른 생명체에 대한 손상은 그다지 큰 것이었다고 할 수 없는지도 모르지요. 자동차라는 것은 사람도 사람이지만 생명 일반에 대하여 치명적인 해를 끼치거든요. 대개 승용차 한 대가 일년 동안 내뿜는 유독성 오염물질이 1톤에 이르고, 자동차를 한 대 생산하는 공정에 소모되는 물이 4톤 정도나 된답니다. 지금 물이 점차 귀해지고 있고, 생수값은 실제로 석유값보다 비싼 셈입니다. 물이나 공기 같은 것을 단순히 화학적 물질구조로 생각하기 쉽지만, 따지고 보면 물이나 공기나 모두 생명입니다. 거기다가 눈에 안 보이는 무수한 미생물, 작은 풀, 나무들, 날벌레, 새들, 산성비와 독가스로 인하여 죽어가는 토양과 숲과 강물, 이 모든 것이 생명입니다. 근원적으로 볼 때 사람보다 대우를 못 받아야 할 이유가 없는 목숨붙이들입니다. 신문이나 방송에 보도되는 것과 같은 자동차 사고로 인한 생명의 피해 옆에는 항상 이와 같은 중생들의 억울한 죽음이 있는 것입니다. 이런 문제에 대하여 우리는 대개 생각하지 않고 지내지요. 자기들 당장에 괴로운 것만, 자동차가 정체되고 도로가 비좁은 사실에만 열을 내고 비판도 하고 그럽니다. 불과 십년 전에 개인 자동차를 소유하고 있던 사람들은 극소수였음에도 불구하고 이제 우리 대부분은 자가용 없이는 못 살 것처럼 생각하고 있거든요.

그런데 이것이 이제 보통 심각한 문제가 아니라는 것은, 이 추세대로 가면 우리에게 미래가 없다는 것입니다. 우리 자식들이 성장해서 자기 생애들을 개척하고 결혼을 하고 아이들을 가지고, 또 그 아이들이 커서 이번에는 자기 자식들을 낳고 ··· 이런 식으로 인류생활은 지속되어야 하는 것인데, 우리 자식들에게 그러한 기회가 과연 주어질 것인지 점점 불투명해져 가고 있습니다. 옛날부터 인류의 종말은 흔히 이야기되었습니다만, 그것은 일반적으로 종교적 열정에 바탕을 둔 종말론이었습니다. 그런데 지금의 상황은 과학적인 근거에서 종말이 이야기되고 있단 말입니다. 우리 자식들에게 미래가 없다면 그것은 바로 우리들에게 미래가 없다는 이야기가 됩니다. 지금 우리의 가장 비참한 실존적 위기는 우리에게 미래가 없다는 데서 주로 연유하는 것이라고 저는 생각합니다. 그러니까 사람들이 비록 말은 안하지만 마음속으로는 커다란 공포를 느끼고 있음이 분명합니다. 사태가 보통 심각한 문제가 아닌 만큼 정면으로 보지 않으려 하고 될 수 있으면 회피하고자 하는 심리도 작용하고 있겠지요.

하이데거라는 철학자가 이런 얘기를 했습니다. 어떤 시대이든 그 시대를 지배하는 주도적인 분위기 혹은 기분이라는 것이 있는데, 고대사회에서는 세계에 대한 경탄 혹은 외경의 기분이 있었고, 17세기 이래 데카르트 이후에 서양에서 지배적인 기분은 확실성이었다고 합니다. 사람들의 합리적인 기획과 실천에 의해서 말하자면 지상천국의 건설이 가능하다는 확실한 믿음이 존재했다는 말이지요. 그런데 2차 대전 이후 그러니까 히틀러에 의한 유태인 학살과 히로시마 원폭투하라는 끔찍스러운 재난이 있은 뒤부터는 인류사회를 지배하는 주된 분위기는 공포와 권태라는 것입니다. 공포와 권태의 감정은 실은 표리일체의 관계에 있는 것이라는 겁니다. 실로 형언하기 어려운 두려운 사태에 직면하여 자기 운명에 눈을 감고자 하는 근원적인 무책임과 무관심이 여기에 작용하는 것일 테지요. 여러분이 짐작하다시피, 하이데거는 현대기술문명에 커다란 반감을 느끼는 철학자인데요.

그런데 물고기가 떼죽음 당하고 있다는 보도를 그저께도 보았습니다만, 지난번 페놀오염사건 같은 것 말입니다. 이런 것이 자본이나 기술의 투입에 의해서 어느 정도 땜질이 가능할지 모르지만, 날이 갈수록 생태계 위기가 심화되고 있는 것은 틀림없습니다. 이런 이야기를 지금 새삼스럽게 예를 들어가며 할 필요는 없겠지만, 기본방향이라 할까 지금과 같은 추세가 지속된다면 어떻게 될지 조금 말할 필요는 있으리라고 생각됩니다. 제 생각으로는, 아마 가장 난감한 문제는 쓰레기 처리문제가 아닐까 싶습니다. 요즘 언론에서는 지역 이기심을 버려야 할 필요성을 강조하고 있지요. 각 지역에서 쓰레기 처리장이나 매립지를 건설하거나 유지하는 데 따른 피해를 예상하고 지역민들이 단결된 투쟁을 전개하기 시작한 상황을 두고 이기심을 벗어나야 한다고 설득하려고 하는 것이지요. 그런데 이런 주장을 하는 논자들도 쓰레기 문제의 심각성을 과연 얼마나 철저히 인식하고 있는지는 의문입니다. 도대체 쓰레기나 각종의 산업폐기물이 단순히 매립되거나 불태워진다고 해서 해결되느냐 하는 것입니다.

아폴로 우주선이 달에 갔다온 사실로 해서 인류에게 어떤 기여가 있었다면 아마 인류역사상 처음으로 외계에서 인간이 지구를 볼 수 있었다는 점에 있으리라고 생각됩니다. 그때 탑승했던 우주선 조종사 한 사람의 증언에 의하면 달에서 돌아오면서 지구를 보니까 너무 아름답고, 작고, 가냘프게 보인다는 것이었습니다. 지구에서 달을 볼 때와 같이, 달쪽에서 지구를 보면 우리가 살고 있는 지구라는 별은 허공에 외롭게 떠있는 작은 공에 불과한 겁니다. 그런데 그 우주선 조종사의 말에서 주목되는 것은 그러한 별을 작고 가냘프다고 하는 표현방식입니다. 특별히 시적 감수성이 예민한 사람도 아닌 우주선 조종사로 하여금 그러한 표현을 할 수 있도록 한 것은 무엇일까요? 그는 지구라는 별을 하나로 볼 수 있었던 것입니다. 그는 그 위에 자기의 가족, 친구, 사랑하는 사람들이 생명을 영위하고 있는 터전으로서의 지구가 허공 중에 아슬아슬하게 떠있는 것으로 보았던 것입니다. 요컨대 그는 전지구적인 관점에 자연스럽게 설 수밖에 없었던 것이 아닐까요? 우리는 대체로 전지구적인 관점에 서서 사물을 파악하는 순간을 드물게밖에 가지지 못하는 것 같습니다. 우리들 개개인은 사회적 인간관계의 복잡한 연관 속에 살면서 갖가지 모순, 갈등을 일으키면서 살아가기 때문에 지구적인 관점은커녕 작은 공동체 입장에 서기도 어려운 형편입니다. 그런데 이 우주선 조종사는 마치 어머니가 어린 자식의 안위를 걱정하는 심정과 같은 것으로 외계로부터 지구를 보고 있는 것입니다. 저는 아폴로계획의 유일한 성과가 바로 이런 것이라고 생각합니다만, 그런데 돌이켜보면 옛날부터 현명한 사람들이나 시인, 예술가들, 예언자들, 신비가들, 그리고 아메리카 인디언들은 늘 이러한 관점을 지니고 있었습니다. 그것을 이 과학기술시대에 순전히 과학기술의 현대적 성과에 힘입어 이루어진 아폴로계획의 실현 속에서 한 조종사가 확인했을 뿐입니다.

지구는 하나라는 것, 그리고 그것은 우리의 생존의 절대적인 터전이면서 어디까지나 유한한 체계라는 것이 아폴로계획을 통하여 과학적으로 입증된 것으로 볼 때, 아까 얘기로 돌아가서 이러한 체계 속에서 쓰레기를 치워보았자 어디로 보낼 데가 없다는 사실이 분명해집니다. 어느 잡지에서 읽은 기억이 납니다만, 70년대에 캘리포니아에서 일본까지 요트로 단독 항행한 경험이 있는 어떤 사람이 80년대에 다시 그 항로를 거쳐 여행을 하면서, 태평양이 온갖 오물로 뒤덮여있는 것을 보고 크게 낙담했다고 합니다.

결국 쓰레기 문제의 근본적인 해결책은 분해되기 어려운 쓰레기를 생산하지 않는다는 것뿐입니다. 그런데 지금 우리 생활은 너나없이 쓰레기 투성이거든요. 어쩌다가 우리 생활이 이 지경으로 산적한 쓰레기더미 속에 허우적거리지 않으면 안되게 되었는지 모르지만, 지금 여러가지로 강구되는 대책이라는 것들, 예를 들어 분리수거라든지 썩는 비닐제품의 연구개발이라든지 하는 것들은 임시적으로 약간 도움이 될지 모르지만 궁극적으로는 문제의 본질을 흐려놓기가 쉽다고 봅니다. 모든 것을 새로운 기술의 도움으로 해결하고자 하는 한, 또다시 새로이 불거지는 문제에 끊임없이 직면해야 합니다. 썩는 비닐만 하더라도 그것이 천연물이 아닌 합성품인 한 그것이 더욱 생태적으로는 유독한 것일지 모르고, 지하수오염을 비롯하여 어떤 예측하지 못하는 부정적 결과를 초래할지 모르는 것입니다.

환경오염에 대하여 우리는 피해자이면서 가해자입니다. 이렇게 말하면 책임소재를 분명하게 하지 않는 양비론이라면서 반박하는 사람들도 있겠지만, 사실대로 말해서 기업이나 정부의 책임 못지않게 우리 자신의 욕망의 문제가 궁극적인 책임을 져야 하는 것은 부정하지 못할 것입니다. 우리는 합성세제를 대량 생산하는 자본가나 이것을 묵인 혹은 보호하는 정부를 비난하는 것과 동시에 우리 자신의 욕망의 구조도 냉정하게 들여다보아야 합니다. 사회정치적 변화와 동시에 우리 자신의 인격적 쇄신이 이루어짐으로써만 비로소 오늘의 위기 변화를 극복할 수 있는 가능성이 열릴 것이라고 저는 생각합니다. 오늘날 경제와 정치권력의 결합은 막강한 것으로 보입니다. 오늘날 우리들의 일상생활을 규정하는 산업적 생활방식에서 거의 절대적인 비중을 차지하고 있는 것은 자동차, 발전소, 컴퓨터 같은 현대 산업의 복잡하고 대규모적인 기술체계라고 할 수 있는데, 이러한 기술체계는 권력의 중앙집중 없이는 불가능하고, 또 권력의 중앙집중을 끊임없이 확대하는 데 이바지합니다. 요컨대 우리들이 지금 찬연한 과학기술의 성과라고 찬탄하면서 편의주의적 생활의 안락을 도입하고 있는 기술문명은 그 자체 인간을 부단히 소외시키는 중앙집중적 권력을 기초로 한다는 사실을 주목해야 한다는 것입니다. 오늘날 보는 것과 같은 산업적 생활방식과 참된 민주주의적 생활은 결코 양립할 수 없습니다. 우리가 인간답게 사는 것은 물론 생태적 위기를 극복하기 위해서 필요한 것은 분권적 산업을 발전시키는 것입니다. 원자력발전소가 아니라 풍력과 조력과 태양열발전소가 지역마다 설치되어서 우리가 검소한 생활을 영위하는 데 필요한 에너지를 공급할 때 그러한 대체에너지는 단순히 생태학적으로 지탱가능한 에너지원을 유지한다는 차원을 넘어서 우리가 외부적인 강제나 통제 없이 우리 생활을 자치적으로 꾸려나갈 수 있는 산업적 기초를 확보한다는 중요한 의미를 갖는 것입니다.

쓰레기는 영어로 웨이스트, 그러니까 낭비라는 말인데, 이것은 결국 따져보면 인생의 낭비를 말하는 것이라고 볼 수 있겠지요. 그렇게 볼 때 쓰레기 문제는 단순히 우리의 생활에서 나오는 부산물 찌꺼기라는 정도에 그치는 문제가 아니라 우리 삶을 근본적으로 규정하는 오늘의 지배적인 산업체제 자체가 인생의 낭비를 구조적으로 강제한다고 생각되는 것입니다. 그러므로 가령 실업문제라든가 노인문제 같은 요즘 흔히 이야기되고 있는 사회문제 등과 쓰레기 문제는 본질적으로 같은 뿌리에서 연유하는 것으로 볼 수 있습니다.

이른바 노인문제를 두고 생각해보면, 사람이 단순히 늙었다는 것 때문에 문제가 된다는 것은 인류역사상 일찍이 없었던 일이지요. 이것은 산업사회의 비극이라고 할 수 있습니다. 전통적인 농경사회에서는 노인문제라는 것은 성립할 수 없는 말입니다. 전통사회에서 노인들을 포함한 모든 사람들은 저마다 자기들에게 맡겨진 보람있는 사회적 역할이 있었다고 할 수 있습니다. 다시 말해서, 일거리가 있었다는 얘기지요. 지금 중요한 사회적 문제로 논의가 분분한 이른바 여성문제만 하더라도 그 문제의 본질은 산업문명과의 관련 속에서 보아야 한다고 저는 생각하는데요. 흔히 산업화 내지는 근대화를 통해서 여성들의 지위가 봉건적 질곡에서 많이 벗어나옴으로써 크게 향상된 것으로 평가하는 줄로 알고 있습니다만, 이것은 매우 피상적인 관찰이라고 생각됩니다. 지금 여기서 이 문제에 대하여 길게 언급할 여유가 없지만, 한마디만 한다면 오늘날 여성문제는 본질적으로 여자들에게 보람있는 일거리가 주어져 있지 않다는 점과 깊은 연관이 있는 것으로 볼 수 있습니다. 예전 농업사회에서는 농사일과 같은 기본적인 생산활동은 가족단위의 노동에 의해서 이루어진 사실을 기억해보면 됩니다. 그러한 상황에서 노동으로부터의 소외라는 현상은 생겨날 수 없지 않을까요? 예전 농사일이 고통스런 중노동이었다는 주장도 있겠지만, 과연 그렇게만 볼 수 있는지도 의문이지만, 그것이 사실이라 해도 안락과 편의가 비교할 수 없을 만큼 증대된 오늘의 상황이 오히려 노동소외와 거기 따른 비참을 구조적으로 만들어내는 것이 사실이라고 할 때, 이 문제를 어떤 식으로 보아야 할지는 건강한 상식을 지닌 사람으로서는 자명하다고 여겨집니다. 인간은 생활수준의 향상이라는 어리석은 욕망을 추구하다가 이제 가장 비참한 재난에 봉착한 것입니다.

우리는 노동이 인간행복에 대하여 갖는 관계를 새롭게 조명할 필요가 있을 것 같습니다. 보통 노동이란 고통스러운 것이라는 도식이 통하지만, 실은 일없이 안락하게 지내는 것보다는 조금 고통스럽더라도 일을 가지고 사는 것이 참다운 행복에 이른다는 것은 두말할 필요가 없겠지요. 그런데 여기서 생각해야 할 것은 사람이 창조적인 노동을 누리는 것은 도덕적 설교를 통해서 되는 것이 아니라는 것입니다. 무엇보다 생활이 그것을 요구해야 하고, 공동체적인 삶이 가능하려면 공동체적인 노동을 필요로 하는 생활상의 긴요한 요구가 있어야 하는 것입니다.

요즘 많은 사람들이 할 일 없이 텔레비전이나 보면서 시간을 보낸다고 합니다. 텔레비전이 있어서 외로움을 달래준다고 생각하는 경향이 있지만, 뒤집어 생각해보면, 텔레비전이 있는 세상이기 때문에 우리들이 별수 없이 소외되고 외로운 생활을 강요당하는 것인지도 모릅니다. 오늘날 인간성의 황폐를 암시하는 사례들이 수없이 나타나고 있지만, 이런 것을 개탄해보았자 아무 소용없습니다. 사람이 사람끼리 뜻있는 관계를 맺을 수 있는 사회적 환경을 만들어야 하는 것입니다. 이것을 위해서는 무엇보다 사회경제구조에 있어서의 혁신이 있어야 하고, 삶을 선택하고 결정하는 정치적 행동의 구조가 충분히 민주적으로 개변되는 것이 선결조건이라고 해야 하겠지요. 그런데 이와 같은 혁신적 노력에 있어서 핵심적인 것은 아마 가능한 한 자치와 자율의 생활을 보장하는 구조로의 발전, 즉 권력의 분산, 소규모 경제생활단위, 협동적 공동체가 존중되어야 할 거라는 점입니다. 그러나 이 문제는 굉장히 중요한 사회정치철학에 관한 문제이니만큼 여기서 길게 논하지 않겠습니다.

쓰레기 문제에서 보듯이 지금 우리가 당면한 위기는 기술이나 자본의 힘으로 결코 극복될 수 없는 인생의 낭비의 문제인데, 이러한 낭비는 물론 이것을 강제하는 사회경제체제의 문제이지만, 더 깊이 생각하면 이것은 본질적으로 문화적 위기라고 할 만합니다. 왜냐하면 이것은 결국 가해자나 피해자가 따로 확연히 분리될 수 없을 만큼 거의 대부분의 현대인들이 공통하게 나누어 가지고 있는 삶에 대한 기본적 가정, 기대에 근거하는 것이기 때문입니다. 다시 말해서, 삶이란 무엇인가, 도대체 어떻게 사는 것이 참다운 삶이냐 하는 것에 대한 관점의 문제, 혹은 감수성의 근본 문제라는 것입니다. 우리가 다음 세상이야 알 바 없고 지금 당장 안락과 편의를 누리면 그만이다라고 생각하고 산다면, 아무리 구조를 개혁하고, 사회경제공학을 정교하게 적용해본들 사태가 나아지는 것은 아닐 것이 분명합니다.

제가 자꾸만 문화적 위기에 대하여, 문화적 가치의 혼란에 대하여 언급하는 것은 까닭이 있습니다. 오늘날 우리 주변에서 보면, 정치적으로는 매우 진보적이고, 체제비판적인 사람들 중에서도 환경문제나 기술공학의 문제에 있어서는 굉장히 둔감한 것을 자주 목격하게 되는데요. 하다못해 합성세제 문제만 해도 그렇습니다. 이런 문제에 관심을 표하면 체면에 손상이 된다고 생각하는지, 별로 이렇다 할 발언도 없을 뿐만 아니라 이런 문제에 진지한 관심을 보여주는 사람들을 소시민 취급하기 일쑤인 듯합니다. 저는 결국 이 모든 것이 세계관과 감수성의 문제라고 생각합니다.

하여튼 환경문제에 대한 일반적인 인식만은 종전보다 높아진 게 사실입니다. 이제는 합성세제가 강물을 오염시키고, 그 물이 수돗물로 되돌아와서 자기 가족과 자기 자식들의 건강에 문제를 일으킬 거라는 인식까지 할 수 있게 된 사람들도 적지 않은 것으로 보입니다. 그런데 예전에 비해 확실히 이것은 진일보한 것이라고 볼 수 있지만, 그것이야말로 이기주의적 고려가 아닐까요? 나아가서는 지나치게 인간중심의 사고방식이라고도 말할 수 있습니다. 제가 보기에는 그러한 수준 정도로는 문제해결이 극히 어렵지 않을까 싶습니다. 강물 오염으로 인하여 무엇보다 단순히 수소분자 두 개와 산소분자 하나로 이루어진 물질이 아니라 생명을 가진 물이라는 생명체가 죽고, 강에 서식하는 모든 크고 작은 생물들과 강 주변의 오랜 세월에 걸친 문화가 죽는다는 것을 생각해야 합니다. 문제는 만물이 하나이고, 형제라는 생각이 있어야 하고, 생각보다는 감수성으로 받아들여야 할 것입니다. 인간공동체나 사회공동체라는 것으로는 어림도 없는 그러한 상황이 되었다는 자각이 필요하고, 감수성의 대전환이랄까, 하여튼 이제는 생명체 전체를 하나로 보는 생명공동체의 개념이 절실하다 하겠습니다.

자연현상이란 참 신비스럽습니다. 여러분 중에도 기억하실 분이 계시겠지만, 얼마 전에 신문에서 보니까, 연어 말인데요. 북미 쪽에서 잡히는 연어들이 말입니다. 그동안 사람들이 키가 큰 놈들만 잡아가는 것을 알아차린 연어들이 이제는 아무리 나이가 들어도 일정한 길이 이상으로 더 자라지를 않는다고 합니다. 상대방의 마음을 읽어낸다는 것은 사람이나 짐승이나 다를 게 없다는 이야기입니다. 식물들도 그렇다고 하지요. 난초 같은 것뿐만 아니라 일반적으로 집에서 키우는 화초들이 키우는 사람에 따라서 성장을 잘거나 못하거나 하는 것은 우리들이 늘상 경험하는 일입니다. 말없는 식물들도 자기에게 애정을 가진 사람과 그렇지 않은 사람을 구별하는 법입니다. 이런 예는 사실 수두룩하지요.

제가 오늘 제목에서 그냥 '시'라고 하지 않고 '시의 마음'이라고 한 것은, 지금 중요한 것은 문학형식으로서의 시가 아니라 누구나 갖고 있는 시적 마음이라고 생각했기 때문이고, 이것을 말해보고 싶었기 때문입니다. 저는 실제로 시작품을 읽거나 쓰거나 하는 일과 관계없이 시적 마음이라는 것은 인간 누구나가 소유하고 있는 근원적 심성이라고 생각하는데요. 언젠가 미국노동사를 읽다가 재미있는 얘기를 접한 기억이 있습니다. 미국노동사에서 19세기 말이면 탄압이 극심하던 때였는데요. 기아임금을 받던 이 무렵 보스턴 근교의 어떤 공장노동자들이 파업을 일으켰습니다. 그 시절의 미국노동자들이 얼마나 형편없는 대우를 받고, 노동쟁의가 얼마나 혹독하게 규제되고 있던가는 지금 상상하기 어려울 정도였습니다. 바로 그런 시절인데, 이번에는 임금투쟁도 아닌 아주 특이한 색다른 이유로 파업이 단행되었고 그 때문에 미국노동문화사에 중요하게 기록된 것입니다. 무엇이냐 하면, 그때 공장의 마당에 한 그루 오래된 느릅나무가 있었는데 이것을 공장 증축을 이유로 기업주가 베어버리려고 하는 것을 노동자들이 반대하여 파업을 결행하면서까지 그 나무를 지키려고 한 겁니다. 이 사건은 노동자들은 밥만 해결해주면 된다라고 생각하는 사람들에게 충격을 주었습니다. 그때 파업을 했던 노동자들 자신은 그들이 그 느릅나무를 지키려고 했던 이유를, 우리는 저 나무를 볼 때마다 우리들이 죽는 존재라는 사실을 깨닫는다라는 말로써 밝혔습니다. 제가 시적 마음이라고 부르는 것은 결국 이러한 노동자들의 말 속에 담겨있는 마음이 아닐까요?

사람이 생리적 순환만 원활히 하면 인간문제는 대체로 해결된 것이라고 보는 것은 산업문화의 지배적인 가정입니다. 그래서 먹는 것의 크기를 최대한으로 하려거나 그것을 고르게 나누고자 하는 일이 그동안의 근대사회 발전과정에서 집중적인 과제로 인식되어왔던 것입니다. 그러나 보스턴 근처 노동자들이 대탄압 속에서 관철시키고자 했던 저 정신적, 철학적 요구야말로 실제로 눈에 보이지 않는 것이면서 인간생존에 불가결한 요소를 구성한다는 것은 말할 필요가 없습니다. 이것은 어떤 상황에서도 다른 것에 의해 대체될 수 없고, 억누를 수도 없는 근원적인 욕구라고 생각됩니다.

나무 한 그루가 상처를 입으면 자기자신의 아픔으로 느끼고, 고통을 같이하는 감수성이 중요합니다. 얼마 전 서울의 방학동에서 오래묵은 은행나무를 지키기 위하여 단식투쟁도 한 사람이 있지만, 그런 사람의 마음을 우리가 한번 생각해볼 필요가 있지 않을까요? 저는 위대한 시인들의 마음이 대개 그러한 것이 아니었을까 싶습니다. 위대한이라는 말이 거슬린다면, 일반적으로 좋은 시에서 우리가 느끼는 마음이 그런 것이라고 생각합니다. 실은 시적 사고라는 것은 본질적으로 모든 생명을 하나로 보는 사고방식이거든요. 우리는 시의 사고는 주로 은유적 사고에 의존한다는 것을 주목해야 합니다. 아까 어느 노시인께서 낭독하신 시 구절 가운데, 늙은 호박이 다리 밑에서 자기를 물끄러미 바라본다라는 대목이 있었습니다. 노경에 접어든 시인의 감정이 무엇인가 손에 잡힐 듯이 느껴지는 대목이었습니다. 그런데 거기서 늙은 호박이라는 하나의 사물은 흔히 하는 말로 나와 그것의 관계가 아니라 나와 그대의 관계로 포착되어 있는 것입니다. 모든 것이 상호의존의 빈틈없는 관계 속에 존재하는 것일 뿐 아니라 궁극적으로 모두 한 뿌리를 공유하고 있고, 그러므로 본질적으로 만물은 형제라는 관점이야말로 모든 시적 은유의 근거를 형성하는 것입니다. 상호 이질적인 사물들 사이에 유사성이나 일치성을 발견하는 능력이 은유적 사고라고 한다면, 은유라는 것은 원래 만물을 하나로, 형제로 보는 마술적 사고 혹은 신비적 직관에 뿌리를 둔 것이라는 것을 이해하는 것은 어렵지 않습니다. 신라 향가 중에 〈祭亡妹歌〉를 보면, 죽은 누이를 추모하면서, 한 가지에 난 두 개의 잎사귀로서 남매간의 관계를 보고 있습니다. 이것은 단지 그럴듯한 비유가 아니라 실제 향가를 지은 시인의 직관이 아니었을까요? 우리는 시적 비유를 다분히 형식적인 것으로 보는 습관에 젖어 있지만, 그것은 사물들간의 내재적 친연성을 직관적으로 파악하는 마음을 전제로 하지 않고는 성립하기가 불가능한 것이니까요.

언제가 김범부(金凡夫) 선생이 쓰신 음양론이라는 글에서 재미있는 대목을 읽은 기억이 납니다. 영국 철학자 러셀이 만년에 평화운동에 헌신한 것은 잘 알려진 사실입니다만, 이 러셀이 북극의 빙하를 녹여서 인류의 산업복지를 위해 이용하자는 제의를 한 적이 있다는군요. 저는 금시초문이지만, 하여튼 러셀의 그와 같은 제의를 두고 김범부 선생은 그것이 얼마나 우매한 생각인가를 지적합니다. 즉, 지구의 북극에 두텁게 얼음이 덮여있는 것은 범부 선생의 말로는 '태양계의 약속'이라는 겁니다. 이러한 사고방식이야말로 바로 오랜 세월 동안 시인들이 늘 보여준 은유적 사고의 바탕이 아닌가 싶습니다. 하다못해 가을날 나뭇잎 하나가 떨어지기 위해서도 온 우주의 힘이 필요하다는 이야기가 있지 않습니까? 모든 것이 조화와 균형 속에 하나로 맺어져 있다는 생각이 여기에 들어있는 셈입니다. 이것은 시적 감수성의 본질이고, 시의 마음의 핵심이라고 저는 생각합니다. 그렇기 때문에 일견 다른 존재, 다른 생명으로 보이는 것들이 결코 나와 상관없는 존재가 아니라 내 생명의 일부라고 보고, 시인은 생명에 가해지는 상해에 마음 아파하고, 고통을 함께 나누는 것이라고 생각되는데요.

그런 의미에서 보자면, 아메리카 인디언은 모두가 시인이라고 할 만합니다. 인디언의 문화는 어떤 의미에서 거의 완전히 시적 은유체계로 구성되어 있다고 해도 과언이 아닌 것 같아요. 인디언의 언어습관에 따르면, 예를 들어 자기 자식이 아프면 자기가 아프다라는 뜻으로 말을 한다고 해요. 우리는 동양사람들이고 그래서 서양문화에 있어서보다는 훨씬 비폭력적인 토착문화전통을 누려왔지만, 그런 우리들에게도 내 자식이 아플때 그것을 자기자신의 아픔으로 표현하는 습관은 없거든요. 그런데 영어로 번역된 인디언의 말을 다시 우리말로 번역하면, 인디언은 이런 경우 어떻게 말하느냐 하면, 내 아들에 관계해서 내가 아프다 — 이렇게 말한답니다. 그러니까 아픈 것은 어디까지나 자기이고, 참조사항이 자기 아들이라는 것이지요.

지난번 인기를 끈 영화 〈늑대와 춤을〉에서도 잠시 엿볼 수 있었지만, 인디언은 짐승을 죽일 때 결코 불필요하게 남획하지 않는다고 합니다. 버팔로 같은 것을 사냥하게 될 때 그들은 반드시 제사를 지냅니다. 버팔로의 영혼이 인간의 영혼과 별개의 것이라고 생각하지 않습니다. 인디언들은 사냥한 버팔로의 살을 먹는 사람에게는 바로 버팔로의 영혼이 들어온다는 믿음을 갖고 있고, 먹는 행위를 통해 버팔로와 인간이 일체화된다는 경험을 갖게 된다는 것이지요. 겉으로는 백인의 경우와 다를 것이 없는 잔인한 사냥으로 보일지 모르지만, 내면적으로는 이와 같은 자연관, 우주관, 생명관에 있어서 엄청난 차이가 있는 것입니다.

인디언 문화는 여러모로 참으로 흥미로운 게 많은 것 같아요. 평원 인디언의 어떤 부족의 풍습에는 말이지요, 집을 지을 때 집도 생명체니까 뿌리가 있어야 된다고 생각하고, 그래서 집터의 바닥에 선인장 몇 뿌리를 반드시 먼저 파묻는다고 합니다. 그러니까 그들은 집이라는 것을 단순히 사람이 거처하는 물리적인 공간 정도로 생각하는 것이 아닙니다. 이러니 인디언들이 거대한 콘크리트로 빌딩을 세우는 일이 가능하겠습니까? 그들이 과학 기술의 빈곤으로 빌딩을 세우지 못하고, 거대한 도시문화를 건설하지 못했다고 보는 것은 사물의 핵심을 놓치는 관점입니다. 아메리카 인디언은 어떠한 반생명적인 테크놀로지나 문명도 원천적으로 차단하는 세계관과 감수성에 깊이 뿌리를 내리고 살았던 것입니다.

　인디언들이 집을 짓기 위해 선인장을 심는 행위를 두고 이것을 비합리적인 미신이라고 할 수 있을까요? 우리는 인디언의 문화에는 거의 경탄할 수밖에 없는 자연과 세계에 대한 근원적인 겸손과 외경이 깔려있다는 것을 보지 않으면 안됩니다. 현대 과학술문명은 따져보면 부분적 합리성의 추구가 총체적인 비합리성에 직결되어 있는 대표적인 경우라 할 수 있는데, 그런 점에서 우리는 합리성이니 과학성이니 하는 용어를 근본적으로 재검토해야 할 것으로 생각합니다. 아까 말씀드린 대로 우리가 근본적인 반성 없이 이른바 통속적인 합리성이나 찾고 기술주의적 해결을 고집한다면 인디언식의 감수성이나 시적 세계관은 아무 의미를 갖지 못하겠지요. 그러나 오늘의 이 가공할 위기를 진지하게 돌아볼 때 지금 도처에서 불거지고 있는 환경재난은 산업문화의 퇴폐성과 직결되어 있고, 뿐만 아니라 그것은 또 우리 자신의 개개인의 인간성이 극도로 피폐해져버린 것과 완전히 내면적으로 일치하고 있다는 것을 부인할 수 없는 것입니다. 이와 같이 환경파괴와 문화와 인간성의 문제가 근본적으로 동일한 문제임을 인식할 때, 철저히 변혁되어야 하는 것은 다시 한번 말하지만, 사회의 외면적인 구조가 아니라 우리 자신의 내면의 구조 즉 감수성과 욕망이라는 것은 분명합니다. 감수성의 변혁이 가능할까라고 회의적인 사람도 많겠지만, 중요한 것은 그럴 용의를 갖느냐 안 갖느냐 하는 문제라고 저는 생각합니다. 저로서는 그렇게 하는 길만이 활로라고 한다면 우리 자신이 인디언식으로 느끼고 사는 것도 불가능하지는 않을 거라고 봅니다. 어떻든 오늘날 산업문화가 우리 생활을 거의 완벽하게 지배하고 있는 상황에서 이런 이야기는 잠꼬대 같은 소리로 들릴지 모르지만, 인간 누구에게나 결정적인 마음의 변환, 일종의 정신적 개종의 가능성은 열려있는 것으로 우리는 믿어야 하지 않을까요?

그런데 그러한 믿음이 근거없는 것이 아니고 현실적인 타당성이 있다고 생각되는 것은 우리 모두가 조금씩 정도의 차이는 있을지라도 시를 좋아하고 시적인 분위기를 향수할 수 있는 기회를 원한다는 사실입니다. 시라는 것은 우리 시대에 아까 본 것과 같은 인디언식의 사고방식이나 감수성을 그 편린이나마 간직하고 있지 않으면 불가능한 세계이거든요. 어떤 점에서 산업문화의 압도적인 지배 밑에서 우리가 시라는 형식을 유지하고, 그것을 통해서 우리 자신의 인간으로서의 근원적인 감수성을 습관적으로 확인하고 있다는 것은 하나의 구원인지도 모릅니다. 오늘날 전대미문의 엄청난 위기를 헤쳐나아감에 있어서, 정말 필요한 나침반은 은유적 사고를 본질적인 생명으로 하는 시적 사고, 시적 감수성이라고 해도 되겠지요.

그런데 오늘 이 이야기를 준비하기 위해서 근년에 발표된 우리나라 시 작품들을 조금 훑어보았습니다만, 어쩐 일인지 특히 지난 80년대 이후 작품들에서 여기서 인용하는 데 적합한 것들이 별로 풍부하게 눈에 뜨이지 않았습니다. 이것은 오늘의 우리 문화 전반에 비추어 조금 깊이 들여다보아야 할 문제점이 아닌가 생각되는데, 여하튼 시인들조차도 이른바 과학주의라거나 하는 메마른 합리주의에 깊이 감염되어 있는 것이 아닌지 모르겠습니다. 그러나 이 문제는 굉장히 중대한 논의를 필요로 하는 것이고, 여기서 무책임한 얘기를 늘어놓아서는 안되겠지요. 어쨌든 제가 학생 시절부터 즐겨 읽어온, 한 세대 전의 시인들이 제게는 더 풍부한 인용자료를 제공하는 것으로 생각되는데요. 가령 다형(茶兄) 김현승의 시 〈無等茶〉를 읽어봅니다.

가을은

술보다
차 끓이기 좋은 시절…

갈가마귀 울음에
산들 여위어 가고

씀바귀
마른 잎에
바람이 지나는,

남쪽 십일월의 긴 긴 밤을,

차 끓이며
끓이며
외로움도 향기인 양 마음에 젖는다.

　김현승 선생께서는 술을 전혀 안하시면서 커피를 굉장히 즐겨 드셨다고 하는데요. 늦가을에 차를 끓이면서 시인은 외로운 심정을 이야기하고 있습니다. 전형적으로 부르조아적인 시라고 해야 할까요? 하기야 지금 그런 지적이 무슨 중요한 의미가 있는지 저는 잘 모르겠습니다만, 이 작품이 특별히 감동적이라기보다 누구에게나 대체로 별반 거부감 없이 받아들여질 수 있는 근원적인 정서를 바탕으로 하고 있는 것으로 보이기 때문에 여기 인용해 보았습니다. 특히 "갈가마귀 울음에 / 산들 여위어 가고"라는 구절을 보면, 시인의 마음이 본질적으로 어떻게 움직이는가를 우리가 엿볼 수 있습니다. 자, 조금 자세하게 한번 보십시다. 가을, 그것도 깊은 가을입니다. 새들이 이동하는 계절이고, 산들로서는 자기 품에 데리고 있던 새들을 떠나보내는 계절입니다. 갈가마귀는 지금까지의 보금자리를 떠나면서, 울면서, 어디론가로 갑니다. 그들을 떠나보내는 산의 마음이 여위어 간다고 했습니다. 상심하고 있다는 얘기지요. 이것은 물론 합리적인 산문의 언어로는 넌센스인지도 모릅니다. 산이 어떻게 여위어 간다고 말할 수 있겠습니까? 하기는 잎사귀가 다 떨어지고 나무들이 벌거벗으면 산도 여윈 모습으로 비칠 수는 있겠지요. 그러나 이 시에서 언급되고 있는 것은 그런 산문적인 수준은 아닌 것 같아요. 갈가마귀가 우는 소리를 들으며 여위어 가는 산(山) — 이때 그 산은 어느새 어머니가 되어있습니다. 물론 모든 시가 다 그런 것도 아니고, 또 그러해야 하는 것도 아니지만, 그러나 시의 오랜 역사를 통해서 보면, 대개 시인들이 어머니의 마음을 표현해왔던 것은 틀림없는 것 같습니다. 오늘날 우리를 살릴 수 있는 것은 결국 이러한 어머니의 마음이 아닐까요?

살아있는 생명을 돌보고, 보살피면서, 어느 하나도 상처받지 않게 마음쓰며, 상처받은 것은 깊이 위무하고 품속으로 거두어들이려고 하는 태도, 그리고 무엇보다도 생명 가진 존재들 사이의 조화로운 관계의 유지를 늘 중시하는 정신 — 이것은 예전 전통문화에 풍부했던 요소라고 할 수 있습니다. 그런데 산업문화가 발달하면서, 특히 한국사람들의 경우에는 개화 이래 서양문화에 대한 깊은 열등감에 사로잡혀 오면서 우리 자신의 토착 전통문화를 깡그리 내던지면서, 결정적으로 잃어버린 것이 바로 그런 정신입니다. 우리나라뿐만 아니라 어느 곳이든지 토착문화 전통에서는 자연 생태계와의 조화로운 관계를 유지시키는 생활방식이 지켜지고 있었고, 그러한 문화의 내면에서는 거의 예외없이 비폭력적인 사회관계의 원칙들이 보존되고 있었던 것입니다. 어머니의 마음이란 간단히 말하여 비폭력의 정신이고, 겸손과 자기희생의 마음이겠지요.

아까 하이데거의 말을 잠시 소개했습니다만, 하이데거는 현대 기술문명의 바탕에는 기술주의적 사고방식이라는 것이 완강하게 버티어 있는데, 그 기술주의적 사고에는 본질적으로 타자를 자기의 의지 밑에 종속시키려는 지배와 권력의 의지가 내재되어 있다고 보았습니다. 산업문명을 발전시켜온 원동력인 테크놀로지에 내재한 기본적 경향이란 권력에의 의지의 끊임없는 확대였다는 것입니다. 이러한 권력과 지배의 욕망은 끝이 없는 것이어서 다른 사람, 다른 생명체와 물건은 말할 것도 없고 드디어는 죽

96

음조차도 지배하려든다는 것입니다. 죽음이라는 것은 아무리 인간이 이 세상의 주인이 된다고 해도 회피할 수 없는 근원적인 인간조건이라 할 수 있는데, 이것도 테크놀로지에 의해서 극복이 가능할 것처럼 생각한다는 것이지요. 요즘 우리 주변을 보더라도 죽음을 맞이한 사람이 인간적 품위를 유지하면서 자손들에게 무언가 기억할 만한 유언도 남기고 삶의 불가피한 일부로서의 죽음을 성숙하게 받아들이는 경우란 현저하게 줄어들고 있는 것이 사실이거든요. 우리들 가운데 자기가 현재 살고 있는 집의 어딘가에 돌아가신 분의 임종의 기억으로 서려있는 방을 가진 사람은 매우 드물다고 생각합니다. 집이라면 적당히 물건을 쌓아두고 살다가 적당한 시기에 또다른 곳으로 이사를 가야 하는 재산증식의 수단으로 변화되어버린 사회에서 집은 이제 인간에게 아무런 정신적인 의미를 갖지 못합니다. 집의 의미가 이런 식으로 전락했다는 것과 오늘날 사람들이 점점 신비로부터 멀어지고 삭막한 정신공간 속에 살며 풍부한 인간성으로부터 소외되어버린 것은 내밀한 직접적인 관련을 갖는 것으로 보입니다. 우리가 죽음에 임박한 가족이나 사랑하는 사람을 서둘러서 병원으로 옮기고 단 몇 시간, 며칠이라도 목숨을 연장하려고 기도하는 것은 사랑하는 사람에 대한 애정 때문이라고 편리하게 변명되고 있지만 실은 죽음을 정당하게 대할 수 있는 능력을 우리들이 대개 잃어가고 있기 때문이라고 보는 것이 옳겠지요. 우리는 우리의 삶 속에서 가급적 죽음에 대한 의식을 배제하려고 합니다. 회피하기가 절대로 불가능한 것을 마치 그것이 불상사이기나 한 듯이 될 수 있는 대로 죽음을 외면하려고 하는 겁니다. 생각해보면 결국 그것은 우리들이 지나치게 물질주의적 가치만을 가치로 인정하는 생활방식, 다시 말해서 산업문화를 전적으로 받아들였기 때문입니다. 이런 문화에서는 죽음을 삶의 불가결한 요소로서 파악할 수 있는 정신적 능력이 길러질 수 없음이 분명합니다. 죽음이란 그냥 불안스러운 어떤 재난으로 인식될 뿐입니다. 우리는 우리가 소유한 것들, 사회적 성공, 명예, 이런 것들에 집착하면 할수록 죽음은 단순히 두렵고, 자꾸만 외면하고 싶은 대상이 될 뿐입니다. 사람이 성숙하게 된다는 것은 죽음을 받아들일 수 있는 능력을 가지고 있다는 것이 아니겠습니까? 우리는 우리의 삶의 유한성을 인정하고, 인간은 죽는 존재라는 사실을 냉철하게 자각할 수 있을 때만 아마 죽음을 수용할 수 있는 성숙한 인격에 도달하는 것이 가능하고, 또 우리의 나날의 삶에 대한 우리 자신의 태도가 좀더 관용적인 것으로 변할 수 있을지 모릅니다.

조금 역설적이지만, 그러니까 결국 현대 산업기술문명 속에서 사람들이 죽음을 받아들이지 못하고 막연한 불안이나 공포를 느끼는 것은 지배하고 복종시키려는 기술주의적 사고의 확대에 기인한다는 것입니다. 자연에 대한 지배와 장악의 크기가 확대되면 될수록 인간은 자유를 느끼기는커녕 도리어 죽음이라는 순수한 자연 앞에 과거 어느 때의 인간보다도 더 무력한 겁에 질린 불쌍한 인간으로 떨어져버린다는 것은 참으로 아이러니컬합니다.

비겁한 마음이 폭력을 불러들이는 것처럼, 죽음을 있는 그대로 받아들일 수 있는 능력의 쇠퇴는 죽음에 대한 맹목적인 두려움을 증가시키고 그 결과 안팎의 자연에 대해서뿐만 아니라 인간 상호간에도 폭력이 난폭하게 행사되는 것이 당연한 삶의 관행으로 굳어지고 있는 현실입니다. 개인적인 차원에서나 사회적인 차원에서나 진정한 평화를 유지할 수 있기 위해서는 우리들의 죽음에 대한 태도가 훨씬더 성숙한 것으로 바뀔 수 있어야 할 것으로 생각됩니다.

하여튼 오늘에 있어서 죽음조차도 하나의 상품이 되어버린 것 같고, 생명의 신비라든지 죽음에 대한 명상이라든지 하는 것은 우리의 지배적인 삶의 운용방식 속에서는 극히 이색적인 체험이 되고 만 것은 분명합니다. 오히려 그러한 명상적인 태도의 원천적인 거부를 진보나 선진화의 표지로서 받아들이는 것이 일체의 자연의 도(道)를 근원적으로 무시하는 것을 생리화하고 있는 산업문화 속에 깊이 세뇌되어 있는 대부분의 사람들의 습관인 것입니다.

죽음의 문제에 관련하여, 시인 김수영의 명상을 조금 생각하면서 제 얘기를 마치도록 하겠습니다. 김수영 선생이 68년에 돌아가시기 몇해 전부터 죽음에 대한 심상치 않은 많은 발언을 남기고 있는 것에 대하여 저는 그동안 상당히 궁금하게 생각해왔습니다. 지금에 와서 이 궁금증이 해소 되었다는 얘기는 아니지만, 이분이 그 무렵 하이데거를 집중적으로 읽고 있었다는 점과 결부하여 생각할 만한 일이 아닌가 싶습니다. 김수영 선생 의 말년에 씌어진 산문들을 보면, 현대기술문명의 기본 노선에 대한 깊은 우려가 담긴 생각들이 여기저기 나타나있는 것이 주목됩니다. 가령, 그는 혼란이 없는 발전소의 건설보다는 발전소가 없는 혼란이 더 바람직스러운 세상이라고 말하고 있습니다. 이것은 또하나의 단순한 문명혐오증의 표현 이라고 가볍게 대할 수 있는 생각은 아닐 것 같습니다. 제가 보기로는 지 배와 군림의 욕망에 기초하고 있는 것으로 하이데거가 파악한 현대적 테 크놀로지의 기본 노선이 품고 있는 인간 및 생명파괴 경향을 김수영 선생 나름으로 간파하고 있는 발언으로 생각됩니다.

김수영 선생은 그동안 한쪽에서는 참여시, 민중시의 선배라고 주장되 고, 다른 한쪽에서는 자유로운 정신의 옹호자였다라고 주장되어 왔습니다 만, 제 생각으로는 그런 주장들이 옳다 그르다 하는 것과는 상관없이 죽 음에 대한 그의 명상을 깊이 고려하지 않는 한 별로 큰 의미가 없을 것 같습니다. 죽음에 대한 치열한 관심으로 미루어 보건대, 시인 김수영은 말년에 이르러 점점더 가열하게 비인간화를 반드시 수반하는 근대화, 산 업화, 혹은 산업문화의 문제를 그의 사상적, 시적 주제의 중심으로 삼고 있었던 게 아닐까 싶어요. "모든 시는, 맑스주의 시까지도 포함해서, 어떻 게 자기 나름으로 죽음을 완수했느냐의 문제를 검토하는 방법이라고 생각 해도 된다"라고 했고, "이 시에서는 죽음의 음악이 울리고 있다"라는 말 로써 좋은 시를 평가하는 척도로 삼기도 했습니다. 이 밖에도 물론 죽음 의 문제를 정면으로 다루고 있는 실제 작품도 있습니다. 어느 시에서는, 이제 나에게 남아있는 확실한 유일한 질서는 죽음의 질서라는 선언도 보 입니다. 저로서는 단정적으로 말할 수는 없습니다만, 이러한 죽음에의 관 심을 어떻게 해석해야 하는가 할 때, 그것이 결국 하이데거적인 사고방식 과 매우 가까운 근거에 연유하는 것이라는 점은 부인되기 어려울 듯싶습니다. 그러니까, 하이데거적인 의미의 기술문명이란 끊임없이 인간조건의 원천적인 테두리인 죽음을 부정하려는 것이고, 그런 점에서 인간의 인간됨의 마지막 거점의 수호는 이 죽음에 대한 의식에 있다라는 것이 김수영 선생의 생각이었을 거라는 말입니다.

우리는 오늘날 어처구니없는 생명파괴, 생태계 위기의 한가운데에 살고 있습니다. 이 위기의 본질을 바로 보기 위해서는 이것이 단지 외면적 환경의 재난이 아니라 근원적으로는 우리 자신의 인간다운 자질 자체의 어떤 심각한 결손과 직결된 문제라는 것을 철저히 자각하지 않으면 안된다고 생각합니다. 하이데거나 김수영과 같은 시인이 현대적 상황 속에서 죽음의 의미에 관해 보여준 치열한 명상은 결국 자연과 인간을 수단화, 대상화하려는 근대적 유물론적 산업문화에 맞서서 궁극적인 인간가치를 수호하고자 하는 노력이었다고 할 수 있습니다. 만물을 정복하고 지배하려는 교만의 정신이야말로 모든 위기와 파국의 진정한 원인이라고 할 때, 또 그것이 현대적 과학기술의 억제를 모르는 자기확장의 가공할 원리라고 할 때, 우리가 단지 살아남기 위해서도 이제 무엇보다 필요한 자질은 겸손을 배우려는 태도일 것입니다. 인간은 자연의 일부로서의 자기 위치를 깨닫지 않으면, 돌이킬 수 없는 파국에 직면할 수밖에 없는 듯합니다. 그런데, 이 겸손이라는 것은 오랜 옛날부터 인류의 스승들이 끊임없이 이야기해왔고, 따져보면 모든 진정한 시적 노력의 근본에 있는 감수성이었는지도 모릅니다. 아마 김수영 선생이 되풀이하여 죽음을 언급했을 때 그는 죽음을 삶의 제일의적(第一義的) 질서로 수용하는 겸허한 마음이야말로 바로 보람있는 인생과 시의 중심적 원리가 되어야 한다고 생각하고 있었던 게 아닐까 싶습니다. 오랜 시간 경청해주셔서 고맙습니다.

自然과 리얼리즘

구중서

1. 存在根源으로부터 오는 '말'

체코의 극작가로서 대통령이 되기도 한 바쓸라프 하벨은 '말'의 위력을 믿는 사람으로 알려져 있다. 1989년에 그는 '말에 관한 말'이란 제목으로 연설을 하였다. 그는 "몇 마디의 말이 10개 사단의 병력보다도 더 강력하다"고 하였다.

이보다 앞서 1968년에 체코의 지식인들은 2천어로 된 성명서를 통해 체코의 자유, '프라하의 봄'을 선언하였다. 이 선언의 위력을 방치할 수 없어서 구소련군의 탱크들이 체코에 진입했었다. 지금 구소련 자체가 와해되었다. 체코는 자유롭게 되고 개방적인 국가체제를 운영하려고 노력하고 있다. 끝내 2천어의 말은 강대국의 탱크들을 물리친 셈이 되었다.

한 문학가로서 자유 체코의 대통령이기도 한 하벨은 자신의 연설 원고를 손수 썼다. 말의 힘을 믿었기 때문이다. 이것은 문학가 하벨의 '리얼리즘'이기도 하다.

구중서 – 문학평론가. 수원대 교수. 이 글은 1992년 6월 20일 서강대학교 부설 생명문화 연구소가 주최한 〈문학과 생명〉 세미나에서 발표된 것을 옮겨 실은 것이다.

한국 문학계에서 지금 리얼리즘 이론가들이 시에 대해 빈번히 논의하고 있다. 70년대 이래 한국에서는 우선 원리론으로서 리얼리즘문학론이 전개되어왔다. 그 다음에는 소설을 대상으로 리얼리즘 논의가 이루어졌다. 소설이 리얼리즘의 속성에 보다 친근하기 때문이다.

그러다가 이제 90년대에 와서야 시 분야에 대해서도 리얼리즘으로 조명하려 하고 있다. 어차피 문학의 모든 장르를 감당해야 한다는 리얼리즘 나름의 의욕이라고 볼 수 있다. 실상 90년대의 한국 리얼리즘문학론은 한 차례 자체 정돈을 해야 하는 단계에 있다. 이 정돈은 지구상의 사회주의 세계권이 와해된 데에 관계가 있다.

1980년에 광주 민중항쟁을 치룬 뒤로 이 땅의 젊은 문학세대는 현실의식(리얼리즘)의 주체를 기층민중으로 설정하였다. 군사통치계열의 지배가 오래 계속되는 데 대한 거부의 한 양상이었다. 이 양상은 원리적 대안으로 자연히 사회주의리얼리즘에 상당히 소통되었다. 그런데 91년에 사회주의 세계권이 스스로 와해되었다. 국내 지식인들 중에는 소련과 동유럽 현실사회주의의 붕괴가 우리와 무관하다는 주장을 제기하는 이도 있다.

그러나 사회주의 자체가 국제주의의 원리를 지니고 있다. 무엇보다도 '사회주의리얼리즘' 문학론은 1930년대 초 러시아에서 태동한 것이다. 그러므로 지금 한국의 리얼리즘문학론은 사회주의리얼리즘과 그 전단계로서의 비판적 리얼리즘을 대비 연구하는 단계에 머물러 있기만 해서는 안 될 것이다. 또다른 면으로는 후기자본주의의 몰도덕적 부산물이라고 하는 포스트모더니즘을 경계하는 대응에 급급하고만 있어도 안될 것이다.

지금 한국 문학계의 리얼리즘론이 시를 다루게 되어가는 계기는 근본적으로 논의의 차원을 확장하고 심화하는 호기로 삼아야 할 것이다.

리얼리즘 시는 다만 역사적 사회적 '현실'을 반영한다는 정도로서는 부족하다. 시 장르의 특질은 독특하고 심오하다. 그러면서 시는 문학의 다른 모든 장르에도 잠재적으로 그 저변에 침투해 작용한다.

논자에 따라서는 시에 있어서 '리듬'의 비중을 높이 평가한다. "거짓없는 자기 목소리로서의 시는 우선 리듬에 나타난다. 감동을 주는 리듬은

격앙된 충동에서 생기며 인품을 드러내는 생명의 기능"이라고 한다.

자끄 마리땡은 시가 이루어지는 과정을 다음과 같이 설명한다. 처음에는 존재의 원천인 인간본성으로부터 마음의 동요가 일어난다. 이 동요는 귀로써 듣는 것이 아니라 마음으로 듣는 음악이다. 이 음악은 의식 이전, 개념 이전, 생명 속의 섬광이다. '말'은 그 다음에 솟구치며, 원고지에 안배하는 것은 마지막 처리이다.

칼 라너는 누구보다도 엄청난 설명을 시에 부여하고 있다. 그에 의하면 시에서 쓰이는 '말'은 '살아 움직이는 원초적인 말'이어야 한다. 기계적으로 죽어있는 말, 등에 핀이 꽂혀 채집함에 나열된 죽은 잠자리와 나비처럼 사전 속에 배열된 말이 아니다. 화학자가 H_2O라고 하는 것과 시인의 '물'은 다르다. 영혼과 육체의 결합이라는 설명 이전에 '인간'이 있다. 마찬가지로 사고(思考)와 기호적 발성(發聲)의 결합이라는 설명 이전에 '말'이 있다. 이것이 '원초적인 말'이다. 이 원초적인 말은 체현된 사고이지 사고의 체현이 아니며, '육화된 존재'이다. 이렇게 살아있는 원초적인 말은 직감과 초월, 형이상학과 역사, 실체와 그림자, 전체와 부분을 분별하면서도 일치케 한다. 이러한 '말'은 누를 수 없이 솟구치고, 사람들의 마음을 사로잡고, 사물과 세계가 머물러 있기 싫어하는 어둠으로부터 밝은 데로 끌어낸다.

말의 이처럼 큰 능력은 절대자로부터가 아니고서는 올 수가 없다. 이것은 생명이며 빛이다. 빛이 어둠을 물리친다는 것은 해방이며 통일이며 구원이다. 칠흑의 밤, 먼 데서 비치는 등대는 구원의 약속이다. 시가 이러해야 하기 때문에 진정한 시인은 사제(司祭)와 같다고 라너는 말한다.

약속에서 끝나지 않고 약속을 구현하는 것은 리얼리즘의 몫이라고 하자. 리얼리즘의 시는 여기에까지 이를 수 있을까. 이를 수 있을까가 아니라 여기까지를 마땅히 '범위'에 넣는 것이 인생의 현실을 감당하는, 균형 있고 풍요한 리얼리즘인 것이다.

외치지 마세요

때는 와요
우리들이 조용히 눈으로만
이야기할 때
좋은 언어로 이 세상을
채워야 해요

이 땅의 60년대 토착 시인 신동엽이 노래한 시 〈좋은 언어〉의 몇 줄이
다. 그는 예지의 시인이었으므로 가장 소중한 '말의 힘'을 알았다. 그러나
세상에는 좋지 않고 오염된 언어들도 있다. 증오·폭력·죽음을 부추기는
언어들도 있다. 이 어둠의 말들로 쓰여지는 시들도 있다. 살아있는 원초
적인 말에 의한 진정한 시와 그렇지 못한 시를 어떻게 분별할 수 있을까.
이 분별을 위해서도 문예비평은 상대적 차원의 혼돈을 헤치고 절대적 차
원의 본질과 생명을 볼 수 있어야 한다.

2. 삶의 現實 자체인 自然

예로부터 동양에서는 사람들이 하늘을 보고 땅을 보았다. '앙천부지(仰
天俯地)'라는 것이 그것이었다. 6세기경 양(梁)나라의 유협(劉勰)이 지은
《문심조룡(文心雕龍)》은 우주관을 담은 문학이론서였다. 이 책은 《역경(易
經)》을 인용해 하늘과 땅을 가리키고, 그 가운데에 사는 '사람'은 우주의
'마음'이라고 하였다. 마음으로부터 '말'이 생기고 말에 의해 글이 형성되
니 문학은 더없이 소중한 것이라고 하였다.

왕희지(王羲之)의 명문 〈난정서(蘭亭叙)〉도 하늘을 우러러 크나큰 우주를
보고 땅을 굽어 만물의 무성함을 살피면서, 그 가운데에서 시를 읊는 사
람들의 그윽한 정취를 표현한 것이다. 우리나라 조선조의 시인 송순(宋純)
이 지은 〈면앙정기(俛仰亭記)〉도 우주의 세 요소인 하늘, 땅, 사람을 노래
한 데에서 같은 의식세계를 보이고 있다.

다시 현대 동유럽의 하벨이 쓴 글을 연상하게 된다. 1984년의 한 연설

문 앞부분으로서 '하늘을 더럽히는 문명'이라는 제목으로 우리에게 소개되었다. 하벨의 글에도 하늘과 땅이 나오고 그 속에 뿌리내리고 사는 사람이 거론된다. 그런데 마차길 위로 트인 하늘을 군수공장 굴뚝의 짙은 갈색 연기가 더럽히고 있는 것을 죄스럽게 생각하는 소년이 있다.

"자연계는 바로 그 존재 자체로 인해 자기의 근원이 되고, 테두리를 만들며, 생기를 불어넣어 주고 방향지워 주는 절대자를 자신의 내부에 가진다." 하벨의 이 글은 자연을 절대자에 일치시키고 있다.

철학자 칸트는 이성으로 세계를 이해하려 했지만, 자연에는 '보편적'이고 내재적인 법칙이 있음을 긍정하였다. 이것은 우회적으로 절대자를 인정한 논리이다. 이렇게 볼 때 자연을 파괴하거나 오염시키는 것은 자연법칙을 거역하는 죄가 된다. 그 결과로서는 자연 안에 사는 사람들에게 재앙이 온다. 자연과 사람들이 함께 죽음을 당하는 재앙이다.

문학예술이 생명을 북돋우고 꽃피우는 일일진대, 현대세계가 환경공해로 죽어가고 있다면 이 재앙을 막는 일에 문학인들도 나서야 할 것이다. 일찍이 이 일에 적극적으로 나선 이는 러시아의 작가 알렉산드르 솔제니친이었다. 그는 누구보다도 러시아를 사랑한 사람이다.

그 사랑하는 조국으로부터 추방을 당하기 직전인 1973년 그는 《소련 지도자들에게 보내는 편지》를 썼다.

이 편지에서 솔제니친이 쓴 내용은 노벨문학상을 받은 그의 소설 《이반 데니소비치의 하루》라든가 《수용소군도》에 나타나는 인권 문제가 아니다. 그가 우선적으로 바란 것은 러시아의 대지 위에 펼쳐진 깨끗하고 고요한 하늘을 회복하는 것이었다.

거대한 비행기 편대들의 지겨운 굉음으로부터 우리의 하늘을 보호해야 합니다. 비행기 편대들은 밤낮 할 것 없이 신이 만든 모든 시간에, 음속을 돌파하면서 수많은 사람들의 하루의 생활과 휴식과 잠과 신경을 손상시킬 뿐 아니라, 머리 위로 벼락 같은 소리를 내며 두뇌까지 흐리게 만들면서 우리의 넓은 대지 위로 간단없이 비행훈련을 하고 있습니다.

이러한 짓들이 수십년 동안 계속되고 있으나 그것은 나라를 보호한다는 것과는 아무런 상관이 없습니다. 쓸데없는 힘의 낭비에 불과합니다. 나라에 건전한 정적(靜寂)을 되돌려주어야 합니다.

그것 없이는 건전한 백성을 가질 수가 없을 것입니다.

이렇게 하늘과 땅, 자연을 있는 그대로의 건전한 상태로 누려야 한다는 인식은 동양이나 서양, 옛날이나 오늘의 문학인들에 있어서 일치되고 있다. 그러나 세계의 현실은 시인과 소설가들의 바람과 반대되는 방향으로 나아갔다. 그 결과로서 세계 현실에 커다란 변화가 왔다. 소련과 동유럽, 거대한 사회주의 세계권이 스스로 와해되었다. 이 와해 과정의 추진은 정치·경제를 지배한 이데올로기적 획일주의의 동맥경화 현상이었다고 보는 것은 아직 관념적이다.

실제로 피할 수 없는 붕괴는 자연환경의 심각한 오염에서 왔다는 것이 결과론적인 설명이다. 자본주의 나라들이 저지른 공해의 역사는 더 오래고 그 폐해도 더 크다. 그러나 그럴 것 같지 않았으므로 사회주의권의 공해에 새삼 눈을 돌려 보는 것이다. 시베리아 북쪽 티유멘 유정 지대에서 번지는 유독성 연기가 시베리아 전역의 하늘을 어둡게 하고 드넓은 산림 지대에 산성비가 오게 한다. 모스크바 동쪽에 있는 거대한 레닌 제철소가 광막한 땅을 오염시키고, 볼가강의 물도 썩을 대로 썩었다. 구동독(舊東獨)에서도 강물이 썩고 산의 나무들이 산성비를 맞아 죽어갔다. 특히 라이프치히 공업지대의 환경오염은 동유럽에서도 대표적인 경우였다.

산업화·도시화·군사강국화의 뒷전에서 자연을 토대로 하는 농업은 낙후일로를 걸었다. 러시아는 수세기 동안 곡물을 국외에 수출한 나라이고 1차 대전 직전까지만 해도 1천만 톤이 넘는 곡물을 수출했었다. 그런데 혁명 후 55년이 지나고 집단농장제가 생긴 지 40년이 지난 때에 러시아는 해마다 2천만 톤의 곡물을 수입하고 있음을 솔제니친이 1973년에 소련 지도자들에게 보낸 편지에서 지적하였다.

"눈먼 동지를 따라왔으니 되돌아가야겠다"고 척후병들이 아우성을 쳐도 때는 이미 늦었다는 것이다. 매사에 미명(美名)이 된 이른바 '진보'의 개념은 무엇일까. 그것은 끝없는 계급투쟁일까. 계급투쟁이 끝이 없어야 한다면 계급의 해소는 영원히 불가능하다는 뜻이 된다. 그래서인지 1991년 7월 25일 소련은 당강령에서 '계급투쟁'이란 말을 삭제하였다. 그리고 오히려 그 누구도 "출신성분에 의해 차별대우를 받아서는 안된다"는 말을 첨가하였다. 이제 소설에서 이반 데니소비치가 출신성분 때문에 군대에서 조차 쫓겨나야 했던 비극은 더 발생하지 않아도 되게 되었다.

또한 '진보'는 산업의 끝없는 성장을 뜻하는가. 이 문제에 관해 솔제니친은 한 떼의 사과벌레들이 한 개의 사과를 놓고 끝없이 파먹으려드는 격이라고 하였다. 지구의 공간과 자원이 유한한 만큼 산업의 끝없는 성장도 불가능하다는 것이다. 어디쯤에선가 차라리 제로성장에 자족하며 인간공동체의 조화로운 삶과 지구의 환경 및 자원을 보호해야 한다는 것이다. 그리고 "다만 진리를 위해서만 사람들이 경쟁하게 되어야 한다"는 것이 솔제니친의 슬라브 정통주의 문화인식이다. 러시아는 지금 이 작가의 귀국을 독촉하고 있으며 솔제니친 자신도 귀국 준비를 하고 있다고 한다.

어느 쪽이 어느 쪽을 이겼다기보다, 오늘 우리는 어떻게 하면 이 지구상에서 푸른 하늘을 넓혀갈 수 있으며 산성비를 맞아 잎이 지는 나무들을 살릴 수 있고 오염으로 썩는 강물을 맑게 할 수 있을까. 이 문제는 문학적 현실의식에서 역시 주된 대상이 되지 않을 수 없다.

3. 리얼리즘과 眞理

문학의 현실의식을 다른 말로 하면 '리얼리즘'이 될 수 있다. 한국 문학계에서 70년대부터 본격적으로 논의되어온 리얼리즘은 획일주의적 지배를 의도하는 것은 아니다. 다만 주류의 형성은 바라고 있다. 문학예술이 민족의 역사적 현실에 책임을 느끼며 참여하고자 하는 지향이다.

리얼리즘을 주장하는 대표적인 한 비평가가 백낙청이다. 그는 〈민족문학의 새로운 고비를 맞아〉(1983)라는 평론에서 '화해에 대하여'라는 대목

을 설정하였다. 현실의식의 문학이라고 해서 사회고발이나 저항 일변도일
수 없다. 특히 1980년의 그 유혈이 낭자한 광주 민주항쟁을 감당하고 나
서, 이 땅의 지식인과 민중은 그 누구에 대해서보다도 자신의 내부에 대
해 화해하지 않을 수 없었다. 민족 분단의 아픔이라고 하는 것도 휴전선
을 사이에 둔 남북 대치가 전부는 아니게 되었다.

적어도 자신에게 인간성이 남아있음을 긍정하고 신뢰하기 위해 필요한
내적 화해는 거의 종교적인 차원의 것이다.

그러나 화해가 어디 입으로 외쳐댄다고 저절로 굴러들어오는 물건이
란 말인가. 소망이 간절할수록 우리는 근원의 진리로 돌아갈 필요가 있
다. 오직 진리만이 자유케 한다는 것은 예나 이제나 변함없는 진실이며,
진실의 바탕 위에서만 참된 화해와 화합이 가능하다는 것도 또한 진리
이다.

… 리얼리즘론에서는 이를 자연주의의 파편성에 대비되는 진정한 리
얼리즘의 총체적이라는 말로 곧잘 표현하기도 하지만, 이것도 단지 부
분의 인식과 전체의 인식을 양적으로 대비시키는 이야기라면 빈말에 불
과하다.

… 한편으로 생각컨대, 부처 되기가 석학이나 운동선수 되기보다 쉬운
일이라면 우리가 예수나 석가모니를 인간 누구나의 스승으로 받들 까닭
이 없을 듯하다.

문장의 앞과 뒤를 생략하면서 뽑아 보았지만 백낙청의 이러한 발언은
리얼리스트로서는 드문 경우일 것이다. 동시에 백낙청은 "성불(成佛)을 해
야만 문학에서 리얼리스트가 되고 현실 속의 화해자가 될 수 있다는 이행
불능의 짐을 사람들에게 지우려는 것은 아니다"라고 말하였다. 실로 문학
인에게는 문학인으로서의 임무가 있다. 문학인이 부처가 되어버리면 문학
은 누가 맡아서 하겠는가.

그러나 문학은 문학 이상의 그 무엇이어야 할 필요도 있다. 즉 "진리만
이 자유케 한다"는 발상의 경지쯤에 문학이 드나들 수 있어야 한다는 말

이다. 필자로서도 전에 〈문학과 세계관의 문제〉(1982)라는 평론에서 이와 같은 뜻의 말을 한 적이 있다. "예술이 다만 심미적 가치에 머문다면 그것도 더는 예술로 살아 나아가지 못한다. 그런 예술은 인간과 역사의 번민에 일시 마취제로 작용하다가 스스로 소모되어 사라진다. 창조하는 일, 가장 작은 사람을 가장 존엄한 존재로 일으켜 세우고, 갇힌 사람을 해방하고, 민족의 끊어진 허리를 이어 살리는 창조와 구원의 일에 우리의 문학은 나아가야 할 것이다. 이런 데에서 문학은 문학 이상의 것이 되면서 부단히 문학으로 존재해가게 될 것이다." 즉 문학에다 구원(救援)의 능력을 요구한 것이다. 그럴 수 있을 때에만 문학은 계속 문학일 수 있다고 하였다.

문학예술은 결코 단순한 표피적 현상의 반영일 수 없다. 리얼리즘의 '총체성'이라는 것도 그것이 한낱 양적 개념인 것은 아니다. 석학으로서 리얼리즘 이론가였던 루카치는 총체성의 두 면에 대해 설명하였다. 첫째로는 외연적 총체성이 있다. 이것은 객관적 현실을 가리킨다. 두번째로는 내포적 총체성이 있다. 이것은 역사적 환경에 연대된 인간의 무한한 깊이를 가리킨다. 보다 큰 비중은 내포적 총체성 쪽에 있다. 이 깊이나 비중은 결코 '정태적인 관념'이 아니라고 루카치는 말하였다.

그런데도 리얼리즘 비평가들 속에서는 루카치를 정태적 관념주의자로 보고 싶어하는 이들이 있다. 1956년의 부다페스트 봉기로 탄생한 애국정부의 문화상이 되었던 그의 행동을 정태주의로 볼 수 있을까. 그는 때로 인내했지만 스탈린주의에 대해 끝내 분명한 비판을 가하였다. 소련에서 주관주의를 키운 것은 바로 스탈린에 의해 조성된 개인 숭배였다는 것, 거기에는 전형성이 없으므로 리얼리즘이 되지 못한다는 점을 그는 지적하였다. 더욱이 직접적인 선전과 선동의 폐해에 대해서도 그는 비판하였다. 이러한 점은 오늘에 와서 볼 때 용감한 하나의 행동이었다.

설혹 루카치가 대체로 맑스주의에 의거했었다 하더라도 예술을 탐구하는 데에서 심오한 경지에 들어갔다면 그는 진리와도 만날 수 있었을 것이다. 무신론자인 예술가도 '아름다움'에 깊이 들어가면 진리와 만난다고 한다. 무신론자인 앙리 마티스가 프랑스 남쪽 지방 방스의 도미니코 수녀원을 미술로 치장했는데 그 결과는 매우 성공적이었다는 일화가 있다.

이 세계에는 사과를 떨어뜨리는 중력이 내재해 있다. 그러나 중력의 큰 법칙 안에서는 개개의 사물이 각기 인력과 척력을 가지고 개별성을 유지한다고 한다. 그러면서 하나의 구심력에 일치해 조화를 이룬다.

다양성 안의 일치, 일치 안의 다양성, 서로가 별개로 만나 서로를 풍요케 한다. 이 관계에 있어서의 '일치', 이것은 진리의 다른 이름일 것이다.

세계문학의 오랜 역사 안에는 방만한 아이디얼리즘과 성실하고 건강한 아름다움으로서의 리얼리즘이 있다. 육화된 실체로 살아있는 원초적인 '말'과, 오늘날 점점더 인류를 죽이고 살리는 현실 자체인 자연에 대해 리얼리즘은 가장 친밀할 수 있다. 이 친밀한 관계는 곧 진리와 문학예술의 건강한 아름다움이 만나는 것이다.

여기에는 1934년 소련의 계급적 당파성 이데올로기가 만들어낸 사회주의리얼리즘이라든가, 자본주의의 난숙이 빚어낸 것이라는 모더니즘 및 포스트모더니즘이 별로 위협이 되지 않는다. 그러한 요인들은 그것대로 자유로이 해보라고 하면 그만이다. 리얼리즘은 자신을 지키기 위해 싸우거나 지혜를 짜야 할 만큼 상대적 차원에서 충동적 대응을 하지 않아도 되지 않을까 하는 생각이 든다.

객관적 현실과 내재적 깊이를 하나의 총체성으로 지니며 창조와 구원의 작업을 통해 진리에 교분을 갖는 것, 여기까지를 리얼리즘의 테두리로 생각할 수 있을 것이다. 이 테두리는 어디엔가로 계속 질주해 달아나는 진보가 되지 않아도 괜찮을 것이다. 본성과 자연에 따라 자기완성을 구현하고 있으면 될 것이다. 이것이 이 불안하고 혼란스러운 시대에 오히려 문학예술이 취할 바 길이 아닌 길이요 진리요 생명이 되는 것이 아닐지 새삼 숙고하게 되는 바이다.

참고문헌

바쓸라프 하벨, 〈하늘을 더럽히는 문명〉, 《녹색평론》통권 제2호, 녹색평론사, 1992.

자끄 마리땡, 《詩와 美와 創造的 直觀》성바오로출판사, 1982.

Brooks & Warren, *Understanding Poetry*, New York, Holt & Winston, 1960.

K. 라너, 《영성신학논총》가톨릭출판사, 1983.

카울 바하, 《칸트 비판철학의 형성과정과 체계》서광사, 1992.

白樂晴, 《민족문학과 세계문학 II》창작과비평사, 1985.

―――, 〈민족문학론과 리얼리즘론〉, 《李佑成敎授 停年記念論叢》下, 창작과비평사, 1990.

具仲書, 《韓國文學과 歷史意識》창작과비평사, 1985.

파킨슨, 《루카치 美學思想》文藝出版社, 1986.

나무를 심는 사람

장 지오노

40년 전에 나는 프로방스 지방으로 뻗어내린 알프스 산지의, 여행자들에게 전혀 알려지지 않은 고지대로 장거리 하이킹을 하였다. 프로방스 고지의 알프스 지역과 드롬의 남쪽 부분과 보끌뤼즈의 조그마한 분지를 포함하는 지역이었다.

나는 그 빈 땅에서 헐벗고 단조로운 황무지가 3, 4천 피트 높이까지 뻗어있는 것밖에는 아무것도 보지 못했다. 야생의 라벤다나무말고는 아무것도 자라고 있지 않았다. 사흘 동안 걸은 후에 나는 사람이 상상할 수 있는 가장 황량한 장소에 도달하였다. 나는 버려진 마을의 폐허 옆에 천막을 치고 물을 찾으려 했다. 다 무너져가고 있었지만 옹기종기 모여있는 오래된 집들이 과거에는 샘이나 우물이 있었을 거라고 생각하게 하였다. 사실 샘이 있기는 했지만 다 말라버렸다. 비바람에 지붕이 내려앉고 벽이 무너진 예닐곱 채의 집과 종각이 무너진 작은 교회는 살아있는 마을의 집과

장 지오노 (Jean Giono, 1895~1970) — 프랑스의 소설가로 《세계의 노래》 등 자연과 시골생활에 관한 풍부한 통찰과 시정(詩情)이 넘치는 작품을 썼다. 이 글은 실화를 기록한 그의 책 《나무를 심었던 사람》을 요약한 것인데, 출전은 영국의 녹색잡지 *Resurgence* 1989년 1-2월호이다.

교회처럼 모여앉아 있었지만 생명이라고는 그곳에 전혀 남아있지 않았다.

유월의 맑은 날이었고 해가 빛나고 있었지만 하늘을 가린 것이 없는 이 높은 황무지에는 바람이 차고 거칠었다. 바람은 껍질뿐인 버려진 집에서 먹이를 빼앗긴 짐승 같은 소리를 내었다.

나는 그곳에 머물 수가 없었다. 다섯 시간을 더 걸은 후에도 물을 찾지 못했고 물을 발견할 희망도 없는 것 같았다. 나는 여전히 똑같은 메마르고 거친 관목들에 둘러싸여 있었다. 그때 저 멀리에 검은 모습이 조그맣게 서 있는 것이 얼핏 보였다. 나는 그것이 홀로 서 있는 나무의 둥치라고 생각했고 별 목적도 없이 그쪽으로 걸어갔다. 그것은 양치는 사람이었다. 서른 마리 가량의 양들이 그 사람 주위의 메마른 풀밭에 쉬고 있었다.

그는 호리병박의 물을 한모금 마시게 해주었고, 고원의 우묵한 곳에 자리잡고 있는 그의 집으로 나를 데리고 갔다. 그는 깊은 자연우물에서 물을 길었는데 – 그 물은 정말 맛있었다 – 우물 위에 조잡한 도르래가 설치되어 있었다.

그는 외롭게 사는 사람들이 그런 것처럼 별로 말이 없었다. 그러나 그는 명백히 자립적이고 자신감을 가지고 있었다. 이처럼 헐벗고 황량한 장소에서 그를 만난 것은 이상한 일이었다. 그의 집은 오두막이 아니라 돌로 지은 조그만 가옥이었고, 그가 이곳에 도착했을 때 발견한 폐가를 어떻게 고쳤는지를 분명히 알아볼 수 있었다. 지붕은 든든했고 비를 막아주었다. 벽돌에 부딪치는 바람은 해변의 파도 같은 소리를 내었다.

그의 집은 정갈하였다. 접시는 씻겨져 있었고 바닥은 쓰레질이 되어있었으며 총에는 기름칠이 되어있었다. 화덕에는 그의 저녁식사가 김을 내고 있었다. 나는 또 그가 면도한 지 얼마 되지 않으며 옷은 어찌나 잘 수선되어 있던지 고친 것이 거의 눈에 띄지 않을 정도이고 단추 하나도 떨어지거나 느슨하게 달려있지 않다는 것을 알아보았다.

그는 자신의 저녁을 나와 나누어 먹었고 식사 후에 내가 담배를 권하자 담배를 피우지 않는다고 말했다. 주인처럼 조용한 그의 개는 사람에게 아양을 떨지 않았고 순했다.

다음 마을은 아직도 하루하고 반나절을 더 걸어가야 했기 때문에 그날 밤을 그의 집에서 보내기로 합의를 보았다.

그날 저녁 늦게 그 양치는 사람은 작은 자루를 들고 와서 테이블 위에다 도토리 한 무더기를 쏟아내었다. 그는 조심스레 하나씩 조사를 해서 상한 것과 온전한 것을 가려내었다. 나는 파이프 담배를 피우며 도와주겠다고 했으나 그는 그것은 자기의 일이라고 말했다. 우리가 나눈 대화는 그것이 모두였다. 성한 도토리를 상당히 큰 무더기가 되게 골랐을 때 그는 열 개씩 세어서 나누어놓았다. 그렇게 하면서 그는 또 아주 작은 것이나 약간 금이 간 것들을 골라내었다. 그는 계속해서 도토리를 자세히 조사하고 있었던 것이다. 백 개의 완전한 도토리를 골라내고 나서 그는 일을 멈추고 잠자리에 들었다.

이 남자와 함께 있는 것은 아주 평화로웠다. 다음날 아침 나는 그에게 그의 집에서 하루 쉬어도 되겠는지 물었다. 그는 그것이 아주 자연스럽다고 느끼는 것 같았다. 아니 그보다도 아무것도 그를 성가시게 할 수는 없는 것 같은 인상을 주었다. 사실은 정말로 쉴 필요가 있는 것은 아니었지만 그 사람에 대해 호기심이 생겨서 좀더 알고 싶었다. 그는 양떼를 내어놓고 풀을 뜯게 데리고 갔다. 집을 떠나기 전에 그는 그렇게나 조심스레 골랐던 도토리가 든 자루를 물통에 담갔다가 꺼내었다.

그는 지팡이로서 남자의 엄지손가락 굵기에 4피트 가량 되는 쇠막대기를 가지고 갔다. 나는 슬슬 산책을 하는 사람 같은 태도로 그가 가는 길과 나란히 걸었다. 그의 양은 골짜기 아래에서 풀을 먹고 있었고 그는 양을 지키도록 개를 남겨두고 내가 서 있는 비탈을 올라왔다. 나는 그가 내 호기심을 나무라려나 하고 겁이 났지만 그는 전혀 그러지 않았다. 그가 가는 길이 그쪽이었고 내가 달리 할 일이 없으면 자기와 같이 가자고 청했다. 그는 비탈의 꼭대기까지 2백 야드를 더 올라갔다.

목적지에 도착하자 그는 쇠막대기로 땅에다 구멍을 뚫고 그 속에 도토리를 하나 넣고 흙으로 덮었다. 그는 도토리나무를 심고 있었다. 나는 그 땅이 그의 땅이냐고 물었다. 아니오 하고 그는 말했다. 땅 주인이 누군지

아는가? 아니, 그는 몰랐다. 그는 주인이 누군지에 관심이 없었다. 그는 그저 백 개의 도토리를 아주 조심스레 계속 심고 있을 뿐이었다.

점심을 먹은 후에 그는 또 도토리를 골랐다. 내가 좀 꼬치꼬치 캐물었을 텐데도 그는 기꺼이 자세히 대답을 해주었다. 3년 동안 그는 이 외로운 곳에서 나무를 심고 있었다. 그는 도토리 10만 개를 심었는데 이 중에서 2만 개가 뿌리를 내렸다. 그 2만 중에서 절반은 작은 동물이나 예측할 수 없는 일로 없어져버릴 것으로 그는 예상하고 있었다. 그러면 전에는 나무라고는 없던 곳에 만 그루의 도토리나무가 남아서 자랄 것이다.

그제서야 나는 그 양치는 사람의 나이가 얼마인지 궁금해졌다. 쉰다섯이라고 그는 말했다. 그의 이름은 엘지아 부피에였다. 그는 평지에 농장을 가지고 있었고 그곳에서 평생의 대부분을 보냈다. 하나뿐이던 아들을 잃었고 그리고 나서 아내도 잃었다. 그는 물러나 외롭게 살아가기로 하였고, 양들과 개를 데리고 조용히 사는 것이 좋았다. 그는 그 지역이 나무가 없어서 죽어가고 있다고 느꼈고 바빠 해야 할 다른 일도 없었으므로 무언가 하기로 결심했다.

나는, 앞으로 30년 후면 이 만 그루의 도토리나무가 굉장한 숲을 이루겠다고 말했다. 그는 하느님께서 허락하신다면 30년 동안에 그가 굉장히 많은 나무를 더 심어서 지금 뿌리를 내린 만 그루의 나무는 바다에 물 한 방울 정도밖에 되지 않을 거라고 소박하게 대답했다.

그는 또 너도밤나무를 키우는 방법을 공부하고 있었는데 집 가까이에 너도밤나무 열매로 싹을 틔우는 묘목장을 만들어놓고 있었다. 어린 나무들은, 양들이 다치지 않도록 울타리가 둘러쳐져 있었는데, 튼튼하고 아름답게 자라고 있었다. 그는 또 골짜기 바닥에는 자작나무를 심을 생각을 하고 있었다. 그곳에는, 그의 말로는, 지표에서 1, 2피트만 내려가면 흙속에 물이 있다고 했다.

나는 다음날 그곳을 떠났다. 그 다음해가 1차 세계대전의 시작이었고 나는 5년간 군복무를 하였다. 군인은 나무 생각을 할 시간이 거의 없었다. 사실 그 일은 나에게 그리 큰 인상을 주지 않았다. 나는 그것을 해로울 것

없는 취미 정도로 보았고 그것에 대해 더 생각하지도 않았다. 전쟁이 끝나자 나는 약간의 제대비도 받았고 순수한 공기를 마시고 싶은 강한 충동을 느꼈다. 다른 아무런 생각 없이 나는 그 외로운 고지대를 향했다. 그곳은 변하지 않았다. 그러나 버려진 마을 너머로 더 높은 땅 위에 베일처럼 드리워진 일종의 회색 안개 같은 것이 멀리 보였다. 바로 전날부터 나의 생각은 나무를 심던 양치는 사람에게 향하고 있었다. 만 그루의 도토리나무는 정말 상당한 땅을 차지할 거라고 나는 생각했다.

5년 동안에 나는 하도 많은 사람이 죽는 것을 보아왔기 때문에 엘지아 부피에가 죽었을지 모른다고 생각하기는 어렵지 않았다. 특히 스무살의 젊은이는 쉰살이 넘은 사람을 죽는 것밖에 남은 일이 없는 늙은이로 생각하였으니까. 그는 죽지 않았다. 그는 아주 정정했다. 그는 직업을 바꾸었다. 양은 네 마리밖에 없고 백 통의 벌집을 가지고 있었다. 양들이 나무 심는 일에 위협이 되어서 양들을 없애버린 것이다. 나도 짐작할 수 있었지만 그는 전쟁이 있은 줄 전혀 몰랐다고 말했다. 그는 조금도 흐트러짐이 없이 나무심기를 계속해왔다.

그가 1910년에 심은 도토리나무들은 이제 10년이 되었고 우리보다 키가 더 컸다. 그것은 놀라운 광경이었다. 나는 할 말을 잃었다. 그도 거의 말이 없었으므로 우리는 그의 숲속을 말없이 거닐며 하루를 보냈다. 숲은 세 부분으로 되어있었고 가장 넓은 지점은 폭이 11킬로미터나 되었다. 그 모든 것이 현대기술의 도움도 없이 그의 손과 한 사람의 생각에서 나온 것임을 생각할 때 나는 인간이 파괴가 아닌 문제에서는 하느님만큼이나 능력이 있을 수 있다는 것을 알았다.

그는 그의 생각을 실천하였다. 눈길이 미치는 곳까지 뻗어있는 어깨높이의 자작나무가 그 증거였다. 도토리나무는 굵고 튼튼하게 자라고 있었고 이제는 작은 동물들에게 피해를 입을 염려가 없었다. 섭리라고 하더라도 큰 폭풍이나 불면 모를까 그밖의 어떤 일로도 이제는 그 성취를 파괴할 수는 없었다. 그는 1915년, 내가 베르됭에서 싸우고 있던 때에 심은 5년 된 건강한 자작나무 무리를 내게 보여주었다. 그것으로 그는 골짜기의 바닥을 덮어놓았는데 그곳에는 그가 옳게 짐작한 대로 거의 지표 높이에 지하수면이 있었다. 그 나무들은 사춘기의 부드러움과 생기를 지니고 있었다.

그의 작업은 연쇄적인 영향을 일으키고 있는 것 같았다. 그는 그것에 관심이 없었고 고집스럽게 자신의 일만 똑바로 계속하고 있었다. 그러나 나는 마을로 가는 길을 다시 따라가면서 사람들의 기억 속에 언제나 말라 있던 개울에 다시 물이 흐르고 있는 것을 보았다.

바람이 씨앗을 흩어놓았다. 개울이 다시 소생한 것처럼 버드나무, 갈대, 목초지, 정원과 꽃, 그리고 어떤 삶의 방식이 다시 소생했다. 그러나 그 변화는 아주 서서히 생겨났기 때문에 사람들은 놀라지 않았고 쉽게 적응했다. 토끼나 멧돼지를 쫓아서 고지대로 올라가 본 사냥꾼들은 어린 나무들이 새롭게 많이 자라고 있는 것을 보았지만 자연의 변덕이라고 생각했고, 그래서 아무도 그 사람의 일에 간섭하지 않았다. 만일 그가 그 일과 관련이 있다고 생각되었으면 누군가가 그 일을 중단시켰을 것이다. 그렇지만 그를 의심할 이유가 없었다. 누가, 마을사람이거나 관리이거나 간에 그러한 굳건한 헌신을 꿈이라도 꿀 수 있었겠는가?

1920년 이후로 나는 한 해도 거르지 않고 엘지아 부피에를 찾아갔다. 그가 자기의 노력에 대하여 주저하거나 의심을 보이는 것을 나는 한번도 본 일이 없다. 그러나 그에게 어떤 시련이 있었는지는 하느님만이 아신다. 내가 그의 실패들을 기억하고 있는 것은 아니지만 그러한 성공을 위해서는 그가 역경을 극복해야 했으리라는 것을 상상할 수 있다. 그가 마음에 그렇게나 깊이 품은 일을 훌륭하게 성취하기 위해서 절망과 싸워야 했으리라는 것은 짐작할 수 있는 일이다. 어느 한 해 동안에 그는 단풍나무 씨앗을 만 개 이상 심었는데 그것이 모두 죽었다. 그 다음해에는 너도밤나무를 심었는데 그것은 도토리나무보다 더 성공적이었다.

그의 예외적인 성품에 대해서 더 잘 알기 위해서 그가 오직 혼자서만 일을 했다는 점을 기억해야 한다. 실제로 만년에 가까워서는 그는 말하는 습관을 잃어버릴 정도였다. 아니, 어쩌면 말이 필요없다고 생각한 것일까?

1933년에 삼림관리인이 놀라서 그를 찾아갔다. 이 관리 양반은 그에게 '자생한' 숲의 성장을 위협할 염려가 있으니 집 밖에서는 불을 피우지 말라고 경고를 하였다. 그 높은 분의 말로는 숲이 혼자서 자라난 일은 도대체 처음 있는 일이었다는 것이다. 그때 부피에는 자기 집에서 12킬로미터 떨어진 곳에서 너도밤나무 열매를 심고 있었다. 왔다갔다하는 일을 덜기 위해서 — 그는 그때 일흔다섯이었다 — 그는 나무를 심고 있는 곳에 돌로 오두막을 지을 계획을 하고 있었다. 그는 다음해에 그 일을 했다.

1935년에 진짜 정부 조사관들이 이 '자연의 숲'을 보러 왔다. 삼림국의 '대단히 중요한 분'도 있었고 국회의원 한 사람과 여러명의 전문 기술자가 있었다. 별 내용은 없이 연설이 행해졌고 무슨 일인가 해야 된다는 결정이 내려졌다. 다행하게도 그 숲을 국가의 관리하에 두기로 하고 숯 굽는 일을 금지하는 쓸모있는 조처를 취한 것밖에는 아무 일도 행해지지 않았다. 그 건강한 젊은 나무들의 매력에 사로잡히지 않는 일은 불가능했기 때문이다. 아무도 그것에 대하여 무감각하지 않았다.

삼림전문가 중의 한 사람이 내 친구였는데, 나는 그 신비로운 일을 그에게 설명해주었다. 한 주일 뒤에 우리는 함께 엘지아 부피에를 찾아갔다. 그는 조사관들이 찾아간 곳으로부터 20킬로미터 떨어진 데서 열심히 일하고 있었다.

이 삼림관리는 내 친구가 될 만한 사람이었다. 그는 그 일의 가치를 이해하고 있었고, 언제 입을 다물고 있어야 하는지를 아는 사람이었다. 나는 선물로 가져온 달걀 여섯 개를 부피에게 주었다. 우리 세 사람은 함께 걸어다녔고 몇 시간을 조용히 경치를 바라보며 보냈다.

우리가 지나간 곳에는 18~20피트 높이의 나무로 된 숲이 자라고 있었다. 나는 1913년에 헐벗은 황무지였던 그곳이 어떤 모습을 하고 있었던가를 회상했다. 조용하고 꾸준한 노동, 기운을 북돋우는 고지의 공기, 검소한 생활, 그리고 무엇보다도 마음의 평화가 그 노인에게 거의 완벽하다고 할 만한 건강을 주었다. 그는 천부의 원기를 지니고 있었다. 나는 얼마나 더 많은 숲을 그가 만들어낼까 하고 생각하였다.

우리가 떠나기 전에 내 친구는 그 땅에서 아마도 잘 자랄 것 같은 수종(樹種)에 대하여 간략한 제안을 하였다. 그러나 내 친구는 자기 의견을 고집하지는 않았다. "그가 나보다 더 많이 알기 때문에"라고 친구는 말했다. 한 시간을 더 걸은 후에 그 생각이 그의 마음속에 깊이 자리잡고 있었던지 그는 이렇게 덧붙였다. "그 사람은 그 일에 대하여 누구보다도 더 많이 알고 있어. 그는 행복해지는 멋진 방법을 발견한 거야."

새로운 삼림지대와 부피에의 행복이 보호를 받을 수 있었던 것은 나의 이 친구 덕분이었다. 세명의 삼림감시인이 지명되었고 내 친구가 그들에게 아주 강력한 지시를 해두었기 때문에 그들은 숯 굽는 사람들의 뇌물과 아첨을 알은 체하지 않았다.

그 일은 오직 제2차 세계대전 동안에만 위협을 받았다. 차량은 그 당시 가솔린으로 운행하였고 나무가 부족했다. 1910년에 심은 도토리나무들에서부터 벌목이 시작되었다. 그러나 숲이 길에서부터 너무나 멀어서 그 일은 수지가 맞지 않아 중단되었다. 그 양치는 사람은 그 일에 대해서 알지 못했다. 그는 30킬로미터 떨어진 곳에서 조용히 자기 일을 계속하고 있었던 것이다. 1차 세계대전과 마찬가지로 2차 세계대전에도 전혀 관심을 갖지 않고서.

나는 그를 1945년 6월에 마지막으로 보았다. 그때 그는 여든일곱살이었다. 나는 벌거벗은 황무지였던 곳으로 되돌아갔다. 그러나 이제는 전쟁이 남긴 상처에도 불구하고 듀란스 계곡에서 언덕들 위로 버스가 다니고 있었다. 나는 전보다 빠른 속도로 여행을 하고 있으므로 전에 걸어서 지나다녔던 곳을 알아보지 못하는 것이라고 생각하였다. 그리고 버스가 다른 길로 가고 있다는 인상을 받았다. 마을의 이름을 듣고서야 한때 황량했고 폐허였던 바로 그곳이라는 것을 확신할 수 있었다. 나는 베르농에서 버스를 내렸다. 1913년에 열두 채 정도의 집이 있던 이 촌락에는 사람이라고는 세명이 살고 있었다. 주위의 버려진 집들에는 가시덤불이 자라고 있었다. 주민들에게는 희망이 없었다. 그들은 죽기만을 기다리고 있었다. 그러나 이제 모든 것이 달라져 있었다. 공기마저도 달라졌다. 건조하고 휘몰

아치던 바람은 향기를 실은 부드러운 미풍으로 바뀌어 있었다. 바다의 웅얼거림 같은 소리가 산비탈로부터 들려왔다. 그것은 나무들 사이를 부는 바람소리였다. 그리고 더욱 놀라운 것은 제대로 흐르는 물소리를 들은 것이다. 새로운 샘이 있었는데 인색하게 쫄쫄 흐르는 것이 아니라 넉넉하게 콸콸 쏟아지고 있었다. 또, 나에게 가장 감동적인 것은 가까이에 보리수가 한 그루 심겨져 있다는 사실이었다. 그것은 이미 한 4년간 튼튼하게 자란 것이었으며, 부정할 수 없는 재생의 상징이었다.

베르농 마을은 희망의 분위기가 없었더라면 시작될 수 없었을 새로운 노력의 현장이기도 하였다. 그러니까 희망이 다시 태어난 것이었다. 폐허는 정리되고 무너진 담은 치워졌고 회칠을 한 지 얼마 되지 않는 다섯 채의 새 집이 있었다. 그 집들마다 뜰이 있었고 그곳에는 뒤섞여있긴 해도 질서있게 꽃과 채소들, 장미와 양배추, 금어초와 부추, 아네모네와 샐러리 등이 풍성하게 자라고 있었다. 그곳은 이제 살기 좋은 곳이었다.

그곳에서부터 나는 계속해서 걸어갔다. 막 끝난 전쟁이 새로운 생명이 활짝 피어나는 것을 막고 있었지만 그러나 생명은 도처에서 싹을 틔우고 있었다. 낮은 경사지에는 보리와 호밀을 심은 밭이 아직 푸른 채 있었고 좁은 골짜기에는 신선한 초록색 풀밭이 있었다.

그후 겨우 8년이 지난 지금 그 지역 전체가 풍요롭게 번성하고 있다. 폐허가 있던 곳에는 이제 잘 가꾸어진 농장이 있어 만족스러운 안락한 생활의 증거가 되고 있다. 오래된 샘들은 비와 나무들이 머금고 있던 눈 녹은 물로 다시 흐르고 있고 개울은 쓸모가 있도록 만들어진 수로로 흐르고 있다. 농가 옆에는 단풍나무 숲속에 샘이 솟아 신선한 박하풀이 양탄자처럼 자라고 있는 곳으로 흘러들고 있다. 마을은 점차로 다시 건설되었다. 땅이 비싼 평지에서 온 사람들이 이곳에 자리를 잡았고 젊음과 활동과 모험의 정신을 가져왔다. 오솔길에서는 건강한 남녀들을 만날 수 있고 시골 잔칫날의 즐거움을 다시 발견한 아이들의 쾌활한 얼굴들을 볼 수 있을 것이다. 생활이 훨씬더 편해졌으므로 알아볼 수 없을 만큼 달라진 그전의 주민들과 새로 온 사람들을 합쳐서 일만명 이상의 사람들이 엘지아 부피에 덕분에 행복을 누리고 있다.

한 사람이 혼자서 오직 자기자신의 육체와 정성에 의해서 황무지를 평화와 풍요의 땅으로 꽃피울 수 있었음을 생각할 때 나는 인간의 성품이 찬양할 만한 것임을 알게 된다. 그러나 이러한 성취에 이르는 데 필요했던 꾸준하고 너그러운 정신과 헌신을 생각하면 나는 하느님이 이루실 만한 일을 성공적으로 해낸 이 글자도 모르는 시골사람에 대한 존경심으로 가득 차게 된다.

엘지아 부피에는 1947년에 바농에 있는 요양원에서 평화롭게 세상을 떠났다.

위대한 작은 학교

풀무농업고등기술학교를 찾아서

전인순

1

누군가가 교육을 콩 기르는 일에 비유해 설명한 적이 있다. 그 설명에 따르면 콩을 기르는 데는 두 가지 방법이 있는데, 하나는 콩나물 기르기이고 다른 하나는 콩나무 키우기이다. 콩나물은 햇볕이 안 드는 응달에서 물만 주면서 키운다. 이때 콩은 콩 속의 생명력이 죽어가면서 콩나물로 자란다. 그러나 콩나무를 키우는 것은 이것과는 정반대이다. 콩을 땅에 심어 가꿀 때 콩은 스스로 땅 속의 자양분을 흡수하며 자라서 수십배의 열매를 맺게 되는 것이다. 콩나무는 약간의 보살핌만 있으면 스스로 창조적인 삶을 꾸려나가게 된다.

그렇다면 우리의 교육은 과연 어떤 모습일까? 콩나무를 키우는 교육이기보다 콩나물을 기르는 교육에 가까운 것은 아닐까? 닫혀진 교육제도와 파행적인 입시제도 속에서 온갖 굴레로 아이들의 살아있는 생명력을 얽어매고 있는 것은 아닐까?

그러나 이러한 현실의 암담함 속에서도 우리 교육의 새로운 가능성을

전인순 — 전교조 충남지부 근무. 해직교사.

보여주는 학교가 있다. 그 학교 출신으로 교직에 있는 어느 창업생(그 학교에서는 졸업을 창업생이라고 부른다. 그것은 졸업이 끝이 아니라 이제부터 시작한다는 의미로 파악하기 때문이다)은 다음과 같이 당당한 자부심으로 그 학교에 대해 평가하고 있다.

"나는 교육에 종사하면서 풀무의 가치를 뼈저리게 배웠다. 한국의 교육사는 풀무에서부터 새롭게 써져야 한다는 사실들을 계속 되풀이해서 확인하고 있다. (…) 인간을 하나의 작은 우주로 알고 무엇과도 바꿀 수 없는 생명의 존엄성과 절대성을 지닌 인간의 교육, 한국의 교육은 거기서부터 출발해야 하기 때문에 한국의 교육사는 풀무에서 써져야 한다."

34년 동안 458명의 창업생(졸업생)을 배출한 학교. 그 창업생들이 당당한 자부심으로 지역을 비롯한 사회 각 분야에서 든든한 일꾼으로 자리잡고 있는 학교. 전교생 98명에 교사는 16명으로 교사 1명당 학생 6명꼴의 작은 학교. 공부만 하면 도깨비, 일만 하면 짐승이라고 여기는 학교. 권위주의를 배격하고 공동체의 테두리 안에서 학생 하나하나를 소중하게 생각하는 학교. 우리사회에 그런 학교가 실재하고 있다는 것은 놀라움을 넘어 하나의 신선한 감동이다.

2

풀무학원 초창기부터 헌신적으로 일해오신 학교장 홍순명 선생님을 만나뵙고 학교에 대한 많은 이야기를 들을 수 있었다. 엄밀히 말하면 풀무에는 교장이 없다. 풀무학원의 이념인 무두무미(無頭無尾) 정신에 따라 행정상의 필요에 따른 교장이 있을 뿐이다. 문자 그대로 머리도 없고 꼬리도 없는 공동체 구성원간의 역할분담으로 권리보다 의무와 책임이 강조된다. 그러다 보니 학교장은 다른 교사들 놀러갈 때 학교를 지킨다거나 골치아픈 궂은 일들을 도맡아 할 수밖에 없다고 홍 선생님은 웃으시며 말씀하신다.

이에 따라 학교의 주요업무나 교육방향, 행사, 학생지도 등등 운영상의 모든 문제는 매주 월요일에 열리는 교사회에서 논의 결정돼 시행된다. 이런 민주적 운영방식은 학우회(학생회), 학급 간담회, 학생 동아리 활동, 전교생과 교사 모두 참여하는 전교회의 등에도 그대로 적용되고 있다. 이를 통해 크고 작은 갈등들이 스스럼없이 표출되며 해결방안을 상의하는 속에서 서로의 마음을 모아가게 된다. 때로는 기발한 제안이나 지나친 요구사항도 나오지만 이러한 과정을 통해 실제적인 민주의식을 익히며 조정이 되고 있다고 한다. 소풍 때도 다른 학교와는 달리 학생들의 행동이 요란스럽지 않은 것은 평소의 감정이나 갈등들이 이런 열려진 제도적 장치를 통해서 걸러지기 때문이리라.

풀무농업고등기술학교는 충남 홍성군 홍동면 팔괘리 664번지에 자리잡고 있다. '풀무'란 이름은 학교가 위치한 동네의 원래 이름이 풀무골로서 대장간이 있던 터였는데, 풀무(대장간에서 쇠를 달구기 위해 바람을 일으키는 도구)가 지닌 상징성이 교육적으로 부합된다 하여 학교 이름으로 삼았다고 한다.

풀무학원이 설립된 것은 1958년 4월 23일이다. 감리교 신학대학을 졸업하고 잠시 목회활동을 하던 주옥로 선생이 농민과 더불어 신앙생활을 해나가면서 발행하던 《성서생활》이라는 개인 신앙잡지가 인연이 되어 이찬갑 선생을 만나게 되었고, 여기에서 서로 뜻이 맞아 이 학원을 세운 것이다.

당시 주옥로 선생은 국민학교 졸업생 60명 중에서 중학교로 진학하는 학생이 4명밖에 되지 않고 대다수가 농촌에 남게 되는 현실을 보고 《성서생활》에 "국민학교 정도로는 농촌을 지켜나가기 힘들기 때문에 농민의 자질을 지켜나가기 위해서 참된 교육이 필요하다"는 요지의 글을 썼던 것인데, 남강 이승훈의 증손인 이찬갑 선생이 이것을 보고 찾아와 농촌교육에 함께 해나가기로 하여 주옥로 선생의 고향인 홍성군 홍동면에 3년 중학과정인 풀무농업고등공민학교를 세우고 문을 연 것이다. 그후 풀무학원은 1963년 3년제 고교과정인 풀무농업고등기술학교로 바뀌었다가 1983년 고등학교 학력인정학교로 인가를 받아(인가받기 전에는 대학 진학생들은 검정고시를 치루었다) 오늘에 이르고 있다.

3

풀무의 교육목표는 '위대한 평민'이다. 이러한 일은 성서의 진리 위에서 가능하다고 보고 있는데, 이것은 풀무학원의 뿌리가 김교신, 노평구 등의 무교회주의와 깊은 관련이 있다는 데서 이해될 수 있다. 우선 설립자인 이찬갑 선생과 주옥로 선생이 무교회주의자이며 초기 학원 설립에 참여한 이들 역시 널리 알려진 무교회주의자들이다. 풀무학원이 문을 여는 날 이찬갑 선생은, 18명의 신입생 앞에서 다음과 같은 얘기를 하였다.

"현재까지는 현대문명의 총아인 도시를 중심으로 한 도시교육, 선발교육, 물질교육, 간판교육, 출세교육으로서 이 인간이 멸망하고 이 민족이 썩어가고 있었던 것입니다. 그러나 이제부터의 새교육은 새로운 시대의 총아인 농촌을 중심으로 한 농촌교육으로, 민중교육으로, 정신교육으로, 실력교육으로, 인격교육으로 이 민족을 소생시키고 이 인간을 새로 나게 해야 할 것입니다."

이러한 설립정신은 34년이 지난 지금도 오염되지 않고 순수함을 간직한 채 이어져 내려오고 있으며 앞으로도 그러할 것이다. 왜냐하면 처음 시작할 때부터 "앞으로 인간적인 어떤 불순한 뜻이 가감된다면 그날로 문을 닫아도 좋다"라는 심정으로 출발하였기 때문이다. 이 튼튼한 바탕 위에서 바로 풀무의 교육은 시작되고 있는데, 홍순명 선생님으로부터 교육에 대한 여러 생각들을 직접 들어보았다.

"지금은 교육에 대한 사람들의 생각이 바뀌어야 합니다. 교육이란 것이 예술적 재능이라든가 체력의 건강, 사람들과 사이좋게 지낸다든지 깊은 정서, 학문적 자세 등등 폭넓은 것인데 암기식의 지식교육만이 교육이라고 잘못 알고 있는 분들이 많거든요. 컴퓨터가 할 일을 사람이 하고 있어요. 그걸 왜 사람이 해요? 아이들은 학교에서 일하고 뛰어놀고 스스로 조사 연구해야 할 텐데 그러지를 못하고 있거든요. 이것은 교육미신이에요. 그걸 위정자들은 부채질하고, 학부모들은 깨닫지 못하고, 교사들은 그 틈바구니에서 본의 아닌 역할만 하고 있고, 아이들은 그 속에서 죽을 고생만 하고 있죠. 학교가 커야 좋다거나 일류 학교에 너무 집착하는 것도 20세기의 미신입니다. 부모가 손해봐도 좋다고 해야 학교가 살아요. 학교는 공장이 아닙니다. 학교가 크다는 것은 이율배반입니다. 인격을 다룬다고 하면서 커지면 실제로 불가능할 수밖에 없어요. 미친 척하고 보내 보세요. 아이들이 합창도 하고 풍물도 치고 글도 쓰고 책도 읽고 발표도 하고 연구도 하고 청소도 하고 밥도 하고 그릇도 닦이 이게 정말 공부입니다. 우리 학교에는 외지에서 학생들이 오기도 하는데, 아동문학가 강정규 씨가 딸을 전학시키면서 이런 얘기를 해요. 딸이 이화여고에서 중간시험이라고 해서 외는 걸 옆에서 가만히 들어보니까, 환자 위해 죽을 쑤는데 쌀이 몇 그램 물이 몇리터 몇분 끓이다가 몇분 잦히고 그걸 하는데, 그렇게 암기했다고 해서 실제로 죽을 쑤느냐 하면 못 쑤거든요. 한번 해보면 될 걸 가지고 외우느라고 그런 고생을 하고 있으니…. 물론 암기해야 될 부분도 있어요. 그런데 전부 암기하려고 그렇게 하는 것은 문제지요. 그것은 교육을 망치는 것이고 청춘을 시들게 합니다."

우리 교육에 대한 홍 선생님의 이러한 생각은 풀무교육의 전반적인 내용으로 제시되고 있는데, 그는 학교 요람에서 이렇게 밝히고 있다.

학교교육의 급속한 양적 팽창에도 불구하고 교육의 위기적 상황에 대한 우려가 높아지고 있습니다. 전통적으로 교육을 지식의 암기나 진학과 동일시하는 점수서열주의는 윗학교에 못 들어가는 3분의 2의 학생들에게 진학하는 학생의 들러리만 서는 결과가 되어 체념과 상처를 주고 나아가 반발을 일으킬 뿐 아니라, 윗학교에 들어가는 3분의 1의 학생들에게도 바른 가치관, 협력적 인간관계, 창의력, 체력, 실제적 기능면에서 너무나 폭이 좁은 교육을 받게 됩니다.

현재의 고등학교는 인문학교와 실업학교로 나뉘어 있습니다. 그러나 인문학교 학생은 생산적 교육, 인생을 실감하는 경험교육이, 실업학교 학생은 직업의 바탕이 되는 보통 교양과목의 이수가 부족하여 어느 쪽이나 치우친 절름발이 교육이 되고 있습니다.

학급이나 학급규모가 큰 것도 학생들과 교사의 진정한 만남이나 대화, 학생의 다양한 능력에 따른 개별지도를 어렵게 하고, 통 속의 감자 썻기와 같은 몰개성적 획일교육의 원인이 되고 있습니다. (…)

풀무는 학생이 재학중 성서의 진리를 겸손히 배우고 그리스도를 만나는 것이 바른 인격을 완성시키는 인간교육의 바탕이라고 믿습니다. 신앙과 일반학과와 실기능력을 고루 발전시키는 전인교육을 실시합니다. 특히 지식의 추상화를 막고, 인내와 의지력, 체력을 키우는 노동교육을 필수적으로 하여, 능력의 경쟁보다 각자의 다양한 소질의 발전을 돕는 방향으로 교육과정을 짜고 시설을 갖추는 종합교육의 방향으로 나가고 있습니다. 풀무는 가르치는 사람 중심이 아니라, 자라는 사람 중심으로 그들의 창조적 힘을 발휘시키는 개별화 교육과 대화를 위해 작은 학교로 언제나 남을 것입니다.

풀무는 주변의 교육적 환경을 선용하는 지역사회학교입니다. 기숙사를 중심으로 배움과 노동과 생활을 같이하여 상호형성을 활발히 하며 근원적 사회 풍토를 갖는 공동체학교를 바라고 나갑니다. 민주화에 부응하는 민주시민을 기르려면 학교의 운영 자체가 민주화되어야 하며, 국제이해를 위해 편견이나 무지를 없애는 노력도 청년시절에 꼭 필요하다고 믿습니다.

4

이러한 풀무교육의 내용 제시에 따라 교육과정도 일반 학교에 비해 독특하다. 학생 하나하나가 중요하다는 관점에서 교육과정을 짤 때의 원칙은 세 가지가 있다. 첫째는 보통과목(주로 국어, 영어, 수학)을 능력에 따라 지도한다는 점이다. 예컨대 영어가 부족하면 초급반에 들어가 배울 수 있는데, 이때는 학년의 고하나 연령에 관계없이 각 과목의 해당 수준에 따라 반이 편성된다. 과제물 또한 각 개인에 따라 다르게 주어진다. 그리하여 풀무에서는 학급의 기계적 분리는 의미가 없다. 교육과정 내용에 따라서 분반과 합반이 자연스럽게 이뤄진다. 둘째는 학급수 인원을 적게 한다는 점이다. 이것은 학생 하나하나를 잘 돌보기 위해서이다. 이 원칙에 따라 학급의 인원이 30명 미만으로 정해져 있다. 셋째는 노동교육의 강조이다. 전체 노동시간에는 주로 꽃 모종하고, 학교 주변 풀 베고, 실습지의 모내기나 김매기를 하면서 교사 학생 구분없이 함께 땀을 흘린다. 또한 한 학기씩 선택하여 부분별로 운영하는 목공, 농기계, 화훼, 축산, 식가공, 유기농업 등은 철저히 실습 위주이고 가능하면 마을 현장에서 지역주민들과 함께 실습하도록 하고 있다. 여기에 교사도 함께 참여한다. 이와 관련하여 풀무에는 현장실습제도가 있다.

현장실습제도란 2학년 학생들이 방학기간을 이용하여 3주일 동안 국내외 실습지를 견학하며 배우는 제도이다. 실습지는 주로 농장이나 목장 및 가공공장인데, 돈벌이만을 목적으로 하는 곳이 아니라 건전한 정신과 운영철학을 가지고 운영하는 곳을 대상으로 삼는다. 학생들은 실습지에 머무는 동안 현장 운영 방법이라든가 실습하는 내용을 일지에 적어 내게 되며, 이것은 나중에 평가에 반영된다. 특이한 것은 실습지의 주인도 실습생의 근면성, 연구적인 태도, 생활모습을 관찰케 하여 나름대로 기록한 의견서를 학교에 제출토록 한다는 점이다.

풀무에서는 학생들에게 공동과제를 많이 부과한다. 공동과제란 하나의 연구 주제를 가지고 조별로 조사·연구·정리하여 발표하는 제도이다. 예를 들자면 2학년의 공동과제 주제로는 '지역의 환경오염 실태조사' '협동조합에 대하여' '선거에 관하여' 등으로 폭넓게 제시되는데, 이렇게 정리된 결과물은 학급에서뿐만 아니라 풀무제 때에도 발표된다. 풀무제는 매년 가을에 열리는 축제인데 3~4일에 걸쳐 진행되며 내용으로는 학생과 교사가 가꾼 국화 전시회, 가사작품 전시회, 초청강연, 공해자료전, 비디오 상영, 공동과제 발표회, 마당극, 체육대회 순으로 다채롭게 진행된다. 지지난해의 주제는 '녹색과 평화'였는데 대기오염, 식품오염, 핵문제에 이르기까지 사진, 유인물, 신문자료, 첨가물이 든 식품이 공해자료로 전시돼 흥미를 끌었다고 한다.

또한 풀무에는 대학에서와 같은 창업논문(졸업논문)제도가 있다. 1, 2학년 동안의 폭넓은 공부를 통해서 3학년에 오르면 지도교사와 상의해 농업, 공업, 교육, 문학분야에서 학생들의 관심이 모아지는 영역별로 연구주제를 정하고 그것을 써내는 것이다. 제출된 논문들을 읽어볼 기회가 없어그 수준이 어느 정도인가는 알 수 없으나 폭넓은 공부의 기회를 제공한다는 차원에서 볼 때 상당히 긍정적으로 생각된다.

풀무학원은 다른 학교와 달리 지역사회와 긴밀한 관계를 맺고 있다. 풀무가 이상으로 삼는 것은 지역사회가 하나의 학교가 되고 지역 구성원이교사가 되는 지역학교이다. 이를 위해 풀무는 나름대로 많은 노력을 해왔고, 그 결과로서 성과도 나타나고 있다. 완전한 민주적 운영이 보장되는신용협동조합을 비롯하여, 소비자협동조합, 농기계수리조합, 식가공협동조합, 시범협동목장, 유기농업을 실천하는 모임인 정농회, 지역의 출판사,된장공장, 주민들에 의한 운영체계를 갖춘 갓골 어린이집 등등이 거의 풀무 출신들에 의해 자주관리적으로 운영되고 있는 살아있는 성과물들이다.이것은 풀무학원 출신들이 지역사회에 뿌리를 내리고 있는 데서 가능한것이라고 볼 수 있다. 이러한 사실은 대단히 놀라운 일이다. 조그만 시골의 면단위에서 이 정도로 지역민에 의해 자치적으로 운영되고 있는 예가거의 없기 때문이다. 이 모든 것이 풀무가 있기에 가능했다고 보는 것은너무 과장된 표현일까?

5

풀무의 학생들은 아침에 만나면 "밝았습니다", 낮에는 "맑습니다", 저녁에는 "고요합니다"라고 서로 인사한다. 그들의 인사만큼이나 학생들의 표정은 환하다. 풀무의 학생들은 이른바 선택된 우수학생들이 아니다. 풀무를 의식적으로 선택한 일부를 제외하고는 오히려 그 반대이다. 많은 입학생들이 어찌 보면 중학시절 소외되고 열등감을 가졌던 학생들이다. 그런그들이 풀무공동체의 일원으로 되면서 밝게 생활하고 있는 것이다. 그야말로 "건축가가 버린 돌이 모퉁이의 머릿돌이 되기 위해" 단련되고 있는것이리라. 풀무 출신으로 모교에 교사로 근무하는 김현자 씨는 입학에서 졸업까지의 학생들의 상태를 이렇게 표현하고 있다.

"풀무에 입학해서 처음에는 신선한 충격으로 모두 좋아들 합니다. 중학교 다닐 때의 억압적인 분위기와는 딴판이거든요. 그러다가 점차 시간이 지나면 느슨하게 풀어집니다. 왜냐하면 선생님들이 다른 데처럼 강제로 다그치지 않거든요. 그후 생활해가면서 풀무의 독특한 분위기에서 얻는 감화와 감동으로 졸업 무렵이 되면 다시 학교가 좋아집니다. 졸업생들의 경우 학교 다닐 때는 풀무의 장점이 안 보이는데, 졸업하고 나면 학교가 좋다는 느낌을 가집니다. 대개의 경우 졸업 후 학생들이 학교에 안 오는데, 이 학교는 달라요. 졸업 후에도 많이들 와요. 그저 좋아서 찾아오는 겁니다. 학교 왔다 가면 기운도 나고, 풀무 출신들은 총수업생회(동문회)를 만들어 학교 일에도 적극적으로 참여하고 있습니다. 어쨌든 간에 풀무에는 뭔가 표현하기 어려운 매력 같은 것이 있어요."

현재 풀무에는 학생들의 다양한 자치활동이 보장돼 있다. 학우회(학생회)를 비롯해서 동아리활동, 특별활동의 모든 면에서 그렇다. 학생들이 하겠다고 하면 언제든지 도와줄 수 있도록 항상 열려있는 것이다.

풀무학원이라고 해서 학생문제가 일어나지 않는 것은 아니다. 1989년 5월 학교신문에 보면 이런 내용이 나온다. "89. 5. 22. 무인가게 및 빵 판매 착오로 교사와 학생 무릎 꿇고 반성." 여기에서 볼 수 있듯이 학생문제를 지도하는 방식은 일반 학교와 다르다. 처리과정이 다르고 학교의 분위기 자체가 다른 것이다. 그러한 것은 다른 학교에서 전학온 학생의 "그 학교에서는 실내화 신고 막 돌아다녔는데, 여기 오니까 그런 것이 안되더라"는 고백에서도 느껴진다. 이런 예는 홍 선생님이 들려주는 다음의 일화에서도 엿볼 수 있다.

"학생들에게 술 담배 한 사람 손 들으라 하면 솔직하게 다 들어요. 그러면 선생들이 하나씩 맡아 지도를 하지요. 하지 말아라. 안할게요. 그러다 다시 술 담배를 하는 학생이 나오니까 교사가 그 학생에게 선언을 합니다. 좋다. 네가 고칠 때까지 내가 단식하겠다. 그러고는 단식을 하는 겁니다. 그 학생이 생각하기를 한 사나흘 단식하다 그치겠지 했는데, 단식이 10일을 넘어가거든요. 그러자 그 학생이 찾아와 싹싹 빌어 고친 적도 있지요. 또한 담배 피운 학생이 나오면 학생들이 자체적으로 학우회(학생회)를 소집해서 선배들이 담배 피운 후배를 야단칩니다. 이런 식으로 자체규율을 통해서 단련되지요. 담배 피는 것 자체가 큰 것은 아니고 이 조그만 선이 무너지면 큰 문제들을 감당할 수가 없게 되거든요. 자기규율을 지키려면 스스로 의지력이 있어야 하는데, 이런 것들을 길러줘야 하지요."

풀무에서는 평소 가정의 학부모들과 긴밀한 관계를 가지고 있으며, 학생들과의 면담을 자주 한다. 그래서 교사는 아이들 하나하나를 손바닥 보듯 훤히 알고 있기 때문에 큰 문제가 일어날 소지가 별로 없다. 이것은 인원이 적으니까 가능한 것들이다. 학급규모나 학생수가 많을수록 이런 일이 불가능하기 때문에 규율이나 규칙이나 제도를 자꾸 만들어놓고 이것을 벗어나면 처벌하게 된다. 그러나 풀무는 다르다. 풀무의 방식이 통할 수 있는 것은 '작은 학교'이기 때문이다.

6

풀무는 이제 34주년이 지났다. 사람으로 비유하면 청년을 지나 장년으로 접어들고 있는 것이다. 그렇다면 풀무에 남은 것은 무엇인가. 어찌 보면 이런 식으로 풀무교육의 성과를 따진다는 것 자체가 외부인의 얄팍한 소견인지도 모르겠다. 그럼에도 불구하고 내가 만나본 사람들은 "30여년이 거저 간 것이 아니다"라고 평가한다. 이러한 자신감의 토대는 지역을 비롯한 우리사회 곳곳에서 묵묵히 일하고 있는 풀무 출신 창업생들로부터 비롯된다. 그것이 바로 풀무에 남은 소중한 자산이다. 풀무 출신들은 적어도 "돈이 최고라고 생각지는 않는다." 그들은 대개의 경우 풀무 3년을 다니면서 "나는 이렇게 살아야겠다"는 자기 삶의 지표를 가지고 나온다. 그리하여 가급적이면 어디서나 외길을 가면서 겉으로 표나는 화려한 껍데기의 삶을 거부하고 학교에서 배운 정신대로 소박하고 정직하게 살면서 이웃에 봉사하는 삶을 산다.

　이런 풀무에도 나름대로의 안타까움이나 어려움이 많다. 우선 떠오르는 어려움은 열악한 재정문제이다. 현재 학교재정은 학생들의 수업료나 학교의 실습지에서 나오는 수입에다가 외부의 뜻있는 인사들에 의한 후원금으로 근근이 꾸려나가고 있다. 그러다 보니 어떤 좋은 계획이나 생각이 있어도 재정문제 때문에 제대로 추진되지 못하는 측면도 있게 된다. 이와 관련하여 풀무에 근무하는 교사들의 급여수준도 상당히 낮다. 아마도 전교조 해직교사들이 받는 생계비 정도와 비슷할 것이다. 그리고 교장이나 교사 간에 별다른 차이가 없고, 30년 된 교사나 엊그제 부임한 교사나 서로 엇비슷하다는 것도 풀무에만 있는 일이다. 이런 어려움 속에서도 자기희생과 헌신적 노력으로 아이들을 가르치고 있는 교사들이 존경스러웠다.

　또하나의 어려움은 가르칠 학생이 오지 않는 데 있다. 요즘 들어 조금 나아지고 있다고는 하나 많지도 않은 정원 30명이 제대로 채워진 적이 거의 없었고, 어느 해인가는 6명의 학생이 입학해서 이대로 계속해야 할 것인가를 심각하게 생각게 한 때도 있었다. 우리사회에 만연된 입시위주의 교육과 간판교육의 벽이 얼마나 두터운지를 실감하게 하는 얘기다. 이러다 보니 지역 중학교에서 진학에 신경을 써주기는커녕 오히려 막고 있는 점이 풀무인들을 속상하게 한다. 예컨대 학생이 풀무에 간다고 해도 "하다못해 광천상고라도 가야지, 풀무는 왜 가느냐"는 식으로 지역 중학교 교사들이 말리는 실정이란다. 그런 연유로 우수한 학생들이 오지 않는 것도 풀무의 비약적 가능성을 제한하는 요인이 되고 있다. 바로 이런 사정 때문에 어느 정도의 통제를 감수하면서까지 1983년 고등학교 학력인정학교로 인가를 받았던 것이 아닌가 여겨진다. 아직도 풀무의 교사들은 인가 이전의 풀무학원 시절에 대한 향수가 강하게 남아있다. 그때는 자체적으로 국어 교과서도 만들어서 가르치는 등 완전한 자율성을 누리면서 '창의적인 교육' '교육다운 교육' '제대로 된 교육'을 해볼 수가 있었기 때문이다. (풀무는 현재 전국 유일의 농업고등기술학교이기 때문에 지금도 교육부의 통제는 그리 심하지 않은 편이다.)

7

어찌 보면 풀무의 교육은 '열린 교육(Open Education)'의 요소들을 상당한 정도로 수용하고 있다고 여겨진다. 루소나 페스탈로치는 열린 교육의 선구자들이다. 그간 발달한 자본주의의 분업체계는 교육에도 그대로 적용되어 개개의 교과가 서로 유기적인 관계를 맺지 못하고 분업화됨으로써 교육의 각 측면이 고립적으로 분산되어 존재해왔다. 그럼으로써 교육도 '전면적으로 발달한 인간'을 길러내기보다 '전문성'이라는 신화에 사로잡혀 기능적 인간을 양산해왔다는 점을 부인할 수가 없다. 열린 교육은 그런 불구의 모습을 극복하고 통합된 학습, 즉 부분과 전체의 관계를 볼 수 있는 교육과정을 통한 인격화를 가장 근본원칙으로 삼는다. 이에 따라 학습의 장은 교실뿐만이 아니라 학교 밖의 삶의 현장 속에서 더 많은 것을 배울 수 있다고 본다.

열린 교육이 적용되려면 규모가 작아야 한다. 앞서 살펴본 풀무의 교육이 가능했던 점도 작은 규모였기 때문에 가능했다는 사실이 주목돼야 할 것이다. "진정으로 인간의 삶을 생각한다면 학교가 작아져야 한다!" 이것이 풀무를 취재하면서 내린 결론이다.

앞으로 우리사회에는 나름대로의 특색을 살리는 다양한 작은 학교들이 많아져야 한다. 그래야 학생과 학부모는 진정으로 교육받을 권리를 스스로 선택할 수 있다. 이것이 제대로 안될 때 민주화나 지방자치, 교육자치는 허구적인 빈 껍데기에 불과할 뿐이다.

그런데 여기에서 안타까운 것은 외국의 예(가령 영국이나 일본에서는 가정집 같은 분위기의 작은 학교가 많이 발달돼 있는데, 지방자치와 교육자치의 발달로 중앙정부의 간섭은 그리 심하지 않고 국가의 지원금까지 나온다)와는 달리 우리나라의 경우 이러한 길이 법적으로나 제도적으로 원천봉쇄돼 있다는 점이다. 쓸데없는 시설기준에 따른 규제 때문에 그런 것이다. 이와 똑같은 보기가 있다. 풀무학원에서 지역주민들과 육가공조합을 만들려고 하는데 현행 관계법에 묶여있어서 추진하는 데 어려움이 많다고 한다. 그것을 하려면 백평 정도의 시설을 갖춰야 허가가 나온다는데, 그 정도 시설을 갖추려면 몇억원 정도의 자본이 있어야 가능하다는 것이다. 그런데 현실적으로 농민들이 무슨 돈이 있는가. 일본에도 15평 정도의 육가공조합이 수두룩하고, 대만에서도 집에서 만들면 농협에서 포장해서 팔아주기까지 한다는데, 이것은 결국 하지 말라는 얘기와 같다.

모든 것이 다 그렇지만 교육도 그 사회의 지배구조나 정치체제와 무관하지 않다. 역사적으로 볼 때 닫혀진 사회일수록 지배자들은 온갖 법적 제도적 통제를 통해 교육을 자신들이 의도하는 울타리 속에 가둬놓으려 한다. 그런 예는 육가공조합 추진과정에서도 마찬가지이다. 여기에서 첨예하게 대립되는 문제가 통제와 자율성의 역관계이다. 누구나 스스로 주인의 삶을 살고자 하는 자주성이 인간 본성의 중요한 하나라고 한다면 그것을 지켜내려는 노력은 무엇보다 소중한 것이다. 어떠한 제도적 장치도 그 사회 구성원 다수의 입장에 서 있지 않을 때는 억압과 질곡으로 작용한다. 민주적인 사회라면 합리적인 합의에 의해 조정이 되겠지만, 그렇지 않은 사회라면 근본적으로 뜯어고치려는 실천이 필요하다. 이 실천의 과정에서 우리는 구조적 모순이라는 거대한 벽과 만나게 된다. 교육의 문제도 마찬가지이다. 현재의 질식할 것 같은 제도교육의 거대한 흐름에 숨쉴 구멍을 뚫어내는 일. 그래서 죽어가는 생명력을 되살려놓는 일. 그것이야말로 사람사는 세상을 만들어가는 실천이 아니겠는가!

풀무의 교육은 완결된 것이 아니다. 아직도 진행과정에 있다. 그 속에서 어떤 것은 궤도에 올라있기도 하고 또 어떤 것은 시작단계에 있는 것도 있다. 이제까지 제한된 외부인의 눈으로 풀무의 교육을 들여다봤지만 정확하게 바라본 것인지 어떤지는 의심스럽다. 그러나 중요한 것은 우리가 어떻게 바라보든지 풀무는 나름대로의 고민과 대안을 가지고 우리 교육의 막힌 한 부분을 고집스럽게 뚫어내고 있다는 사실일 것이며, 이같은 노력은 한국 교육사에서 정당하게 평가돼야 한다는 점이다.

우주생명과 현대인의 암세포적 기능

장회익

　오늘 제가 말씀드릴 이야기는 그다지 흥미있는 것이 못 되고 약간 딱딱한 내용이 되지 않을까 걱정이 됩니다. 일반적으로 물리학 강의처럼 딱딱한 게 없습니다. 물론 오늘 얘기는 물리학 강의는 아닙니다만 그래도 지금까지 여러분들이 들어오시던 것보다는 무척 무미건조하게 느껴지지 않을까 염려가 됩니다. 그래서 되도록이면 좀 자유롭게 얘기하고 싶습니다만, 어떻게 될지 잘 모르겠습니다.

　오늘 말씀드릴 것은 생명에 관한 얘기가 되겠습니다. 생명이라는 것을 과학하는 입장에서 어떻게 보는가 하는 것을 한번 생각해보면서, 특히 생명현상 가운데서 인간의 위치는 무엇인가라는 것에 대한 반성을 시도해보고, 그렇게 하면서 앞으로 우리는 어떤 식으로 사는 것이 가장 합당할 것인가, 이런 문제를 그저 순서없이 말씀드려 볼까 합니다.

　이 모임이 불교사회교육원에서 주관한 것이니만큼 여기 모이신 여러분들이 불교하고 무슨 관련을 갖고 계신 것은 아닌지 모르겠습니다. 저는

장회익 — 서울대 교수. 물리학. 이 글은 91년 11월 불교사회교육원이 주관한 제2기 생태학교에서 행한 강연을 정리한 것임.

불교에 대해서 별로 아는 바가 없습니다마는 제가 느끼기로 불교는 대단히 직관적인 방식으로 생명에 대한, 또 우주에 대한 깊은 이해에 도달하고 있는 종교가 아닌가 싶습니다. 구체적인 내용은 잘 알지 못하더라도 그렇게 느끼는 것은 사실인데요. 이 자리에서 다시 제가 생명 얘기를 한다고 할 때 과연 얼마나 보탬이 될 만한 얘기가 되겠는지 걱정스럽습니다. 그러나 불교라고 하는 전통 속에서 이루어진 깊이있는 생명 이해에 대하여 과학하는 사람의 생명관이 어떤 의미있는 관련을 가질 수 있는지, 이런 것에 대하여 조금 먼저 말씀을 드리고 지나갈까 합니다.

아마 과학자 중에서 가장 일반에게 많이 알려진 분이 아인슈타인일 텐데요. 아인슈타인이 과학과 종교에 관해서 짤막한 논평을 한 게 있습니다. 거기서 뭐라고 아인슈타인이 얘기를 하고 있느냐 하면, 과학 없는 종교는 장님이고 종교 없는 과학은 절름발이다라고 했어요. 많이 인용되기도 하는 말입니다만 어쨌든 재미있는 표현인데요. 조금 전에 말씀드렸듯이 종교에서는 직관적으로 깊은 진리를 터득한다고 봅니다. 특히 불가에서 수행하시는 분들은 때로는 순간적으로 때로는 몇십년 동안에 걸친 수행을 통해서 진리를 체험한다고 하는데요. 그런데 오늘의 시점에 이르러, 과연 그러한 방식으로 도달하는 것이 진정한 진리의 모습인가 하는 데 대해서 우리가 이제 한번 되돌아봐야 될 때가 되지 않았나 싶습니다. 설혹 그러한 종교적 수행을 통해서 얻는 것이 과연 진리라 하더라도 그것이 진리라고 하는 것을 어떻게 인정하겠느냐 하는 것이 과학하는 사람들의 자세라고 할 수 있습니다. 과학하는 입장에서는 과학의 눈에 비추어서 그것을 확인하고 싶다는 욕망을 갖는 것이 당연하다면 당연하지요. 그래서 전통적인 종교에서 비쳐준 것이 과연 참다운 진리라 하더라도, 또 그것이 진리일수록, 그것이 과학이라고 하는 걸 통해서 한번 재조명을 받아야 특히 현대인들에게 의미있는 것으로 비쳐질 것으로 생각되고, 이러한 의미에서 적어도 과학이 보조적인 역할을 해야 할 것으로 보입니다. 그리고 여러 종교에서 얘기하고 있는 내용 중에 우리가 볼 때는 그 전체의 줄거리에서 우리가 배울 것이 대단히 많고 진리를 담고 있다고 보지만 부분

부분에서는 이것은 조금 잘못 이해되고 있는 것이 아닌가 하는 점들이 느껴지는 것이 있습니다. 그래서 이러한 것을 이제 현대과학의 눈을 통해서 다시 밝힐 필요가 있고, 그런 것들이 밝혀짐으로써 저는 원래 그 종교가 전하려고 하던 진리가 손상된다고 보지는 않습니다. 오히려 외형적인 껍질을 벗겨버리고 정말 그 속에 들어있는 참진리가 무엇인가 하는 것을 알게 해주는 데도 도움이 된다고 봅니다. 그래서 물론 아주 뛰어난 선인들이 밝혀준 진리이기는 하지만 현재 우리 과학의 눈으로 볼 때는 역시 좀더 밝힐 수 있는 부족했던 점도 있지 않느냐 이런 생각을 해봅니다. 그러니까 이미 찾아진 진리를 과학을 통해서 다시 확인하는 측면과 그리고 거기서 좀 부분적으로 불완전하게 보이던 것을 좀더 밝게 하는 그러한 면에서 과학의 기여가 필요하다는 말인데요. 물론 과학이 완전하게 모든 것을 다 얘기한다고 보진 않습니다마는 그래도 많은 것을 새롭게 보여주고 있다고 믿습니다. 그래서 새롭게 나타나는 그 모습을 파악하여 다시 그것을 딛고 설 때에 종교적인 직관은 한층더 높은 차원으로 올라갈 수 있지 않을까 하는 생각도 해봅니다. 예를 들어서, 불교나 다른 여러 종교를 이끌어온 분들은 실은 현대과학이 보여주고 있는 세계를 직접 보지 않고도 어떤 진리의 단계에 도달했는데 이제 우리가 그것을 다시 한번 과학적으로 조명하여 사물을 보는 시야가 넓어질 때에 더 높은 어떤 것도 찾을 수 있지 않을까 싶어요. 그러한 가능성도 열어놓는 것이 좋다는 생각을 합니다. 그래서 종교와 과학이 좀더 적극적인 대화를 할 필요가 있을 것 같습니다. 조금 전의 아인슈타인의 말도 그러한 의미에서 종교가 과학을 외면하기보다는 과학의 것을 받아들임으로써 자기 앞을 더 넓게 비쳐볼 수가 있는데, 만약에 그것을 차단하면 마치 장님처럼 눈을 감는 것과 비슷하다라고 하는 경고의 얘기가 되겠지요.

그 다음에, 종교 없는 과학은 절름발이라고 아인슈타인은 말했습니다. 사실 저는 과학은 현실적으로 그다지 큰 힘이 없다고 봅니다. 그래서 우리가 아무리 사실을 밝힌다 하더라도 그냥 아는 걸로 그쳐버리기 쉽지, 삶의 현장에서 힘을 가지고 이것이 현실 속에 구현되게 하기는 쉽지 않다는 생각입니다. 그런 면에서 종교는 상당한 큰 힘을 지닌 것 같아요. 그러니까 종교가 진리를 제대로 보고 종교가 가지고 있는 그 힘을 발휘하면 대단히 중요한 기여를 할 것이 분명합니다. 이러한 면에서 아인슈타인의 얘기를 다시 한번 음미해보는 것도 좋을 것이라는 이야기입니다.

이제 우리가 현대과학 중에서 알아야 될 중요한 것이 많이 있습니다만, 제가 볼 때 가장 중요한 것은 역시 생명의 모습을 파악하는 문제입니다. 현대문명의 여러 문제나 근본적인 위기는 결국 우리가 생명의 모습을 제대로 파악하지 못하고 그 안에서 우리가 우리의 위치를 제대로 인식하지 못하고 우리의 역할을 제대로 하지 못한 데 주로 기인한다고 생각됩니다. 현대과학이 현대문명에 기여를 하려면, 기술적인 개발을 더 하는 일도 중요하고 또 반드시 필요하기도 합니다. 그러나 그것보다도 정말 생명이란 것이 무엇이고, 인간이라고 하는 것이 무엇이며, 따라서 우리는 어떻게 해야 할 것인가, 또 만약에 그렇게 하지 않으면 어떤 문제에 봉착할 것인가 ― 이러한 것을 밝혀주는 것이 현대과학의 제일 중요한 사명이라고 저는 봅니다. 물론 현대과학이 모든 것을 다 알아냈다고 저는 보고 있지 않습니다. 오늘 저는 그저 현대과학이 제공하는 안목에 도움을 받아서 제가 생명에 관하여 이해하게 된 몇가지 점을 말씀드리고자 합니다.

저의 전공은 물리학이고 생명과학은 아닌데 제가 자꾸 생명 운운하게 되어, 외람된 느낌이 적지 않습니다. 그러나 달리 생각하면 전공이 다르기 때문에 생명에 대해서 생명과학하는 사람들하고 좀더 다른 시각에서 볼 수 있지 않을까 합니다. 마치 건물 속에 들어가면 그 건물의 부분 부분은 알 수가 있어도 전체 모습을 보기는 어렵죠. 말하자면 저는 건물 밖에 있는 입장이라 할 수 있지요. 건물 밖에서 바라보는 관점, 그것이 말하자면 저의 시각이 될 수 있겠다고 비유적으로 말해도 괜찮을지 모르겠습니다.

그러나 제가 생명을 보는 입장은 밖에서 본다고 해서, 완전히 일반인의 시각만으로 보는 건 아니고 제가 지금까지 공부하고 이해해온 자연법칙 ― 물리학 법칙을 비롯해서 ― 이라고 하는 안경이라고 할까요, 또는 뭐

망원경이라고 할까요, 이런 걸 통해서 보는 입장이 되겠습니다. 그렇게 볼 때에 생명의 모습은 어떤 것인가 하는 것입니다.

몇년 전의 얘깁니다마는, 요즘 한창 전쟁으로 화제가 되고 있는 유고슬라비아에서 국제 과학철학 모임이 있었어요. 그때 한국에서 몇 사람이 참석했는데 저한테 생명문제에 대해서 거기 가서 얘기를 해달라는 부탁이 왔습니다. 물론 제가 평소에 생명에 관심을 가지고 있는 것을 주변에서 아시는 분도 계시고 해서 그렇게 되었던 것이지요. 저는 한때는 생명 자체에 대해서 관심을 대단히 많이 가졌습니다. 한 이십년 전에 아주 그쪽으로 전공을 돌려서 생명문제를 본격적으로 연구를 해볼까 하는 생각도 해본 일이 있습니다. 그런데 제 관심사는 생물학자들이 하는 식으로 생명현상에서 어떤 한 부분 부분을 알고 싶은 게 아니고 도대체 생명이란 게 뭐냐, 송두리째 생명의 본질은 뭐냐 하는 것을 과학의 시각에서 보면 어떻게 되겠는가 하는 것입니다. 그러니까 생물학자들이 보면 그것은 생물학이 아니고 생물철학이라고 할는지 모르겠습니다만, 하여간 전 그런 쪽에 관심을 가지고 있는데요. 어떻든 마침 제가 논문 준비를 해야 할 필요가 있었는데 그것도 겸하여 그때까지 제가 생명에 대해서 느낀 것을 정리하다가 역시 새로운 데다가 초점을 맞춰야 되겠다 해서 맞춘 것이 생명의 단위문제라는 것이었습니다. 제가 아직 잘은 모릅니다만, 생명문제에서 단위문제를 내건 사람은 어쩌면 제가 처음이 아닐까 하는 생각이 듭니다. 어떻게 보면 극히 단순한 문제 같기도 한데 제가 살펴본 문헌에는 아무도 생명의 단위문제를 거론하는 것은 발견을 못했습니다. 그래서 그런 면에서는 처음이라고도 할 수가 있겠는데 어쨌든 간에 생명의 단위가 뭐냐 하는 문제를 내걸었죠. 제가 거기에도 썼습니다마는, 그것은 어떻게 보면 너무 당연하기 때문에 문제가 될 수가 없습니다. 생명의 단위라고 하면 한 사람 한 사람이 생명의 단위가 아니냐고 우리는 일상적으로 생각합니다. 그래서 누구 한 사람이 죽었다거나 또는 어떤 동물이 하나 죽으면 생명 하나가 없어졌다고 말하곤 하지요. 그처럼 너무 당연하기 때문에 문제가 안된다라고 하는 면이 우선 있지요. 곧 말씀드리겠습니다마는, 굉장히 어려운 문제가 또 있습니다. 어쨌든 상식적으로는 사람, 개, 고양이 이것들이 생명의 단위라고 할 수 있습니다. 그런데 혹시 여기에 지금 생물학하시는 분이 계신지 몰라도 생물학자들은 그걸 단위라고 안 봐요. 그들은 세포를 단위라고 봅니다. 사람 몸은 수십조 개의 세포로 구성이 되어있죠. 그런데 그 세포 하나하나가 거의 독립적인 존재라고 생물학자들은 봅니다. 왜냐하면 그 세포 하나하나가 생명이 갖추어야 될 모든 조건을 다 갖추고 있기 때문이죠. 그래서 생명과학에서 최근에 가장 중요한 것으로 통하는 것은 50년대에 발견이 되어 이제 많이 알려진 DNA 구조입니다. 사람을 사람으로 만드는 정보 내용이 어디에 들어있느냐 하고 살펴보니까 세포 속에 핵이라고 하는 것이 있고 그 안에 있는 유전자라고 부르는 것이 있습니다. 그것을 분자적으로 보면 DNA라고 하는 종류의 분자들인데 그 DNA라는 분자의 배열 속에 그 기록이 들어있다는 것을 20세기 중반에 알아냈지요. DNA분자에 담겨있는 기록은 사실 엄청납니다. 지금 현재 사람 세포가 가지고 있는, 사람을 만들기 위해서 필요로 하는 DNA 정보 전체를 해독해보려고 하는 프로그램이 진행이 되고 있어요. 지금은 시작이죠. 해독이란 건 별게 아니고 순서나 배열이 구체적으로 어떻게 되어있는지, 사람 몸을 구성하고 있는 유전자의 분자배열을 쭈욱 확인하는 작업인데 이게 아마 한 세기 정도 걸릴 것으로 지금 보고 있습니다. 그것이 확인되면 대단한 것을 거기서 찾을 수 있을 것이라고 기대하는 사람들도 있어요.

그런데 요즘 정보과학이란 게 있습니다. 정보과학에서는 수치로 정보를 나타냅니다. 우리는 그냥 정보가 많다 적다 하는 얘기는 대개 짐작은 합니다마는, 그것을 숫자로 정보가 몇개다 하고 개수로 재는 것은 대단히 어려운데 정보과학자들은 그걸 하고 있어요. 그런데 사실은 그것은 상당히 쉽습니다. 그건 뭐냐 하면 스무고개를 알면 돼요. 실제적으로는 힌트도 주고 복잡하게 합니다마는, 스무고개에서는 원칙적으로 알고 있는 사람은 대답을 "네" 또는 "아니오"라고밖에는 할 수 없지요. 네, 아니오는 답이 둘이 아니라 하나죠. 왜냐하면 "네" 할 때 손가락을 올리고 아니면 안 올리면 되니까요. 스무번 내가 대답할 테니 답을 알아맞춰라. 그것이 스무고개의 기본규칙이죠. 스무고개에서 한 고개가 단위가 되죠. 영어로 binary unit라고 하는 것인데요. binary라고 하는 건, 둘 중에 yes no 그러니까 반 딱 잘라서 이거냐 아니냐 두 개 중에 하나씩 선택해나가는 이 단위를 binary unit라고 하는데요. 그걸 비트라고 하죠. 비트라는 말은 요즘 대유행이니까 여러분들이 많이 들으셨을 거예요. 하여간 이 정보과학이 정보를 계량화, 수량화해서 나타낼 수가 있는데 그걸 이용하면 사람 몸에 있는 DNA의 정보숫자도 수치로 나타낼 수가 있습니다.

그런데 대충 비교를 해보면 대형도서관, 예를 들어서 우리나라 경우는 국회 도서관이나 서울대학교 도서관 같은 곳에 기록으로 되어있는 내용 정도가 사람의 세포 하나 속에 들어있는 DNA 기록하고 비슷한 정도라고 지금 알고 있습니다. 그 정도 정보가 있으면 사람이 될 수가 있는 거예요. 그런데 그것을 세포가 하나하나 독립적으로 가지고 있다는 거예요. 그러니까 사람 몸 속에 세포가 가령 십조 개가 있으면 십조 개의 도서관이 사람 몸에 들어있다는 얘기지요. 십조 개의 도서관, 그러니까 결국은 세포 하나가 여러가지로 볼 때에 거의 독립적인 단위라고 볼 수 있으니까 생물학자들이 세포를 생명의 단위라고 여기는 것은 어느 정도 납득이 됩니다. 그런데 어떤 생물학자는 그걸 생명의 단위라고 보질 않습니다. 그것보다 더 기본적인 유전자가 생명의 단위라고 합니다. 사실 유전자를 뺀 나머지는 그냥 물이고 세포막이지 별로 특별한 게 아니에요. 그러니까 중요한 건 유전자라는 것이지요. 그래서 유전자가 생명이다 하고 또 내려가는 것이지요. 그런데 그 유전자라고 하는 걸 딱 드러내서 놓고 보면 분자의 어떤 배열입니다. 다른 배열도 얼마든지 있을 수 있는데, 그런 가능한 배열 중의 어느 하나예요. 그것이 어떻게 생명이 될 수 있겠습니까. 그러한 배열이 그 자체 의미를 가지자면 그 주변의 상황이 그것이 의미를 가지도록 만들어주어야 합니다. 다시 말하면 그 유전자는 자기 혼자서는 의미를 가질 수 없고, 그것이 다른 데 가 있으면 원래 그것이 가지고 있던 기록으로서의 의미는 완전히 상실해요. 그러한 세포를 둘러싸고 있는 여차여차한 상황 속에 있을 때에만 그것이 기록으로서 의미가 있는 것이죠. 마치 이 세상에 글을 읽을 수 있는 사람이 아무도 없다면 글이나 글자라고 하는 것은 아무 뜻도 없는 거나 마찬가지지요. 글자가 의미가 있으려면 읽는 사람이 있어야 하지요. 그와 마찬가지로 유전자도 그것 주변의 무엇과 관련되어서 어떤 기능을 할 수가 있을 때에 비로소 기록으로서의 의미를 갖는 것입니다. 그렇다면 그 두 가지는 같은 정도의 중요성을 가지는 거죠. 그래서 저는 원래의 그 기록을 작용자라고 이름 붙이고, 그 주변에서 작용을 가능하게 만들어주는 나머지 부분을 보작용자라고 부르는데요. 유전자로서 단독으로는 의미가 없고 다시 세포를 구성해야 의미가 있는 것이니까 유전자를 생명의 기본단위로 보는 것은 근본적으로 받아들이기 어렵다고 생각합니다.

그러면 이제 다시 세포를 단위라고 보아야 하는데, 그런데 이 경우도 마찬가지로 세포 하나 딱 떼어서 그것을 생명이라고 보면 아무 의미가 없습니다. 그것은 살아가지도 못하고 곧 붕괴되어버리고 말죠. 그러니까 사람의 세포가 결국 생명으로서 의미를 가지는 것은 사람 몸을 구성할 때라는 것이 되지요. 그러니까 다시 우리 개인이 생명의 단위다라는 식으로 올라갑니다. 그러면 또 사람 개인을 혼자 고립시켜 놓으면 이것도 생명이 되느냐. 누구나 다 잘 알지만 골방에 한달만 들어가 갇혀있게 되면 그 사람 생명은 끝나는 거죠. 생존이 가능하질 않습니다. 사람이 살기 위해서는 주변 환경도 있어야 되고, 또다른 사람들이 있어야 되고, 그리고 특히 우리가 음식이라고 부르는 그러한 것의 출입이 있어야 됩니다. 그것을 슈레딩거 같은 사람은 부엔트로피라고 부르고 있습니다. 우리가 음식을 먹어야 한다는 건 누구나 다 아는 거죠. 그러니까 음식이 출입을 하는 루트 속에 우리가 놓여있을 때 우리가 사는 거지, 그것이 없는 상황에서는 생명으로서 의미를 상실하는 것입니다.

그런데 생물학자들은 그 다음에 또 중요한 생물학의 단위를 하나 제시합니다. 그것이 바로 종(種)이라는 개념입니다. 사실은 작년에도 개구리가 나오고 금년에도 개구리가 나오지만 작년에 나온 개구리가 꼭 금년에 나온 개구리는 아니죠. 그러나 해마다 달라지지만 개구리는 늘 나온다 이거예요. 작년에 할미꽃이 피었는데 금년에 또 할미꽃이 핀다. 금년 꽃은 작년 꽃이 아니지만 우리가 볼 때는 여전히 영속적인 걸로 보여요. 그래서 결국 생물의 종이라고 하는 것은 굉장히 오래 지속하는 어떤 중요한 생명의 단위가 될 수 있다고 보는 겁니다. 그러니까 개체보다는 더 고차적인 단위가 생물종이 될 겁니다. 사람의 경우에는 인류가 되죠. 인류라고 하는 것은 개인보다는 더 높은 차원의, 또 더 중요한 단위라 할 수 있지요. 우선 수명만 봐도 그렇지요. 개인은 그저 기껏 백년 정도 살지만 생물종은 엄격한 의미에서 아직 제한된 수명이 없습니다. 그러니까 훨씬 오래 사는 생명 단위가 되고 있어요. 그러나 그런 생물종도 역시 고립되어 가지고는 살 수가 없고, 서로 다른 생물도 있고 서로 먹을 것도 제공하고 하는 가운데 살아갈 수가 있거든요. 그런데 지구상에 있는 모든 생물을 다 합쳐놓았을 때 그러면 그것은 이제 완전한 단위라고 볼 수 있을까요? 실은 그것도 부족해요. 왜냐하면 생물종만 싹 빼가지고 어디 다른 천체에다 갖다 놓으면 생존이 불가능합니다. 그러니까 생존이 가능하기 위해서는 태양과 지구라고 하는 조건이 절대적이에요. 그것은 이제 우리가 현대과학적인 입장에서 얘기를 할 수가 있는데요. 소위 네가티브 엔트로피, 즉 부엔트로피라고 하는 것이 있어야 되는데 부엔트로피가 결국 어디서 오느냐 하면 물리학적으로 따져보면 태양이 뜨겁고 땅이 차갑기 때문에 그런 겁니다. 태양과 지구의 온도 차이가 없다면 안되지요. 온도 차이가 있어서 뜨거운 데서 찬 데로 에너지가 내려올 때 이것이 부엔트로피의 공급원이 되는 거죠. 이것이 가장 기본이에요. 태양과 지구의 관계, 이것이 기본이란 말입니다. 우리가 잘 알고 있듯이 우리가 먹은 걸 가만히 추적해 나가면 결국 식물이 제공한 겁니다. 식물은 또 햇빛을 받아가지고 살아갑니다. 햇빛 말입니다. 뜨거운 데서 찬 데로 내려가는 에너지의 흐름을 받는 거예요. 그것이 지구상에 살고 있는 우리가 가지는 부엔트로피의 근본적인 원천인데요. 그것 없으면 불가능하다 하는 데까지 도달합니다. 그래서 태양과 지구가 있고 그 다음에 거기서 여러가지 상황이 맞으면 비로소 이것은 외부의 도움없이 살아갈 수 있는 생명이 된다 – 이런 결론에 도달합니다. 거기에다가 무슨 이름을 붙이는 것이 좋을까 생각하다가 제가 몇년 전에 논문 발표를 하기 위해서 붙인 이름이 global life였습니다. 전지구적 생명이라고 해도 되겠지만 여기서는 우주생명이라고 했습니다. 태양과 지구라는 이러한 우주적인 장치가 같이 있어야 생명이 존재할 수 있습니다. 그래서 생명의 가장 기본적인 단위, 독립적인 단위는 global life, 또는 우주적 생명이라는 결론에 이를 수가 있습니다. 그러면 그 나머지는 무엇인가. 나머지도 중요하죠. 인류라는 것도 그 나름대로 중요한 단위고 각각의 개인도 또 중요한 생명의 단위죠. 그러나 우리가 여기서 분명히 알아야 할 것은 그것이 절대적인 단위가 아니라는 겁니다. 그건 조건부적인 단위라고 할 수 있는데 전체 생명의 나머지 부분이 존재할 때에 비로소 존재하는 그러한 의미에서 조건부적인 단위인 것입니다. 그런데 그것도 하나의 생명인 한 개체생명이라고 할 수 있겠고, 개체생명은 그런 의미에서 불완전한 생명이라고 할 수 있습니다. 그리고 한 개체를 중심으로 할 때 전체 생명에서 개체생명을 뺀 나머지를 보생명이라고 하는 것이 좋겠다, 이렇게 저는 이해를 하죠. 자기를 제외한 나머지 생명, 이것은 나의 보생명인 것입니다. 그래서 개체생명과 보생명이 합쳐서 전체 생명이 되는 이러한 구조를 가지고 있고 그 구조는 아주 낮은 차원에서의 유전자에서 비롯해서 인류 생태계 전체까지 그런 구조가 중층적으로 이루어져 있습니다. 그런데 대단히 재미있는 것은 그것이 위로 올라갈수록 신기한 현상들을 많이 보게 된다는 점입니다. 물론 유전자 자체도 신기한 점이 많이 있어요. 그러나 거기에서 뭐 그렇게 대단한 것이 이루어지는 게 없습니다. 그런데 그것이 모여서 개체가 이루어지고 동물이 되고 또 사람이 되고 정신활동이 이루어지고 그 다음에 또 그 사람들이 모여서 문화를 이루고 이렇게 위로 올라가면 올라갈수록 점점 신기한 것들이 많이 나오죠. 위로 올라갈수록, 큰 단위로 갈수록 생명의 깊은 의미를 느끼게 되는 현상이 많이 나타나는 것입니다.

우리의 생명 자체는 이러한 의미에서 지구상에 하나가 있다고 할 수 있습니다. 그것은 지구 전체가 연결되어 있는 생명입니다. 이 생명은 말하자면 우리 자신이기도 하고 우리가 그 중의 한 부분이기도 합니다. 그런데 그 생명이 언제 태어나서 지금 어떤 상황에 있느냐 하는 것이 현대과학에 의해서 비로소 지금 밝혀지고 있습니다. 그 생명의 나이는 대략 35억년 정도라고 알려져 있어요. 다시 말하면 우리는 35억년 전에 태어났다고 얘기를 할 수가 있습니다. 그동안에 그러면 어떻게 살아왔느냐 하는 것도 이제 현대과학이 기억을 되살려 주고 있습니다. 지금까지는 사실 그걸 잘 몰랐지요. 우리가 얼마나 오래 살았는가? 글쎄 몇천년 살지 않았을까 하는 것이 우리가 일상적으로 느끼는 것일 텐데요. 35억년이라면 엄청나게 긴 세월입니다. 35억년 동안 우리 생명이 살아왔어요. 그런데 그것이 물론 처음부터 지금 모습으로 태어났다고 보진 않아요. 우리가 세상에 나올 때도 그렇죠. 세상에 나올 때도 어른으로 처음부터 나온 게 아닌 것과 마찬가지로 우리 생명도 아주 작은, 말하자면 아주 원시적인 그런 것에서 시작하여 긴 과정을 거쳐 계속해서 발전해가지고 현재까지 왔다, 우선 이렇게 얘기를 합니다. 그것을 과학자들은 진화라고 하죠. 그런데 그 진화과정이라는 것이 저는 대단히 재미있다고 봅니다. 이것이 일종의 성장하는 과정, 사람이 성장하는 거나 마찬가지로 진화가 계속되어 성장을 하는데 거기에 가장 중요한 문제가 있어요. 도대체 이 진화과정 속에서 이것이 무엇을 향해서 나아가느냐 그러한 문제에 대해서 많은 사람들이 생각을 했습니다마는 한 사람의 설을 소개하면, 테야르 드 샤르댕(Teilhard de Chardin)이라고 하는 철학자가 있는데요. 그 사람은 원래 가톨릭 신부죠. 그러면서 고생물학과 지질학을 학문적으로 공부한 사람이에요. 이 사람이 중국에 오랫동안 와서 선교를 하면서 지질학을 연구하고 그러면서 철학을 했어요. 이 샤르댕이 우주 전체를 한눈에 엮어 보는 그러한 이론을 펴고 있습니다. 그는 우주 전체를 볼 때에 두 가지 아주 중요한 사건이 있었다고 합니다. 첫째 사건은 생명이 없는 상태에서 생명이 처음 발생한 사건이죠. 우리가 현재 알고 있기로는 우주의 나이가 150억년입니다. 150억년 내지 200억년인데요. 150억년 전에 소위 빅뱅(big bang)이라고 하는, 대폭발을 통해서 우주가 만들어졌다고 보는데요. 그때부터 적어도 우리가 속한 global life는 100억년 이상을 별로 변화가 없다가 35억년 전에 생명이 발생했습니다. 이것이 말하자면 우주로서는 대단히 중요한 사건이죠.

그 다음에 또 한 가지 중요한 사건은 대략 3백만년에서 1백만년 전쯤 인간이 탄생한 거죠. 그러니까 생명 전체의 역사에 비하면 극히 최근의 일입니다. 대개 생명의 전체 길이의 한 천분의 일에서 만분의 일 정도일 겁니다. 천분의 일 혹은 만분의 일밖에 안되는 그 짧은 시간 전에 비로소 인간이 태어났는데, 그걸 인간화 임계점이라고 얘길하고 있어요. 이것이 대단히 중요한 사건이라고 하는 까닭은 이제 정신현상이라고 하는 것이 관계되기 시작했다고 볼 수 있기 때문입니다. 정신현상이라고 하는 것은 35억년을 지속한 생명의 긴 과정에서 거의 나타나지 않다가 인간이 출현함으로써 비로소 활발한 정신활동을 하게 되었는데요. 그것이 불과 백만년밖에 안되고 더구나 그것이 우리한테 더 깊이 의식된 것은 역사시대에 들어와서였겠죠. 그리고, 근대과학 이래로 이것이 아주 비약적으로 발전을 하고 있습니다. 그래서 생명이 발생한 지 35억년 만에 처음으로 생명 자체가 내가 어떤 존재다 하는 것을 생각할 수가 있게 되었다는 말이지요. 그전까지는 35억년 동안 우리 생명이 유지되어왔지만 그것이 자기를 자각할 단계까지는 못 왔었는데 이제 비로소 우리의 생명 전체를 내다보고 내가 35억년 살아온 존재로구나 하는 것을 느끼게 된 것입니다. 그러니까 이렇게 긴 역사 속에서도 현재 이 시점이라고 하는 것은 그만큼 특별한 시점이라고 할 수 있습니다.

샤르댕의 얘기를 조금 더 소개하면 그는 이것이 뭔가 더 중요한, 더 높은 단계로 발전하지 않겠느냐고 보고 있어요. 그래서 그것을 샤르댕은 오메가 포인트라고 이름 붙여요. 오메가라고 하는 건 희랍문자 알파 베타 … 쭈욱 나가서 제일 마지막에 있는 문자지요. 그러니까 최종적인 단계라는 뜻인데요. 이 오메가 포인트라고 하는 것은 현재 우리가 도저히 상상도 할 수 없는 엄청나게 높은 단계의 어떤 정신적인 상승이라고 보고 있어요. 거기에 대해선 앞으로 어떻게 될는지 무엇이라고 말할 수 없지만, 그러나 지금까지 추세로 보면 이것이 정말 높은 단계로 다시 한번 비약을 할 게 아니냐 하는 전망은 해볼 수가 있습니다.

대충 우리 생명의 역사의 중요한 줄거리만 얘기했습니다만, 실은 그 중간중간 자세한 발전과정을 현대과학이 상당히 추적을 하고 있어요. 한 가지만 더 소개를 하죠. 우리 생명 중에서 가장 중요한 것, 그리고 왜 그런지 알 수가 없지만 과거에서부터 새로 자꾸 생겨나는 그 무엇이 있습니다. 뭐냐. 정신적인 어떤 것이 만들어지고 있다 이거죠. 그런데 그 정신적인 발전이라고 하는 것이 우리 35억년의 역사를 통해서 어느 단계에서 어떻게 발전을 해왔는지 이것은 얼핏 생각하면 도저히 알 수가 없을 것 같습니다. 다른 물질적인 것은 우리가 화석이라든가 이런 데서 흔적을 보아 비교적 찾기가 쉽지만 정신이 어떻게 발전해왔느냐를 우리가 어떻게 알 수 있을까요. 정신은 지나가면 다 없어지는 것으로 보이거든요. 물론 정신이라고 하는 것은 두뇌의 활동입니다. 그러니까 이론적으로 두뇌조직이 있으면, 그 안에 무엇이 담겨있는지 알 수가 있겠죠. 그런데 두뇌조직이라고 하는 건 워낙 연약해서 가령 사람이 죽으면 제일 먼저 없어져버리는 부분입니다. 그러니까 흔적이 남을 수가 없어요. 그러나 우리가 정신이 어떻게 발전해왔느냐를 과학적으로 알아내고 있습니다. 도대체 어떻게 알아냈는지 그걸 조금 소개할까 합니다.

결국은 지능이라고 하는 것이 문제가 되는데요. 그 지능이라고 하는 것은 우리가 정신활동을 할 수 있는 기본적인 바탕이라는 뜻으로 하는 말입니다. 그러니까 지능이 없으면 사람이 사람답게 사는 것이 불가능하다는 의미가 되겠죠. 그런 지능을 어떻게 외형적으로 관찰해서 판단할 수가 있을까요. 과학자들은 적어도 통계적으로 판단할 수 있는 방법을 찾아냈어요. 그게 얼핏 보면 아주 상식적입니다. 즉, 두뇌의 크기, 머리가 크면 지능이 높다는 것입니다. 그런데 그것이 절대적인 기준은 아닙니다. 사람은 상당히 큰 두뇌를 가지고 있지요. 그렇지만 사람보다 두뇌가 훨씬 큰 동물들도 많이 있어요. 코끼리만 해도 사람 두뇌의 몇배가 되고, 고래 두뇌는 사람의 한 열배쯤 됩니다. 그런데 사람의 지능이 제일 높다고 우리가 믿고 있죠. 그것은 우리가 사람 위주로 생각해서라기보다 여러가지 증거로 봐서 그렇다고 믿지요. 그러면 도대체 이 지능을 나타내는 외형적인 기준은 무엇인가. 그것은 두뇌의 크기 자체가 아니라 두뇌의 크기를 신체의 크기로 나눈 비율입니다. 그러니까 신체가 작은데 두뇌가 큰 것은 아주 조그만 동물도 대단히 지능이 높아요. 그런 것에 비해서 신체가 큰데 두뇌가 별로 안 큰 것은 대단히 열등합니다. 그런 의미에서 역사적으로 가장 두뇌가 열등한 대표적인 케이스가 한 6천만년 전에 멸종한 공룡이죠. 공룡은 엄청나게 신체가 큰데 두뇌는 그저 사람 주먹 정도밖에 안됐어요. 그래서 그 비(比)를 따지면 엄청나게 열등하죠. 그래서 일찍이 멸종을 하고 말았는지 모르지요. 그러니까 뇌의 단순한 양이 아니라 몸에 대한 대비, 즉 비뇌량(比腦量)이 문제가 됩니다. 지금 우리는 이 비뇌량만 알면 대충 평균적인 지능은 알 수가 있는 상황이 되었어요. 이 비뇌량이라고 하는 것은 화석에 증거로 남아있습니다. 왜냐하면 화석에 묻혀있는 동물의 두개골이 있고 몸의 뼈가 있기 때문에 그걸 보면 비뇌량을 알 수가 있거든요. 우리가 알게 된 화석을 역사적으로 나열해놓은 걸 보면 어느 시기에 비뇌량이 얼마만큼 발전을 했다 하는 걸 알 수가 있죠. 그래서 그것을 추적해서 기록을 해나가면 재미있게도 역사적으로 한 세번 정도에 걸쳐서 그 비뇌량이 비약적으로 발전한 시기들이 있습니다. 그 첫째번이 소위 본능이라고 하는 것입니다. 본능은 굉장히 오래된 겁니다. 최초로 비뇌량이 비약할 때가 우리가 현재 본능이라고 하는 것이 형성되던 시기라는 것이죠. 그 이후로 본능 자체는 크게 달라진 게 없습니다. 본능이라고 하는 것은 사람과 동물과, 온혈동물 그 다음에 냉혈동물까지 공통으로 가지고 있는데요. 살겠다고 하는 본능이 이루어진 시기에 비뇌량이 한번 크게 증가했고, 그 다음에 대강 말해서 감정이라고 부르는 것이 형성되던 시기에 그것이 크게 또 증가를 했어요. 감정은 온혈동물들하고 사람이 공유합니다. 소도 감정을 가지고 있고, 사람도 감정을 가지고 있고, 개도 가지고 있어요. 그 다음에 마지막으로 유인원에서 사람으로 될 때에 우리 사람의 경우에 한번 또 크게 비약을 했어요. 이것은 사람에게만 해당되니다. 나머지 동물들은 그런 비약의 경험이 없어요. 그래서 지금 사람보다 열등한 입장에 있죠. 그것이 한 3백만년 전입니다마는, 그전까지는 이 지구상에 가장 지능이 높았던 동물은 사람의 선조가 아니었습니다. 그때는 돌핀, 돌고래의 선조의 지능이 우리보다도 높았지요. 돌고래의 비뇌량이 우리보다 더 컸어요. 그러니까 우리 직계 선조들은 상당히 오랜 기간 동안 영장 노릇을 못했습니다. 그러나 행인지 불행인지 3백만년 전에 우리의 선조들의 비뇌량이 갑자기 커져가지고 우리가 이 지구상의 전체 생태계 내에서 흔히 얘기하는 영장 노릇을 하게 됐죠.

그런데 문제는 그 영장의 책임이라는 것이 막중하다는 것을 이제 우리가 함께 깨달아야 한다는 것입니다. 이것이 대단히 중요합니다. 우리가 다 잘 알지만 지금 현재 의미있는 정신활동을 할 수 있는 존재는 인간밖에 없습니다. 물론 동물들도 좀 낮은 차원의 어떤 지적인 활동도 있고, 또 감정도 가지고 있습니다. 그걸 다 인정도 하고 존중도 해야 되지만, 그러나 정말 자기자신을 스스로 느껴서 안다든가 역사를 되새겨서 자신의 모습을 파헤친다든가 이러한 고차적인 정신활동은 사람 외에는 할 수가 없습니다. 그러니까 이제 우주적인 생명이 하나의 생명이라고 했는데 그 생명의 두뇌 몫을 하는 존재, 즉 생명의 정신활동을 담당하고 있는 존재가 바로 우리 인간이라는 얘깁니다. 하여간 인간이라고 하는 것은 전체 생명 중에서도 대단히 중요한 위치를 차지하고 있다고 볼 수 있어요. 마치 사람의 경우에 물론 몸도 중요합니다마는 정신활동 기능이 빠져버리면 별 대수로운 존재가 못 되는 것과 같지요. 지금 우리의 이 우주적인 생명 속에 사람이라는 것이 빠진다고 하면 어떤 깊은 의미를 되새기기는 어려울 것으로 생각되고, 그런 만큼 사람이라고 하는 것은 대단히 중요한 위치에 놓여있다고 볼 수 있습니다. 저는 이것을 신경세포적인 기능이라고 얘기를 합니다. 마치 사람 신체에서 신경세포가 있어야 정신활동이 가능한 것처럼 전체 생태계, 우주적인 생명에서 사람은 바로 그러한 역할을 한다는 뜻이죠. 그건 사실 당연한 얘깁니다.

문제는 과연 현재 우리가 그러한 역할을 하고 있느냐 하는 반성을 진지하게 할 단계에 왔다는 겁니다. 그런데 오히려 지금 우리는 암세포적인 존재가 되고 있는 게 아닌가 하는 데에 사태의 심각성이 있다고 할 수 있어요. 암세포와 신경세포 사이에는 차이가 대단히 많습니다. 여러분들이 누구나 다 잘 알지만 이 암세포라고 하는 것을 좋아할 사람은 아무도 없을 거예요. 암세포는 외부에서 들어온 어떤 세포가 아니라 자기 몸의 세포예요. 이 세포가 무슨 이유인지 자기의 위치, 또는 자기의 기능에 대한 정보를 상실해버립니다. DNA 구조 속에 자기의 위치를 파악하게 할 정보를 지닌 부분이 있는데 그 부분이 어떻게 살짝 지워지든가 아니면 밖으로부터 무슨 빛을 받았든지 해서 그 부분이 조금 손상된 세포가 암세포예요. 그러니까 그 부분은 없지만 나머지 기능은 정상이에요. 그렇기 때문에 이것들은 주변의 연건을 활용하여, 또 세포 분열도 하고 번식도 해요. 번식을 할 뿐 아니라 대단히 잘해요. 굉장히 번창합니다. 문제는 자기가 전체 신체 속에서 해야 할 자기 역할에 대한 정보를 살짝 잊어버렸다는 겁니다. 그런데 자기 혼자 그랬으면 그냥 한 개 세포가 그런 게 있어도 문제가 없습니다. 그렇지만 자기 위치를 잊어버렸기 때문에 자기는 현재 상태에서는 증식을 하지 말아야 되는데 증식을 막 한다 이거예요. 그래서 똑같이 기억력을 상실하는 세포가 두 개가 되고 네 개가 되고 여덟 개가 되고 계속 번식을 하는 거죠. 번식을 하고 번영하고 그리고 그치면 괜찮은데 이번엔 이주를 합니다. 더 살기 좋은 데를 찾아서 사방으로 다니면서 번영을 해요. 이것을 우리가 소위 암이 퍼진다고 합니다. 암이 퍼졌다 하면 얼마 못 가는 거예요. 얼마 못 가 사람이 죽고 맙니다.

암세포가 증식하는 것과 같이 지금 생태계의 문제도 같습니다. 우리 인간이 20세기에 와서 이제 굉장한 기술적인 능력을 가지게 됐습니다. 과학기술 덕분에 이제는 주변의 생태계를 건드려 보거나 땅 속을 파보니까 먹을 것도 많고 광물도 나오고 여러가지 많다 이거예요. 야 이거 기가 막히는구나, 자 이제는 우리가 번영을 할 때가 됐구나 해서 막 번영을 합니다. 지구 전체에다가 도시를 건설하고, 무엇을 건설하고 또 건설하고, 고의적으로든 무의식적으로든 엄청나게 많은 동식물을 죽이고 멸종을 시켜가면서 그러면서 우리가 번영을 하죠. 이것을 지금 발전이라고 우리는 부르고 있어요. 또 개발이라고도 부르지요. 그런데 우리 전체 생명에서 볼 때 이 것은 암세포적인 증상이 틀림없습니다. 신경세포 역할을 해야 될 존재가, 전체 생명의 정신이 되어야 할 존재가 스스로 암세포 역할을 해서, 35억 년이나 무사히 성장해온 그리고 또 굉장히 높은 단계로 향상해나가는 이 전체 생명을 어쩌면 몇백년 내에 멸망시켜버릴 가능성이 있습니다. 몇백 년이라고 하는 것은 우주적인 시간에서는 몇초에 해당하는 정도죠. 그러 니까 몇초 후에는 벌써 죽게 되는 상황에 와 있다, 이것이 우리의 지금 가 장 심각한 문제라고 생각합니다.

오늘날 우리는 전체 생명 속에서 우리가 어떠한 역할을 하는 존재냐 하 는 것에 대한 자각을 하지 못하고 그것을 싹 빼놓고 나머지 번영하는 방 식만 추구하고 있어요. 이것이 바로 암세포의 증식과 다를 것이 없지요. 불행히도 지금 인류는 대체로 그것을 자각하고 있지 못한 듯합니다. 하기 는 어떤 면에서는 대단히 다행스러운 증후가 나타나고 있습니다. 다행스 럽다는 말을 쓰는 것은 약간 역설적으로 들릴지 모릅니다만, 환경공해가 생기는 것이 다행스럽다는 거죠. 왜 환경공해가 생기는 것이 다행스러운 가? 그것은 암에 걸린 신체에 통증을 느끼기 시작했다는 뜻이거든요. 지 금 우리는 암에 걸린 중환자입니다. 중환자가 통증을 느끼지 않으면 애당 초 손을 써볼 수가 없죠. 그런데 이제 통증을 느끼기 시작합니다. 다시 말 해서 환경공해라고 해서 우리한테 따끔따끔한 고통이 오기 시작했다는 겁 니다. 그러니까 우리 자신이 아프기 시작했다 이거예요. 그렇지만 아직도 이 아픔이라고 하는 것이 신경세포로서 느껴야 될 아픔까지는 못 가고 있 어요. 어디까지 가고 있느냐 하면 내 개인 몸으로 공기가 나쁘면 눈이 따 갑다, 숨이 잘 쉬어지지 않는다, 귀가 시끄럽다, 우선 이 정도죠. 그리고 조금 한 단계 넘어가면, 자 물을 먹는데 글쎄 그냥 먹을 때는 잘 모르겠 는데 아, 이거 먹으면 나쁘더라 하는 정도지요. 그리고 조금 확대를 하면 우리가 개인적으로는 못 느끼고 있습니다마는 현대과학에 의해서 경고를 받고 있습니다. 예를 들어서 하늘에 있는 오존층이 엷어진다고 하고, 그렇게 되면 햇빛이 그냥 투과할 것이며 그러면 자외선이 그냥 투과하고 우리가 암에 걸릴 가능성이 높아진다는 것이지요. 이러한 것은 아직은 우리가 직접 몸으로 느끼는 건 아니지만 과학이라고 하는 눈을 통해서 느끼는 통증이라 할 수 있어요.

그런데 이 통증이라는 것이 아직까지도 우리 인간 중심의 통증이라는 것에 문제가 있습니다. 이것이 길게든 짧게든 인간에게 나쁘다 할 때만 어떤 고통을 느낄 뿐이죠. 우리 몸이라고 하는 것은 인류의 몸뿐이 아니고, 인류의 몸은 그저 신경세포에 불과하고, 나머지 전체까지 합친 것이 진실로 우리의 몸인데, 그리하여 지구의 땅과 태양까지도 우리의 몸인데 이 몸의 다른 부분이 아픔을 느끼는 걸 우리가 알지 못한다는 말입니다. 그것은 다시 말해서 아직도 우리가 몸 전체의 신경세포 노릇을 제대로 못한다는 뜻입니다. 우리의 그저 가까운 부분만 느끼지 남은 전체를 느끼지 못합니다. 우리가 아주 하잘것없어 보이는 동식물이 멸종을 한다든가 할 때에 아픔을 느끼고, 그 다음에 지구생태계 중에 어느 한 부분이 파손될 때에 내 몸처럼 아픔을 느낄 때 비로소 우리가 정신 노릇을 한다고 할 수 있거든요. 정신이라고 하는 것은 자기 아픈 것을 자기가 느껴서 보호할 수가 있어야 그게 정신이니까요. 지금 우리는 거기까지 못 가고 있어요. 아까 처음에 말씀드렸습니다마는, 불교에서는 과거에 직관적으로 그런 걸 느꼈다고 해요. 그래서 미미한 동물도 내 몸같이 그 생명을 존중해야 한다는 생각이 내려왔거든요. 이러한 것은 정말로 깊은 통찰이라고 생각됩니다. 현대 과학을 통해서 볼 때도 그것은 정말 옳은 생각인 거지요. 현대 과학은 우리의 몸이 그 아픔을 느낄 수 있어야 우리가 이 커다란 생명의 정신 노릇을 할 수가 있다는 것을 재확인시켜 준다고 생각합니다. 하여튼 역설적인 말입니다만, 환경공해가 고맙다고 할 수도 있어요. 그런데 실은 이걸 환경이라고 부르는 건 옳지 않다고 봅니다. 이것은 환경이 아니고 우리 몸의 다른 부분, 그러니까 우리의 보생명이니까 우리 몸 바깥의, 우리를 보호해주는 다른 어떤 것이 아니라 우리 몸의 일부인 것입니다. 그래서 환경을 보생명이라고 우선 개념부터 바꿔가지고 얘기해야 된다는 주

154

장을 하고 싶습니다. 환경에 어떤 문제가 생긴다는 것은 나한테 직접 어떤 따끔따끔한 통증이 오든 안 오든 간에 내 몸이 찔린 것과 같은 아픔을 느낄 수가 있어야 우리가 말하자면 전체 생명에 대하여 우리의 위치를 바르게 잡고 있다고 할 수가 있겠습니다.

대충 이 정도로 해서 제가 이해하는 생명의 모습과 인간의 위치에 관해 말씀드렸습니다만, 그러면 앞으로 우리가 이것을 인정할 때에 어떻게 살아나가야 될 것인가. 앞으로의 인류문명은 어떤 방향으로 나가야 될 것인가 하는 것을 생각해보아야 할 것 같습니다. 물론 제가 강조하고 싶은 것은 이러한 상황을 정확히 파악하는 것이 첫째라고 봅니다. 이것을 아느냐 모르느냐 하는 것이 제일 중요한 것이고 만약에 이것을 알면 그 다음은 어떤 방식으로든지 우리가 스스로 옳은 길을 찾아낼 수 있지 않을까 싶습니다. 그러니까 이것을 아는 것이 무엇보다 중요한데, 설혹 알았다 하더라도 구체적으로 우리가 어떻게 생활하고 앞으로의 문명이라든가 이런 것은 어떤 식으로 밀고나가야 될 것이냐 하는 데 대해서 조금 우리가 생각을 해볼 필요가 있다고 봅니다.

중요한 것은 잘산다는 것이 무엇을 의미하는가라는 것입니다. 이것이 가장 기본이라고 생각됩니다. 우주적인 생명, 그 전체 생명의 삶이 곧 나의 삶이니까 나라고 하는 자아가 나 개인에 국한되지 않고 전체 생명과 일체화되는 것이 제일 중요한 거죠. 그러기 위해서 저는 우선 모든 개인이 어떤 고난이나 궁핍으로부터 해방이 되어야 된다고 생각합니다. 지금 우리와 함께 사는 사람 중에 고통을 당하고 있는 사람을 외면하고 우리가 더 발전시킬 것은 없다는 얘기지요. 당신은 그저 고통을 당해라 이렇게 할 수는 없죠. 아직도 이 지구상에 사는 많은 가난한 사람들이 고통과 궁핍으로부터 일단 해방은 되어야 하는 것이 당연합니다. 그러나 그것만으로 아직 잘산다고 할 수는 없고, 삶의 의미를 찾아내야 한다는 문제가 남습니다. 그것은 다시 말해 개인 한 사람 한 사람이 보람을 느낄 수 있는 삶이 돼야 한다는 말이겠지요. 전체만 생각하고 나 개인은 아무 의미도 없다고 해가지고는 안될 거예요. 그러니까 개인 한 사람 한 사람이 보람을 느끼면서 전체 생명의 의미를 함께 파악하는, 다시 말하면, 물질적으로는 최소한도의 어려움에서 구제가 되고 정신적으로는 높이 고양이 돼야 될 것입니다. 그런데 지금 상황은 우리가 그걸 생각하지 않고 물질적인 측면만 점점 높이는 데 열중한다는 거죠. 이것은 상당 부분 이미 정도를 지나치고 있다고 저는 봅니다. 생각해보면, 물질적인 풍요는 우리가 고난과 궁핍을 벗어날 정도가 거의 적정선이 아닌가 싶어요. 그 다음부터는 더 많이 소유한다는 것이 더 위험한 것으로 보여요. 왜냐하면 우리가 본능의 지배를 따라가게 되거든요. 그런데 아까 말씀드렸습니다마는, 본능이라고 하는 것은 과거 몇억년 전의 조건에서 생존이 가장 잘 되기 위해서 필요했던 그 어떤 것인데 그때 상황이라고 하는 것은 대단히 어려운 상황이었어요. 너무 추운 데선 조금 덜 춥게, 뭔가가 따뜻하게 보호가 되어야 생존 유지가 가능하기 때문에 그런 보호를 위해서, 또는 배가 고프면 먹어야 살기 때문에 배가 고플 때 먹으려고 하는, 그런 것이 결국은 우리가 살아남기 위해서 만들어진 것인데 지금은 그런 목적 이상으로 그것을 충족시키고 있어요. 그러니 이것은 본능의 기본 의도에도 벗어난 거죠. 그러니까 그러한 것을 다 살펴가지고 어떻게 하는 것이 우리가 물질적으로 적절하게 사는 방식이냐 하는 것에 대한 연구가 많이 이루어져야 된다고 봅니다. 물론 아직 결론은 없지만, 제가 느끼기로는 우선 우리가 오랫동안 살아온 환경, 그 환경에서 되도록이면 멀리 벗어나서는 안된다라는 것입니다. 지금 우리가 소위 문명이라는 이름으로 자꾸 바꾸고 있는데, 바꾸면 바꿀수록 건설하면 건설할수록 위험하게 가는 것입니다.

그러면 아까 얘기한 것처럼 우리가 현재 가지고 있는 기술, 또 필요하면 조금 더 기술을 개발해가지고 아직 고통과 궁핍을 당하고 있는 사람들이 정상적인 생활을 누릴 수 있는 조건을 만드는 데 이바지하면서 우리는 훨씬더 정신적으로 고양이 돼야 되니까 정신문화를 발전시키는 데에 현대 과학기술의 기여가 필요하다고 생각합니다. 그런데 어차피 정신문명을 발전시키기 위해서는 물질문명도 따라가야 될 것이 아니냐 하는 얘기가 가능한데요. 거기에 대해서 저는 또 재미난 차이를 발견합니다. 즉, 정보기술과 에너지기술을 우리가 간단히 비교를 해보면 정보기술이라고 하는 것은 에너지 측면에서는 대단히 작은 에너지만 가지고도 가능해요. 그러니까 우리가 정신활동을 제대로 하기 위해서, 에너지 측면에서는 상당히 작은 에너지만 가지고도 가능합니다. 예를 들어서 우리가 지금 지방에 있는 누구하고 통화를 하고 싶다고 합시다. 통화라고 하는 것은 일종의 정신활동의 일부입니다. 의사전달을 하고 싶을 때에 우리가 상대방이 있는 데까지 걸어가서, 만나서 얘길 하는 것이 물론 좋겠지만 그때 차를 타고 거기까지 갔다 온다 할 때 에너지가 많이 소모되거든요. 그러나 우리가 전화기를 이용하면 금방 의사소통이 이루어집니다. 같은 정보가 교환이 되는데 에너지는 월등하게 작게 해서 전달을 할 수가 있다는 것을 보여주는 작은 사례입니다. 이렇게 우리가 정신문화를 발전시키는 방법은 생태계를 더이상 파괴시키지 않고도 가능한 그러한 것이 되는 것이 바람직한 것입니다. 다시 말하면 우리가 정신적으로 더 고양되고 발전해야 하지만 그러기 위해서 생태계를 더 파손시킬 필요는 없다는 겁니다. 물론 현재로서 그런 기술이 완벽한 건 아닙니다마는, 그것이 완벽하지 않으면 우리가 조금 더 기다려서라도 생태계를 더욱 보호해야 하겠지요. 지금 이것을 망치는 것은 본능이라든가 물질적인 풍요에 대한 맹목적인 욕망일 텐데, 우리가 상당히 반성하고 자제하지 않으면 안되겠지요. 정신활동 측면이라면 생태계를 유지하면서, 전체 생명을 제대로 발전시키면서도 우리가 좀더 높은 단계로 올라갈 수가 있는 기술적인 가능성이 존재한다는 것입니다. 오직 어떠한 가치관을 우리가 가지고 어떠한 삶의 방식을 택하려고 하느냐 하는 것이 제일 중요한 것입니다.

우주적 연대 속의 인간과 욕망

'연속성'의 형이상학

李圭成

1. 총체성을 향하여

身在天地萬物之中, 非有我之得私,

心在天地萬物之外, 非一膜之能圍,

通天地萬物爲一心, 更無中外可言,

體天地萬物爲一本, 更無本心可覓.

신체는 천지만물 가운데에 있다. (따라서) 내가 사사로이 얻어 가지고 있는 것이 아니다 / 마음은 천지만물 밖에 있다. (따라서) 하나의 막으로 가두어 둘 수 있는 것이 아니다 / 천지만물을 관통하여 하나의 마음이므로, 안과 밖이라고 말한 만한 것이 없다 / 천지만물을 체화하여 하나의 근본이므로, 따로이 본심이라고 추구할 만한 것이 없다.[1]

이것은 명말(明末)의 유종주(劉宗主 : 즙산선생(戢山先生), 1578~1645)가 체인친절법(體認親切法)이라는 제목으로 한 말이다. 그는 송대의 성리학과 명

李圭成 — 이화여대 교수. 철학.

대의 양명학을 종합적으로 사색한 사상가이다. 그의 이 말은 송대 성리학이 정립하였고, 명대의 심학(心學)이 계승·발전시켰던, 철학적 근본정신을 잘 표현해주고 있다. 이러한 정신은 전통 형이상학에서는 이미 숙지된 것이었다. 그러나 현대인의 심성에는 그것은 이미 낯선 것이 되었고, 절박한 사유의 대상도 아니게 되었다. 사유의 역사가 이렇게 된 것은 어느 한 개인의 책임이라기보다는, 문명사의 전개와 그에 따른 사고방식의 변화에 그 원인이 있을 것이다. 문명의 확대에 따라 인간의 지배영역이 넓어졌으며, 현명한 지성적 사고의 자긍심도 커졌다. 그러나 확대되었다는 것은 역설적으로 인간의 사유를 더 좁히고 한정했다는 것을 의미한다. 즉 자신의 지배영역 안에, 그 지배를 가능하게 하는 사고유형만을 일반화했다는 것이다. 문명의 영역 안에서만 움직이는 사고는, 더 심오해지고 근원적이며 폭이 더 넓어지는 것이 아니다. 그것은 '객관성'에 의해 비추어진 객관적 사실에 몰입하거나, 그밖의 대안이 없다고 하여 더욱 그것에로 자신을 상실해가는 일종의 편집증이다. 진리를 객관적 사실 속에서만 찾는 이러한 지성은, 전통 형이상학을 이미 극복해버렸다는 맹신 때문에, 인간과 우주를 포함한 총체적 세계에 대한 진지한 관여를 폐기해버렸다. 그리하여 문명과 문화에 대한 신뢰의 배후에는 거대한 공허와 권태가 자리잡고 있는 것이다.

그러면 다시 유종주의 생각에로 돌아가서, 성리학이 우리에게 무엇을 알려주고 있는지를 논의해보기로 하자.

유종주에서만 아니라 성리학에서는 우리의 신체는 다른 모든 자연 종(種)과 같이 자연의 산물이다. 자연은 그 형성의 근원인 기(氣)의 자기창조적 체계이다. 자연 내의 개별적 사물(物)들은 이 기(氣)의 다양한 응결방식에 따라 여러 종으로 분화된 것이다. 인간도 이 가운데 하나로서 '기'가

---

1. 黃宗羲, 《明儒學案》 권 62, 蕺山學案.

그 나름의 고유한 방식으로 형성된 것이다. 이 때문에 인간 신체는 자연과 연속되어 있고, 자연과 교류할 수 있다. 인간이 교통하는 자연적 사물은 우주적 '기'의 물질대사적 작용의 산물이다. 문명의 개시는 인간의 사물과의 물질대사적 상호작용에서 비롯된다. 이렇게 본다면 자연적 사물과 인간의 창조물은 모두 본질적으로는 기(氣)의 운동의 소산이 될 것이다. 이 소산을 성리학은 '기(器)'라고 불렀다. 특히 유종주에게는 우주적 기(氣)까지도 기(器)에 포섭된다. "천지 사이에 가득 찬 것은 하나의 기일 뿐이다.(盈天地間, 一氣而己)"[2] 그러나 이 기(氣)는 운동과정에서는 일정한 이법성을 나타낸다. 이 이법성을 도(道)라고 하는데, 그래서 "기(器)를 떠나서는 '도'는 나타날 수 없다.(離器而道不可見)"[3]

그러나 현대문명은 자신이 전체적인 우주적 체계의 한 부분 즉 기(器)에 속한다는 것을 망각하고, 오히려 자신을 전체로서 고집한다. 그리고 그 과학적 합리성은 객체에 적대하는 주관을 본래적 인간성으로 전제하고 이것을 조장한다. "선험적으로 적대하는 이러한 경험이 생각하는 자아(ego cogitans)와 행동하는 자아(ego agens)를 결정한다. 자아에 있어 자연은 (인간 자신과 외부세계를 포함) 투쟁하여 그것을 정복하고 때로는 탈취하지 않으면 안되는 것으로서 주어진다. 이것이 바로 자기보존과 자기발전을 위한 전제조건이다."[4] 그러므로 이러한 사고에서는, 인간의 '신체'가 우주적 '연대' 속에 있고, 이 연관 아래서만이, 즉 총체적인 도(道)의 영역 안에서만이 존립한다는 것이 망각된다. 신체는 생동하는 자연과의 탯줄이 절단되고, 지배하는 이성(理性)이 사물로부터 먹을 것을 빼앗아 먹여살리는, 허무 위에 떠있는 가축이 되었다. 게다가 이 가축은 우주적 연

---

2. 《劉子全書》 권 2, 〈讀易圖說〉.

3. 위와 같음. 주리론(主理論)에서는 기(氣)의 무한성과 창조력에 제한을 가하고, 이(理)에 그러한 성질을 부여하려는 경향이 있다. 그러나 주리, 주기의 문제는 여기서는 논의의 대상이 아니다.

4. H. 마르쿠제, 《에로스와 문명(Eros and Civilization)》, 김종호 역, 養英閣, 1982, 125~126쪽.

대성이 몰각됨에 따라, 서로가 먹이사슬을 형성하고 있다. 그러나 원리적으로나 근원적으로 "인간의 신체는 천지만물 가운데에 있으며, 내가 사사로이 얻어 가지고 있는 것이 아니다."

기(氣)로 구성된 인간은 그 고유한 구조방식에 따라 정신적 능력을 발휘한다. 형질(形質)로서의 신체는 비록 '기'로 구성되어 있을지라도, 그 물체적 제약성 때문에 자신의 근원과 우주적 전체성에 대해 사유할 수는 없다. 세계 전체에 대한 사유는 구체적 형질의 제약을 넘어설 것이 요구되는데, 이 초극의 의지를 마음(心)은 가지고 있다. 이 의지는 궁극적으로 무한의 영역으로 트여(豁然貫通) 천지만물을 포용하고자 하는 것이다. 성리학은 이러한 궁극의 경지에로의 과정을 강조하지만, 심학은 그러한 포괄적 마음을 세계의 실재적 근거로서 설정한다. 유종주는 우주적 기(氣)와 이러한 초월적 심의 차원을 거의 동일시한다. 원초적 상태에서의 '기'는 고체적 물질 속으로 삼투하는 투과력과 편재능력을 가지기 때문에, 이것을 정신적 능력과 다르지 않다고 본 것이다. 마음은 형체적 사물의 제약을 넘어서기 때문에, "천지만물 밖에 있다. 따라서 하나의 막으로 한계지울 수 없는 것이다." 또한 그 우주적 마음은 천지만물 전체 속에 관류하고 그것을 포괄하므로, "일체가 한 마음으로 연대되어 있으며, 내외를 분별할 수 없는 것이다." 우주적 마음은 천지만물을 단적으로 초월해서 존립하는 것이 아니다. 그것은 만물을 체화해서 버리지 않는다(體萬物而不遺). 그러므로 만물의 본원으로서의 "본원적 마음은 따로이 독립적으로 찾아지는 것이 아니다."

여기서 '마음(心)'은 형이상학적 본체로 정립되고 있다. 그러나 무한한 우주 전체에로의 마음의 확산적 성격에 대해서는 주목할 만한 가치가 있다. 만일 마음이 일상생활에서 익숙하게 만나는 사물(物)과 그것에 대한 인식(見聞之知, 聰明)에만 머문다면, 그 나머지 광활한 영역에 대해서는 사유하지 못할 것이다. 그리고 있는 것들의 총체의 '있음'에 대해서도 사유하지 못한다. 더욱이 과학적 합리성에 따라, 사물(物)만 보는 기존의 익숙한 사고방식을 전체에로 확장하면, 우주 그 자체의 '있음'을 사물(物)로 환원하는 오류를 범하게 될 것이다. 포괄적 전체는 늘 합리적 인식의 진전에도 불구하고, 우리의 인식 활동 배후에 먼 지평으로 남아있다. 이 무한한 지평으로 합치하고자 하는 정신이 곧 마음(心)이다. 이렇게 우주 전체를 지향하는 능력을 유종주는 '예지(叡智)'라 불렀다. 따라서 오여필(吳與弼, 호는 강재(康齋), 1397~1469)의 말과 같이, "대저 마음은 허령(虛靈)의 영역이며 신명(神明)의 집이다. (시간을 넘어서서) 고금에 신묘하게 통하고 하늘과 땅을 관통한다.(夫心, 虛靈之府, 神明之舍, 妙古今而貫穹壤)"[5]

이상의 논의에서 성리학적 사고방식에는 '총체성에의 충동'이 있음을 알 수 있다. 성리학이 비록 도덕적 가치에 대해 과도하게 애착하는 점이 있다 하더라도, 그러한 충동은 인간 본질의 한 측면을 보여주는 것이다. 또한 성리학은 인간에게는 본질적으로 자연 전체를 현시하는 능력이 있음을 보여줌으로써 형이상학의 가능 근거까지 알려주고 있다. 만일 인간에게 우주를 현시하는 능력이 없다고 한다면, 인간은 그것의 본질과 구조에 대해 논의하는 형이상학을 창조해낼 수가 없었을 것이다. 인간은 본질적으로 우주에로 열려있는 존재이다.[6] 그러나 또한 인간은 자기자신에 대해서도 관계를 맺는 존재이다. 세계와 관계하면서도, 동시에 인간은 자신의 존재를 그 존재에 있어서 문제삼는 그러한 존재이기도 하다. 그러므로 그는 자신의 상황 속에서 자신의 존재의미를 물어보는 존재이다. 그것도 그가 현시하고 있는 우주와의 연관에서 묻는 것이다. 그래서 어떤 방식으로건 형이상학은 우주와 인간에 대해서 말하고, 그 양자의 궁극적 의미에 대해서 말하게 된다.

이런 점에서 성리학도 예외는 아니다. 성리학도 자기 나름으로 이러한 총체성에의 의지를 구현한 체계이었다.

5.《康齋集》권 10.

6. 그러나 과연 우주적 개방성이 단순히 의식의 확장으로서의 心에만 있는 것일까? 이 심적 능력은 아마도 우리의 감성적 욕망이 가지고 있는 하나의 능력이 아닐까? 이 욕망의 계시에 따라서 의식은 자신을 우주적 心으로 변형한 것은 아닐까? 이 문제에 대한 논의는 3장에서 언급될 것이다.

형이상학적 진리는 확산적 초월의지의 표출이다. 이 정신을 단적으로 잘 보여주는 한 예로 나흠순(羅欽順, 호는 정암(整菴), 1465~1547)이 있다. 오늘날 우리는 '격물(格物)'을 유한한 개별 사물을 인식하기 위해 그것에 접근하는 것으로서 이해하고 있는데, 그에 의하면 이러한 이해는 본질을 놓친 것이다. 그에 의하면 "격물의 격은 관통해서 꿰뚫어 틈이 없다는 의미이다. 공부가 완성되면 관통해서 꿰뚫어 틈이 없게 된다. 사물은 곧 나이고, 내가 곧 사물이 되어 혼연일치가 된다.(格物之格, 是通徹無間之意, 蓋工夫至到, 則通徹無間, 物卽我, 我卽物, 渾然一致)"[7] 사물에의 진정한 접근은 인간과 전체적인 사물의 세계를 통일적으로 이해하는 것에로 나감에서 이루어진다. "인간의 마음의 허령한 바탕은 본래 포괄적이지 않음이 없다. 그러나 다만 나의 사사로움에 의해 은폐되기 때문에, 그래서 가까운 것에는 밝으나 먼 것에는 어둡고, 작은 것은 보고서도 큰 것을 잃어버린다.(夫人心虛靈之體, 本無不該, 惟其蔽子有我之私, 是以明子近而暗子遠, 見其小而遺其大)"[8]

이렇게 보면 인간과 세계의 포괄적 전체에 도달함에서, 참된 인식이 성립한다는 주장은 그저 단순히 평면적으로 말해지는 것이 아니다. 그것은 유한한 사물과 개체적 자아에의 속박인가, 아니면 그것으로부터 자유일 것인가의 위기상황 하에서 일어나는 사건이다. 그것은 우리 심성의 폐쇄와 개방의 경제선상에서 말해지는 것이다. 그러므로 형이상학은 언제나 심원한 위기 속에서 추구된다. 그것은 본질적으로 그 시대의 문명과 문화가 구현하는 일상생활의 영역에 몰입되는 것을 허여하지 않는다. 따라서 형이상학이 문명에 의해 영향은 받을 수 있으나, 그 근본적 의지는 손상되지 않는다. 그것은 문명, 문화의 계승 발전이라는 문화 사회사업과는 무관하다. 바로 여기서 형이상학에 관한 한 진보와 퇴보를 말하기 어려운 이유가 있다. 성리학적 유산도 오늘날 다시 음미해볼 수 있는 것은 바로 그 때문이다.

---

7. 羅欽順, 《困知記》.

8. 위와 같음.

그러나 현대의 일상적 삶은 총체성에의 생기에 찬 동경을 몰각하게 한다. 형이상학을 가능하게 했던 자유에의 의지는 망각되고, 오히려 냉정한 무관심이 자유를 누리고 있다. 이러한 삶은 삶의 높이와 깊이에 대해서는 냉소한다. 현대의 합리성은 바로 이러한 냉소 위에서 움직인다. 그것은 전체에로 확산하여 그것과의 연속적 유대에로 나아가는 자유를 상실하고, 무근거한 세계를 보존하려 한다.

2. 大地로부터의 격리

이러한 뿌리뽑힌 삶은 자본주의의 출현에 의해 일반화되었다. 소작농의 프롤레타리아화에 의해서 나타난 것과 같이, 자본주의는 어느 지역에 국한된 삶을 그것에서 일탈시킴으로써 대지(大地)와의 마지막 연관을 끊어버렸으며, 인간은 화폐축적의 논리에 종속되었다. 상업자본, 산업자본, 금융자본에로의 발전은 인간의 삶을 이제 더이상 땅에 의존시키지 않고, 추상적 경제논리에 의존시켰다. 바로 여기서 이전에 신성시되었던 것들은 더이상 의존할 필요가 없는 것으로서 냉소의 대상이 되어버린 것이다. 이러한 이탈의 보편화와 도시적 생활의 확대에 따라, 전통 형이상학에서 고귀한 가치를 지녔던 것들이 상실되었다.

그러나 이것은 인간이 기존의 속박적인 가치체계로부터 자유롭게 되어 더 건강하게 되었음을 의미하지는 않는다. 물론 기존 형이상학에는 인간적 속성을 우주의 본체에로 투사하는 물신주의적 성격이 있었으며, 현대인은 그것을 자신있게 비판할 수도 있게 되었다. 그러나 대지로부터 격리된 부동하는 인간은 소비재의 흐름 속에 자신을 내맡기거나, 국가·단체·학회 등에서 자신의 근거나 명예를 추구한다. 또한 인간은 국가권력에 의해 이전에 볼 수 없었던 총체적 동원체제에 무기력하게 맡겨져 있다. 현대인은 억압적 집단에 자신의 심적 에너지를 집중하는 편집증적 심리에 더 광란적으로 의존하고 있다.

이와 같이 자연으로부터의 괴리와 추상적 집단에 자기 근거를 확보하려는 나약성은 대상세계에 대한 파괴적 공격성과 함께 현대인의 일반화된 질환의 특성이다. 그러나 이 질환이 겪는 고통을 가만히 들여다보면, 여기에는 하나의 근본적 원리의 상실이 보이는데, 그것은 바로 자연과 인간, 인간과 인간의 연속성의 원리이다.

이 원리는 우리의 일상적 체험의 영역에서나 종교의 영역에서도 심원한 어떤 의미연관을 가지고 있음을 우리는 직감할 수 있다. 남녀간의 사랑에서는 서로 하나가 되는 데에서 구원을 찾고자 하는 몸부림을 볼 수 있다. 서로가 인간이면서도 '자연적' 존재로서 연속성의 구현 앞에 그들의 영혼은 떨리고 있는 것이다. 마치 옛 형이상학자들이 만유(萬有)의 동일성 앞에서 경건하게 자신을 가다듬었듯이. 그들은 자연적 존재이기도 하기 때문에, 감각을 통해 너와 나의 동일성을 추구하며, 서로 분리되면 고독을 느낀다. 열정적일 경우 죽음도 불사하는데, 이것은 고독한 개체의 사멸을 통해 연속성의 바다에 뛰어드는 것이다. 종교에 있어서도, 초월적 성격으로 왜곡되었건 안되었건 간에, 통일적 일자(一者)에 대한 관심을 궁극적 관심으로 하고 있다.

19세기 말 강유위(康有爲)와 담사동(譚嗣同)은, 자연이나 사회에서 개별자들의 경계선을 흐리게 만들고, 무차별적 동일성을 진리로서 주장한 것도 거의 같은 맥락이다. 그들의 대동(大同) 사회에서는 개인의 개체성은, 우주 내에서 개체들이 확산하는 기(氣)에 의해 주위의 개체들 속으로 융해되듯이, 전체 속으로 녹아든다.[9] 따라서 자연의 사물이나 사회 내 개인은 "하나의 먼지 속에 모든 세계가 함축되어 있다(一微塵中含十方)"는 화엄학의 논리에 의해 파악되고 있다. 모든 것은 모든 방향으로 연속되어 있다. 그래서 그들은 사물의 근본적 운동법칙을 사랑(仁)이라고 했던 것이다. 담사동이 스스로 선택한 죽음도 바로 이러한 논리를 진정한 삶의 본질로서 이해한 것과 무관하지 않다.

---

9. 그들의 《大同書》와 《仁學》은 무차별적 제일성의 법칙을 우주와 인간의 근본이법으로 주장한다.

이 사상적 전통은 그후 중국 최초의 마르크스주의자라고 하는 이대조 (李大釗)에까지 이어지고 있다. 그에 의하면 '大實在的瀑流'[10]가 자연과 인간세계 속에서 운동하고 있다. "우주의 운명과 인간의 역사 모두에서 무시 무종의 대실재의 폭류가 부단히 내달리고 부단히 유전(流轉)한다." "(그것은) 영원히 무시(無始)의 실재로부터 무종(無終)의 실재로 향하는 분류(奔流)이다. 우리의 자아(我), 우리의 생명 역시 영원히 살아 움직이는 조류에 합치하여, 대실재의 분류를 따라서, 광대하게 되고, 지속하며, 진전하고, 발전한다. 그러므로 실재가 곧 동력이며, 생명은 곧 유전이다."[11]

이런 의미에서 그는 실재의 절대세계에 우리의 정신을 정초할 때, 비로소 항상 젊어지는 우주와 하나가 되는 '웅건한 정신(雄健的精神)'의 '기백'을 체득한다는 것이다. "우주가 무한하다면, 청춘도 무한하고, 자아도 무한하다.(宇宙無盡, 卽靑春無盡, 卽自我無盡)"[12]

자아는 우주 전체에로 확산된다. 이 포괄적 지평 속에 들어갔을 때, 우리의 주체는 진정한 주체로 되고, 현재 순간에서도 지치지 않고 움직이는 주체로 된다는 것이다. 여기서 객관에 대립하는 주관이라고 하는 과학적 태도는 제일의적인 것이 아니라, 존재의 근본이법으로서의 연속성의 원리에서 이탈한 비본래적 태도이다. 지성은 사물의 무한한 연쇄와는 관여하지 않으며, 오히려 사물을 무한한 영역 속에 고립, 정지시킨다. 그것은 연속성에 대해서는 무기력하며, 분리와 고체화에서만 능력을 발휘한다.[13]

3. 해방의 기초로서의 욕망

---

10. 이 말은 R. W. 에머슨의 'the currents of the Universal Being'의 번역어인 것으로 생각된다.

11. 李大釗, 《今與古》(1923), 《今》(1918) 選集.

12. 李大釗, 《靑春》(1916) 選集.

13. 지성에 대한 비판은, 불가의 거의 모든 경전의 주된 얘기이며, 베르그송의 저작에서도 그의 연속성의 철학이 서는 기초 가운데 하나가 되고 있다.

그러면 사물의 고립화, 고정화에 친근한 지성에 대비해서, 연속성을 얘기한다는 것이 오늘날 이 시대에 무엇을 의미하는가? 사람들은 사막과 같은 세상이라고 말하면서 지성에 대해 지성으로써 끝없이 말하지 않는가? 지성만이 그대로 남아있는 인간적 보루인가? 그런데도 연속성에 대해 말하는 것은 비합리주의이거나 신비주의가 아닌가?

지성은 그 자신이 기능하기 위해서는 언제나 동일한 자기(ego)를 전제한다. 이러한 자기는 고정된 중심이며, 자신의 욕망을 통제하여 자기보존을 유지한다. 사물은 이 자기보존을 중심으로 주위에 배치되고 고정된다. 그것도 하나의 추상적 법칙을 인식함으로써 현상의 다양성은 더 포괄적으로 고정되고 질서지워진다. 이것이 지성의 자유가 될 것이다. 이 자율성에 대한 숭상으로, 사람들은 불합리한 감성, 충동적 욕망과 자율적 이성을 나누게 되고, 그 이분법으로써 세계를 보게 되었다. 감성과 이성의 양분적 사고는 우리에게 이미 거의 자명한 것으로 되었다. 전통시대에서도 주로 윤리적 차원에서 인심(人心), 기질(氣質)과 도심(道心), 본연(本然)의 이분법은 사고의 기본도식이었다. 우주적 초월의 문제도 이성의 독점물이 되었다.

이러한 이분적 사고는 대상과 자신을 통제하는 데에는 성과를 어느 정도 얻었다 하더라도, 하나의 중요한 대가를 치르게 되었다. 그것은 바로 우리의 '욕망'이 가지고 있는 "확산하여 연속성에 이르는 힘"의 상실이다. 기존의 사고방식에서는 욕망은 이성에 의해 순종되는 부분만이 승인되고, 그렇지 않은 부분은 억압되었다. 그렇기 때문에 이성은 늘 '자연적' 욕망에 대한 일종의 공포 위에서 움직여왔으며, 이것은 중국 봉건시대의 이성이 항상 백성(民)들의 폭동 가능성에 대해 방어진지를 구축해야 한다고 주장해왔던 것과 같은 구조이다. 이러한 억압적 체계와 사고 아래서, 욕망은 먹을 것과 여색에 대해 더 많이 소유하고자 하기 때문에 악의 길로 열려있다고 중상모략을 당해왔다. 욕망은 '소유'와 파괴의 관점에서만 파악되었다.

그러면 과연 욕망이 이러한 일차원적 성격만을 가지는가? 그러한 것이 그것의 원초적인 본성인가?

인간이 자연과 연속되어 있다는 것, 즉 자연의 일부라는 것을 단적으로 보여주는 것이 우리의 욕망이라는 것은 잘 알려져 있다. 이 욕망 때문에 인간은 필연적으로 자연과의 교류관계에 들어가게 된다. 맑스는 사용가치 생산으로서의 원초적 노동에 대한 분석에서 욕망의 비소유적 성격을 암시하고 있다. 그에 의하면 음식물의 섭취와 소화에서 볼 수 있듯이, 노동을 통해 자연의 물질적 에너지는 인간의 생명활동 에너지로 전환된다. 신체의 동력은 물질과의 에너지 변환관계에서 생산된 것이기 때문에, 자연은 인간과 운명적으로 연관된 대상이다. 따라서 자연은 노동하는 인간에게 연결되어 있는, 인간의 '비유기적 육체'이다. 그런데 노동이란, 아담 스미스의 주장대로 여가시간을 축낸 '희생'으로서가 아니라, 자기창조적인 자발적 행동이다. 이른바 노동의 합목적적 구조는 원초적으로는 소비를 대비한 소유지향적인 것이 아니라, 그 자체 창조적이고 자기실현적인 것이다.[14] 그야말로 노동은 그 왜곡되지 않은 의미에서 '생산'이다. 그러므로 생산활동은 자신의 비유기적 육체인 자연과의 연속성 안에서 일어나는 활동이다. 그것은 생산자 자신의 육체에 자연을 자신의 신체의 연속물로서 접속시킨다. 욕망에 따른 인간의 감성적 활동은 자연을 마치 자신의 자발적 생산물인 것같이, 자신의 육체를 전 자연 가운데의 하나의 고리로서 접목시켜 놓는다. 욕망은 대상들(신체도 포함해서)의 우주적 연쇄를 성취하고자 하는 것이다. 욕망은 확산한다.

욕망의 이러한 본성은 천진한 젖먹이 어린이의 '놀이'에서 더 분명히 나타난다. 젖먹이 어린이는 사물을 조직화해서 보지 않는다. 그는 부분을, 전체 속에서 일정한 위치에 귀속하는 것으로서 체험하지 않는다.[15] 오히려 어린이는 이 방에서 저 방으로 넘나들면서 대상들을 부분으로 체험하고, 어린이-주체는 고정된 동일성을 가지는 것이 아니라, '부분적 대상

---

14. 여기서는 맑스의 주된 경향인, 생산력 발전을 통한 자연지배의 확대에 의해, 자유를 성취한다는, 계몽주의적이면서도 헤겔적인 측면은 일단 무시한다.

들'의 연쇄를 자유로이 스쳐간다. 대상들과 주체는 하나로 융해되어 있다. 이 장난감, 저 장난감으로 옮겨가면서, 장난감들을 집착 없는 자유로운 활동의 대상들, 자신의 신체의 일부로서 자신과 접속되어 있는 것으로서 체험한다. 그러므로 여기서는 전체 속에 부분이 분명한 것으로서 나타난다는 형태심리학이나 현상학은 적용되지 않는다. 어머니의 유방도 어린이의 입과 연결되어 있는 하나의 부분적 대상이지, 어머니 신체의 일부분으로서 고정되어 체험되지 않는다. 고정되어 체험되는 것은 어렴풋한 주객분리가 일어나서, 이 유방이 어머니의 소유이기 때문에 나에게 좋을 수도 있고 나쁠 수도 있다는 가치판단이 생기게 될 때, 즉 눈치를 볼 때이다. 이렇게 자신의 '상상'을 대상에 부여함으로써, 저 자유롭고 집착없는, 세계에 대한 분산적 체험은 조직화되고, 그 원초적 자유는 억압되는 것이다. 어른은 세계를 조직화하고 분화시키지만, 젖먹이는 이미 종교단체와 경전을 가지고 있지 않은 말없는 선사(禪師)이다. 욕망을 가진 인간 그 자체로서, 인간은 부처였다. 그러나 유정자(有情者)만이 부처이다. 원초적 욕망은 사물과의 연속성을 성취하고, 그 연속성 안에서 사방으로 분산한다. 그러므로 욕망을 끊거나 통제하면, 고정된 자기(ego)의 동일성과 눈치에 기원한 상상적 선악판단만이 남게 될 것이다.

자기성찰을 지향하는 문학 가운데에는 우리의 감각이 우주적으로 작용한다는 이 이치를 잘 보여주는 작품들이 있다. 마르셀 프루스트는 그의 《잃어버린 시간을 찾아서》에서 '본능'의 소리에 귀를 기울여야 하고, 이것이 가장 현실적인 것, 인생의 가장 엄숙한 도량(道場), 진정한 최후의 심판이 된다고 주장한다.[16] 여기서 본능이란, 세계의 일상적으로 정돈된 질서만을 아는 타성화된 지성에 대비되는 말이다. 이 질서있는 세계 속에서는

---

15. 욕망을 '결여'로서 이해하고, 규범이나 어떤 이상에 의해 순화될 때에 '완전성'에 도달한다는, 기존의 욕망관은 의심스러운 것이다. 결여 개념은 역사적 개념(권위주의의 출현에서 파생된)이지 원초적 개념은 아니다.

16. M. 프루스트, 《잃어버린 시간을 찾아서》 7, 〈되찾은 시간〉, 김창석 역, 정음사, 1985, 190쪽.

인간은 시간성 속에 살게 되기 때문에, 미래의 무상함과 죽음의 불안에 잡히게 된다는 것이다. 그러나 우리의 본능적 직관 혹은 예민한 감수성은 어느 순간에 어떤 사물에 대한 감각적 인상만 가지고도 물질의 풍요로운 무한한 세계에로 진입할 수 있다고 한다. 그는 이것을 과거의 지복(至福)의 인상(마들렌느 과자를 차에 적셔 먹다가 갑자기 느낀 희열)과 현재 순간에서의 인상(돌들이 어긋난 포도(鋪道)를 밟았을 때 느낀 희열)의 동일성에 대한 체험에서 보여주고 있다. 여기서 "갖가지 즐거운 인상을, 현재의 이 순간에도 아득한 과거의 순간에도 동시에 느껴, 어찌나 과거를 현재에 파고들게 하는지, 두 시간 중에 어느 쪽에 내가 있는지 나로 하여금 아리송케 한다."[17] 이것이 바로 "초시간적 영역에서 사물의 진수를 즐긴다"는 것이다. 우리의 감각이 그 영원의 순간 영역에서 "온갖 방향과 온갖 차원으로" 확산되어, 사물을 끝없는 사슬로 접속시켜 나가면, 혼돈 속으로 퍼져나가는 우주와 내가 하나로 되는 순간이 바로 이 진수이다. 이것은 마치 노자(老子)가 우리의 관성화된 인생을 혼돈된 마그마 상태의 도(道)에 복귀시키고자 한 것과 매우 유사하다. 그의 '도'는 질서의 윤리가 아니라, 질서를 파괴하는, 무질서라기보다는 비질서의 원리이다. 노자는 이 원리를 "초월적 신(上帝)보다도 앞선다(帝之先)"고 주장했는데,[18] 그것은 초월적 구심점의 출현에 의해 비로소 질서와 억압의 세계가 시작하기 때문이다.

이렇게 보면 프루스트는 노자적 세계를 생리기관과 연결된 무의식(욕망)의 본능적 직관력에 의해 물증적으로 보여주는 것이다. 사물은 인과적 질서로 연결되는 것이 아니다. 한 사물은 상하 전후 좌우로 무한한 사슬을 이루면서 연결되고, 우리의 신체는 그 연쇄 가운데 하나의 고리이다. 인간의 무의식은 이러한 '자유의 바다', 시간을 넘어선 '영원의 세계'의 담지자이고, 그의 의식은 이 세계의 수호자이다.

---

17. 위와 같음. 182쪽.

18. 《道德經》, 4장.

이상에서 본 바와 같이, 욕망은 사물을 자유롭게 해방시키고, 우리를 연속성의 바다로 구원하는 힘이다. 이 힘은 자신의 자유를 억압하는 것에 대해 저항한다. 그것은 前歷史(prehistory)에 대해 비판하고 그것의 종언을 요구한다. 그것은 착취와 억압의 구조에 대한 안티테제이며, 동시에 감각과 욕망을 부정하는 즉, 생의 기초를 부정하는 허무주의에도 반대한다. 그러므로 연속성의 형이상학은, 물질과 연속된 삶을 고통스럽고 병든 삶이라고 규정한 소크라테스의 후예들을 부정한다. 오히려 겉보기에 우리의 신체는 공간적으로 한계지워져 있는 것으로 보이지만, 그 내부의 욕망의 흐름은 보이지 않는 힘으로 신체를 해체하고 사방으로 확산된다. 이러한 이치를 이미 도신(道信 : 달마 이후의 4대 조사, 580~651)은 간파하였다. "항상 신체가 공적(空寂)함을 보아, 내·외가 융통해서 동일하게 되어, 온 우주 가운데로 신체를 들어가게 하여도, 장애가 있은 적이 없다.(常觀身空寂, 內外通同, 入身於法界之中, 未曾有礙)"[19] 연속성을 추구하는 욕망에게는 신체는 부분적 대상들로 해체되어 접속되어 있는 것이지, 자기폐쇄적 유기체가 아니다. 이것은 마치 여기의 책상을 목수가 처음 만들 때의 여러 재료들로 해체해버리면, 그것은 이미 책상이 아닌 것과 같다. 이 신체는 내가 먹여 길러야 할 '나의' 유기체가 아니라, 부분적 대상들이 모여 연결되어 있는 것이고 이 대상들 역시 자연에의 수많은 부분적 대상들과 접속되어 있는 것이다. 주체는 다만 자신의 첨예한 에고의식을 누그러뜨리고서 이 부분적 대상들의 그물망의 세계를 방랑할 뿐이다. 여기에는 분산만이 있는 것이며, 부분들의 유기적 통일은 없다. 만일 통일의 원리나 주체를 설정하게 되면, 곧 권위와 복종의 세계에로 떨어지게 될 것이다.

이상의 견지에서 볼 때, 1장에서 논의했던 성리학의 형이상학이, 비록 분산·확산보다는 통일과 질서를 추구하는 성격이 있다 하더라도, 그것이 그렇게 연속성에 대해 애착하고 있는 이유를 짐작할 수 있을 것이다. 다만 그들은 욕망이 가지고 있는 확산적인 초월의 능력을 마음(心)에만 부여

---

19. 道信,《入道安心要方便法門》.

했으며, 베르그송과 같이 '본능적' 직관에서 세계의 연속성을 볼 수 있다는 사실에 대해서는 주목하지 못했던 것이다. 그러나 나의 신체와 우주는 하나의 기(氣)로 관류되어 있고, 우리의 자아를 이 '기'에 밀착시킬 때 비로소 욕망과 정신은 하나가 되고 물질과 정신이 하나가 된다는 견해는, 여전히 새로운 인간관과 세계관의 형성에 기여할 수 있다고 보아진다.

　오늘날의 리얼리즘론과 유물론이 타성적 지성의 범위 안에서만 움직이고, 실재에 대한 이해의 폭을 넓히지 않는다면, 그것은 저항과 혁명의 인성론적 기초를 모르는 것이 될 것이다. 왜냐하면 물질적인 것에 기초하는 것이 유물론이라고 한다면, 인간에게서 물질적인 것(hylē)의 흐름(원래 hylē는 flux를 본질로 한다), 욕망의 유동성과 유전성(流轉性)에 기초하지 않는 것은 해방의 기초가 없는 해방을 주장하는 것이 될 것이기 때문이다. 유물론적 인간관은, 푸르른 들판에 누워 하늘을 호흡했던 기쁨을 제거하고, 지성의 편에 서는 것이 아니라, 그 억압된 추억의 소리를, 그것에 대한 사회적, 심리적인 억압장치의 폭로와 함께 전달하는 이론이다. 어두운 감옥 속에서, 고문실에서, 답답한 강의실 속에서, 사랑 없는 미소 앞에서, 빈 밥그릇 앞에서 소리지르는 것은 바로 저 욕망이다. 영원하고 무한한 세계와 관계 맺고 있는 욕망은 역사적 영역 속에 깊숙이 끼어들어, 고뇌와 불안의 체계와 맞붙어 싸운다.

가이아를 위하여

제임스 러브로크

지난 25년 동안 나는 프리츠 슈마허가 권한 것과 같은 방식으로 과학을 하려고 노력해왔다. 나는 전지구적으로 생각하고 지역적으로 행동하라는 그의 충고를 진지하게 받아들인다. 나는 지구에 관한 과학을 집에서 하는 일로 하고 있으며, 어떤 방대하고 멀리 떨어진 또 잠재적으로 위험스러운 활동으로서 하고 있지 않다.

나는 캐리 강변의 방앗간이 딸린 오두막에서 우리 가족과 함께 살고 있다. 나의 실험실은 우리의 오두막에 붙여 지은 방 하나에 있다. 여기서 가장 가까운 이웃집은 반 마일쯤 떨어져있고 히스의 세이트 자일즈 마을은

제임스 러브로크(James Lovelock) ─ 현재 독립적으로 연구활동을 하고 있는 영국의 과학자로서, 미국항공우주국(NASA)의 우주 프로그램에 협력한 적도 있고, 1974년 이래 영국 왕립협회 정회원으로 있다. 그는 무엇보다 이번 세기의 가장 획기적인 과학적 통찰이라고 평가되는 가이아(Gaia) 가설의 창시자로 주목받고 있는데, 이 가설에 따르면 지구의 모든 생명은 하나의 유기체로서 가능하고 있다는 것이다. 즉 우리는 하나의 생명을 살고 있다는 것이다. 1979년 가이아에 관한 그의 책이 출간된 이후 러브로크의 많은 예견은 사실로 판명되었고, 그의 이론은 가장 열띤 과학적 토론의 주제가 되어왔다. 여기 실린 글은 John Button 편 *The Green Fuse : The Schumacher Lectures* 1983~8 (1990)의 "Stand up for Gaia"를 옮긴 것이다.

2마일 상거해 있다.

나는 언제나 과학이란 것은 글쓰기나 그림그리기나 작곡과 마찬가지로 집에서 하는 일이라고 생각해왔다. 따지고 보면, 한 예술가가 자기 집에서 창조적인 작업을 하는 데에는 아무 이상한 것이 없다. 실제로 화가가 어떤 대학의 회화과에서 초상화를 그린다든지, 소설가가 문예창작학교로 날마다 다녀야 한다든지 하는 생각이야말로 불합리한 것이다. 그러니 과학이 집에서 하는 일이 아니어야 할 까닭이 있는가?

나는 누구나 다 그래야 한다는 뜻이 아니다. 성당을 짓기 위해서 예술가들과 장인들이 무리를 조직해야 하듯이 많은 과학이 팀웍과 대규모 작업을 필요로 한다는 것을 나는 알고 있다. 내가 말하는 것은 다만, 현대과학에서는 독립적으로 사고하고 실험할 줄 아는 개인을 위한 자리가 없다는 것이다. 나는 바로 이러한 문제, 즉 세계에 대하여 호기심을 품고 세계를 탐구해볼 시간과 기회를 가진 개인들의 결핍이 유감스럽게도 자연환경에 대한 우리들의 이해를 약화시켜 왔다는 것을 말해보고자 한다.

문제는 부분적으로 대부분의 사람들이 과학이라고 일컫는 것이 실은 테크놀로지라는 데 있다. 내 생각에 과학자는 자연세계에 대하여 궁금하게 생각할 여유와 성향을 가지고, 그것에 대한 자기의 개인적인 견해를 나중에 테스트될 수 있는 이론이나 아이디어로서 표현하는 어떤 사람이다. 이런 사람들은 극소수이다. 대부분의 과학자들은 마치 상품광고용의 매끄러운 선전문구나 그림을 만들어내는 매우 재간있는 사람들과 흡사하다. 이런 사람들은 그들의 작품이 예술이라고 주장할 수도 없고, 그들이 영감을 받아 자유롭게 쓰거나 그린다고 주장할 수는 더욱 없을 것이다. 오늘날 대부분의 과학자들의 처지는 이런 사람들의 처지와 별로 다르지 않다.

어떤 좋은 대학의 종신제 교수직에 있는 과학자는 독립적인 예술가만큼 자유롭다고 생각될지는 모른다. 실제로 정부기관이나 대학이나 다국적 기업과 같은 대규모 조직 속에 고용되어 있는 과학자들은 그들의 과학을 개인적인 견해로서 표현할 자유를 거의 가지고 있지 못하다. 그들은 스스로 자유롭다고 생각하고 있을는지 모르지만, 사실상 그들은 거의 전부가 피고용인이다. 그들의 고용주들은 오직 부드러운 압력만 행사하면 되는데, 그것은 대개 그런 정도로 충분하기 때문이다.

대학의 과학자들도 연구보조금에서 건강과 안전문제에 이르기까지 관료적 힘들과 싸우지 않으면 안된다. 과학자들은 또한 그들이 속한 분야의 부족적 율법에 제약되기도 한다. 물리학자는 화학을 하기 어렵고, 생물학자가 물리학을 한다는 것은 거의 불가능하다. 급기야 최근에는 과학의 '순수성'은 동료에 의한 리뷰라고 하는 심문제도에 의해서 점점더 빡빡하게 지켜지고 있다. 의도는 좋지만 편협한 이 제도는 과학자로 하여금 관습에 따라 일하게 하지, 호기심이나 영감에 자극되어 일하게 하지 않는다. 중세교회의 심문제도처럼 그것은 연구비 지원을 거부하거나 출판물을 검열함으로써 한 사람의 경력을 망쳐놓을 수 있다. 과학자들이 너무나 큰 압력 밑에서 소심한 순응주의를 보이거나 중세의 신학자들처럼 도그마의 포로가 되는 것은 드문 일이 아니다. 그러나 자기들이 처한 곤경을 인식하고 있는 사람들에게 나는 말하고 싶다. "동료에 의한 리뷰제도는 곧 박살이 날 겁니다. 나처럼 독립하면 잃을 것은 연구보조금밖에 없을 겁니다."

나 자신의 과학자로서의 관심은 지구와 지구상의 생명에 관한 궁금증으로부터 비롯한다. 그것은 단순한 궁금증으로부터 발전하여 진화와 지구의 생명에 대한 새로운 이론이 되었다. 그것은 유기체들의 진화와 지구의 진화를 생물학과 지질학으로 나누는 관습적 과학에서처럼 분리된 것으로 보지 않고, 하나의 긴밀하게 어우러진 과정으로 보는 이론이다. 기후의 자기조절이나 대기와 해양과 바위들의 구성은 모두 살아있는 유기체들과 그들의 물질적 환경과의 긴밀한 어우러짐으로부터 자동적으로 일어나는 특성들을 보이는 것이다. 이러한 조절작용은 전혀 아무런 예견이나 계획 없이 진행된다. 소설가 윌리엄 골딩의 조언을 받아들여 나는 이 이론을 가이아라고 이름 붙였다. 가이아는 그리스에서 대지의 여신을 일컫는 이름이었다.

만일 내가 대학에 있었더라면 나는 가이아에 관해 연구하는 것이 거의 불가능한 일이라는 것을 알았을 것이다. 무엇보다 아무런 연구지원금이 없었을 것이다. 그것은 지나치게 공상적이라고 간주되었을 것이다. 만일 내가 고집을 부려 점심시간이나 여가시간에 그 연구를 했더라면 조만간 나는 실험실 주임의 호출을 받았을 것이다. 그의 사무실에서 나는 그토록 유행에 안 맞는 연구과제를 계속 고집하면 내 경력에 위험이 닥칠 것이라는 경고를 받았을 것이다. 이 경고를 무시하고 내가 완강하게 고집부리면, 나는 두번째로 호출되어 나의 일이 학과의 평판과 주임 자신의 경력에 위험이 된다고 경고 받았을 것이다. 운이 좋다면 나는 조기(早期) 은퇴를 신청하는 방법이 적힌 유인물을 건네받게 되었을 것이다.

내가 자유로운 과학자의 길을 선택한 것은 가이아에 대한 연구가 방해받았기 때문이 아니다. 직장을 그만둘 때 나는 가이아에 관해 생각조차 않고 있었다. 나는 런던의 국립의학연구소에 1961년까지 고용되어 있었다. 어떤 고용주도 더 사려깊을 수 없었다. 작업조건은 거의 이상적이었고, 좋은 보수, 긴 휴가 그리고 놀라울 만큼의 지적 자유가 있었다. 이상하게 들릴지 모르지만 내가 그러한 편안한 보금자리를 떠나고자 한 것은 종신보장직이 나에게 주어졌기 때문이었다.

은퇴할 때까지 그리고 무덤에 이르기까지 아무 탈 없이 지낼 수 있으리라는 숨막히는 전망이 내게는 창조성을 죽이는 것이었고 그래서 나는 떠나기로 한 것이다.

내가 그 연구소에 고용되어 있던 마지막 몇해 동안 나는 많은 민감한 탐지장치를 발명하였다. 프리즈 슈마허가 이해한 것과 같이 나는 발명이라는 것은 발명가가 살고 있는 세계의 필요에 부응하여 이루어져야 하지, 실험실의 고립 속에서 이루어져서는 안된다고 느꼈다. 오직 독립된 사람으로서 나는 나가서 내가 만든 것을 가지고 내 흥미를 끄는 것들을 측정하는 데 사용할 수 있었다.

약 30년 전에 내가 만든 발명물 중의 하나는 전자포획탐지기라는 것이었다. 그것은 지금도 가장 민감하고 손쉽게 가지고 다닐 수 있으며 값싼 분석기구이다. 그것은 너무나 민감한 것이어서 몇 리터의 과불화탄소가 일본의 어딘가에서 증발되었다고 할 때 우리는 그것을 며칠 뒤에 여기 브리스톨에서 대기 중에서 용이하게 탐지할 수 있고, 일년 정도 내에 그것은 세계의 어느 곳에서든지 탐지될 수 있을 것이다.

환경운동은 바로 이 장치로 시작되었다. DDT와 딜드린 같은 살충제가 지구 전역에 걸쳐 퍼져있다는 기초자료를 그 장치가 제공하였다. 그것은 그러한 살충제들이 남극의 펭귄의 지방(脂肪) 속에, 또 핀란드의 어머니들의 모유 속에 발견될 수 있다는 것을 보여주었다. 이 자료를 가지고 레이첼 카슨이 그녀의 선구적인 책《침묵의 봄》을 쓰고, 이런 화학물질들이 계속하여 농사에 부적절하게 사용될 때 일어날 수 있는 궁극적인 결과를 세계에 경고할 수 있었다.

전자포획탐지기가 이런 식으로 이용되고 있음을 듣고 나는 기뻤다. 레이첼 카슨이 처음에 흥미를 가졌던 것은 야생의 생명과 자연생태계에 대한 손상이었다. 상당수의 화학산업계가 보인 반응은 수치스럽고 어리석은 것이었다. 그들은 카슨을 믿을 수 없는 인간으로 몰아붙이려고 했다. 그것은 소용없는 일이었고, 오히려 그로 인하여 카슨은 이제 막 태어난 녹색운동을 위하여 최초의 성인이자 순교자가 되었다. 녹색운동의 하나의 세력으로서의 발전은 인간에 의한 자연파괴라는 현상을 반대하는 데로 향하는 것 같았다. 그런데 유감스럽게도 그 운동은 곧 편협하게 인간중심적인 이해관계, 즉 우리를 둘러싼 자연세계에 대한 정당한 고려와 관심보다는 인류라는 특정한 종(種)에 가해지고 있는 위협에 주로 관심을 기울이게 되었다.

환경주의의 타락은 필연적이었다. 전자포획탐지기에 의하면 측정가능하지만 보통 무시해도 좋을 만한 양의 살충제와 수많은 다른 화학물질들이 도처에 분포되어 있음을 발견할 수 있었던 것은 환경산업의 문을 열어주었다. 이 새로운 풍요한 토양에서 오염화학자들이 번창하고 그들은 식량과 물과 대기 중에 있는 살충제 잔류물을 측정하는 새로운 출세의 기회를 발견하였다. 이 화학자들의 요구를 충족시키기 위하여 계기(計器) 회사들이 성장하였다. 변호사들과 관계 공무원들에게도 그것은 비옥한 기회였다. 대학이나 연구소의 과학자들은 새로운 연구보조금의 거대한 원천을 찾아내었고, 언론매체들은 새로운 이야기의 영역을 발견하였다. 일반 대중은 이 새로운 환경주의 속에 과학·기술적인 것들에 대한 그들의 두려움을 표현하는 길을 발견하였다. 그들 자신의 개인적이거나 집단적인 고통에 대하여 그들은 비난을 퍼부을 수 있는 속죄양을 찾은 것이다. 나는 여기에 어떠한 음모가 있었다고 암시할 생각이 조금도 없다. 음모의 필요도 없었다.

대부분의 남자와 여자들에게 암보다 더 무서운 것은 없다. 우리는 어떤 다른 질병보다도 암을 더 겁낸다. 그래서 우리가 보기에 고통스럽고 참혹한 방법으로 죽어가는 것을 막아줄 연구나 그 어떤 것을 위해서 우리는 기꺼이 헌금하려고 한다. 전자포획탐지기가 특히 발암성 화학물질에 민감하고, 또 핵방사능도 발암요인이라는 사실 때문에 환경과학은 암에 결부되었다. 그 결과로 환경관련 연구와 행동은 대중적·정치적 압력에 의해서 발암물질과 방사능을 측정하고 조사하는 일에 쏠렸다. 이렇게 하여 본질적으로 지구적인 것이었던 레이첼 카슨의 비전은 본래 그 관심이 자연세계에 두어졌던 것임에도 불구하고 주로 인간적 이해관계로 타락해버렸다.

내가 말하는 것은 암발생의 심각한 증가의 원인이 될 만한 수준으로 환경 속에 방사능과 화학물질이 출현한 사실이 중요하지 않다는 것이 아니다. 내가 말하는 것은 탐지기의 민감성으로 미루어 보아 도처에서, 그 위험이 작은 것일 때에도 발암성물질이 쉽게 발견된다는 사실이다. 독일의 한 녹색운동가가 말했듯이 "체르노빌은 도처에 있다." 실제로 그렇다. DDT와 PCB, 그리고 기타 모든 것이 그러하듯 방사능은 측정하기 쉬운 것이다. 내가 우려하는 것은 이러한, 흔히는 단순히 상상된, 인간에게 가해지고 있는 위험에 초점을 둠으로써 우리가 우리 주위의 자연세계를 파괴하고 있는 것을 잊어버리고 있다는 것이다.

178

환경주의의 진화과정에서 레이첼 카슨의 비전만이 아니라 자료 그 자체도 타락했다. 그릇된 측정치가 사용되었다는 뜻이 아니다. 문제는 전자포획탐지기가 너무나 예민한 탓으로 전혀 무시해도 좋을 만한 양의 살충제와 기타 화학물질들까지도 수량화되었다는 데 있다. 내가 그 측정기를 발명하기 전에는 식품 속에 잔류하는 살충제의 허용 하한선으로서 영(零)을 설정하는 것은 손쉽고 합리적이기도 했을 것이다. 실제로 영(零)은 탐지될 수 있는 최소한의 것을 의미한다. 그런데 전자포획탐지기가 나타난 뒤에는 한계점으로서의 영(零)은 너무나 낮은 것이어서 그것을 그대로 적용하면, 유기농법으로 자란 채소에도 측량가능한 수준의 살충제가 들어있기 때문에, 먹을 수 있는 거의 모든 것을 폐기해야 될 판이었다.

필요한 것은 상식이고, 오래 전에 "독은 약이다"라고 한 의사 파라셀수스의 지혜를 받아들이는 일이다. 물도 너무 많이 섭취하면 유독하다. 치명적인 신경가스의 하나도 1피코그램(1조분의 1그램) 수준에서는 무해한데, 그 수준은 전자포획탐지기로 쉽게 탐지할 수 있는 것이다.

아마 여러분은 내가 과장하거나 왜곡하고 있다고 생각할지 모른다. 그렇다면 상식적인 접근으로 내 말을 알기 쉽게 전하는 또하나의 방법은 오존고갈이라는 비교적 명백한 환경문제를 살펴보는 것이다. 나는 지난 20년간 이른바 '오존전쟁'이라고 하는 것에서의 나의 개인적 경험과 슈마허 류(類)의 소규모 과학이 했던 역할에 관하여 약간 이야기해보겠다.

1968년에 우리는 서부 아일랜드의 밴트리만(灣)의 해변에 휴가용 오두막 한 채를 구입했다. 오두막은 헝그리힐이라고 하는 따뜻한 사암(砂岩)판들로 된 자그마한 산기슭에 있었다. 건너다보면 넓은 대서양이 바라보였다. 대체로 공기는 너무나 맑아서 50마일이나 떨어져있는 섬들도 산꼭대기에서 보였는데, 그러나 때때로 공기가 너무나 부옇게 되어 1마일 이상 떨어져있는 것은 아무것도 보이지 않았다. 그 안개 같은 것은 모양이나 냄새가 내게는 꼭 로스앤젤레스의 광화학스모그와 같은 것이었다. 그러나 그런 것이 어떻게 이 아득한 시골까지 뻗쳐왔을 것인가? 이듬해 여름, 나는 우리 가족이 싫어하는 것을 무릅쓰고 집에서 만든 가스 크로마토그라프 분석기를 전자포획탐지기에 끼워서 가지고 갔다. 나는 그 안개가 자연적 현상인지, 아니면 인공적인 것인지를 염화불화탄소(에어로졸 추진가스) 수준을 측정함으로써 결정할 수 있으리라는 생각을 가지고 있었다. 염화불화탄소는 의심할 나위 없이 산업활동에 그 기원을 갖는, 대기에 포함되어 있는 화학물질 중에도 특이한 것이다. 다른 모든 화학물질은 인공적인 원천과 자연적인 원천을 다 함께 가지고 있다. 그래서 내가 생각한 것은 그 안개가 공해라면 그것은 도시공업지역으로부터 왔을 것이고, 그 속에는 깨끗한 대서양 공기 속보다도 더 많은 염화불화탄소가 있을 것이라는 것이었다. 첫 며칠간 날씨는 쾌청했다. 그러나 나는 대기를 측정했을 때 약 50PPT 정도 염화불화탄소 가스가 들어있다는 강한 신호를 발견하고 대단히 놀랐다. 그리고 며칠 뒤 바람이 바뀌고 동쪽의 유럽으로부터 기류가 밀어닥쳤다. 그것과 더불어 그 안개가 왔고, 그 스모그의 원천에 대한 내 생각이 확실한 것으로 되었다. 안개 같은 대기 속에는 맑은 대기 속에서보다도 3배나 많은 염화불화탄소가 있었던 것이다. 그 안개는 그러니 인공적인 것이었다. 나중에 조사한 바로는 그것은 오존이 풍부한 광화학 스모그였고, 남부 프랑스와 이탈리아로부터 거의 천 마일이나 바람따라 흘러온 것이었다. 휴가를 즐기는 유럽인들의 자동차 수백만 대가 내뿜는 배출가스가 거기에 실려왔던 것이다.

거기서 이 작은 조사는 마무리가 되었을지도 모른다. 그러나 호기심이 있었고, 내가 무엇을 해야 한다고 지시하는 고용주가 없었기 때문에 나는 맑은 대서양의 공기 중에 들어있던 50PPT의 염화불화탄소에 대하여 궁금하게 생각했다. 그것은 미국에서 대서양을 건너온 것인가, 아니면 그것을 제거할 아무런 수단이 없어서 지구대기 중에 염화불화탄소가 계속 쌓인 것인가? 그것을 알아내기 위해서 유일하게 할 수 있는 것은 배를 타고 남반구로 가서 되돌아오면서 염화불화탄소를 측정하는 일이었다. 잉글랜드로 돌아오자 나는 자연환경연구위원회(NERC) 과학연구위원회(SRC)에 좀더 튼튼한 장비의 제조와, 남반구로의 왕복여행에 필요한 자금을 신청하였다. 한 사람의 독립적인 과학자가 그러한 거창한 조사를 시도한다는 생각은 대규모의 값비싼 연구에 익숙해 있는 심사위원들이 소화하기는 어려운 것이었고, 나의 신청은 둘 다 거부되었다. 여행경비의 큰 부분은 우리집의 가계에서 나왔다. 그래서 내 논문의 마지막에서 나는 내 아내 헬렌 메리에게 이런 식으로 돈을 쓸 수 있도록 허용한 그녀의 너그러움에 대하여 감사를 표했던 것이다. 그리고 나는 또한 내가 남극으로 갔다가 되돌아올 때까지 그들의 배 '샤클튼'에 동승하도록 해준 NERC의 공무원들에게도 감사한다. 그렇게 해서 나는 내가 집에서 만든 장비를 배에 싣고 남반구와 북반구를 가로질러 염화불화탄소와 기타 가스를 측정할 수 있었다.

이 연구여행은 염화불화탄소만이 아니라 전혀 예상치 못한 다른 가스들이 도처에 분포되어 있는 것을 밝혀주었다. 그것들은 메틸옥화물(沃化物), 탄소4염화물, 유황가스, 디메틸황화물, 탄소2황화물이었다. 이러한 것들은 염화불화탄소의 발견보다 더 뜻깊은 발견인지도 모른다는 생각이 든다. 이것은 모두 작은 과학으로 수행되었다. 장비는 너무나 단순해서 내가 며칠 만에 만들 수 있었다. 그것은 여섯달 동안의 항해 동안 아무런 고장 없이 잘 움직였다. 측정하는 일은 나나 내 동료 로버트 매그스 또는 그 선박 소속의 과학자들 중의 한 사람이었던 로저 웨이드에 의해서 매일 교대로 행해졌다. 그 장비를 포함하여 전체 연구비용은 수백 파운드였다. 그 여행에서 이루어진 발견은 《자연(Nature)》(영국에서 발행되는 과학전문 주간지 — 역주)에 세번에 걸쳐 발표되었다.

염화불화탄소가 대기 중에 거의 아무런 소실 없이 쌓이고 있다는 발견에 자극받아서 셰리 로우랜드와 마리오 몰리나는 그들의 역사적 논문을 《자연》에 썼다. 그들은 염화불화탄소가 성층권에서 서서히 파괴되면 거기서 염소가 방출될 수 있고, 이것이 성층권의 오존을 파괴하는 촉매로 작용하여 자외선의 지표면에의 유입을 증가시킬 수 있음을 경고하였다.

셰리 로우랜드와 마리오 몰리나가 염화불화탄소에 의한 성층권 오존고갈 가능성에 대한 그들의 우려를 공개했을 때 나는 회의적이었다. 내가 그들의 과학의 우수성을 의심한 것도 아니고, 염화불화탄소가 쌓여서 계속 증가하는 성층권 염소의 원천이 되며 그리고 이 염소가 오존과 상호작용하여 오존을 고갈시킬 가능성이 높다는 그들의 가설의 타당성을 의심한 것도 아니었다. 내가 의심한 것은 70년대 중반 공기 중에 50PPT의 불소 11과 80PPT의 불소12가 함유되어 있는 것이 그 당시 당장 중대한 위협이 될 것이라는 사실이었다. 나는 이러한 합성물들이 잠재적으로 온실효과를 일으킬 수 있는 어떤 수준까지 증가한다면 좀더 심각한 위험이 될 수 있을 것이라는 내 의견을 공개했다. 그러한 요소들은 계속하여 감시해야 할 것들로서 만약 그것들이 심각한 위협이 되면 제거해야 할 것들로 내게 생각되었다. 1970년대에는 아직 그것 때문에 잠을 못 이룬다든지 입법조치를 강구해야 할 상황은 아니었다.

그러나 가정에서는 아무리 무해하고 쓸모있는 것이라 해도 또하나의 공업화학물질군(群)이 오존고갈을 통해 간접적으로 암의 원인이 될지 모른다고 인식되자 격렬한 아우성이 터져나왔다. 신문들은 머릿기사로 "이 화학물질들을 금지하라, 그것들은 지상의 모든 생명을 파괴할 것이다"라고 말했다. 그 결과로 전에 없이 풍부한 자금이 흘러들어왔다. 지금까지 근 1억 파운드의 돈이 염화불화탄소 오존문제에 관계된 성층권 연구에 소비되었다. 이번에는 아마 과거의 교훈 탓인지 화학산업은 놀라울 정도로 냉정했다. 그들을 대변하는 기구인 화학제조업자협회를 통해서 그들은 과학자들, 심지어 그 결과가 염화불화탄소 생산의 중지를 지지하는 과학자들의 작업을 적극적으로 지원했다. 이런 공적 정신은 평가받을 만하다. 냉소주의자들은 기업들의 이러한 너그럽고 개방적인 정책은 고의적인 것으로 라이벌 관계에 있는 과학자들이 서로서로를 중화시켜버릴 것을 기대했다고 주장했다. 그게 사실이라 해도 레이첼 카슨의 책이 부닥쳤던 적대감과 왜곡에 비해 볼 때 그것은 계몽된 접근으로 보인다. 《오존전쟁》이라는 책에서 해롤드 쉬프와 라디아 도토는 기업과 환경론자들 간이 아니라 경쟁적인 과학자들간의 싸움을 묘사했다.

일반 대중과 녹색운동가들은 이 문제를 가장 심각한 환경문제로 인식하도록 오도되어왔다. 이 문제는 과학자들에게는 대단히 흥미로운 것이지만, 그러나 그것은 당면한 환경위협의 오직 일부일 뿐이다.

공기 중에 염화불화탄소가 널리 분포되어 있음이 발견된 이후 17년이 지나갔다. 그 기간 동안 그것은 5백 퍼센트나 증가하였고 지금도 여전히 매년 6퍼센트씩 늘어가고 있다. 나는 지금 이 가스들의 방출이 즉각적으로 멈추어져야 한다는 데 아무런 의문이 없다. 그렇다는 것은 그 가스들의 오존고갈 경향 때문만이 아니라 염화불화탄소의 방출을 멈추게 하는 것이 지금 위협적으로 다가오는 온실효과에 대해 우리가 즉각적으로 대처할 수 있는 한 가지 적극적인 방법이기 때문이다. 나는 오존고갈이 중대한 문제가 될 수 있다는 것을 인정한다. 그러나 자외선은 지구보다도 사람, 특히 백색의 피부를 가진 사람들에게 더 큰 위험이다.

그런데 오존층 구멍은 어떤가? 이것은 지상의 생명에 심각한 위협인가? 그것은 확대될 것인가?

오존층 구멍에 관해 주목해야 할 것은 먼저 그것이 파머와 가디너라는 두 사람의 외로운 관찰자가 남극에서 구식의 값싼 기구를 사용하여 발견한 것이라는 사실이다. 그것은 마치 17년 전 염화불화탄소의 존재를 발견했던 이야기와 같다. 거대과학이 오존전쟁의 결과로 대기의 복잡성에 대한 우리의 이해를 크게 증진시킬 수 있었던 것은 사실이다. 그러나 성층권에 대한 값비싼 컴퓨터 모델과 인공위성과 기구와 비행기를 이용한 값비싼 측정활동에 막대한 돈을 쓰고도 거대과학이 오존층 구멍을 예견하지도 발견하지도 못했다는 것은 하나의 추문이다. 이보다 더 나쁜 것은 컴퓨터 모델을 만든 사람들이 너무나 자신만만했던 나머지 인공위성에 탑재한 기구들이 그들 자신의 예상과 실질적으로 어긋나는 자료를 거부하도록 미리 프로그램화하였다는 점이다. 그 기구들은 구멍을 보았지만, 실험을 책임진 사람들은 "사실들을 가지고 성가시게 하지 말라. 우리의 모델이 가장 잘 알고 있어" 하면서 그것을 무시했던 것이다. 오존전쟁은 이런 종류의 군사적 무능의 이야기들로 가득 차 있다. 원래 내가 측정한 것이 오존고갈의 모델에 들어맞지 않다고 해서 그것은 오류였다는 얘기를 나는 워싱턴에서 들은 것을 기억하고 있다. 바로 3년 전에는 역시 워싱턴에서 나는 지표면의 자외선을 측정하는 계기들이 모두 자외선 양의 감소를 보여주고 따라서 피부암의 위험을 덜 보여준다고 해서 결함이 있는 것이 틀림없다라는 얘기를 들었다. 그런 과학자들에 대한 나의 반응은 만일 그런 식으로 그들이 그들의 계기들이 보내주는 메시지에 반응한다면 나는 그들이 조종석에 앉아있는 비행기에 승객으로 타지는 않겠다는 것이었다. 나중에 《과학》지(誌)에 그 계기들은 완전했고, 지난 10년간 미대륙에서 측정된 자외선 양은 강도에 있어서 계속하여 줄어들었다는 사실을 확인하는 논문이 발표되었다.

두번째로 주목할 것은 오존층 구멍은 염화불화탄소 못지않게 메탄가스의 결과이기도 하다는 점이다. 메탄이나 천연가스는 주로 세계 전역의 농업과 삼림에서 나온다. 물론 천연가스설비나 수송관으로부터 새어나오는 것도 얼마쯤 있는 것이 사실이다. 그런데 메탄은 오염물질로 별로 언급이 안되고 있지만, 아마도 그것은 우리가 대기 속으로 주입시키는 가장 위험한 물질일 것이다. 메탄은 오존층 구멍현상의 주요 원인물질의 하나일 뿐만 아니라 그보다 더 심각하게 온실효과에 기여하는 물질로서 오래지 않아 이산화탄소를 능가할지도 모른다. 염화불화탄소의 생산은 이미 제약이 주어졌고, 곧 전면금지되기를 나는 희망한다. 그리고 이산화탄소는 우리가 의지가 있다면 줄일 수 있다. 그러나 논이나 가축들의 방귀로부터 나오는 메탄가스의 과도한 방출을 막는다는 것은 거의 불가능하다. 이런 이유로 염화불화탄소가 전면 금지된다 하더라도 나는 오존구멍이 해결되리라고 기대하지 못한다. 그 구멍은 더 많은 메탄가스가 공기에 포함됨에 따라서 더욱 커질지 모른다.

나는 작은 과학의 시각에서 본 이러한 오존문제의 해명이 녹색운동에 무엇인가 유익한 것이었으면 한다. 환경단체들은 흔히 과학이나 과학자들에게 적대적이다. 그런데 내가 보여주고자 했듯이 그들이 거대과학의 주장에 회의적인 태도를 취하는 것은 옳다. 녹색운동가들에게 조언을 하는 과학자들은 실제로 그들이 속한 과학공동체의 욕구와 편견을 반영하고 있다. 과학공동체 그 자체는 연구보조금의 세계적인 하강 추세에 직면하여

분열되어 있다. 과학자들은 인간이고, 그들의 관심은 대부분 출세나 연금이나 안전, 그리고 현대 도시생활의 온갖 욕구에 쏠려 있다.

과학공동체는 오직 관리가능한 문제들이나 손쉽고 민감하게 측정될 수 있는 것들만을 다룰 수밖에 없다. 측정하는 것이 발암성물질에 관한 것이라면 그만큼 더 좋은 것이다. 왜냐하면 연구보조금이 나오기 때문이다. 그러나 인간이나 지구를 위해서 마땅히 우선적인 관심사가 되어야 할 것들이 과학자들의 의제에 주요사항으로 되는 일은 별로 없다.

바로 이런 이유로 최근의 지구적 위험요소들의 순위를 적어보면 다음과 같이 된다. 첫째가 핵에 관련된 것들로 발전소, 처리장, 폐기물처리, 핵폭탄에 관련된 모든 것이다. 둘째는 오존고갈 문제이고, 셋째가 화학산업의 폐기물문제이다. 다시 말하면, 이들 최우선 순위를 차지하는 세 가지 문제는 과학자들이 다루기 쉬운 것들이며, 발암이나 돌연변이를 일으킬 수 있는 것들이다. 수상이 왕립협회에서 연설 도중 온실효과의 위험을 강조할 때까지 이산화탄소나 메탄과 같은 지구를 위협하는 오염물질들은 낮은 순위에 있었다. 그것은 아마도 산성비보다는 낮고, 열대림의 파괴보다는 높은 데 위치해 있었다.

한 사람의 독립 과학자로서 나는 사태를 매우 다르게 보고 있다.

내게는 방대하고 긴급하고 확실한 위험은 열대림의 제거로부터 오는 것이다. 온실효과의 문제는 때가 되면 훨씬더 큰 위험일 것이지만, 지금은 아니다.

습기찬 열대지역은 인간의 삶터이기도 하고, 생리적으로 중요한 생태계이다. 그 삶터는 가차없는 속도로 지금 제거되고 있다. 그런데 제1세계에서 우리가 열대림의 보존을 정당화하는 근거는 가냘픈 근거, 즉 그 숲들이 희귀종 동식물의 서식처이며, 또 암을 치료할 수 있는 약초들의 서식처라는 것이다. 그러할지도 모른다. 열대림은 공기 중의 이산화탄소를 제거하는 데 약간이나마 유용할지도 모른다. 그러나 열대림의 중요성은 이런 것보다 훨씬더 크다.

열대림은 방대한 양의 수증기를 발산하고, 구름 형성을 돕는 가스와 입자들을 엄청나게 발산하는 능력을 통해서 햇빛을 반사시키는 흰구름의 그늘을 만들고 또 그 구름들은 숲을 유지시키는 비를 내리게 한다. 이렇게 함으로써 열대림지역은 서늘하고 축축한 곳으로 유지되는 것이다. 매년 우리는 영국 크기만한 숲을 불태우고 그 자리에 흔히 조잡한 가축농장을 들어서게 하고 있다. 온대지역의 농장과 달리 그러한 농장들은 쉽사리 사막화된다. 점점더 많은 나무들이 베어지고, 대지(大地)의 피부를 불태워 벗겨버리는 끔찍한 과정이 계속 진행되고 있다. 열대림의 70 내지 80퍼센트 이상이 일단 파괴되면 그 나머지로서는 기후를 더이상 지탱할 수 없고, 그 결과 전체 생태계가 붕괴한다는 사실을 우리는 깨닫지 못하고 있는 것 같다. 지금과 같은 속도로 간다면 2천년이 되기 전에 습기찬 열대숲의 65퍼센트가 제거되어버릴 것이다. 그렇게 된 뒤에는 순식간에 숲은 사라져버릴 것이며, 그 지역의 수십억에 달하는 가난한 사람들은 방대한 사막 속에 버려지게 될 것이다. 이것은 그 규모에 있어서 어떤 큰 핵전쟁보다도 더 심각한 위협이다. 그러한 사태로 인한 인간 고통과 피난민과 범죄와 정치적 결과를 상상해보라. 게다가 이런 사태가 발생할 때는 제1세계에서 우리는 열대림 제거로 인한 여분의 열로 강화된 온실효과의 충격과 재난에 봉착해 있을 것이다. 우리는 결코 도울 처지에 있지 못할 것이다.

이러한 임박한 재난에 덧붙여서, 지구는 다음 수십년간에 중요한 변화기를 겪을 것이며, 지구 최초의 사회적이고 지적인 종(種)인 우리들은 그 변환의 원인이자 구경꾼이 되는 특권을 누릴 것이다. 우리는 지금 임박한 주요 기후변화의 초입에 들어서고 있는데, 이 변화는 빙하시대로부터 지금까지 있어온 것보다 두배 혹은 여섯배나 큰 변화가 될지 모른다.

수만년 전의 마지막 빙하기에 빙하들은 미국의 세인트루이스와 유럽의 알프스에 이르는 위도까지 미쳤고, 바다 수위는 지금보다 적어도 4백 피트나 더 낮았다. 그 결과로 아프리카만한 크기의 땅이 수면 위에 있었고 식물로 덮여있었다. 열대는 거의 지금과 같이 따뜻했다. 전체적으로 지구는 살기에 비교적 쾌적한 곳이었고, 숲에 불을 질러 사냥하면서 공짜로 힘들이지 않고 바베큐를 마련하던 소박한 원시 인간들에게 알맞은 집이

186

었다.

다음 세기에 우리 앞에 다가올 것을 이해하기 위해서 우리는 빙하기로부터 지금까지 있어온 변화의 적어도 두배만한 기후변화를 상상해볼 수 있다. 그것은 열(熱)의 시대의 시작일 것이다. 기온과 해수면은 지속적으로 상승하여 마침내 세계는 얼음이라고는 전혀 없고, 거의 모든 것이 알아보지 못할 정도가 된 숨막히게 뜨거운 곳이 될 것이다. '마침내'라는 것은 먼 앞날의 일이다. 그것은 일어나지 않을지도 모른다. 그러나 우리는 바야흐로 시작되려고 하는 변화에 대해 대비해야만 한다. 오존구멍의 경우처럼 거대과학은 이러한 변화를 예견하지 못하기가 쉬울 것이다. 그 변화는 엄청난 속력을 가진 폭풍이나 예기치 않은 대기(大氣)상의 사건들처럼 극단적인 것일지도 모른다. 자연은 비선형적(非線型的)이며 예견할 수 없지만, 특히 변환기보다 그 정도가 더 심할 때는 없다.

그런데 가이아는 어떨까? 가이아는 현상을 유지하기 위하여 반응을 보이지 않을까? 가이아가 행동하기를 우리가 기대하기 전에, 우리는 지금의 따뜻한 간빙기(間氷期)는 가이아에게는 열병일 수도 있으며 혼자 내버려두어지게 되면 가이아는 자기로서는 안락한 정상적인 상태인 빙하기로 돌아갈지도 모른다는 사실을 깨달아야 한다. 가이아가 그렇게 돌아가지 못하는 것은 아마도 우리가 가이아의 피부를 벗겨서 농장 같은 것으로 이용해왔기 때문일지 모른다. 특히 나무들과 열대우림들은 가이아의 자기회복을 위한 주요 수단인데 이것들을 우리가 벗겨온 것이다.

게다가 우리는 지금 이미 열병을 앓고 있는 환자에게 온실효과 가스라는 방대한 담요를 뒤집어씌우고 있는 것이다. 이러한 상황에서 가이아는 전율하면서 지금의 것보다 상이하고 더욱 순종적인 생물들에게 적합한, 새로운 안정상태로 옮겨갈 가능성이 대단히 높다. 그것은 지금보다 훨씬 더 덥거나 추운 상태일 것이다. 어느 쪽이든지 간에 그것은 우리가 알고 있는 안락한 세계는 더이상 아닐 것이다.

한줄기 희망의 빛은 최근에 이루어진 어떤 발견인데, 이것 역시 작은 과학이 거둔 성과이다. 앞에서 나는 '샤클튼' 항해에서 측정된 가스 중의 하나가 디메틸황화물이었음을 언급했다. 그런데 이 가스가 없다면 세계의 대양들 위에는 구름들이 지금보다 더 적고, 그 밀도도 더 낮을 것이라는 사실이 판명되었다. 그 가스는 공기 중에서 산화되어 미세한 황산방울을 만들어내는데, 그 위에서 구름물방울들이 형성되는 것이다. 대양 위의 흰 구름들이 없다면 지구는 훨씬더 더울 것이다. 어두운 바다가 태양열을 흡수하지만 흰구름들이 그 열을 반사하여 우주공간으로 되돌려 보내기 때문이다. 디메틸황화물은 대양의 표면에 살고 있는 해조류가 만들어낸다. 세계가 더워짐에 따라 디메틸황화물의 산출이 증가한다면, 온실효과에 의한 더위의 정도가 개선될지도 모른다.

지구생태계를 죽이는 두 가지 행동, 즉 삼림파괴와 온실효과에 따른 질식상태의 인간적 및 정치적 결과는 곧 모든 정치적 의제(議題)를 독점해버릴 뉴스가 될 것이다. 얼마 안 있어 갑자기, 습한 열대지역에서 수십억 혹은 그 이상의 인간들이 평균 기온 화씨 120도 속에서 가뭄과 홍수를 견뎌야 할지 모른다. 그들은 지구 전체가 하나의 광대한 건조지대로 된 상황에서 아무런 원조를 받지 못할 것이다. 다른 때 같았으면 구호작업에 나섰을지도 모를 북쪽의 우리들은 그때는 상승하는 해수면과 심각한 기후변화에 직면해 있을 것이다. 이러한 예견은 허구적인 종말 시나리오가 아니라 불편스럽게도 거의 확실성에 근접한 것이다. 우리는 현대판 가다라의 돼지들처럼(귀신들린 돼지들이 바다로 달려가 빠져 죽는 마태복음 8장의 이야기 － 역주) 오염을 일으키는 자동차를 몰고, 점점 높아져 우리를 익사(溺死)시킬 바다를 향하여 정신없이 내리막길로 질주하고 있다.

나는 한 사람의 외로운 독립된 과학자로서 이야기했다. 그러나 나는 인간적인 관심에서 결코 떠나있을 수 없다. 우리 내외에게는 여덟명의 손자들이 있는데 그 아이들이 자기들에게 미래가 있는 세상에서 자라는 것을 보고 싶다.

그럼에도 불구하고, 슈마허 식의 독립된 생활방식을 따른 결과, 나는 지구상의 나머지 생명의 이익을 지키는 대변자라는 비어있는 직위를 떠맡지 않을 수 없게 되었다. 내가 대변하는 것은 인간이 아닌 모든 생명이며, 여기에는 박테리아와 그밖의 별로 매력적으로 생기지 않은 생명들이 포함되어 있다. 내가 이렇게 하지 않을 수 없는 것은 인간의 대변자들은 너무나 많지만, 인간 아닌 생명들을 위해 발언하는 사람은 너무나 극소수이기 때문이다. 그런데 지구는 우리보다도 그러한 생명들에 더 많이 의존하고 있는 것이다.

　서부 디본에 있는 내 실험실에서 나는 밤이면 별들과 은하수를 볼 수 있다. 낮에는 나는 새소리를 듣고 땅내음을 맡을 수 있다. 이런 식으로 지구를 보고 느끼며, 지구를 하나의 살아있는 유기체로서 생각하는 것이야말로 기독교적 청지기 개념이 실질적인 의미를 갖게 하는 것이다. 그리하여 우리의 가슴과 마음은 우리의 우선적인 환경적 관심, 즉 지구 그 자체 특히 열대우림에 대한 보살핌과 보호로 향하게 되는 것이다. 단순히 사람들을 위한 염려만으로는 충분치 않다. 이 행성 위에는 어느 누구를 위해서도, 어떤 종(種)을 위해서도 종신제(終身制)가 보장되어 있지 않다. 우리가 우리의 행성에 대한 우리의 책임을 인식하지 못하면 우리는 우리에게 할당된 기간에도 도달하지 못할지 모른다. 우리는 우리의 살아가는 방식이 절제있는 것이 되도록 해야 한다. 그리고 우리는 건강하고 아름다운 세계, 즉 우리의 손자들뿐만 아니라 가이아 속에 있는 우리의 모든 다른 파트너들의 손자들에게도 알맞은 곳으로 남아있는 세계를 지향해야 한다.

나는 왜 컴퓨터를 안 살 것인가

웬델 베리

대부분의 사람들과 마찬가지로 나는 내가 찬양하지 않는 전기회사에 매달려 있다. 나는 전기를 적게 사용함으로써 그들에게 덜 매이려고 노력한다. 일을 하면서도 나는 가능한 한 전기를 사용하지 않는다. 농부로서의 일을 나는 대부분 말을 사용해서 하며 작가로서 나는 연필이나 펜으로 종이에 글을 쓴다.

나의 아내가 내 글을 1956년에 새것을 사서 지금도 잘 작동하고 있는 로얄 스탠다드 타자기로 타자를 쳐준다. 타자를 치면서 잘못된 것이 있으면 가장자리에 조그맣게 표시를 한다. 아내는 나의 가장 훌륭한 비평가인데 그것은 나의 습관적인 실수나 약점을 가장 잘 알고 있기 때문이다. 아내는 또 무엇을 써야 할지를 잘 알고 있고 어떤 때에는 나보다도 더 잘

웬델 베리 (Wendell Berry) ― 지금 생존해 있는 미국의 저명한 시인, 문필가, 생태운동의 이론가 및 실천가인데, 무엇보다 그의 고향 켄터키에서 전통적인 방법으로 농사를 짓고 있는 농부로서의 그 자신의 체험에 입각하여 오늘날 지배적인 산업문화에 대한 귀중한 깊이있는 성찰을 여러 장르에 걸친 문학형식 속에 표현해왔다. 여기 실린 글 두 편은 연속적인 관계에 있는 것으로서 그의 최신 수필집 *What are people for?*(1990)에서 뽑아 옮긴 것이다.

안다. 우리는 기분좋게 잘 돌아가는 문학의 가내공업을 하고 있는 것이라고 나는 생각한다. 거기에는 아무것도 잘못된 것이 없다.

지금까지 꽤 많은 사람들이 컴퓨터를 사면 크게 개선될 수 있다고 나에게 말해왔다. 나의 대답은 그렇게 하지 않겠다는 것이다. 거기에는 여러 가지 훌륭한 이유가 있다.

첫째는 서두에서 언급한 이유이다. 나는 작가로서의 내 일이 노천탄광에서 나오는 석탄에 직접적으로 의존하지 않고는 이루어질 수 없다고 생각하기가 싫다. 내가 글을 쓰는 행동에서 자연을 약탈하는 일에 연루되어 있다면 어떻게 양심적으로 그것에 반대하는 글을 쓸 수 있겠는가? 같은 이유로 나에게는 전깃불 없이 낮 시간에 글을 쓰는 것이 중요하다.

나는 전기회사들과 마찬가지로 컴퓨터 제조회사들을 찬양하지 않는다. 힘들게 농사일을 하고 있거나 농사에 실패하고 있는 사람들에게 또하나의 값비싼 장비를 사면 문제가 해결될 수 있다고 믿도록 유혹하는 광고들을 나는 보아왔다. 책이 필요한 공립학교에 컴퓨터를 들여놓게 한 그들의 광고 술책을 나는 잘 알고 있다.

'미래에는' 컴퓨터가 텔레비전만큼 보편화되리라는 사실이 나에게는 감명을 주지도 않고 중요하지도 않다. 나는 컴퓨터가 내가 중요하게 생각하는 것들, 즉 평화, 경제적 정의, 생태계의 건강, 정치적 정직성, 가족과 사회의 안정, 훌륭한 일 등에게로 우리를 한걸음도 다가가게 하지 않았다는 것을 안다.

컴퓨터는 나에게 어떤 대가를 요구할까? 우선 나의 지불능력 이상으로, 또 내가 찬양하지 않는 사람들에게 내가 원하는 것 이상으로 돈을 지불해야 할 것이다. 그러나 대가는 돈의 문제만이 아닐 것이다. 잘 알려진 바와 같이 기술상의 혁신은 항상 '낡은 모델'을 버릴 것을 요구하는데 이 경우에 '낡은 모델'은 우리집의 로얄 스탠다드 타자기만이 아니라 나의 비평가, 나의 가장 가까운 독자이며 동료인 아내까지 포함한다. 그래서 대체되는 것은 어떤 물건만이 아니라 어떤 사람이기도 하다. (나는 이것이 오늘날의 기술혁신의 전형이라고 생각한다.) 작가로서 기술적으로 현대적이

되기 위해서는 나는 내가 의지하고 소중히 여기는 관계를 희생해야 할 것이다.

컴퓨터를 갖지 않는 데 대한 마지막이며 아마도 가장 훌륭한 이유는 자신을 속이고 싶지 않다는 것이다. 나는 나나 다른 누구라도 컴퓨터를 사용함으로써 연필로 쓰는 것보다 더 잘 쓰거나 더 쉽게 쓸 수 있다고 믿지 않으며 따라서 그런 생각이 불쾌하다. 나도 다른 사람처럼 이 문제에 관하여 과학적으로 접근해서, 어떤 사람이 단테의 작품보다 현저하게 나은 작품을 쓰는 데 컴퓨터를 사용했고 이 나은 점이 분명히 컴퓨터의 사용 때문이라면, 그때에는 컴퓨터에 대해서 더 존경스럽게 말하겠다. 그래도 컴퓨터를 사지는 않을 테지만.

나의 생각을 가능한 한 분명히 하기 위해서 내 일에서의 기술적 혁신에 대한 기준을 말해야겠다. 그것은 다음과 같다.

1. 새로운 연장은 먼저 것보다 값이 싸야 한다.
2. 그것은 적어도 먼저 것만큼 크기가 작아야 한다.
3. 그것은 먼저 것보다 분명히 그리고 현저하게 나은 일을 해야 한다.
4. 그것은 먼저 것보다 에너지를 적게 써야 한다.
5. 가능하면 그것은 신체의 에너지 같은 일종의 태양에너지를 써야 한다.
6. 그것은 필요한 연장만 있으면 보통의 지능을 가진 사람이 고칠 수 있어야 한다.
7. 그것은 가능한 한 집 가까이에서 사고 고칠 수 있어야 한다.
8. 그것은 조그만 개인소유의 공장이나 상점에서 나온 것으로 건사하거나 수리하기 위해 그곳에 되가져갈 수 있어야 한다.
9. 그것은 가족관계나 사회관계를 포함하여 이미 있는 좋은 것을 대신하거나 파괴하지 말아야 한다.

위의 글이 처음 《뉴 잉글랜드 리뷰 앤드 브레드 로우프 쿼털리》에 실리고 나서 《하퍼즈》지에 재수록된 후에 《하퍼즈》의 편집자는 다음의 편지들을 잡지에 싣고 나에게 그것에 대해 대답을 하도록 허락해주었다.

W. B.

독자 편지들

웬델 베리는 컴퓨터의 노예가 된 작가들에게 편리한 대안으로 고도의 기술을 사용하지 않고 에너지 절약형인 '아내'를 제시한다. 손으로 쓴 원고더미를 '아내'에 넣으면 편집까지 된 타자 친 완성된 원고가 나온다. 어떤 컴퓨터가 그런 일을 할 수 있는가? '아내'는 베리의 기술혁신에 관한 까다로운 기준에도 맞는다. 그것은 값싸고 집 가까이에서 수리할 수 있으며 가족구성을 위해서도 좋다. 무엇보다도 '아내'는 작가의 '노천탄광의 석탄에 대한 직접적인 의존'에서 벗어나게 해주기 때문에 정치적으로도 옳다.

역사는 우리에게 '아내'가 양탄자를 털고 손으로 빨래를 하는 데에도 사용될 수 있으며 그렇게 하여 진공청소기와 세탁기라는 글쓰기를 위협하는 두 가지의 혐오스러운 기계의 필요를 없애줄 수 있다고 가르쳐준다.

고든 인켈리스
미란다, 캘리포니아

나는 베리가 연필과 종이로 글쓰기를 더 좋아한다고 해서 그를 비난하지 않는다. 그것은 그의 선택이다. 그러나 그는 나와 다른 사람들이 컴퓨터로 글을 쓰기 때문에 우리가 결백하지 않다고 암시한다. 나도 전기회사를 찬양하지 않는다. 그들의 결함은 그들이 전기를 생산한다는 것이 아니라 그 일을 하는 방법에 있다. 그들은 장기적인 결과를 보지 못하기 때문에 경영을 잘못하고 있다. 이 문제를 해결하기 위하여 그저 그들의 생산품을 무시하기보다는 그들이 저지르는 바로 그 잘못을 바로잡는 것이 더 타당한 일이 아닐까? 나는 노천탄광에 대한 반대에 기쁘게 베리와 함께

참여하겠다. 그렇지만 나는 양심에 거리낌없이 컴퓨터를 계속 사용할 생
각이다.

제임스 로우즈
배틀크리크, 미시간

　나는 생소한 부족문화의 신앙체계에 관한 독서를 즐기는 것처럼 컴퓨
터를 절대로 사지 않겠다는 베리의 주장을 재미있게 읽었다. 나는 베리의
오래된 수동식 타자기보다 나은 것으로 그의 조건에 맞는 연장을 상상해
보았다. 명백하게 나은 물건은 깃털펜이다. 그것은 값이 더 싸고 더 작고
더욱 에너지 절약형이고 사람의 힘으로 움직이는 것이고 쉽게 수선할 수
있으며 현존하는 관계들을 파괴하지 않는다.
　베리는 또 이 연장이 먼저 것보다 "분명히 그리고 현저하게 나아야" 된
다고 하였다. 그러나 이제 우리는 모두 '더 낫다'는 것이 보는 사람의 마
음에 달린 것인 줄을 안다. 깃털펜 애호가에게는 우아한 필체에서 얻어지
는 이익이 다른 모든 것보다 더 클지 모른다.
　나는 베리가 워드 프로세서를 사용하는 것을 꼭 보고 싶은 것이 아니
다. 그가 컴퓨터를 좋아하지 않는 것이 나한테는 아무 상관이 없다. 그렇
지만 그가 컴퓨터를 쓰기 싫어하는 것을 도덕적 미덕으로 묘사하는 것에
는 반대이다. 많은 사람들이 우리의 환경을 보호하려는 투쟁에서 컴퓨터
가 대단히 가치있는 도구임을 발견하였다. 내가 글 쓰는 것을 도와줄 뿐
아니라 내 컴퓨터는 EPA의 활동과 원자력산업에 대한 최신의 정보를 접
할 수 있게 해준다. 나는 환경문제에 관련된 활동가들이 전략을 논의하고
긴급한 입법문제에 대하여 서로 알려주는 전자 게시판에 참여하고 있다.
어쩌면 베리는 우리 시에라 클럽이 몹시 에너지를 낭비하는 현대적 인쇄
기술을 피하고 클럽멤버들에게 클럽의 잡지나 다른 우편물들을 매달 손으
로 베껴쓰게 해야 한다고 느끼는 것일까?

나다니엘 보렌스타인
피츠버그, 펜실베이니아

글을 쓰는 사람에게 컴퓨터가 갖는 가치는 그것이 생각을 만들어내는 도구가 아니라 글을 타자 치고 편집하는 도구라는 데 있다. 그것은 비서보다(혹은 아내보다) 값이 싸고 연료의 효율성도 더 높다. 그리고 그것은 무료노동을 제공할 생각이 없는 배우자에게 자기 일에 집중할 더 많은 시간을 갖게 해준다.

우리는 석탄에서 생산되는 전력과 IBM식의 테크노크라시에 대한 대안을 지지해야 한다. 그러나 한 계급이 다른 계급에 종속되는 것을 전제로 하는 대안을 생각하는 것은 내키지 않는 일이다. 개인 컴퓨터를 받아들이고 아내와 하인들은 더 의미있는 일을 찾아가게 하자.

토비 쿠즈만
녹스빌, 테네시

베리는 컴퓨터로 글을 쓰면서 자연의 약탈에 연루되어 있다면 어떻게 양심적으로 그것에 반대하는 글을 쓸 수 있겠느냐고 묻는다. 나는 사물에 내재하는 관련성을 알고 있는 작가가 컴퓨터에 대한 자신의 통렬한 비판을 전미국 농업 전기회사나 말보로, 필립스 석유회사, 맥도넬 더글러스 같은 회사, 그리고 스미스 콜로나회사의 광고까지도 싣는 잡지에 싣도록 허락하는 것이 아이러니라는 생각이 든다. 베리가 밤에 편안히 쉰다면 수면제를 쓰고 있음이 분명하다.

브래들리 C. 존스
그랜드 포크스, 노스다코타

웬델 베리의 대답

앞의 편지들이 표현하고 있는 감정의 격렬함에 나는 놀랐다. 그들의 증언에 따르면 컴퓨터는 나쁠 것이 없고, 그들은 컴퓨터와 컴퓨터가 의미하는 것에 대하여 아주 만족하고 있다. 편지를 쓴 사람들은 내가 옳지 않고 이미 역사의 쓰레기통 속으로 쫓겨난, 지는 편에 있다고 확신한다. 그런데도 그들은 울컥 화를 내고 나의 조그만 반동에 대해 구구하게 말을 하고 있다. 무엇이 그렇게 염려스러운 것일까?

나는 기술적 근본주의의 표면을 긁은 것이고, 그것은 다른 근본주의들과 마찬가지로 사회 전체를 독점하고자 하는 나머지 조그마한 의견의 차이도 참아낼 수 없는 것이라는 결론을 얻을 수밖에 없다. 그들이 느끼는 자기만족에 대해 조그마한 위협의 징조만 있어도 그들은 산업계의 지도자들이 한 말을 마치 두꺼비들이 와글거리듯이 떠들어대는 것이다. 과거는 우울했고 노역에 시달렸고 굴종적이며 무의미하고 느렸다. 현재는 오직 구매할 수 있는 상품의 덕분으로 의미있고 밝고 생기에 차 있고 중앙집중적이며 빠르다. 미래는 오직 더 많은 구매가능한 상품 덕분으로 더욱 좋아질 것이라는 것이다. 그래서 소비자들은 판매원이 되고 세상은 생산업자들에게 더욱 안전하게 된다.

나는 또 편지 쓴 사람들 중 두 사람이 내 아내에 대하여 업신여기는 태도로 말하고 있는 것에 놀랐다. 내가 독재자라고 암시하기 위해서 그들은 내 아내가 굴종적이며 무성격하고 멍청하며 쉽사리 의미없는 '무료노동'을 제공하도록 강요할 수 있는 '장치'에 불과하다고 직접 말하기도 하고, 넌지시 비치고 있기도 하다. 나는 개인의 사생활을 공적으로 적절히 변호하는 것은 불가능함을 안다. 그래서 나는 나를 비판하는 사람들이 상상하지 못한 많은 가능성들이 있음을 지적하기만 하겠다. 즉 내 아내는 그 일을 좋아하고 하고 싶어서 할 수도 있다는 것, 그 일에서 쓸모와 의미를 발견할 수 있다는 것, 또 대가 없이 하는 일이 아닐 수도 있다는 것 등이다. 이 사람들은 분명히 자기들이 가장 올바르고 원칙을 지키는 여성주의자라고 생각할 텐데, 그런데도 한 가지 사실만을 근거로 해서 자기들이 알지 못하는 한 여성을 상투화하고 모욕하기를 주저하지 않는다. 그들은 무례하고 무책임한 험담가들이다.

편지에서 브래들리 C. 존슨은 내가 광신자일 거라고 암시함으로써 내 글이 가진 의미의 가능성을 간과하고 있다. 내가 현대에 살고 있는 사람이며 많은 경우에 내가 옳지 않다고 생각하는 것에 연루되어 있다는 점을 글의 서두에서 충분히 인정하였다. 나는 내가 해로운 기술에 관련되어 있는 것을 모두 당장에 그만두겠다고 말하지 않았다. 그렇게 하는 방법을 모르기 때문이다. 나는 그저 그러한 관련을 제한하고 싶다고 말했을 뿐이고 어느 정도까지는 그렇게 하는 방법을 알고 있다. 어떤 기술이 세상에 해를 끼친다면 – 위의 편지 중 둘은 그 점에 동의하는 것 같은데 – 그렇다면 그 기술의 사용을 제한하려 하는 것이 어째서 합리적이고 도덕적이지 않단 말인가? 물론 나는 그렇게 하는 것이 옳다고 생각한다.

내가 나다니엘 S. 보렌스타인의 "낫다는 것은 보는 사람의 마음에 달렸다"라는 말에 동의하더라도 분명히 나는 그와 똑같이 생각하지 않을 것이다. 그러나 그가 정말로 그렇게 믿는다면 그가 왜 EPA와 원자력산업의 활동에 대한 최신의 보고에 신경을 쓰는지, 또는 왜 긴급한 입법문제에 대하여 알고자 하는지 나는 알 수가 없다. 그의 체계대로라면 관료주의적이고 산업주의적이거나 입법 위주의 생각을 가진 사람에게 '더 나은' 것이 그의 생각에 '더 나은' 것과 똑같이 좋은 것이다. 분명히 그의 생각은 어떤 종류의 객관적인 기준에 의해 파괴된 것 같으니 그는 조심을 하는 것이 좋겠다.

보렌스타인은 그의 컴퓨터에게 깨우침을 받은 후에 무엇을 하는지 말하지 않는다. 그의 편지로 짐작컨대 환경보존기구에 기부금을 보내고 관리들에게 편지를 보내고 할 것이 틀림없다. 어쨌든 그는 제임스 로우즈와 마찬가지로 양심의 가책을 받지 않는다. 죄가 있는 사람은 항상 다른 사람이고 잘못은 언제나 어떤 다른 곳에 있다. 바로 그래서 그는 '전자 게시판'이 그렇게나 편리하다고 생각한다. 환경보존운동의 관점에서 환경의 퇴화를 초래하는 것은 오직 생산이다. 그 생산을 지지하는 소비가 잘못이라고 인정되는 경우는 드물다. 보통의 환경보존 지지자의 이상은 소비를 제한하거나 소비자들의 양심에 부담을 주지 않고 생산을 억제하는 것이다.

그러나 실제로 지금 우리의 소비 모두가 낭비적이고 실제로 그 모두가 세상을 소모시키고 있다. 대부분의 전력이 노천탄광의 석탄에서 나온다는 사실이 요점에서 벗어난 일이 아니다. 애팔래치아 산맥의 탄광의 자연 훼손의 역사는 길고 누구나 읽어볼 수 있게 기록되어 있다. 나는 누구라도 그것을 읽고서 어떻게 양심의 가책 없이 전기를 쓸 수 있는지 모르겠다. 로우즈가 그렇게 할 수 있다면 그것은 그의 양심이 가책을 받지 않는다는 것이 아니라 그의 양심이 작용하지 않고 있다는 것을 뜻한다.

현재의 우리의 상황에서 우리는 우리가 소비하는 만큼 죄가 있는 것이다. 죄 있는 우리 소비자들이 환경보존주의자라면 그만큼 우리는 불합리하다. 그렇지만 우리가 할 수 있는 일이 무엇인가? 우리는 다수의 시민들이 우리에게 동의할 때까지 계속해서 정치가들에게 편지를 쓰고 환경보존기구에 기부금을 내고 해야 하는가? 아니면 우리 몫의 문제를 해결하기 위해 직접 무언가를 할 수 있는가?

나는 환경보존주의자이다. 나는 정치가들에게 압력을 행사하고, 환경보존기구를 유지하는 것이 옳은 일이라고 진심으로 믿는다. 그러나 나는 부분적으로는 중앙집중화에 대한 불신에서 그 짧은 글을 썼다. 정부와 환경보존기구들만으로 우리사회를 환경을 보존하는 사회로 만들 수 있다고 나는 생각하지 않는다. 환경의 위기를 깨닫는 데에 왜 중앙집중화된 컴퓨터가 필요한가? 내가 매일의 매순간을 환경의 위기 속에서 살고 있다는 사실을 나의 모든 감각기관을 통해서 안다. 그렇다면 어째서 나의 첫번째 의무가, 할 수 있는 대로 나 자신의 소비를 줄이는 것이 아니겠는가?

끝으로 내게 편지를 쓴 사람들은 아무도 내 글의 혁신성을 알아보는 것 같지 않다. 컴퓨터의 사용이 새로운 생각이라면 그것을 사용하지 않는 것은 더욱 새로운 생각인 것이다.

여성주의, 육체, 기계

　얼마 전에《하퍼즈》지가 내가 컴퓨터를 사기 거부하는 이유를 쓴 짧은 글을 재수록하였다. 그때까지 내 글에 대하여 동의하지 않는 막대한 수의 사람들은 대부분 내 글을 무시하였다. 그러나 이번에는 상당한 수의 사람들이 컴퓨터가 가능케 하는 놀라운 향상에 대한 나의 무감각을 무시하지 않았다. 현시대가 모든 가능한 세상 중에서 가장 좋은 세상이며, 우리가 올바른 장비를 사기만 하면 세상이 더욱 좋아지리라는 것을 우리 자신이 깨닫기만 한다면, 아마 더 잘살게 될 사람들이 상당수 있는 모양이다.

　《하퍼즈》지는 편집자가 받은 편지들 중에서 다섯 편만을 실었고 모두 부정적인 것만 실었다. 그러나 편집자가 독자 편지들을 내게 우송해주었는데 모두 스무 편 중에서 세 편은 우호적인 것이었다. 이것을 나는 아주 만족스럽게 생각한다. 이 편지들이 좋은 견본이라고 생각할 수 있다면, 《하퍼즈》의 독자들 중 7분의 1은 나와 동의한다는 것이다. 만일 내가 미리 추측을 했더라면 나는 내 생각을 지지하는 사람이 천명에 하나도 안될 거라고 생각했을 것이다. 그래서 더 생각을 해보니 나에 대한 공격의 격렬함에 내가 놀랐던 것은 잘못이었다. 우리 편은 내가 생각한 것보다 많다. 어쩌면 '상당한 수'가 있는지 모른다.

　부정적인 편지 중에서 오직 하나만이 내게는 꽤 지성을 담고 있는 것으로 보였다. 그것은 버지니아 주 알링턴의 R. N. 네프에게서 온 것인데 그는 명쾌한 지적을 하고 있다. "불투명하게 말할 것 없이, 나의 무식한 영혼을 만인이 바라보도록 기꺼이 드러내놓고 하는 말인데, 실제로 **단테의 작품보다 현저하게 나은 작품**이 로얄 표준타자기로 친 것은 있습니까?" 나는 이 반론이 아주 마음에 들어서 이것을 지지의 반응으로 계산해서 그 수를 넷으로 올리고 싶은 유혹을 느낀다. 나머지 부정적인 편지들은 인쇄된 다섯 편과 마찬가지로 지적이라기보다는 감정적이었다. 그것들 중의 어떤 것은 부르짖음이라고 묘사해도 될 것이다.

편지를 쓴 사람들 중 하나는 나를 "바보"요 "이중으로 바보"라고 말하고 있는데 다행히도 내 이름을 잘못 써서 내가 그가 말하는 'Wendell Barry'가 아니라는 일말의 희망을 남겨주었다. 다른 두 사람은 나를 독선적이라고 비난했는데 그 말로 그들은 자기들이 내가 스스로 옳다고 생각하는 것보다 더 옳다고 말하는 것 같다. 또 한 사람은 내가 "어떤 환경적인 영향"보다도 나의 도덕적 무구성에 더 관심이 있다고 비난하면서 아주 예리한 철학적 구분을 하고 있다.

그러나 나를 공격하는 사람들 대부분은 여성주의적이거나 기술주의적이거나 아니면 두 가지 감정 모두를 다루고 있다. 표현된 감정들은 현재의 대중의 감정 상태가 느끼도록 허용하는 감정과 공공의 수사학이 지금 말하도록 허용하는 것을 나타낸다. 말하자면 감정이 편지마다 비슷해서 대표적인 것으로 생각할 수 있는데, 대표적인 편지들로서 이 편지들은 그것들을 촉발시킨 싸움보다도 더 큰 흥미를 가지고 있다.

여성주의적인 편지들은 예외없이 나에게 아내를 착취한다고 비난하고 나의 아내에 대한 가장 모욕적인 암시를 주저없이 하고 있다. 그들은 내 글이 그들의 비난에 대한 근거를 제공하고 있지 않다는 사실을 전혀 보지 못한다 ─ 혹시 본다 하더라도 그들은 개의치 않는다. 사실 내 글은 아내에 대하여 내 원고를 타자 쳐주고 자기가 어떻게 생각하는지 말해준다는 것밖에는 밝히고 있지 않다. 그 일을 하는 동기가 무엇인지, 얼마나 일을 많이 하는지, 또는 어떻게 그 대가를 받는지, 아니면 대가를 받는지 어떤

지는 말하고 있지 않다. 그가 나의 아내이고 내 일을 도와주는 것을 내가 소중히 여긴다는 것 외에는 우리의 결혼에 대하여 아무것도 말하지 않고 있다. 그것은 우리의 경제에 관해서는 아무것도 말하지 않고 있다.

그렇다면 나와 아내가 이 편지들에서 무차별로 비난을 받고 있다는 결론을 피할 수 없다. 나의 잘못은 아내로부터 도움을 받는 남자라는 사실이고 내 아내의 잘못은 남편을 위해서 어떤 일을 해주는 여자라는 점이다. 아내와 나를 비판하는 사람들에 따르면, 그 일이 아내를 인습적인 굴종에 의해 착취되는 일꾼으로 만든다. 그런데 나를 비방하는 사람들은 내가 말하다시피 그렇게 할 증거를 갖고 있지 않다. 그들의 비난은 아주 박약한 삼단논법에 의거하고 있다. 즉, 내 아내는 내 일을 돕는다. 남편의 일을 돕는 어떤 아내들은 착취당해왔다. 따라서 내 아내는 착취당하고 있다라는 것이다.

이것은 물론 인간지성에 대한 모독이며, 바로 그만큼 정의에 대한 모독이다. 정의로운 제도가 있다면 우리를 그러한 비난으로부터 보호해줄 수 있어야 한다. 정의로운 사회에서는 누구도 일반적인 탄핵에 대해 자신의 죄를 인정할 것으로 기대되지 않는다. 왜냐하면 정의로운 사회에서는 누구도 일반적인 탄핵에 의해 유죄판결을 받을 수 없기 때문이다. 정당한 유죄판결을 하려면 증명할 수 있는 구체적인 죄과가 있어야 한다. 나를 비난하는 사람들은 그런 죄과를 내세우지 않았다.

여성주의자들이나 인간의 자유와 존엄을 옹호하는 사람들이 모욕과 부정의에 의지해야 한다는 것은 유감스러운 일이다. 내 글에 대한 여성주의적 공격이 모두 품위 있고 아마도 필요한 두 가지 가능성 즉, 상호협력으로서의 결혼과 하나의 경제로서의 가정의 타당성을 부인하고 있다는 것도 똑같이 유감스러운 일이다.

분명히 가장 통속적인 관점에서 볼 때 결혼은 한편으로는 성공적인 사회경력을 가진 두 사람을 같은 잠자리에 들게 하는 친밀한 '관계'이며, 다른 한편으로는 그 안에서 권리와, 이해를 계속해서 주장하고 방어해야 하는 일종의 사적 정치체계이다. 다시 말해서 결혼은 이제 이혼의 형태를 취하게 되었다. 즉, 물건을 어떻게 분배하느냐에 관한 깊고 격정적인 협상인 것이다. 그들이 일시적으로 연합하고 있는 동안에 그 '결혼한' 부부는 전형적으로 많은 양의 상품과 상대편의 많은 부분을 소모할 것이다.

현대의 가정은 소비적인 부부가 소비를 하는 곳이다. 그곳에서 생산적인 일은 아무것도 이루어지지 않는다. 그곳에서 수행되는 일은 그곳에 살고 있는 부부나 가족을 희생하여 에너지와 가전제품 공급업자들에게 이익을 준다. 오락을 위해서는 텔레비전이나 다른 소비할 수 있는 오락거리를 소비한다.

그렇지만 아직도 자신들이 그들의 결혼에 속해 있고 서로에게 그리고 아이들에게 속해 있다고 생각하는 부부들도 좀 있다. 그들이 가지고 있는 것은 공동으로 소유하고 있고 그러므로 그들은 서로를 돕는 것이 서로 경쟁하는 능력에 손상을 입히는 것이라고 보지 않는다. 그들에게는 '내 것'이라는 말이 '우리 것'이라는 말만큼 강력하고 필요한 말이 아니다.

이러한 종류의 결혼은 그 중심에 어느 정도 생산적인 가정이 있다. 즉 그 부부는 아내와 남편 두 사람의 일이 포함되고 어느 정도의 경제적 독립과 자기 보호, 어느 정도의 자기 고용, 얼마간의 자유, 그리고 공동의 입장과 공동의 만족을 제공하는 가정경제를 형성한다. 그러한 가정경제는 가정주부의 일, 목수일과 건축 및 유지의 일, 정원돌보기와 다른 자급농업, 그리고 심지어는 삼림돌보기와 벌목의 기술과 훈련된 능력을 사용할 수 있다. 그것은 또 조그만 문학 산업과 같은 '가내공업'을 포함할 수 있다.

그러한 가정에 부부가 얼마나 많은 기술과 노력을 투입할 수 있으며 그러한 일이 얼마나 좋은 경제적 결과를 가져올 수 있는지는 명백하다. 그런데도 그런 종류의 일은 지금 흔히 경멸되고 있다. 일반적으로 남자들이 전문직의 월급이나 시간제 수당을 위해서 그 일을 떠나면서 먼저 그런 일을 경멸하였다. 그리고 이제는 내 글을 공격한 여성주의자 같은 사람들이 그런 일을 경멸하고 있다. 그래서 내가 묘사한 바와 같은 종류의 가정경제를 운영하도록 돕고 있는 농가의 아내에게 여성주의자들은 아주 딱하다는 듯이 "그렇지만 당신은 무얼 하는 겁니까?"라고 물을 것이다. 이 말은 예외없이 결혼과 가정을 꾸려가는 것보다 나은 일이 있다는 뜻이고 그 나은 일은 항상 '가정 밖의 일자리'를 뜻한다.

이 문제에는 오해의 소지가 많으므로 분명히 하는 것이 좋을 것 같다. 결혼과 가정에 대하여 내가 하고자 하는 말은 남자와 여자에게 똑같이 적용되는 것이다. 나는 남자에게나 여자에게나 결혼을 하고 가정을 꾸리는 것보다 더 나은 할 일이 있다고 생각하지 않는다. 나는 남자에게나 여자에게나 '가정 밖의 일'이 가정 내의 일만큼 가치있고 중요하며 만족감을 주는 것이라고 생각하지 않는다. 예를 들자면, 선생으로서의 내 경험으로 비추어 보건대 아이들에게는 부모 두 사람과의 매일매일의 일상적 교섭이 필요하다는 것이 분명하다. 그들은 일하고 있는 부모를 볼 필요가 있으며, 처음에는 부모가 하고 있는 일을 가지고 놀 필요가 있고, 그리고 나서 부모와 함께 일할 필요가 있다. 이렇게 함께 일하는 것이 소위 '보람 있는 시간'이 되어야 한다는 것은 그리 중요하지 않다. 그러나 그 일이 경제적 가치를 동반하는 위엄을 지녀야 한다는 것은 아주 중요하다.

나는 내 일의 상당한 부분을 집에서 할 수 있다는 사실을 대단히 다행한 일이라고 여긴다는 것을 말해야겠다. 나는 많은 가정에서 아내와 남편이 모두 가정 밖에서 일할 필요가 있다는 것을 안다. 물론 이 문제도 '필요'라는 것이 무엇을 의미하는지에 대하여 논란이 있을 수 있지만, 불과 얼마 전에 한 사람이 직업을 가지고 있으면 살아갈 수 있던 가정이 이제 보통 두 사람이나 그 이상이 벌어야만 유지된다는 것이 사실이다. 나의 관심사는 남자건 여자건 가정 밖에서 일을 하는 사람과 논쟁을 하려는 것이 아니라, 어째서 우리가, 이처럼 많은 사람들이 가정을 떠나 일을 하고 있는 것을 바람직한 상태라고 생각해야 하는지 물어보려는 것이다.

만일 내 글에서 나의 아내가 나를 위해 해주는 것과 똑같은 일을 출판업자를 위해서 편집자 겸 타자수로서 한다고 말했더라면 어떤 여성주의자도 나에게 아내를 착취한다는 공격을 하지는 않았을 것이다 — 내가 노름할 돈을 얻기 위해 아내에게 그런 일을 강제로 시켰다고 하더라도 그들이 모르기만 한다면. 아내가 가정 밖의 직장을 가지고 있으면 그는 당연히 어떠한 가정도 부여할 수 없는 존엄성을 지닌 '해방된 여성'으로 간주될 것이다.

앞에서 말했던 것처럼 사생활에 대하여 공공연하게 적절한 변명을 하는 것은 불가능한 일이다. 내가 이곳에서 나의 결혼에 관해 하는 말은 무엇이든지 당장에 (그리고 당연하게) 의심을 받을 것이다. 그것이 **나의** 증언이므로. 그렇지만 논의를 위해서 이렇게 가정해보자. 즉 아내가 우리 가정의 구성원으로서 하는 일은 무엇이든지 주체적으로, 그리고 완전한 경제적 동업자로서 하는 것이며, 우리가 영위하고 있는 경제가 우리의 필요에 적절한 것이라고. 그렇다면 어떻게 누구라도, 내 아내가 어떤 상급자에게 고용됨으로써 자유와 위엄과 만족을 증가시킬 것이라고 가정할 수 있겠는가? 그 상급자는 역시 한 회사의 고용인일 뿐이고 전혀 동업자가 아니다.

복종이라는 결혼의 서약을 받아들이기 거부한 여성이 (아마도, 그저 한 인간에게 복종하는 일은 인간의 존엄을 손상하는 일이라는 이유에서), 직업을 가져서, 특히 복종을 요구하고 기대하는 상급자의 권위하에 자신을 두게 되는 일을 왜 '해방'되는 것으로 생각할 것인가? 여성들이, 비하되고 소비적인 현대 가정의 수호자이며 옷이며 쇼핑 잡담 그리고 남편 속여넘기기에만 관심이 있는 장식적인 주부의 역할에 반대하게 된 이유는 쉽게 알 수 있다. 그러나 우리는 그러한 주부의 남편이 되는 것으로 그런 역할을 그만두게 된다고 생각할 수 있는가? 한 회사의 하급 직원의 삶이 - 많은 봉급을 받는다고 하더라도 - 우리의 인간적 존엄과 가치의 추구에서 수긍할 수 있는 목적이 되는가? 이제는 우리가 '꼭대기'에 도달한다고 해서 아랫사람이기를 그만두는 것이 아님이 분명해졌다. 회사의 구성은 오직 낮은 아랫사람과 높은 아랫사람으로만 이루어져 있다. 상급자가 도처에 있지만 그 상급자들은 모두 아랫사람들이다. 이 사실은 어떤 불쾌한 일에 대한 책임을 인정하는 때가 되면 예외없이 드러난다. 그런 일에 대하여 낮은 아랫사람이 비난을 받지만 높은 아랫사람 누구도 책임이 없다.

꼭대기에 있는 아랫사람은 전화교환수와 마찬가지로 권위와 권력은 있지만 책임은 없다.

그런데 이 사무실의 일 중에서 어떤 것은 믿기 어려울 정도로 억압적이다. 에드워드 멘델슨은 (1988년 2월 22일자 〈뉴 리퍼블릭〉지에서) "사무실에서 일하는 사람이 컴퓨터의 키를 두드리는 것이 인사관리 사무실의 중앙컴퓨터에서 기록이 되어 매분당 키를 두드리는 수가 회사가 정한 양에 미치지 못하면 해고되는" 예를 이야기하고 있다. (멘델슨은 이 사람이 하던 일이 어떤 형태의 일인지는 말하지 않는다.) 여러가지 능력이 있는 시골의 가정주부가 어셈블리 라인에서 날마다 똑같이 여섯 개의 구멍을 뚫고 있는 것에 대해서는 무어라고 말해야 할까? 무슨 보다 높은 형태의 여성다움이나 인간성을 향해 나아가고 있다는 것인가?

내가 묻고 있는 것은, 여성들이 남성들과 똑같이 전문화되고 비하되고 사소한 것으로 되어버렸고 독재적으로 된 일에 복종함으로써 어떻게 자신을 개선할 수 있느냐는 것이다. 이 질문에 대답하기 전에 다른 질문을 먼저 물어야 한다. 즉 남성들은 그런 일에 복종함으로써 자신을 개선하였는가? 대답은 남성들이 그렇게 하지 못했다는 것이고, 그리고 여성들도 그런 일에 복종함으로써 자신을 개선할 수 없다는 것이다.

여성들은 '남자다운' 남자들의 행동에 대하여 불평을 해왔다. 그러나 그들의 남자다운 체하는 태도와 스포츠나 전쟁 그리고 서부의 남성적인 영웅들에게 매료되는 것에도 불구하고 오늘날 다수의 남자들은 상급자에게 복종하고 그들의 비위를 맞추는 데 익숙해져 있다. 이 때문에 그들은 으레히 자기들의 직업을 싫어한다. "고맙게도 금요일이 됐어"라든지 "월요일인 셈으론 괜찮았어"라고 그들은 중얼거리지만 시키는 대로 일을 한다. 그들은 대부분의 가정주부들보다 더 고분고분해졌다. 그들의 성격은 봉건적인 복종심과 현대의 무기력함을 결합하고 있다. 그들은 그들의 유용한 자질의 박탈을 거의 아무런 저항도 없이, 흔히 안도감을 가지고 받아들였으며 그와 함께 경제적 독립의 상실과 상급자에게의 예속을 받아들였다. 그들의 가정경제의 붕괴와 그에 따른 가정의 붕괴를 감수했으며, 가정에서의 일과 자가경영의 상실을, 가족과 지역사회의 와해, 국가에 대한 모독과 약탈을 감수했고 그러고도 이러한 파멸을 조장하고 그로부터 가장 큰 이익을 얻은 사람들을 믿고 복종하고 그들에게 투표를 해왔다. 더욱이 이 사람들은 돈을 받지 않으면 자기자신이나 다른 사람을 위해서 아무런 일도 할 수 없고, 그래서 돈을 위해서라면 무슨 일이라도 시키는 대로 한다. 그들은 그들의 유용성이 기꺼이 다른 사람들의 도구가 되고자 하는 정도에 따라 규정된다는 것을 알고 있다. 그러니 그들이 거칠게 말하고 운동선수와 카우보이들을 숭배하는 것이 이상할 게 있는가? 그들 중에는 난폭한 사람들도 있다는 것이 놀라울 일인가?

산업경제체제가 사회와 자연으로부터 얻은 약탈품을 나누는 매일의 소란에서 여성들이 제외될 수 없다는 것은 분명하다. 그러나 그들이 포함된다는 것이 별로 대단한 정의도 아닐뿐더러 기뻐할 일도 아니다. 산업경제에 여성이 포함되었어도 그 체제는 전과 마찬가지로 파멸적이다. 여성이 '교화력'을 행사하고 있다는 표시는 없다. 국가적인 야만주의에 동등한 몫을 한다는 것은 야만인이 되는 것이다. 이러한 야만주의를 '해방'이라고 부르는 것은 한때는 남성들이 주로 맡고 있던 위험한 혼란을 연장시키고 재가하기까지 하는 일이다.

더 넓고 깊은 비판이 필요하다. 문제는 남성들에 의한 여성의 착취만이 아니다. 더욱 큰 문제는 남성과 여성이 다 같이 남성과 여성 그리고 다른 모든 것을 착취하는 경제를 수락하고 있다는 것이다.

나를 비판하는 사람들이 암암리에 부인하고 있는 또하나의 타당한 가능성은 일이 선물이 될 수 있다는 점이다. 그들 아무도 내 아내가 기술상 담가이며 여가시간에 호의로 나를 돕고 있을 수 있다고는 생각하지 않았다. 그들은 아내가 가사의 노역에 매여 있는 사람이라고 생각하였다. 그러나 그들은 아내가 대가 없이 일을 한다는 생각에 가장 분개하는 것 같다. 그들은 줄 만한 가치가 있는 도움은 그냥 주는 것이 아니라 팔아야 한다고 생각한다 ─ 이것이 산업경제하에서 정통적인 생각이다. 사랑, 우정, 이웃간의 친절, 동정, 의무 ─ 이런 것들이 다 무엇인가? 우리는 현실주의

206

자이다. 우리는 당신의 수표를 받으면 가장 행복할 것이다.

　내가 기술해온 여러가지 쇠퇴현상은 응용과학 분야에서 진행되고 있는 '기술적 진보'로 알려져 있는 혁명의 직접적인 결과이다. 이 혁명은 사람들의 창조적인 능력과 소비의 능력이 모두 가정과 지역사회에서 유리되어 다른 사람들의 순전히 경제적인 목적에 봉사하게 하는 수단을 제공하였다. 그것은 또한 그것 때문에 가장 고통을 받는 사람들까지도 매혹하는 새로움과 편안함 그리고 풍요로움의 매력을 제시한다. 특히 가장 최근의 역사에서 이 혁명은 전례가 없이 많은 양의 소비상품과 용역을 보통사람들이 누릴 수 있도록 투입하는 데 성공했다. 그러나 이 인기 있는 '풍요'의 기술적 수단은 동시에 이 나라의 실질적인 재산과 실질적인 권력을 더욱 소수의 사람들의 수중에 들어가게 해주었다.

　어떤 이들은 이 긴 산업혁신의 과정이 인간의 삶과 인간의 본성까지도 근본적으로 변화시켰다고 생각하고 싶어한다. 아마도 그러할 것이다. 그러나 거의 항상 나쁜 쪽으로 변화시켰다. '기술적 진보'가 옹호될 수 있다는 것을 나는 안다. 그러나 그런 옹호는 예외없이 양적인 것, 예컨대 자동차와 텔레비전의 소유나 평균수명의 신장에 대한 통계자료들이며, 이런 통계가 토양의 유실, 오염, 사회의 와해 등, 그와 관련이 있는 다른 통계와는 조심스럽게 분리되어 있음을 나는 안다. 다시 말해서 이 진보의 실질적인 결과를 평가하려는 노력은 전혀 없었다. 진보를 옹호하는 목소리는 책임 있는 장부정리원의 것이 아니라 선전원이나 외판원의 목소리인데 그들은 순이익이 백 퍼센트 이상이라고 말한다. 즉 우리가 산 물건은 거기에 들어간 비용을 모두 충당하고 훨씬더 많은 것을 보태었으므로 "손해를 볼 수가 없다"는 것이다. 그렇게 하여 우리는 광고하는 사람들 말대로, 소비함으로써 부유해지고 있을 수 있는 최상의 세계는 날마다 더 나아지고 있는 것이다.

　평균수명에 관한 통계는 산업을 옹호하는 사람들이 가장 좋아하는 통계이다. 그것이 아마도 가장 논박하기 어려운 것이므로. 그렇지만 장수(長

壽)를 강조하는 것은 산업주의적 정신이 겨냥하는 고립된 목표들이 인간의 삶을 어떻게 환원시키고 왜곡하는지, 그리고 통계가 어떻게 진실을 더럽히는지를 보여주는 뛰어난 예이다. 장수는 항상 바람직한 것으로 생각되어왔다. 살아있는 것은 모두 계속 살기를 바란다. 그러나 과거에는 그 말에 조건이 붙어있어서, "오래 사는 것은 바람직한 일이며 모든 생명체는 **어느 정도까지는** 살기를 바란다"였다. 어떤 정도를 지나서 그리고 어떤 상황에서는 죽음이 삶보다 더 나은 것이 된다. 더욱이 좋은 삶이 그저 길기만 한 삶보다 나은 것이고 좋은 삶이란 길이에 의해 결정될 수 없다는 것이 일반적으로 합의되어 있는 일이다. 수명에 관한 통계를 말하는 사람들은 좋다는 말의 두 가지 의미를 모두 무시하고 있다. 그들은 그 연장된 삶이 미덕을 지닌 것인지, 혹은 만족스러운 것인지를 묻지 않는다. 그 삶이 사악한 범죄자의 삶이든 아니면 의학산업 안에 감금되어 정말 지옥 같은 삶의 연명이든 문제가 되지 않는다. 그것은 모두 살아있다는 행운을 '증명'하는 통계가 된다.

그러나 일반적으로 양과 효율성에 기초한 그 자신의 고도로 전문화된 기준과는 별도로 '기술적 진보'는 사회적인 그리고 생태학적인 쇠퇴를 초래했다. 산업전쟁은 아주 광신적으로 좁은 기준에서가 아니면 과거의 전쟁보다 더 나쁘다. 산업화된 농업은 양과 기계적 효용성의 기준말고는 관련된 모든 것을 저하시킨다. 산업적인 세공품은 전통적인 세공품보다 못하고 나날이 겉만 번지르르해져 간다. 40여년이 지난 지금 텔레비전이 위대한 교육의 도구가 되기는커녕 마비와 분열의 도구라는 증거가 도처에 있다. 산업사회의 교육은 문화적, 지적 유산을 전수시킨다는 과거의 의무를 포기하고 어린아이 돌보기와 직업교육을 떠맡았다.

여러 세대에 걸친 '기술적 진보' 끝에 실제로 우리는 무엇이든 중요한 것에 대해서는 생각할 수 없는 사람들이 되었다. 오늘날 산업사회의 인간들처럼 자식들을 무관심하게 키우는 생물을 발견하려면 자연의 서열에서 얼마나 멀리 내려가야 될까? 참새들조차도 철없는 어린 참새들을 길거리에 마구 풀어놓지 않는다. 역사상 다른 어떤 때에, '교육받은' 사람들이 자기 나라의 역사보다도 스포츠에 관해서 더 많이 알고, 교육받지 않은 사람들이 자기 가족이나 지역공동체에 관한 이야기를 알지 못하는 것을 볼 수 있겠는가?

더욱 명백한 질문을 하자면, 이 기술적 진보의 목적은 무엇인가? 그것은 어떤 보다 높은 목표에 봉사하는가? 확실히 가족의 행복이나 가정의 보존이 목표일 수는 없다. 우리는 그것을 교육제도, 텔레비전 산업이나 소비경제보다 하위의 것으로 만들었다. 확실히 지역공동체의 건강과 보존이 목표일 수도 없다. 그것을 우리는 가족만큼도 존중하지 않는다. 그것은 분명히 나라에 대한 사랑일 수도 없다. 왜냐하면 우리는 우리의 땅을 더럽히는 것보다 국기를 더럽히는 것을 더욱 염려하니까. 또 그것은 하느님에 대한 사랑일 수도 없는데, 하느님에 대한 사랑은 우리의 일상에서 가족이나 지역사회, 국가에 대한 사랑만큼 하찮은 것으로 생각되고 있다.

'기술적 진보'의 보다 높은 목표는 돈과 안락함이다. 돈과 안락에 대한 이 고양된 탐욕은 '미래'에 대한 모호하고 숭배적인 신념으로 위장되고 정당화된다. 우리는 "우리가 이렇게 하는 것은 미래를 위해서이다"라거나 "우리의 아이들에게 보다 나은 미래를 마련해주려고"라고 말한다. 현재에 나쁘게 행동함으로써 어떻게 좋은 미래를 만들기를 바랄 수 있는지 우리는 말하지 않는다. 물론 우리는 미래에 대하여 생각할 수가 없다, 미래는 존재하지 않으므로. 미래의 존재는 신념의 문제이다. 우리는 미래가 존재할 것이면 좋은 미래는 현재의 좋은 것들에 이미 내재되어 있다고 확신할 수 있다. 우리는 '미래의 세계'를 계획하거나 만들어낼 필요가 없다. 현재의 세계를 잘 보살피면 미래도 충분히 보살피는 일이 될 것이다. 좋은 미래는 지금 우리가 가지고 있는 토양과 숲, 초지, 늪지, 황무지, 산, 강, 호수, 바다에서 나오는 것이고, 지금 우리가 가지고 있는 문화의 좋은 것들에 내재되어 있는 것이다. 우리가 할 수 있는 유일하게 확실한 '미래학'은 그런 것들을 보살피는 일이다. 우리는 '인류의 미래'를 고안해내고 만지작거리고 할 필요가 없다. 우리에게 긴급하게 필요한 일은, 항상 그러했던 것처럼, 우리의 아이들을 사랑하고 보살피고 가르치는 것이다.

그래서 새로운 기술적 혁신을 채택하는 것이 바람직한가의 문제는, 일반적으로 생각되어온 것처럼 하나의 대답이 있는 것이 아니라 두 개의 대답이 있을 수 있는 문제이다. 만약 우리의 동기가 돈과 안락함 그리고 기술적으로 결정된 미래라면 대답은 이미 나온 것이고 사실 아무런 의문도 생각도 필요없는 것이다. 우리의 동기가 가족과 공동체, 나라, 하느님에 대한 사랑이라면 우리는 생각을 해야 할 것이고 제시되어 있는 혁신이 바람직하지 않다는 결정을 해야 할지 모른다.

이미 채택된 기술적 혁신에 대한 우리의 의존을 어떻게 그만두거나 줄일 것인가 하는 문제가 난처한 문제이다. 적어도 나에게는 그렇다. 예를 들자면 공공교통수단이 없는 나라에서 살고 있는 사람이 자동차를 포기하고서 서로에게 쓸모가 적은 존재로 되어버리지 않는 방법을 나는 알지 못한다. 이것은 주로 자동차의 영향으로 우리가 서로에게서 그리고 필요한 것들로부터 너무 먼 곳에 살고 있어서 다른 방법으로는 돌아다닐 수가 없기 때문이다. 물론 자동차 없이 살 수는 있다. 그러나 그렇게 하면 당연히 해야 될 많은 일로부터 자신을 단절시켜야 될 것이다. 이 문제에 관해서 지금까지 내가 생각할 수 있었던 것은 아무것도 만족스럽지 못했다.

그러나 우리가 자동차가 시골의 지역공동체에 미친 영향에 주의를 기울였다면, 기술혁신이 바람직한가 어떤가는 잘 생각해볼 필요가 있는 문제이며, 우리가 그것에 관해 생각할 능력을 갖게 되었으리라는 사실을 알 것이다. 그러므로 내가 부분적으로 작가라면, 그래서 글 쓰는 데 도움이 되도록 값비싼 기계를 사라는 제안을 받는다면, 나는 그런 기계가 바람직한 것인지 어떤지 물어보아야 할 것이다.

먼저 나는 내가 가지고 있지 않은 문제의 해결방법을 돈을 주고 살 생각이 있는지 스스로 물어보아야 한다. 작가로서 내가 많은 도움이 필요하다는 것은 인정한다. 그리고 나는 가장 훌륭한 도움을 아내와 다른 가족들, 친구, 선생님들, 편집자들, 그리고 때로는 독자들로부터 많이 받았다. 이 사람들은 사랑이나 우정으로 그리고 혹은 내가 그들에게 준 도움 때문에 나를 도와주었다. 내가 얻고 있는 것보다 더 많은 도움이 필요하다는 가능성을 전제해두어야 되겠지만, 내가 그렇게 생각한다면 그것은 분명히 감사할 줄 모르고 욕심사나운 일일 것이다.

그러나, 내가 듣기로, 컴퓨터는 사람들에게서는 얻을 수 없는 종류의 도움을 준다고 한다. 즉 컴퓨터는 더 빠르고 더 쉽게 더 많은 것을 쓰도록 도와준다는 것이다. 한동안은 만나는 대학교수마다 내게 이 말을 하는 것 같았다. 그런데 나는 더 빠르게, 더 쉽게, 더 많이 쓰기를 원하는가? 아니다. 나의 기준은 속도와 용이함과 분량이 아니다. 나는 연필로 쓰면서 이미 내가 너무 빠르게 너무 쉽게 그리고 너무 많이 썼다는 증거를 너무나 많이 남겼다. 나는 보다 나은 작가가 되고 싶고 그것을 위해서는 기계가 아니라 사람들의 도움이 필요하다.

나에게 속도와 안이함과 양을 추천한 대학교수들은 물론 대학의 기준을 말한 것이었다. 산업체계의 주된 관심은 (즉, 현재의 대학체계는), 양을 늘림으로써 일의 값을 낮추는 것이다. 그러나 교수들의 추천에 내포되어 있는 것은, 우리가 시대에 따라갈 필요가 있다는 것이다. 학문에 종사하는 지식인들은 최근에 시대에 뒤지지 않는 것에 대한 커다란 갈망을 갖게 되었다. 그들은 보통사람들과 보조를 맞추는 문제를 염려하지는 않는다. 지식인으로서 그들은 자신이 '인간사고의 백척간두'에서 살고 있는 비국교도나 독립사상가들로 생각되고 있다는 것을 알고 있다. 그래서 그들은 시대에 뒤지지 않으려고, 다시 말해서, 보통사람들이 최신의 기술적 발명품을 사면 당장에 그것을 채택하려고 안달인 것이다.

나는 시대에 보조를 맞추기 원하는가? 아니다.

나의 소망은 그저 가능한 한 나의 삶을 완전히 사는 것이다. 일을 하면서나 여가시간에나 우리는 완전하게 몰입해야 한다. 그리고 우리 시대에 이것이 의미하는 것은 결국은 우리 자신을 대신하도록 우리가 구매하기를 요청받는 생산품들로부터 우리 자신을 지켜야 한다는 것이다.

'기술적 진보' 속에서 우리가 당장 두려워해야 할 위험은 육체의 비하와 퇴화이다. 기술적 혁명에 처음부터 내재해 있는 것은 오래된 이원론의 새로운 형태인데, 그것은 항상 파괴적이었고 지금은 과거 어느 때보다도 더 파괴적이다. 여러 세기 동안 자연의 세계와 마찬가지로 육체를 영혼의 장애물로 보고, 자연세계를 증오하듯이 육체를 증오하며 그로부터 자유로워지기를 갈망하는 사람들이 있었다. 그들은 정신적인 기준에서 육체가 참을 수 없이 불완전하다고 보았다. 기술적 혁명이 시작된 이래로 더 최근에는 점점더 많은 사람들이 기계적인 기준에서 육체를 다른 자연의 산물들과 함께 참을 수 없이 불완전한 것으로 보게 되었다. 그들은 육체를 정신 — 즉, 기계 속에 실현시킬 수 있는 기계적인 개념들로 환원되는 것으로서의 정신 — 에 장애물로 보고 그것을 증오하며 그것에서 자유로워지기를 바란다. 육체는 기계가 가지고 있지 않은 한계를 가지고 있다. 그러니까 기계가 무한한 개념으로서 계속될 수 있도록 기계로부터 육체를 제거해야 한다. '성의 자유'라는 것 때문에 우리 시대가 비상하게 육체적인 시대라고 간주되는 것은 이상한 일이다. 사실상 우리의 '성의 혁명'은 주로 산업적인 현상이며 그 속에서 육체는 자연적인 쾌락을 자연적인 결과로부터 해방시키려는 목적을 가진 쾌락기계 혹은 쾌락의 개념으로 사용된다. 산업상의 다른 모든 것과 마찬가지로 산업적인 성(性)은 그것을 이용하면서 결과를 무시함으로써, 자연과 정신이나 육체와 영혼 사이의 어떤 관련도 부정함으로써, 그리고 사회적 책임을 회피함으로써 자연을 정복하고자 한다. 이런 '자유'의 정신적, 육체적, 경제적 대가는 엄청난 것인데도 특징적으로 축소되거나 무시된다. 성적 무책임이라는 질병은 기술적 문제로 간주되고, 자유에 대한 모독으로 간주된다. 산업적인 섹스는 '성의 상대', 오르가슴 등을 착실히 계산하는 산업적 회계에 의하여 그것이 얼마나 자유로운지, 얼마나 좋은 것인지를 확인한다. 그리고 육체는 섹스의 개념에 하나의 한계이며 그것이 로봇에 의해 수행될 수 있게 되면 훨씬더 풍부해지리라는 산업적인 암시가 불가피하게 포함되어 있다.

육체와 자연세계 속에서의 육체의 삶에 대한 이같은 증오는 기술혁명 속에 항상 내재해 있는 것인데 (때로는 명백하게 그리고 복수심에 차 있기도 하다), 그것은 예술가에게는 관심이 있는 일이다. 왜냐하면 예술은 성적 사랑과 마찬가지로 육체에 관련된 것이기 때문이다. 성적 사랑처럼 예술은 정신과 영혼에 관련된 것이기도 하지만, 그것은 육체를 가지고 만드는 것이고 감각에 호소한다. 예술작품의 성립에 개입하는 육체의 친밀성을 줄이거나 생략하는 것은 반드시 예술작품과 예술 자체를 격하시키는 위험을 갖게 된다. 내가 앞에서 제시한 이유가 훌륭한 이유라고 아직 생각하는데 거기에 덧붙여서 내 작품에 대한 내 육체의 개입을 줄이거나 왜곡하고 싶지 않기 때문에 나는 컴퓨터를 사용하지 않으려 한다. 나는 내 일에 육체가 개입함으로써 생겨나는 기쁨을 누리고 싶다. 그 기쁨이 하나의 불가결한 성실성의 표시로 나에게는 생각되기 때문이다.

처음 보아서 글쓰기는, 예컨대 춤이나 정원손질이나 목수일만큼 육체의 예술로 보이지 않을 수도 있다. 그렇지만 언어는 모든 예술적 수단 중에서 가장 친밀하게 육체적인 것이다. 그것을 우리는 명백히 입 속에 담고 있고, 그것은 우리의 랑그 즉, 혀이다. 쓸 때에는 우리 손으로 그것의 형태를 만든다. 우리가 쓴 것을 소리내어 읽을 때 ― 글을 세심하게 쓴다면 꼭 그렇게 해야 되는데 ― 우리의 언어는 눈으로 들어가고 입에서 나오고 귀로 들어간다. 말은 우리 정신에서 의미가 되기 전에 육체의 감각 속에 잠기고 젖어든다. 말은 육체에게 의미가 있기까지는 정신에 의미가 있을 수가 없다. 말을 우리 자신의 귀에 만족스럽게 소리내는 것이 그 말에 성격과 특징을 부여하듯이 우리 손으로 글씨의 형태를 만드는 것이 그것에 성격과 특징을 부여하는가? 그러하다는 것을 증명할 방법은 없다. 그런데 그렇지 않다고 증명할 방법도 없고 나는 그러하다고 믿는다. 언어를 글로 쓰는 행동은 집을 짓고 바이올린을 연주하는 것만큼 뚜렷하게 실체를 지닌 행동은 아니다. 그러나 컴퓨터 옹호자들은 손으로 쓴 원고의 예술품으로서의 가치를 크게 과소평가한 것 같다. 글을 쓰는 사람이 훌륭한 서예가이어서 전시를 하도록 글씨를 써야 한다는 말이 아니라, 손으로 쓴 글씨가 그렇게 쓰인 작품에 가치있는 영향을 미친다는 말이다. 나는 확실히 서예가는 못 되지만 손으로 쓴 내 글은 그것 자체로서 보기에 좋고 쉽게 고칠 수 있다는 가능성을 암시하는 집에서 만든 수공품의 모습을 지니고 있다. 그것은 스스로 개선되는 것에 우호적인 태도를 취하고 있다. 손으로 쓴 글이 타자 친 원고로 그리고 교정쇄로 또 인쇄된 페이지로 바뀌어 져감에 따라 그것은 점점더 거기 가해지는 수정 작업에 저항하는 것처럼 보인다. 그 깨끗한, 최종적인 것으로 보이는 인쇄된 글을 망치는 데는 점점더 용기가 필요하게 된다. 나는, 이번에도 증명할 수 있는 것은 아니지만, 내 글을 손으로 쓴 원고로서 오래 가지고 있으면 있을수록 더 좋을 것이라는 생각을 갖고 있다.

나에게는 또 손쉽게 할 수 있는 수정과 마음 편하게 할 수 있는 수정 사이에 중요한 차이가 있다. 컴퓨터로 하는 작업에서 화면에 나타나는 것은 실체가 없는 빛의 영상이므로 손쉽게 수정할 수 있다는 것을 사람들은 중시한다. 단추만 하나 누르면 먼저 것은 사라지고 새것을 대체할 수 있다. 그렇지만 종이의 실체성과 그에 따라 생겨나는 어려움 때문에 우리는 수정을 할 때마다 한 페이지를 새로 쓰거나 타자를 치지 않는다. 그래서 손으로 쓰거나 타자를 친 원고는 어느 정도까지 자신의 역사의 부분과 유물을 지니고 있다 — 지우개 자국, 줄을 그어 지운 구절, 행간에 써넣은 글 등이 향하여 나아갈 것뿐만 아니라 되돌아볼 것도 있다는 것을 암시한다. 그와 대조적으로 컴퓨터 화면에 나오는 빛의 영상은 오직 산업적 현재, 절대적인 현재라고 불릴 수 있는 전형적인 것이다. 컴퓨터는 다른 형태의 기계화와 마찬가지로 역사적 연속의 느낌을 파괴한다. 잘 만들어진 상이나 장롱은 그것이 만들어진 나무와 그 나무가 서 있던 숲의 기억을 담고 있다. 어떤 도공의 작품은 그 진흙이 땅에서 파내어진 것이라는 기억을 지니고 있다. 어떤 농장들은 그에 앞서 있었던 숲이나 평원의 잔재와 유물들을 잘 간직하고 있다. 마을이나 도시조차도 농장과 숲이나 평원을 기억할 수 있다. 모든 훌륭한 인간의 일은 그 역사를 기억한다. 가장 훌륭한 글은 인쇄되었을 때라도 그것이 그 앞선 형태에서 변해온 것이며 그 저자는 앞선 저자들의 작품과 방법을 물려받았다는 암시를 가득 담고 있다. 그처럼 그 글은 인쇄된 상태에서조차도 손으로 쓴 글의 특징을 유지하고 있다.

이런 것들은 분명히 산업 생산품에도 들어있다. 플라스틱으로 만든 클로락스병은 과거의 돌 항아리를 상기시키는 형태와 검지손가락을 위한 고리를 가지고 있다. 그러나 지극히 중요한 것이 빠져 있다. 그것은 그 근원과 그 형태를 만드는 데 관계한 인간의 손의 기억을 지니고 있지 않다. 또한 커다란 공장이나 발전소나 비행장을 바라보고 그전에 그곳에 무엇이 있었는지 상상할 수 있는지 보라. 그런 것들에서는 세상의 물질들이 일종의 고아와 같은 상태로 된다.

컴퓨터에서는 좋은 것은 아무것도 쓰여질 수 없다고 말한다면 그것은 무자비하고 어리석은 일이 될 것이다. 나의 가장 친한 친구들 중에도 컴퓨터를 가진 사람이 있다. 나는 다만 컴퓨터가 더 낫게 쓰도록 도와줄 수는 없다고 말했고 나는 그 생각을 고수한다. (사실 나는 컴퓨터의 영향하에서, 아니면 컴퓨터가 만들어내는 말끔한 원고의 영향으로 많은 작가들이 더 못한 글을 쓰고 있다고 말하는 출판업자를 알고 있다.) 그러나 나는 컴퓨터를 사용하면서 저자들이 육체와 정신의 근본적인 분리, 정신의 작업에서 육체의 작업을 배제하는 것을 가지고 장난질을 하고 있다고 말한다. 컴퓨터의 화면에 나온 글과 컴퓨터로 프린트된 글은 플라스틱으로 만든 호르라기나 새 자동차처럼 메마르고 손대지 않았고 공장에서 만들어진 것 같은 모습을 하고 있다. 육체는 그런 식으로 일하지 않는다. 육체는 그것이 건드린 모든 것에 자신의 맥박과 호흡, 흥분과 주저, 결함, 실수의 흔적을 남긴다. 좋은 작품에는 주저와 결함과 실수를 이겨낸 솜씨와 관심과 사랑의 흔적을 남긴다. 그리고 이 세상의 육체를 사랑하고 존중하는 사람들에게 이러한 흔적들은 소중한 것이고 삶의 필수품이다.

그러나 글쓰기는 또다른 식으로도 육체에 관련된 것이다. 그것은 무엇보다도 보행자의 예술이다. 그것은 걸으면서 자유롭게 행해질 수 있다. 그 전통적 장비의 아름다움은 단순성이고 값이 싸다는 점이다. 숲으로 가면서 연필과 종이(아무 종이나 – 작은 공책, 낡은 편지봉투, 사료봉지 조각)를 가지고 가면 나는 내 일을 위해서 IBM회사의 사장만큼이나 장비가 잘 갖추어진 것이다. 또한 나는 적어도 한동안은 IBM이 연결되어 있는 모든 것으로부터 자유롭다. 나의 생각은 동력에 의해 움직이는 구조물이나 눈금에서 오는 것이 아니라 전적으로 다른 방향에서 다른 식으로 올 것이다. 나의 정신은 내 발과 함께 자유롭게 돌아다닌다.

육체를 가지고 설득할 수 없는 사람들이 있다는 것을, 어쩌면 많이 있다는 것을, 나는 안다. 그들에게는 육체로부터 벗어나는 것이 목표이고, 그들은 순수한 정신의 영역, 혹은 순수한 기계의 영역을 동경한다. 양자의 차이는 무시할 수 있는 것이다. 그들이 육체로부터 떠나가는 것은 몹시 바람직하다. 그러나 나머지 우리들은 조심해야 한다. 그들이 떠나가면서 많은 위험한 소동을 일으킬 것이다.

나를 비판하는 사람들 중 몇은 내가 컴퓨터 사용을 거부하는 것이 아무런 소용이 없으리라고 말하면서 기뻐했다. 나는 그것이 적어도 나에게는 소용이 있고, 어떤 문화적인 유산을 보존하는 데 나를 관련시킬 수도 있다고 주장했다. 그러나 그들이 의미한 것은 현실적이고 실제적인 공공의 이익이다. 그들의 말은 내가 컴퓨터를 사지 않음으로 인하여 아낀 물질과 에너지의 크기는 '의미있는' 것이 아니라는 것이다. 그들은 한 개인이 기술이나 에너지 사용을 억제해봐야 별것이 안된다는 것이다. 그것은 사실이다.

그러나 우리 각자가 미미한 정도로 이 세상을 오용한 것이 파멸적인 전반적인 오용에 기여하고 있다. 그리고 만일 내가, 그런 장비를 살 수 있는데, 게다가 '필요'하기조차 한데도 그것을 사지 않는 수천명 혹은 수백만명의 사람 중 하나라면 그것은 '의미있는' 일일 것이다. 그렇다면 어째서 내가 단 한순간이라도 그 '의미있는' 수 중의 하나가 되기를, 최초의 하나라 할지라도, 주저해야 하는가? 이른바 '의미있는 수량'의 어리석음에 대하여 소로우는 오래 전에 결정적인 대답을 하였다. "왜 누구라도 옳은 일을 하기 위해 다른 모든 사람이 할 때까지 기다려야 하는가?"라고. 자신의 아이를 사랑한다거나 자신이 저녁을 먹는 일은 '의미있는' 일이 아니다. 그러나 정상적인 인간들은 사랑하거나 식사를 하는데, 의회에서 그것이 법안으로 통과될 때까지 기다리지 않을 것이다.

내게 편지를 쓴 사람 중 하나는 어디에 선을 그어야 하느냐고 물었다. 그 점에 대하여 앞에서 언급했는데, 나는 어디에 선을 그어야 하는지 또는 어떻게 선을 그어야 하는지 자신이 없다. 그러나 그것은 현명한 질문이며 그 때문에 잠을 이루지 못하고 생각해볼 만한 질문이다.

나는 선을 긋기 쉬운 데에서만 선을 그을 줄 안다. 자신에게 텔레비전의 사용을 금하는 것은 쉬운 일이고 — 그것은 사치이기조차 하다 — 나는 그런 형태의 자기부정을 열심히 실행하고 있다. 내가 텔레비전을 볼 때마다 (다른 사람의 집에서) 나는 나의 결핍에 대해 점점더 스스로 축하하고 싶다. 나는 이미 말했듯이 컴퓨터가 없어서 더 잘 지내고 있다고 확신한다. 나는 기쁜 마음으로 자신에게 모터보트, 캠프용 트럭, 그리고 다른 모든 종류의 오락용 기계류를 금하고 있다. 나는 '별장'을 갖고 있지도, 원하지도 않는다. 나는 콜라와 TV, 식사, 그리고 다른 모조품 음식이나 음료의 결핍을 아주 편안하게 감수한다.

그렇지만, 나는 아직도 그들에 대한 우리의 의존말고는 추천할 것이 하나도 없는 자동차산업과 전기회사에 예속되어 있다. 나는 속도 외에는 내세울 게 없는 비행기를 여전히 탄다. 그것은 편리하지 못하고 편안하지 못하며 믿을 수 없고 보기 흉하고 냄새나고 겁이 난다. 나는 아직도 속도밖에는 내세울 게 없고, 날지 않는다는 것말고는 비행기의 나쁜 점을 모두 가지고 있는 전기톱으로 나무를 벤다.

쉽게 선을 그을 수 있는 곳에서는 어디서든 반드시 선을 그어야 한다는 것이 나에게는 분명하다. 그리고 (많은 사람들이 그렇게 생각하지 않지만) 필요하지 않은 것을 사지 않는 것은 쉬운 일일 것이다. 우리가 이미 가지고 있는 장비로 — 예컨대 연필로 — 문제를 해결하고 있다면 왜 더 비싸고 더 해로운 것으로 문제를 해결할 것인가? 만일 문제가 없다면 해결책을 위하여 돈을 지불할 것인가? 단순한 연장이 주는 자유와 기품을 사랑한다면 왜 거추장스럽게 복잡한 것을 사용할 것인가?

그러나, 우리가 어린아이들에게 적합하고 유쾌한 세상을 다시 갖게 되려면 우리는 확실히 쉽게 선이 그어지지 않는 곳에도 선을 그어야 할 것이다. 우리가 (겨우 한두 해 동안에) '필요'를 배운 것들을 포기하기를 배워야 할 것이다. 나는 낙관론자가 아니다. 나는 기계에 대한 나의 예속을 벗어날 수 있을 만큼 오래 살지 못할까 봐 걱정이 된다. 그렇기는 하지만 내게 남아있는 날마다 나는 벗어날 방법이 있는지 찾아보려 한다. 그리고 나에게는 희망이 없지 않다. 나는 전기톱의 시대에 계속해서 보통 톱과 도끼로 나무를 벤 사람을 알고 있었다. 그는 나보다 건강하고 더 온전한 정신을 지닌 사람이었다. 나는 그에 대한 기억이 내 생각을 괴롭히도록 할 것이다.

하늘을 더럽히는 문명

바쓸라프 하벨

소년 시절 나는 얼마 동안 시골에 살았던 적이 있는데, 그때 겪은 한 가지 경험을 생생히 기억하고 있다. 나는 들판을 가로지르는 마차길을 따라 이웃마을에 있는 학교까지 걸어다니면서, 도중에 아마도 전쟁을 돕기 위해 급조된 것으로 보이는 어떤 공장의 거대한 굴뚝이 지평선 위로 솟아 있는 것을 보곤 했다. 굴뚝은 짙은 갈색 연기를 내뿜고 그것을 하늘에 흩뿌려놓고 있었다. 그 장면을 볼 때마다 나는 무엇인가 심각하게 잘못되었다는 느낌, 인간이 하늘을 더럽히고 있다는 강렬한 느낌을 가졌다. 당시에 생태학과 같은 것이 있었는지는 모르지만, 있었다 하더라도 내가 알았을 리는 만무했다. 그러나 누가 가르쳐주지 않아도 그 "하늘을 더럽히는" 일은 나를 화나게 했다. 내가 보기에 사람들은 죄를 짓고 있으며, 어떤 중요한 것을 파괴함으로써 사물의 자연스러운 질서를 제멋대로 어지럽히고

바쓸라프 하벨 (Václav Havel) — 현재 체코슬로바키아의 대통령이지만, 원래는 극작가이며 에세이스트이다. 그는 동유럽이 아직 공산당 관료독재하에 있던 70년대에 민주화운동에 헌신했던 대표적인 지식인 그룹에 속해 있었다. 이 글은 1984년 툴르즈대학이 그에게 수여한 명예박사학위를 수락하면서 행한 연설문 〈정치와 양심〉의 첫 부분을 우리말로 옮긴 것인데, 출전은 그의 에세이선집 Living in Truth (1989)이다.

있었고, 그 때문에 조만간 벌을 받을 것만 같았다. 나의 반감은 상당히 심미적인 것이 분명했는데, 그러한 유해가스 배출이 언젠가는 우리의 숲을 망가뜨리고 짐승을 절멸시키고 사람들의 건강을 위협하게 되리라는 것을 당시로서는 알 까닭이 없었기 때문이었다.

만일 어떤 중세인이 느닷없이 지평선에서 그러한 것을 보게 된다면 — 가령 사냥을 하다가 — 그는 아마도 그것을 악마의 소행으로 여기고서 꿇어앉아 그와 그의 친족이 무사하도록 기도드릴 것이다.

실제로 중세 농민의 세계와 어린 소년의 세계가 공통적으로 가지고 있는 것은 무엇일까? 아마도 어떤 본질적인 것이 아닐까 생각된다. 소년과 농민은 모두 어떤 철학자들이 말하는 '자연계' 혹은 '삶의 세계'에 대부분의 현대 성인들보다 훨씬 강력하게 뿌리를 내리고 있다. 그들은 아직 실제적이고 개인적인 경험의 세계로부터 소외되지 않은 사람들로서, 그 세계에는 아침과 저녁이 있고, 아래(땅)와 위(하늘)가 있으며, 날마다 태양이 동쪽에서 떠올라 하늘을 건너 서쪽으로 지며, '고향'과 '타향', 선과 악, 아름다움과 추함, 멀고 가까움, 의무와 일 등의 개념들이 여전히 무엇인가 생생하고 뚜렷한 것을 의미하고 있는 것이다. 그들은 사람에게 친숙하고 마땅히 사람의 관심사가 되는 모든 것과 그 신비로움으로 인해 사람이 그 앞에 겸허하게 고개 숙여야 하는 지평선 너머의 것 사이를 구분할 줄 아는 세상에 여전히 뿌리내리고 있는 것이다.

자연계는 바로 그 존재 자체로 인해 자기의 근원이 되고, 테두리를 만들며, 생기를 불어넣어주고 방향 지워주는 절대자를 자신의 내부에 가진다. 이 절대자가 없다면 자연계는 생각할 수 없고 터무니없으며 불필요한 것이 된다. 그러므로 우리로서는 그것을 말없이 존경할 수 있을 따름이다. 이것을 추방하거나 지배하거나 또는 다른 것으로 대체하려는 어떤 기도도 자연계의 틀 안에서는 돈 쥬앙과 파우스트가 그랬듯이 인간들이 엄청난 대가를 치러야 하는 교만(hubris)의 한 표현으로 드러난다.

나 개인에게 하늘을 더럽히는 굴뚝은 적당한 여과장치로 쉽게 바로잡을 수 있는 단순히 유감스러운 기술적 실수 — 생태학적 고려를 하지 못한 —

가 아니다. 내게는 오히려 그것이 자연세계의 경계와 그 규범을 초월하려 하고 자연을 그저 사적인 관심사, 즉 개인의 주관적인 선호와 사적인 감정, 환상과 편견과 단순한 개인적 변덕의 문제로 만들어버리려고 하는 시대의 상징으로 보인다. 그것은 개인적인 경험 — 신비와 절대자에 대한 경험을 포함하는 — 의 중요성을 부정하고, 세계의 척도로서 개인적으로 경험되는 절대자를 신비가 제거되고 주관성의 '변덕'으로부터도 벗어난, 그 자체 비개성적이고 비인간적인, 새로운 인공적인 절대자로 대체하고 있는 시대의 상징인 것이다. 그것은 이른바 객관성의 절대자, 즉 과학적 세계 모델에 대한 객관적이고 합리적인 인식이다.

근대과학은 세계에 대한 보편적으로 타당한 이미지를 구축하면서 이처럼 자연세계의 경계와 충돌을 일으킨다. 과학은 자연세계를 객관적으로 검증된 진리의 빛 속으로 우리가 나아가기 위해 깨뜨려야만 할 편견의 감옥으로밖에 이해하지 못한다. 근대과학의 눈에 자연계는 다만 우리의 뒤진 선조들에게서 물려받은 불행한 유산이며, 그들의 어린애 같은 미숙한 환상에 지나지 않는 것이다. 그와 더불어 근대과학은 자연계의 가장 내밀한 토대마저도 단순한 허구라고 폐기해버리고 만다. 신(神)을 죽이고 그 자리를 차지하여 이제부터 과학은 유일하게 합법적인 관리자로서 존재의 질서를 장악하게 되며, 또한 모든 관련된 진리에 대한 유일하게 합법적인 조정자가 된다. 결국 모든 개인적이고 주관적인 진리를 초월해서 진실로 객관적이고 보편적인, 보다 우월한 초주관적이며 초개인적 진리를 가지고 그것을 대체하는 것은 과학뿐이기 때문이다.

인간의 모든 작업처럼 그것도 역시 자연계 내에서 발전되어 왔으면서도 합리주의와 과학은 이제 자연을 체계적으로 버리고, 부정하고, 격하시키고, 더럽히는 동시에 식민화하기까지 한다. 과학과 기술로 자연계가 사실상 정복당한 현대인은 그 악취가 자신의 아파트까지 침입할 때 비로소 공장 굴뚝에서 나는 연기에 반대한다. 어떤 경우에도 그는 그것에 대해 형이상학적으로 공격하지 않는다. 왜냐하면 그 굴뚝이 속한 공장이 그에게 필요한 물건들을 생산해내고 있음을 그는 잘 알고 있기 때문이다. 기술시대의 인간으로서 그가 생각할 수 있는 치유책은 기술의 한계 내에 머물 수밖에 없다. 즉, 굴뚝에 집진기를 다는 것 말이다.

오해가 없었으면 한다. 나는 인간들이 굴뚝을 없애고, 과학을 금지하고 모두 중세로 되돌아가기를 제안하고 있는 것이 아니다. 현대과학의 가장 심오한 발견 중 몇몇이 객관성의 신화를 놀랄 만큼 미심쩍게 만들고, 주목할 만한 우회로를 거쳐 인간 주체와 그 세계로 우리를 되돌려 보내주고 있다는 것은 우연한 일이 아니다. 나는 가장 일반적이고 도식적인 윤곽 속에서 근대문명의 정신적 틀과 그것이 현재 처한 위기의 원천을 생각해보고자 할 뿐이다. 그리고 비록 이러한 생각들의 일차적인 초점이 생태학적인 것이라기보다는 정치적인 면에 있다 하더라도, 생태학적인 예를 하나 추가함으로써 나의 출발점을 분명히 할 수 있을 것 같다.

여러 세기 동안 유럽 농업의 기본 구성요소는 가족농장이었다. 체코어로 그것을 가리키는 옛말은 그룬트(grunt)였는데, 이 말은 그 자체 어원학적인 흥미를 가지고 있다. 독일어 그룬트(grund)로부터 온 이 단어가 실제로 뜻하는 것은 근거, 또는 토대인데 체코어에서 특이한 의미론적 색채를 띠게 되었다. 그것은 '토대'라는 말과 구어적으로는 동의어로 쓰이면서 근거의 근거, 즉 그 근거의 명명백백하고 전통적인 절대적인 진정성이나 진실성을 가리킨다. 물론 가족농장은 온갖 종류의 사회적 갈등을 끊임없이 심화시킨 원천의 하나였다. 그렇지만 우리가 부정할 수 없는 한 가지가 있다. 그것은 가족농장이 여러 세대의 농부들에 의해 직접 시험되었고 그들의 경작의 결과로 증명된 적절하고 조화로운 터의 본성에 뿌리박고 있었다는 것이다. 그것은 또한 들판, 초원, 경계, 숲, 짐승, 가축, 물, 두꺼비 등등 거기에 딸린 모든 것들의 범위와 종류에 있어서 일종의 적정한 상호비례를 보여주었다. 수많은 세월 동안 어떤 농부도 가족농장을 과학적 연구의 대상으로 삼은 적은 없었다. 그럼에도 불구하고 그것은 일반적으로 만족할 만한 경제 및 생태적 체계를 구성해왔다. 그 속에서 모든 것은 수많은 상호적이며 의미있는 관계의 끈으로 결속되어, 그로 인해 그 모든 것의 안정성과 농작물의 안정성이 보장될 수 있었다. 오늘날의 '기업영

농'과는 달리 전통적인 가족농장은 활기차게 자급자족적이었다. 비록 공통의 재앙을 입는다 하더라도 가족농장이 책임이 있는 것이 아니었다. 나쁜 기후, 가축의 질병, 전쟁이나 여타 재난들은 농부의 영역을 벗어난 것이었다.

분명히 현대의 농업 및 사회과학은 수많은 방법으로 농업을 개선했다. 생산성이 증가되고, 순전한 노역이 줄어들고 사회적 불평등이 제거되었다. 그러나 이것이 가능하게 되는 전제는 현대화의 과정 역시 자연의 신비로운 질서에 대한 겸손과 존경심에 의해 인도되어야 한다는 것이다. 현대화가 갓 졸업한 농학자나 '과학적 세계관'에 봉사하는 관료로 대변되는 비인격화된 객관적인 과학에 의한 오만하고 과대망상적이며 야만적인 침략을 뜻하는 것이어서는 안된다.

그런데 바로 그러한 일이 우리나라에서 일어났다. 그것을 우리는 '집단화'라고 불렀다. 30년 전 그것은 마치 폭풍과도 같이 체코슬로바키아 농촌을 휩쓸고 지나가면서 돌멩이 하나도 제자리에 그대로 두지 않았다. 그결과 한편으로는 수많은 생명들이 감옥으로 끌려들어가 황폐화되어 보다밝은 미래를 지향한다는 과학적 유토피아에 희생되었다. 다른 한편으로는 농업생산량이 양적으로 증가하는 동안 농촌의 사회적 갈등수준과 노역의 분량이 실제로 감소하였다. 하지만 그것 때문에 내가 이 문제를 언급하고있는 것은 아니다. 내가 말하고 싶은 것은, 그 폭풍이 땅 위에서 전통적인 가족농장을 휩쓸어가버린 지 30년이 지나고서야 과학자들은 무식한 농부도 이미 알고 있던 사실 — 겸허히 존중되어온 자연세계의 경계를 철저하게 아무 흔적도 남기지 않고 제거하려는 모든 기도에 대해 인간이 무거운대가를 치러야 한다는 사실을 발견하고는 깜짝 놀라게 되었다는 점이다. 그들은 자연을 강탈하며, 사람의 손에 자연을 조금도 남겨두지 않고, 자연의 신비를 조롱하려고 한 대가를 치러야 한다. 신(神)을 제거하고, 그들이 신 노릇을 하려 한 대가를 지불하지 않으면 안되는 것이다.

사실 대가는 이미 치러지기 시작했다. 울타리를 갈아엎고 나무를 베어내자 야생조류가 죽어갔으며, 야생조류의 죽음과 함께 해충(害蟲)으로부터 농작물을 공짜로 지켜주던 천연의 보호자가 또한 사라지게 되었다. 거대하게 통합된 들판으로 인해 오랜 세월에 걸쳐 쌓여진 수백만 입방야드의 표토가 매년 필연적으로 유실되었다. 화학비료와 살충제가 모든 농작물과 토양과 물을 처참하게 오염시켰다. 중기(重機)들이 체계적으로 흙을 억누르는 바람에 흙은 공기가 통하지 않게 되어 결국 불모화(不毛化)되었다. 거대 낙농장의 소들은 노이로제를 앓고 젖을 잃어버리게 된 한편, 농업은 공업부문으로부터 점점더 많은 에너지를 충당하고 있다. 기계제조, 인공비료, 점점더 지역적으로 전문화되는 시대에 자꾸만 오르는 수송비용 등 말이다. 간단히 말해서, 예측은 끔찍한 일이며, 다가오는 수년, 수십년 후에 어떤 놀라운 일이 벌어질지 아무도 모른다.

역설적이게도, 과학기술시대의 사람들은 그들이 자연의 복잡성과 그 운동의 일반적인 법칙을 파악하고 이용할 수 있기 때문에 자기들의 삶을 향상시킬 수 있다는 확신 속에서 살고 있다. 그렇지만 종국에 이르러 비극적으로 그들의 목덜미를 움켜잡고서 그들을 패배케 만드는 것은 바로 이러한 법칙들인 것이다. 사람들은 자신들이 자연을 설명하고 정복할 수 있다고 생각했다. 그러나 결과는 그들이 자연을 파괴하고 스스로 자연으로부터 절연당하고 말았다. '자연을 벗어난' 인간의 전망이란 무엇이겠는가? 결국 최근 들어 과학이 발견한 것은 사람의 몸이란 실제로 수십억 개의 극소 유기체들의 특이하게 분주한 교차점일 따름이며, 이들이 모여서 우리의 행성을 감싸고 있는 소위 '생물권'이라는 믿을 수 없는 대유기체를 형성하고 있다는 사실이었다.

잘못은 과학 그 자체에 있는 것이 아니라 과학시대에 사는 인간의 교만성에 있다. 간단히 말하여 인간은 신이 아니고 신 노릇을 한다면 끔찍한 결과를 초래하게 된다. 인간은 자신이 속한 관계들의 절대적 지평을 폐기하고, 체험된 세계의 '객관 이전의' 직접적인 경험을 부정하였다. 그러면서 개인적 양심과 의식을 마치 누구도 참견할 수 없는 사적인 어떤 것인양 욕실에 가두어버렸다. 또한 인간은 그의 책임감을 '주관적인 상황'이라해서 거부하고 그 자리에 지금은 모든 환상 중에서도 가장 위험스러운 것으로 드러난 것, 즉 구체적으로 인간적인 것이 박탈된 객관성이라는 허구와 우주에 대한 합리적인 이해라는 허구, 그리고 '역사적인 필연성'이라는 추상적 도식이 대신 앉혀졌다. 이 모든 것들의 정점으로서, 인간은 순전히 과학적으로 헤아릴 수 있고 기술적으로 성취가 가능한 '보편적 복지'에 대한 비전을 구축하였다. 과학적으로 운영되는 강제수용소에서 수백만 명의 사람들이 이러한 환상에 희생당할 것이라는 사실은 그 자신이 우연히 철조망 뒤에 서게 되지 않는 한 우리의 '현대인'의 관심을 끌지 못한다. 결국 감정이입이라고 하는 현상은 과학과 객관성, 역사적 필연성, 기술공학체계 및 '기관' 앞에서 사라져야 하는 개인적 편견의 영역에 속한다. 그리고 이러한 체계들은 비개인적인 것인 만큼 걱정하는 마음을 가질 수 없다. 그것들은 추상적이고 익명적이며 언제나 공리주의적이고 따라서 언제나 선험적으로 무죄이다.

그렇다면 미래는 어찌 될 것인가? 영원에의 조망이 동화의 세계로 추방되거나 그렇지 않으면 한구석으로 밀려나버린 세상에서 어느 개인이 그것을 걱정하고 근심하겠는가? 만일 오늘날의 과학자가 2백년 후를 생각한다면 그는 개인적으로 무관심한 관찰자로서만 생각할 것이다. 이런 문제에 대한 그의 관심은 기본적으로 벼룩의 신진대사나 지구의 천연가스 매장량을 연구할 때보다 못할 것이다. 현대의 정치가는 또 어떤가? 그로서는 근심할 이유가 티끌만큼도 없다. 특히 그가 선거가 있는 나라에서 살고 있으면서 그러한 관심이 그의 선거결과에 부정적인 영향을 끼친다고 생각할 때는 말이다.

체코의 철학자 바쓸라프 벨로라드스키에 따르면, 추상적 이성과 비인격적 객관에 기초한 근대과학의 합리주의적 정신은 갈릴레오라는 자연과학의 아버지 이외에 정치학에서도 한 사람의 아버지를 가지고 있는데, 그가 바로 하나의 합리적 권력기술로서의 정치학 이론을 최초로 공식화한 마키아벨리이다. 모든 복잡한 역사적 우여곡절에도 불구하고 우리는 근대국가와 근대 정치권력의 기원이 여기서 비롯된다고 말할 수 있다. 즉, 인간 이성이 인간 존재 그 자체로부터, 그의 개인적 경험과 양심과 책임감으로부터, 그리고 또 자연세계의 틀 내에서 모든 책임이 내재적으로 연결되어 있는 절대적인 지평으로부터 "자유롭게 해방되어"버린 그 순간 말이다. 근대 과학자들이 세계 체험의 주체로서 실제의 인간을 배제하듯이 근대국가와 근대정치는 모두 인간을 배제하고 있다.

벨로라드스키가 지적하듯이, 권력의 비인격화 및 권력에 의한 인간양심과 말의 정복은 제국(帝國)을 세계의 유일한 참된 중심으로 보고 그것을 세계 그 자체와 동일시하면서 인간을 제국에 종속된 재산으로 간주하는, 이른바 '우주론적' 제국 개념이라는 비유럽적 전통에 결부되어왔다. 그러나 전체주의 체제들이 분명히 보여주고 있듯이, 이것은 근대의 비인격화된 권력 그 자체가 비유럽적 현상임을 의미하는 것이 아니다. 진실은 오히려 정반대이다. 오늘날 그러한 권력의 기반이 되어버린 모든 것 ― 자연과학, 합리주의, 과학주의, 산업혁명, 그리고 자연계를 무시하는 태도에서부터 소비의 숭배, 원자폭탄, 맑시즘에 이르는 광적 추상으로서의 혁명 자체 ― 을 세계에 제공하고 그것들을 빈번히 강요해온 세력은 다름아닌 유럽, 그것도 서부유럽이었다. 그리고 이러한 것들의 세계적 확산에 직면하여 오늘날 당황하고 있는 것도 역시 유럽 ― 민주적 서구 ― 이다.

지금 서구가 처한 딜레마가 이것을 증거하고 있다. 정신적 기술적 잠재력을 팔아먹은 대가로 지금 유럽에 겨냥되어 있는 로켓을 그와 유사하거나 보다 나은 로켓으로 대응하고 그것으로 인해 부도덕한 게임을 스스로 강요해야 하는 상황으로 들어가면서 이미 유럽 자신이 내버린 가치를 수호하려는 결의를 보여야만 하는가? 그렇지 않으면, 유럽은 물러서버리고 그렇게 함으로써 유럽이 보여줄 수 있는 지구의 운명에 대한 책임감이 어떤 기적의 힘으로 세계의 나머지에 감화를 끼칠 것이라고 희망해야 하는가?

전체주의에 관련하여 서유럽이 저지른 가장 큰 잘못은 전체주의 체제들의 정체를 정확히 이해하는 데 실패하고 있다는 점이라고 나는 생각한다. 전체주의 체제는 궁극적으로 모든 근대문명을 반영하는 볼록거울이며, 그러한 문명의 자기 반성을 전지구적 차원에서 촉구하는 하나의 거칠고 아마도 최종적인 요구라 할 수 있다. 바로 그 점을 무시한다면 유럽의 노력이 어떤 형태를 취하게 되든 본질적인 차이는 아무것도 없을 것이다. 유럽의 대응은, 유럽 자신의 합리주의적 전통의 정신에 따라, 전체주의 체제를 단순히 '보편적 복지'를 성취하려는 어떤 특이한 지방적 시도로 받아들이는 형태를 취할지 모른다. 그럴 경우 오직 악의(惡意)를 가진 사람들만이 그 체제의 팽창주의적 경향을 지적할 것이다. 다른 하나의 대응은 역시 마찬가지의 합리주의적 전통에 따라, 그러나 이번에는 정치를 권력의 기술로 보는 마키아벨리적인 개념에 따라 전체주의적 정권을 팽창주의적인 인접 국가에 의한 순전히 외부적인 위협으로 간주하는 것일 것이다. 이때 팽창주의자들은 적당한 힘의 행사에 의해 수용가능한 범위 안으로 격퇴시킬 수 있는 대상이 되며, 더이상 깊이 생각될 필요가 없다. 그런데 첫번째 대안은 연기를 내뿜는 굴뚝의 현실과 스스로 화해하는 사람의 경우와 같은 것이라 할 수 있다. 그는 연기가 추하고 고약한 냄새를 풍기기는 하지만 종국에는 일반적으로 필요한 상품을 만들어낸다는 좋은 목적에 봉사하기 때문에 받아들일 수밖에 없다고 생각하는 것이다. 두번째의 대안은 문제가 다만 기술적 결함의 문제라고 생각하여 필터나 집진기와 같은 기술적 수단으로 제거될 수 있다고 생각하는 사람의 경우와 같다. 그러나 현실은 불행하게도 보다 더 심각하다고 나는 믿는다. "하늘을 더럽히는" 굴뚝은 단순히 기술적으로 교정할 수 있는 설계상의 결함도 아니고, 보다 나은 소비자사회를 만들기 위해 지불해야 하는 불가피한 세금이 아니다. 그것은 절대적인 것을 폐기해왔고, 자연세계를 무시하여 자연의 명령을 업수히 여기는 한 문명의 상징인 것이다. 그러니까 전체주의 체제들이 경고하는 것은 서구의 합리주의가 승인할 용의가 있는 것보다 훨씬 심각한 것이라고 할 수 있다. 전체주의 체제들은 대부분 서구 합리주의의 필연적인 결과를 보여주는 볼록거울이고, 그러한 뿌리깊은 경향이 기형적으로 확대된 이미지이고, 그 발전의 극단적인 자손이며, 그 자신의 위기의 불길한 산물이다. 저 전체주의 정권들은 단순히 위험스러운 이웃도 아니고, 어떤 종류의 세계진보의 전위는 더욱 아니다. 슬프게도 그 반대이다. 그것들은 이 문명, 처음에는 유럽문명이었다가 다음에는 유럽-아메리카 문명이었지만 궁극적으로는 전지구적인 문명으로 확산된 바로 이 문명이 직면한 전면적 위기의 전위이다. 그것들은 서구에서 수행될 미래학적 연구의 하나가 될 수 있는데, 그것은 언젠가 그들이 서구세계를 공격하고 정복할 것이라는 의미에서가 아니다. 그것은 보다 깊은 의미, 즉 오늘의 전체주의 체제는 벨로라드스키가 일컫는 '비인격화의 종말론'이라는 것이 결국 어떤 세계로 나아갈 것인가를 선명하게 보여준다는 점에서 그렇다.

그것은 아직 무책임한 것은 아니지만 이미 모든 양심의 외부에서 작동하고 있는 익명성의 거만한 관료주의적 권력에 의한 전면적인 지배이다. 그 권력은 진리에 대한 아무런 고려의 필요도 느끼지 않고 어떤 것이든 합리화시킬 수 있는 무소불능의 이데올로기적 허구에 근거하고 있는 권력이다. 그것은 통제와 억압, 공포를 무소불능으로 독점하고 있는 권력이고, 인간의 사고와 도덕과 프라이버시를 국가가 독점하여 비인간화시키는 권력이며, 이미 오래 전부터 자의적인 지배자집단의 문제이기를 그치고, 오히려 모든 사람을 점령하고 삼켜버린 권력, 그리하여 모든 사람이 적어도 침묵을 통해서 그 속에 통합되어버린 권력이다. 어떤 개인도 그 권력을 실제 소유하고 있지는 않다. 왜냐하면 권력 자체가 모든 사람을 소유하고 있기 때문이다. 그것은 인간에 의해 지도되지 않고 그 반대로 '객관적인' — 인간 이성을 포함한 모든 인간적 척도로부터 절연되었다는 의미에서 객관적인, 따라서 전적으로 무책임한 — 자기 관성으로써 모든 사람을 끔찍한 미지의 세계로 끌고 가는 괴물이다.

되풀이하자면, 전체주의 체제는 현재의 문명에 대한 경고와 같은 것이다. 아마도 어떤 장군들은 지구 표면에서 그러한 체제들을 쓸어버리면 만사가 잘될 것이 아니냐고 생각할지도 모른다. 그러나 이러한 생각은 어떤 추하게 생긴 여인이 자신의 추함을 상기시켜주는 거울을 박살냄으로써 그것을 없앨 수 있다고 믿는 것과 다를 바 없다. 그러한 '최종적인 해결책'은 비인격화된 이성이 꾸는 꿈의 전형인데, '최종적'이라는 용어가 선명하게 상기하듯이 꿈을 현실로 바꾸고 그렇게 하여 현실을 악몽으로 만

228

들 수 있는 것이다. 그것은 현재 세계가 직면한 위기를 해결하는 데 실패할 뿐만 아니라 상황을 더욱 악화시킬 뿐이다. 그것은 이 문명이 짊어진 가뜩이나 무거운 짐에다가 장차 수백만명의 죽음을 보탬으로써 전체주의로 가려는 본질적인 경향을 막기는커녕, 오히려 그것을 가속화시키게 될 것이다. 그것은 보람 없는 승리가 되어, 싸움이 끝난 뒤의 승자와 패자의 모습은 오늘 우리가 시인하고 받아들일 수 있는 것보다 훨씬더 많이 닮아 있을 수밖에 없을 것이다. 조그만 예를 들어보자. 순진성이건 원칙 때문이건 두려움이나 악의이건 어떤 이유에서건 그 노력에 동참하기를 거부하는 사람들을 수용하기 위해 나라와 민주주의, 진보와 전시훈련의 이름으로 얼마나 거대한 수용소군도가 서구에 세워져야 할 것인가를 상상해보라!

어떠한 악도 그것의 징후를 억눌러서 제거된 일은 없다. 우리는 원인 그 자체를 다루어야 할 필요가 있다.

진흙으로 만든 궁전

민중과 함께하는 건축

하싼 파디

우리에게는 새로운 방식의 지식이 필요하다. 강제적인 산업화가 우리 자신이 우리의 기본 필요를 충족시키는 데 참여할 수 있는 가능성을 빼앗아버린 것과 같이, 학교에서 배우는 강제된 학문적 지식은 우리를 자연으로부터 떼어놓았다. 우리는 기성품으로 되어있는 해결책, 따라하기만 하면 되는 조립식의 개념만을 가지고 있다. 우리는 주거문제처럼 높은 현금 지출이 요구되는 분야에서 자신의 손과 잠재력을 사용하여 문제를 해결하는 것으로부터 단절되어 있다. 우리는 현금경제 속에 통합되어 있다. 이 통합에 의해 우리는 현금이 없는 가난한 사람들에게 현금경제를 강요하였다. 제3세계의 1인당 연수입은 25~30파운드이다. 그런 수입을 가진 사람이 어떻게 현금이 필요한 산업재료로 집을 짓기 위해 건축가와 청부업자

하싼 파디 (Hassan Fathy) ― 이집트 출신으로 영국에서 건축을 공부한 세계적인 흙건축가. 자본과 관료와 기술전문가의 시각이 아니라 민중 자신의 토착적 지혜와 창조성이 삶과 문화의 기준이 되어야 한다는 그의 건축사상은 우리말로도 번역되어 있는 《이집트 구르나 마을의 이야기》에서 자세히 전개되어 있다. 이 글은 이른바 대안적 노벨상이라고 하는 스웨덴의 '바른생활상'의 1981년 수상자로서 그가 행한 연설문이다.

를 고용할 수 있겠는가? 이러한 사람들에게 현금경제를 강요한 결과로 내가 '경제적 불가촉천민'이라고 부르는 계층이 생겨났다. 그들은 현금경제에 통합될 수 없고, 또 스스로 무슨 일이든 할 수도 없게 되었기 때문이다. 그 결과는, 유엔의 통계자료에 의하면 20년 전에 제3세계에서 8억명이 영양실조나 그밖의 다른 경우는 제외하고라도, 순전히 열악한 주거 때문에 제명대로 살지 못하고 죽은 것이다. 나는 이 수치가 지금은 분명 10억을 넘을 거라고 생각하는데, 그들은 9억 '밖에' 안된다고 말한다.

오늘날 성행하고 있는 체제는 건축가 / 청부업자 체제인데, 건축가가 설계를 하고 청부업자가 그에 따라 집을 지음으로써 주인은 완전히 배제되어 있다. 집 없는 9억의 문제를 해결하기 위해서 우리는 낮은 비용이 드는 주거가 아니라 비용이 들지 않는 주거를 마련해야 한다. 우리는 기술과 과학을 돈 없는 사람들, 즉 민중의 경제에 종속시켜야 하는 것이지 그 반대로 해서는 안된다. 이것은 의식이 있는 현대 건축가의 역할이며 우리의 커다란 책임이다. 지금까지 많은 정부나 국제기구들은 건축비와 산업화된 자재의 비용을 줄이는 방법을 찾는 것으로 문제를 해결하려 하였다. 그들은 조립식 건축 판넬을 만들도록 콘크리트 진탕기와 진동기 등을 공급함으로써 제3세계를 위한 이른바 자조체계를 지원하였다. 그러나 이러한 제도를 20년 동안 실험해보고 나서 그들은 그것이 소용없다고 고백할 수밖에 없었다. 연간 25파운드의 수입을 가진 사람이 시멘트나 콘크리트 같은 산업화된 건축자재를 살 수가 없기 때문이다. 문제는 진탕기나 진동기에 있는 것이 아니라 무엇을 섞고 다지고 하느냐이다. 우리는 우리가 가지고 있고 살 수 있는 것, 우리의 노동, 우리의 손, 우리 발 밑에 있는 것에 의존해야 한다. 해결책은 자연이 제공한다. 우리의 조상인 동굴인들은 곡식을 타작한 뒤에 흙과 뒤섞인 짚이 단단한 덩어리를 만든다는 것을 알았다. 흙의 분자는 충분히 잘 엉기지 않기 때문에 안정시키는 요소가 있어야 된다. 추수기에 진흙에 섞인 짚이 사람들에게 흙벽돌, 벽을 쌓는 어도비벽돌을 만드는 방법을 알려주었다. 지붕의 문제에 봉착했을 때 원시인들은 목재나 다른 재료를 사용했다. 그러나 항상 목재가 마련되어 있지는 않았다.

이란, 이집트, 리비아, 튜니지아에서 사람들은 해결책을 찾아내었다. 진흙벽돌은 압력은 견딜 수 있지만 장력(張力)은 견디지 못한다. 사람들은 벽돌을 잇대어 쌓는데 수직선을 벽에 기대어 약간 기울여 벽돌이 경사진 면 위에 있게 함으로써 지붕을 만드는 방법을 발명했다. 접착력은 벽돌의 무게를 각의 코사인으로 곱한 것을 벽돌의 면적으로 나눈 것이다. 그들은 가로 25cm, 세로 15cm에 두께가 5cm밖에 안되는 아주 가벼운 어도비벽돌을 사용해야 한다는 것을 알았다.

일단 이런 사실을 알게 되면 현대과학은 진흙의 물리적, 기계적 특징 등을 알려줌으로써 도움이 될 수 있고, 진흙이 습한 기후에서 오래 가지 못하는 문제를 역청유상액으로 안정시킴으로써 해결하기까지 한다.

진흙벽돌을 사용하려는 사람들은 삼중주의 연주자가 되어야 한다. 첼로 주자는 토양의 성질을 잘 파악하고 있는 토양기술자가 될 것이고 바이올린주자는 건축기술자가 될 것이다. 건축가는 지휘자가 될 것이다. 우리는 손의 노동 외에는 아무 비용도 들지 않는 진흙벽돌을 사용해서 철근과 콘크리트와 같은 안정도를 낼 수 있다. 고대로부터 지금까지 남아있는 예들이 있다. 볼트작업은 역사의 아주 옛날까지 거슬러 올라간다. 이집트에서 내가 아는 최초의 예는 약 5천년 전인 제3제국의 것이다. 그들은 파라볼 볼트를 홍예틀로 사용해서 아치를 세웠다. 남부이집트의 오아시스에도 또 하나의 예가 있다. 기원후 4세기에 기독교도들이 로마인에게 박해를 받아 한 무리가 사막으로 달아났다. 그들은 발 밑의 땅밖에는 아무것도 가진 것이 없었다. 그들은 발 밑에 있는 진흙을 사용하여, 모두 둥근 지붕이 있는 250개 정도의 건축물을 지었다. 이 모범이 아직도 서 있다. '전문가'들은 진흙벽돌은 오래가지 않을 것이며 진흙이 잘 부서지기 때문에 유지비가 천문학적인 액수가 될 것이라고 말한다. 그러나 이 건축물들은 건축가와 기술자들이 연구해왔다.

내 생각에는 어떤 계획이나 아이디어의 가치는, 그것이 민중을 위한 것인가 아니면 정치학이나 경제학 등을 위한 것인가라는 질문에 대한 대답에 있다. 우리가 민중에게 주택을 마련해주려 할 때 우리는 민중의 삶의 질에 대하여, 즉 우리가 봉사하는 민중의 삶의 질에 대하여 생각해야 한다. 예를 들어 한 방에서 스무명이 자야 될 경우에는 환기장치가 달라져야 한다. 우리는 미학적인 요소를 고려해야 한다. 사람들이 자기의 손을 가지고 일을 했을 때 그들은 자기들이 만드는 것들을 모두 아름답게 만들곤 했다. 전함에조차도 그들은 아주 멋진 도안을 새겨넣곤 했는데 그것은 사람이 목재와 상호작용을 하고 있었기 때문이다. 그러나 기계는 아름다움을 좋아하지 않는다.

어떤 변화는 그 영향을 나타내는 데 시간이 걸린다. 만일 우리가 6층에서 뛰어내리고 우리의 다리가 6개월 후에 부러진다면, 사람들은 원인과 결과를 연관짓지 않을 것이므로 다리가 부러지는 사람이 많을 것이다. 우리가 저지르는 잘못들 중의 어떤 것은 그것이 드러나는 데 시간이 필요하다. 다섯명의 가족이 5에이커의 농사를 지을 수 있는데, 누가 트랙터와 경운기를 주어서 5에이커의 스무배의 농사를 지을 수 있다면 그것은 진보라고 생각된다. 그러나 우리는 다른 열아홉 가구의 농사를 빼앗은 것이다. 그들은 무얼 해서 먹고 산단 말인가? 쟁기를 만드는 사람, 마을의 직조공, 그리고 마을 안에서 충족되던 모든 기술들을 배제해버렸다. 트랙터는 소처럼 풀을 먹지 않고 우유를 주지도 않고 거름을 주지도 않는다. 오직 유독한 가스만 내어놓는다. 그것은 연료와 부속품을 필요로 하고 시골의 경제를 변화시킨다.

하느님은 식물과 동물세계로 둘러싸인 자연 속에 인간을 창조하였다. 그런데 우리의 도시에는 아스팔트와 철, 알루미늄, 콘크리트밖에 없다. 우주의 방사선을 고려할 때 우리의 주위를 둘러쌀 수 있는 가장 좋은 물질은 나무이다. 가장 나쁜 것은 이로운 방사선을 차단하는 콘크리트이다. 물은 달에서 오는 우주선(宇宙線)에 영향을 받는데, 우리의 몸은 거의 물로 되어있으므로 역시 영향을 받는다. 그렇지만 우리는 이런 것들에 대하여 생각하는 일이 없다. 현대인은 이런 우주적 의식을 잃어버렸다. 프랑스의 성당은 하늘의 처녀좌가 지구에 반영된 표시를 나타내는 위치에 건립되었다. 어째서인가? 우리는 하나의 체계의 부분이다. 만일 내가 자신을 그 체계 속에 통합시키면 그 체계 속의 모든 요소들이 나를 도울 것이다. 내가 손가락을 베이면 내 몸의 모든 요소들이 그것을 치유하려고 할 것이다. 그러나 손가락이 몸에서 분리되어 있다면 그것은 치유될 수 없을 것이다.

어떻게 하여 건축가 / 청부업자의 체계에서 건축가-주인 / 집짓는 사람의 체계로 갈 것인가? 이것은 관련된 사람들 사이의 관계에 큰 변화가 있어야 된다. 1인당 소득이 25파운드인 사회에서는 그들이 주로 협동에 의지해서 현금경제 밖에서 살고 있지 않다면, 그들의 생존 자체를 설명할 수가 없다. 한 사람이 집 한 채를 지을 수는 없지만 열 사람이 열 채의 집을 쉽게 지을 수 있고 백 채라도 지을 수 있다. 우리에게는 전통적인 협동의 방식이 우리사회에서 작용하도록 허용하는 체계가 필요하다. 내가 문 밖에 나서는 순간 수백만 가운데 하나라는 익명성 속으로 휩쓸려버리는 도시에서 나는 협동을 할 수 없다. 우리는 내가 너를 위해 집을 지어주고 네가 나에게 집을 지어주는 새로운 이웃을 만들어야 한다. (즉 서로 똑같은 도움을 주고받는다는 것이다.)

집을 짓기 위해서, 문화를 위해서, 아름다운 모양을 만들기 위해서 우리의 근육을 적당히 사용하지 않는다는 것은 얼마나 큰 에너지의 낭비인가! 축구에 낭비되는 에너지를 생각해보라, 공을 쫓아 달리고 골에 넣으면 끝나버리는…. 수백만의 사람들이 축구에 대해서 갖는 것과 같은 관심을 건축에 쏟게 할 수만 있다면!

증오와 파괴 대신에 우리는 사랑과 건설을 누릴 수 있을 것이다. 왜냐하면 건설 자체가 그러한 영향을 가지고 있으니까. 모든 행동, 우리가 하는 모든 것이 우리의 기본적 본성에 영향을 미친다. 고대사회에서는 하늘을 반영하는 사원건축이 있었다. 그래서 태양의 각도가 달라지면 그들은 사원을 철거하고 새로운 치수와 방위에 따라 다시 지었다! 우리는 건물을 지을 때 참고로 하는 기준이 무엇인가? 현대과학, 물리학의 발견들인가? 그러나 우리들은 그것조차도 고려에 넣지 않는다. 우리는 오늘날 사막에 짓는 '현대'식 가옥들에 커다란 창문을 내어 그 창문 하나마다 한 시간에 수천 킬로칼로리의 열량이 들어오게 한다. 거기에는 많은 냉방장치와 많은 현금이 필요한데 현금이 다 떨어지면 그 사람들은 자신과 그 집들을 어떻게 할 것인가?

우리는 기술과 과학이 가난하고 돈없는 사람들의 경제에 종속되게 해야 한다. 우리는 미적 요소를 더해야 하는데 왜냐하면 더 값싸게 집을 지을수록 사람을 존경하도록 더 아름답게 만들어야 하기 때문이다. 사람이 스스로 집을 지을 때 그는 자신의 손으로 모든 것을 아름답게 만들었다. 건축가가 가난한 사람들을 위하여 집을 지을 때 미적 관점에서 그들에게 무엇을 제공하는가?《건축가가 없는 건축》이라는 책이 있다. 나는 현재의 건축, 표준적인 건축물을 볼 때 어느 것이 건축가가 있는 건축이고 어느 것이 건축가가 없는 건축인지 알지 못한다. 우리가 지나치게 단순화하고 노력을 지나치게 줄였기 때문에 현대의 가옥은 값을 지불하고 자기의 얼굴을 그리게 한 주인의 초상화 같은 것이 되었다. 우리가 부자를 위하여 설계를 할 때는 미적 요소, 기능적 요소, 거주자의 수 등을 염두에 둔다. 그러나 9억을 위하여 설계할 때에는 하나의 집을 설계해서 유럽에서든 아프리카에서든 인도에서든 그리고 다른 어느 곳에서든 그것을 수없이 복제해 짓는다. 우리는 콘크리트를 사용하고 콘크리트는 공간의 조절이나 자재의 접합 등을 허용하지 않기 때문이다.

나는 우리의 마을과 도시에 음악성과 화음을 도입하고 싶다. 생리학적으로 눈은 한번에 한 점 이상을 보지 못하고 이것들을 차례로 뇌에 보낸다. 우리는 음악을 들을 때 하나하나의 음을 차례로 들어서 두뇌에서 멜로디를 느낀다. 그렇게 하여 우리는 두뇌에서 영상을 갖게 되는데 그것은 아주 빠르게 일어나는 일이므로 순간적인 것으로 생각하지만 실은 그렇지 않다. 내가 방을 둘러보면 나의 눈은 선을 따라 움직인다. 그것들이 조화로우면 나는 행복하게 느낀다. 선들이 뒤죽박죽이면 나는 신경질적으로 되지만 왜 그런지 모른다. 나는 눈도 귀처럼 고통을 느낄 줄 알아서 흉한 것을 보면 충혈이 되고 눈물이 나고 했으면 좋겠다. 무의식적으로 우리는 부조화를 느낀다.

재료는 형태가 없고 중립적이다. 0.5입방미터의 진흙으로 로댕은 '생각하는 사람'을 만들었다. 파라오의 궁전들은 모두 진흙벽돌로 되어있었다. 뉴멕시코에 인디언 시대의 것으로 진흙벽돌로만 지어진 건축의 유형이 있다. 이란에서는 아주 재미있는 기술을 사용했다. 나는 바람이 불어 들어오도록 차례대로 세 개의 궁륭으로 덮여있는 어도비벽돌로 지은 마을 학교를 보았다. 그 길이는 6미터나 되었다! 토양역학과 구조 등 현대과학을 장인의 솜씨와 결합시켜 그러한 궁륭을 수백만의 가옥에 만들어 넣을 수 있다. 그런데 우리는 덥고 습한 지역에서 주름진 철판으로 된 지붕을 쓰는데, 현금으로 값을 지불해야 하고 열이 차단되지 않는 것이다. 한번은 이집트의 모든 건축가와 기술자들에게 농촌주택을 위한 아이디어를 내도록 청한 일이 있다. 카이로에 있는 건축연구센터의 마당에 모형건물이 세워졌다. 완전히 조립식인 초현대적인 것이 있었고 진흙벽돌로 된 것이 있었다. 4월에 조립식 건물의 내부 온도는 진흙벽돌집의 온도보다 섭씨 7도 높았다. 진흙벽돌집의 내부 온도는 24시간 동안에 2℃ 이상 변하지 않았고 받아들일 수 있는 온도의 범위를 벗어나지 않았다. 초현대식 콘크리트로 된 모형건물에서는 아침에 한 시간 동안과 저녁에 한 시간 동안말고는 그 온도 범위에 들어가지를 못했다. 때로는 바깥 온도보다도 실내 온도가 더 높았다. 그러니 이 '현대적' 건물은 현대물리학, 기체역학, 사회학, 사회심리학, 생리학 등등의 발견들을 무시한 것이다. 현대적으로 되고자 한다면 이 모든 과학들을 고려해야 한다. 건축에서는 인간과학이 가장 중요하다.
　하느님은 단지 현대적이 되기 위해서 코를 입 위에 두었다가 목 뒤에 두었다가 하면서 얼굴의 설계를 바꾸지는 않았다. 하느님이 진흙으로 인간을 만들었을 때 그는 천사들에게 아담에게 절을 하라고 하였다. 모두들 절을 하였는데 하느님이 콘크리트로 인간을 만들기를 원했던 사탄만은 절을 하지 않았다!

IV

가이아 경제학

호세 루첸버거

가이아 개념은 영국의 기상학자 제임스 러브로크와 미국인으로서 우리 시대의 위대한 생물학자 중의 한 사람인 린 마굴리스가 쓴 책 속에서 처음 제기되었다. 생물권과 대기권과 지각(地殼)과 수계(水界)가 화합을 이루어 활동하고 있는 거대한 기능적 단위를 가리킬 때 조금 덜 감정적인 생태학자라면 '생태권'이라는 용어를 쓴다. 러브로크는 의도적으로 '가이아' 라는 말을 택했는데 이것은 감정이 담겨있는 말인 것이다. 그가 일부러 이러한 여성적인 이름을 선택한 것은(가이아Gaia는 희랍신화에서 대지의 여신을 가리킨다 – 역주) 그가 보기에 생태권은 단순히 하나의 죽은, 기능적인, 인공두뇌학적으로 균형을 갖추고 있는 단위가 아니라 그것 나름으로 하나의 살아있는 존재이기 때문이었다. 실제로 바로 이것이 가이아이다. 이 행성(行星) 위에서의 생명은 하나의 거대한 유기체이며 우리 인간들과 여타 수백만의 생물종은 그 유기체 조직의 세포일 뿐이다.

호세 루첸버거 (José Lutsenberger) – 유명한 생태운동가로서 특히 아마존 열대우림의 파괴의 실상을 세계에 알려왔는데, 최근 브라질 민선 대통령에 의해서 환경담당장관에 임명되었다. 이 글의 출전은 Mary Inglis가 편집한 *The New Economic Agenda* (1984)에 실려있는 "Gaian Economics"이다.

러브로크는 이 행성에서 생명이 가능하게 되고, 35억년 동안 생존이 계속될 수 있게 한 정교한 재순환과 기후조절의 메커니즘의 많은 예들을 보여준다. 그 긴 세월 동안 생명은 진화하고 다양화하여 믿을 수 없을 만큼의 유기적 진화의 교향악을 형성하였는데 그 속에서 우리는 — 최근에 매우 위험스럽게 되기는 했지만 — 오직 매우 작은 부분일 뿐이다.

러브로크는 삶에 결정적인 요소들을 재순환시키는 메커니즘을 설명한다. 생명이 유지되기 위해서는 약 스물다섯 개의 원소가 필요하고 이 원소들 — 탄소, 산소, 수소, 질소, 유황, 칼륨, 칼슘, 나트륨, 마그네슘, 망간, 철, 구리, 코발트, 기타 — 은 끊임없이 재순환되지 않으면 안된다. 이렇게 되지 않았다면 생명은 수십억년 전에 끝났을 것이다. 예를 들면, 살아있는 존재에 대단히 중요한 원소인 유황은 만일 그것이 재순환되지 않으면 육지에서 금세 고갈되어버릴 것이다. 그런데 아주 최근에야 대륙붕의 비옥한 물 속에 살고 있는 특수한 종류의 해초에 의해서 유황이 재생된다는 사실이 발견된 것이다. 원소들은 각기 육지에서 바다로, 대기로, 그리고 되돌아 육지로 끊임없이 재순환되고 있다. 우리가 현명하다면 우리는 가이아를 파괴하지 않도록, 그러한 순환과정을 깨뜨리거나 간섭하지 않도록 주의할 것이다. 그러나 불행하게도 현대산업사회는 바로 그러한 파괴를 일삼는 인간행동의 양태를 풀어놓았다.

이러한 문제에 관심을 가지고 가이아에 대한 파괴를 멈추고자 하는 사람들의 집단이 소수이긴 하나 빠르게 커가고 있다. 우리는 어디에서 우리가 잘못 가고 있는지 이해하지 않으면 안된다. 현대산업사회는 일련의 그릇된 가정에 기초해 있는데, 그것은 생명과 자연의 법칙에 반하는 신념과 주장들로 이루어져 있는 것이다. 그것은 가이아의 존재나 인공두뇌학적 균형을 유지하는 메커니즘을 고려하지 않는다. 그것은 또한 우리가 가이아에 의존해 있다는 사실, 가이아는 우리 없이도 살아남을 수 있지만 우리는 가이아 없이 살아남을 수 없다는 사실을 고려하지 않는다.

실제 우리가 이 행성 위에 하나의 종(種)으로서 나타나기 수십억년 전부터 가이아는 존재해 있었다. 이 행성 위에 생명이 처음 구성된 이래의

35억년에 비해 볼 때 3, 4백만년이란 도대체 무엇인가? 생명의 원초적 탄생기에 어떤 복잡성을 갖춘 최초의 유기분자가 형성되었다. 그 다음에 아마도 10억년 동안 유기화학적 진화가 이루어졌고, 그 뒤 세포에 있어서 진화가 이루어졌다. 더욱더 복잡한 유기체들이 진화하여 프리캄브리안기(期)라고 불리는 지질학적 시기의 끝 무렵인 약 6억년 전에 해양에서 비교적 복잡한 생물들이 출현하였다. 1억 또는 2억년 뒤에 최초로 바다로부터 유기체가 기어나와서 육지를 식민화했다. 가이아는 우리보다 훨씬 나이들었고, 우리 없이 살아남을 수 있다. 그러나 우리는 가이아 없이 살아남을 수 없다.

만일 우리가 영리하다면 우리는 말하자면 가이아의 두뇌조직을 이룰 수 있을지 모른다. 우리는 위대한 교향악의 지휘자로서의 역할을 떠맡을 수 있다. 그러나 우리가 어리석다면 우리는 감염된 상처 농(膿) 속의 박테리아처럼 버림받게 될지 모른다. 가이아는 계속될 것이다. 가이아는 어떤 좀더 초기의 ─ 아마도 더 단순한 ─ 형태로 되돌아갈 것이다. 그러나 우리의 태양이 지나치게 뜨거워져서 지구를 삼키고 그 자신도 서서히 죽어갈 때까지는 아직도 50억년이 더 걸릴 것이다.

러브록은 가이아가 스스로 살아남기 위한 조건들을 어떻게 통제하는지를 흥미롭게 설명하고 있다. 지구상의 삶은 굉장히 좁은 범위의 온도, 즉 섭씨 0도에서 섭씨 50도 사이에서만 가능하다. 소수의 희귀한 박테리아들은 섭씨 70도에 이르는 뜨거운 물 속에서도 생존할 수 있지만 대부분의 살아있는 존재들은 섭씨 50도 이상에서는 죽는다. 그런데 우리의 태양은 이 행성에 생명이 처음 나타났을 때보다 지금 두배나 뜨거운데, 지구의 온화한 기온은 비교적 안정되게 유지되어왔다. 가이아가 그러한 기온의 안정성을 어떻게 이루어왔는가 하는 것은 대기로부터 탄산가스를 추출하여 그것을 석탄이나 천연가스와 같은 화석퇴적물의 형태로 땅 속에, 그리고 거대한 생물체계 특히 열대우림이나 토양부식질 속에 저장하였기 때문이다. 그런데 오늘날 우리 인간들은 ─ 우리 자신들이 그렇게나 총명하고 자연보다 우월하다고 생각하는 우리들은 ─ 그 모든 탄산가스를 대기 중에 되돌려 넣고 있는 것이다. 우리는 우리의 삼림을 파괴하고, 우리의 토양 속의 부식질을 저하시키고, 화석퇴적물을 불태워버리고 있다. 우리는 화석퇴적물을 마치 그것이 우리만을 위해 창조된 것인 양 우리의 탐욕 속에서 화석연료라고 부르고 있다.

특히 지난 수년 동안 기후가 혼란스러워지는 것처럼 보이는 것은 그리 놀라워할 일이 아니다. 전세계에 걸쳐 기상은 불규칙해지고 있다. 비가 내려야 할 곳이 건조해지고, 그 반대현상도 일어난다. 예를 들어 내 고향 브라질에서는 건조한 날씨여야 할 때 약 5개월간 계속적으로 비가 내렸고, 바로 이웃나라에서는 5개월간 가뭄이 계속되었다. 유럽에서는 당연히 추워야 할 때 더웠고, 더워야 할 때 추웠다. 이런 현상은 50년 또는 백여 년마다 일어나는 일시적인 부침일지도 모르지만, 다른 한편으로 앞으로 닥칠 보다 심각한 어떤 것의 전조인지도 모른다.

현대산업사회는 정교하게 조율되어 있는 가이아의 조절 메커니즘을 간섭하고 있다. 우리는 탄산가스 균형에 간섭을 가하고 있을 뿐만 아니라 오존 균형을 교란시키고, 보다 많은 먼지를 대기 중에 집어넣고, 삼림을 파괴하여 토양의 반사력을 변화시키고 있다. 비가 우림지역에 내릴 때 그런 지역에서의 놀라운 증발발산율로 인하여 약 40시간 내에 빗물의 70퍼센트가 대기 중에 되돌아간다. 그런데 숲이 벌채되고 벌거벗은 토양이 남게 될 때 거의 수직적인 적도의 태양광선이 토양을 섭씨 50~60도까지 덥히게 된다. 그러면 새로운 구름을 만들고 비가 재순환되게 하는 증발발산 대신에 구름을 해체시키는 뜨거운 가뭄이 계속되는 것이다.

우리의 행동은 큰 비행기의 조종석에서 자기들이 무슨 짓을 하고 있는지도 모르면서 조종기계들을 가지고 장난하는 한떼의 원숭이들에 흡사한데, 이제 그 비행기는 이미 흔들리고 있는 것이다. 어째서 우리는 그런 식으로 행동하고 있는가? 어째서 가이아의 신진대사 기제에 대한 우리의 간섭의 규모가 바로 그 신진대사의 규모 자체에 비견할 만한 지점에 우리가 이르렀는가? 어째서 우리는 이 모든 정교하게 조율된 항상성(恒常性)의 메커니즘을 교란하고 있는가?

현대산업주의는 광신적인 종교운동에 비유할 수 있지만, 그러나 그것은 예컨대 천년 전에 지중해 지역에 밀어닥치던 이슬람의 진격보다도 훨씬더 광적이고 치열하다. 산업주의는 어떠한 옛 전통종교도 필적할 수 없는 신념의 힘과 선교 정열과 사제들에 대한 보상으로 움직이는 하나의 운동이다. 그렇기 때문에 그것은 그렇게나 성공적인 것이다. 그것은 이미 거의 전지구를 정복하였다. 아직 옛날 방식에 집착하고 있는 몇 안되는 토착적이고 개성적인 문화들은 지금도 파괴되거나 흡수되고 있는 중이다. 그러한 문화권의 사람들이 이 광적인 종교에 맞닥뜨리는 순간 그들은 지독한 무기력을 경험한다. 남미 인디언들이 우리가 문명이라고 부르는 것에 접촉하는 것을 본 사람이면 누구든지 내가 말하는 것이 무슨 뜻인지를 알 것이다. 그들은 즉각적으로 전면적인 사기저하를 경험하고 절대적으로 무력해진다. 일찍이 이처럼 모든 다른 문화에 대하여 산업주의가 가하는 것과 같은 능력을 가졌던 종교는 없었다. 이 지구에는 실제 오직 하나의 문화만이 남게 되었는데, 그것은 산업문화이다. 다른 모든 것들은 소멸될 운명인 것으로 보인다. 나는 우리가 아직 몇몇 문화를 건질 수 있기를 희망하지만, 그렇게 되기 위해서는 무엇이 일어나고 있는지 우리 모두가 충분히 인식해야 한다.

　　우리의 선교 정열은 엄청나서 다른 문화들이 모두 변화하기를 우리는 원한다. 몇달 전에 나는 우리의 인디언 관계 관청의 공무원과 얘기를 나누면서 얼마 남아있지 않은 소수의 인디언 문화를 보존해야 한다고 주장했다. 그는 충격을 받았다. 그가 말하기를, "그러나 이 사람들은 인간 이하의 삶을 살고 있습니다. 우리는 그들이 문명화되도록 도와줘야 합니다. 우리는 그들을 우리의 소비사회 속으로 통합시켜야 합니다. 그들은 아직 돈이 무엇인지조차 모릅니다. 상상해보십시오! 그들이 얼마나 뒤늦었는지를요!"

　　오늘날 우리는 세계를 개발지역과 저개발지역으로 나누고, 모든 정부의 언명된 목표는 최후의 저개발지역까지 개발시킨다는 것이다. 우리는 모든 사람이 뉴욕 사람들처럼 되기를 바라고 있다. 이것이 외국원조가 기도하는 것이다. 즉 저 후진적인 사람들을 '현대화'하도록 돕는다는 것이다. 아직 그 원초적 형태가 건드려지지 않고 있는 아마존 삼림은 세계에서 가장 후미진 곳으로 간주되고 있다. 거기에는 엘리베이터도 비행기도 큰 빌딩도 없고 다만 건드려지지 않은 숲만이 있을 뿐이다. "그런 식으로 남아있을 수는 없다. 그걸 개발하기 위해 우리가 무엇인가 하지 않으면 안된다"라고 우리는 말한다.

쉘사(社)의 피터 슈바르츠는 그들이 브라질에 제공하는 50억 달러 알루미늄 공장 프로젝트에 대해 언급하였다. 이것은 어마어마하게 악질적인 프로젝트이다. 그것이 의미하는 것은 온 산들을 파괴하는 것인데, 이미 그것은 인디언 부족들 전체를 주변으로 밀려나게 했다. 인디언 부족들의 문화는 수만년의 전통을 가진 것이고 그로부터 우리가 많은 것을 배울 수 있는 문화이다. 그런 문화가 그냥 그대로 제거되었다. 어떤 인디언 부족들은 기관총에 의해 소탕되었는데, 물론 쉘에 의해서가 아니고 쉘을 위해 길을 터준 사람들에 의해서였다. 알루미늄 공장은 20만 헥타르의 원시림을 잠기게 하는 커다란 댐으로부터 전력을 공급받게 될 것이다. 삼림이 먼저 벌채되게 되어있었고, 그것을 위해 세계은행으로부터 4억 달러가 제공되었지만 마지막에 가서 그 돈이 이 목적을 위해 사용되지 않았고 그 결과 삼림은 아직 그대로 남아있다.

그 지역으로부터 주민들을 쫓아내는 데 사용되는 도구 중의 하나는 다우 케미칼사(社)가 제조한, 2,4,5-T라고 불리는 제초제였다. 이것은 또다른 제초제인 2,4-D와 함께 베트남전에서 사용되었다. 거기에서 수만 평방킬로미터의 숲이 죽었다. 기술관료들과 군인들이 완곡어법으로 '고엽제'라고 불렀으나 그것은 사실상 제초제로서 숲을 깡그리 파괴하였다. 수몰지역으로부터 사람들을 아무런 보상도 해줄 필요 없이 옮기기 위해서 개발자들은 주민들이 생존을 위해 의존하고 있는 커다란 브라질 밤나무들과 고무나무들이 자라고 있는 지역으로 들어가서 그곳 주민들이 생계수단을 잃어버리고 옮겨가지 않을 수 없도록, 2,4,5-T를 가지고 모든 나무들에 물감칠을 해버렸다. 그같은 일이 다른 곳에서도 일어나고 있다. 브라질에 속하는 아마존의 서부내륙 지역에서는 대지주들과 남쪽으로부터 온 기업가들이 사람들을 내쫓기 위하여 미국인들이 인도차이나에서 했던 것과 같은 방식으로 비행기에서 제초제를 뿌림으로써 천연 고무나무들을 파괴하고 있다. 그들이 거기서 무엇을 하고 싶어하는지 아는가?

그들은 거기에 고무나무들을 심고자 하는 것이다. 그런데 그들이 꾀하는 것은 제초제와 살충제와 살균제의 사용을 필요로 하는 거대한 단작(單作)인데, 그로부터 얻은 이윤은 이미 너무 많은 돈을 가진 소수의 사람들을 더 부유하게 만들 것이다. 숲속의 천연 고무나무를 통하여 훌륭하게 생계를 꾸려왔고 숲은 보존에 관심을 가진 모든 사람들은 주변으로 밀려났다. 그들은 일용노동자들이 되거나 어떤 빈민가에서 굶주려 죽게 될 것이다.

이 모든 거창한 프로젝트들의 수혜자는 소수의 부패한 브라질 정치가들, 그리고 미국인이건 독일인이건 프랑스인이건 화란인이건 또는 어떤 나라 사람이건 힘센 기업가들과 몇몇 거대 다국적기업들이다. 아마존 숲은 아마존 사람들에 의해 파괴되고 있지 않다. 그것은 외부의 힘에 의해서, 자본을 증식하기 위해 거기로 간 사람들, 그러나 실제 그런 돈도 필요하지 않는 사람들에 의해서 파괴되고 있다. 그들은 그곳을 텅 빈 장소라고 간주하면서 거기로 들어간다. 그러나 그곳은 텅 비어있지 않다. 오히려 그곳은 다른 양식의 삶, 자연과 조화를 이룬 매우 행복하고 아름다운 삶의 양식을 가진 사람들로 가득 차 있다.

이런 계획에 책임이 있는 기술관료들에게 말을 걸면 그들은 언제나 이렇게 말한다. "네, 우리는 피해를 최소한으로 하기 위해 우리가 할 수 있는 주의를 다할 것입니다." 물론 인간은 실수를 하면서 배울 권리가 있다. 그러나 우리가 범할 권리가 없는 한 가지 종류의 실수가 있는데, 그것은 돌이킬 수 없는 결과를 가져오는 실수이다. 일단 우리가 열대우림을 베어버리면 그것은 다시 돌아오지 않을 것이다. 열대우림 밑에는 세계에서 가장 빈약한 토양이 있다. 왜냐하면 우림지역 생태계에서는 자양분들이 모두 순환하고 있기 때문에 그 토양에는 아무런 자양분이 쌓여있지 않기 때문이다.

이런 종류의 악독한 행동은 자본주의에만 전형적인 것이 아니다. 공산주의라고 부르는 나라들에서도 같은 일이 일어난다. 실제 공산주의와 자본주의 간의 차이는 내가 보기에 가톨릭과 개신교 간의 차이와 같은 관계이다. 가톨릭과 개신교가 모두 기독교인 것처럼 공산주의와 자본주의는 둘 다 기술관료적이며 산업주의적이다. 옛 전통종교에서 사제들은 교리와 도그마와 만도와 의식을 통하여 권력을 행사하고 유지하였다. 현대 기술관료라는 사제직은 매우 특정한 형태의 이데올로기와 기술공학적 하부구조를 통하여 자신의 권력을 유지하고 강화한다. 한 가지 특별한 면은 전통종교들과 반대로 이러한 이데올로기는 공개적으로 결코 진술되지 않는다는 것이다. 가톨릭교회의 도그마를 알고자 한다면 우리는 단지 교리문답이나 성인록들을 읽어보기만 하면 된다. 공산주의 이데올로기를 알고자 한다면 우리가 해야 할 것이라고는 맑스, 엥겔스 또는 레닌의 책을 읽기만 하면 되고, 그들이 무슨 말을 하는지 정확히 그 의미를 알게 된다. 히틀러가 계획한 바를 알고자 한다면 그것에 관해 그의 책 《나의 투쟁》을 읽어볼 수 있다. 그러나 현대산업사회, 기술관료의 이데올로기는 결코 공개적으로 진술되지 않는다. 그러나 그것은 정치가들과 공공행정가들과 특히 경영가들이 말하는 모든 것 속에 암시되어 있다. 우리는 그것이 공개화되어 있지 않기 때문에 그 이데올로기를 받아들인다. 교회들조차도 최근까지 그 합창에 동참했고, 세상에 나가서 사람들을 '진보'로 개종시키려고 노력하였다.

현대산업사회는 많은 숨겨진 도그마를 갖고 있다. 나는 그 중 몇개만을 여기서 언급하려고 한다. 첫째 도그마는 기술관료들이 창안한 것이 아니다. 그것은 유태-기독교 전통으로부터 온 것인데, 인간중심적으로 세계를 보는 관점이다. 우리는 우리 자신이 이 행성 위에서 유일하게 중요한 생물체라고 생각한다. 우리들 가운데 아주 드물게 몇 사람만이 — 알버트 슈바이처나 아씨시의 성 프란체스코 같은 사람만이 — 세계를 보는 상이한 방식을 갖고 있었을 뿐 일반적으로 서구문화에서는, 그것이 동물, 식물,

박테리아, 바이러스를 가릴 것 없이 사람 아닌 모든 생물들은 완전히 우리에게 윤리체계 바깥에 존재한다.

어느 불교철학자의 유명한 말이 있다. 그는 서구적 사고방식에 조우했을 때 이렇게 외쳤다. "성행위가 죄악으로 간주되고, 500년 묵은 나무를 파괴하는 것은 죄악이 아닌 문화를 나는 결코 이해할 수 없을 것이다."

우리들에게는 전체 삼림을 벌채하는 것이 죄악이 아니다. 브라질의 기술관료들은 수십만 킬로미터에 이르는 숲을 베어버리고 세계에서 가장 복잡하고 환상적이며 신비로운 생태계의 하나를 파괴하고 있다. 유럽의 숲은 수십종의 상이한 나무들을 갖고 있을 것이다. 그런데 아마존 숲은 식물학자에게 알려져 있는 2천5백종 이상의 상이한 나무들을 갖고 있는데, 분류되지 않은 것들이 1만종 이상에 이를 것으로 짐작되고 있다. 아마존에 가축을 키우러 가는 부자들이나 기술관료들에게 그 숲은 절대적으로 아무 가치가 없다. 그것은 파괴해버려야 할 방해물일 뿐이다. 우리가 다른 생물체들을 존중하지 않고 이 믿을 수 없는 세계에서 우리가 유일하게 중요한 생물체라고 생각한다는 것이야말로 아마도 원죄이며, 가장 악독한 죄악일 것이다. 우리는 세계를 하나의 환상적인 교향악으로 보지 않는다. 우리는 오직 우리 자신만을 본다. 나머지는 모두 일종의 자원이며, 우리가 이용할 수 있는 그 무엇이거나 이용할 수 없을 때는 던져버리는 그 무엇에 불과하다.

공개화되어 있지 않은 또하나의 도그마는 생태학적으로 불가능한 것이다. 앞서 내가 언급했듯이 러브로크는 그의 책에서 가이아를 살아있게 유지하는 순환과정을 설명한다. 살아있는 체계가 이용하고 있는 모든 자원들은 에너지만을 예외로 하고 항구적으로 영원히 재순환된다. 자연의 살아있는 체계는 하나의 닫혀진 원(圓)의 모델에 따라 움직인다. 예를 들어, 식물은 산소를 생산하고, 동물은 그것을 소비한다. 반면에 동물은 탄산가스를 생산하고 식물이 그것을 소비한다. 그러므로 한 그루 나무는 나의 간이나 콩팥이나 허파와 같이 내 유기체의 한 기관인 셈이다. 그것은 나의 외부적 기관이고, 나는 나무의 외부적 기관이다. 우리는 하나의 체계이다. 그러나 현대 기술관료체제는 그렇게 생각하지 않는다. 그것은 전혀 다른 모델, 즉 하나의 무한하고 일방적인 흐름이라는 모델에 따르고 있다. 그것은 한편으로 무한한 자원을, 다른 한편으로는 무한한 쓰레기 쌓기를 상정한다. 물론 기술관료들은 자원이 언젠가는 고갈된다는 것을 안다. 그러나 그들은 말한다. "우리가 석유를 다 써버리면 우리는 핵분열 에너지를, 그 다음에는 핵융합 에너지를 개발할 것이다. 그리고 우리가 우리의 모든 철, 구리, 알루미늄, 셀레늄 등등을 다 써버렸을 때 우리는 언제나 대체물을 찾을 수 있다." 그렇게 그들은 무한한 자원을 믿고 있다. 그리고 납이 들어있는 가솔린과 수은이 포함된 물감 또는 구리와 수은이 들어있는 살충제 같은 것을 사용한다는 것은 그걸 사용하는 인간이 쓰레기를 무한정 버릴 수 있다고 믿는다는 것을 의미하는 것이다. 이러한 납이나 구리나 수은과 같은 물질들은 행성 전체에 걸쳐 획일적으로 원자적으로 뿌려지도록 사용되고 있고, 그 결과 그것들은 결코 회수될 수 없게 된다. 이러한 모델은 미치광이 짓이고 결코 오래 유지될 수 없는 것이다.

자연의 닫혀진 체계에서 쓰레기는 있을 수 없다. 어떤 것의 찌꺼기는 다른 것의 자원이 된다. 인디언들이 숲속에서 배설을 할 때, 그들은 나무들한테 거름을 주는 셈이다. 그러나 산업화된 사회에서 우리가 땅 속이나 강으로 오물을 집어넣을 때 우리는 오염을 만들어낸다. 그렇게 되는 것은 우리가 오물을 잘못된 장소에 넣고 있기 때문이다.

위생기사(技師)들은 생활쓰레기나 산업폐기물에 무엇인가 근본적으로 바람직스럽지 않은 것을 인식하고 그것들을 묻어버릴 수 있는 거대한 폐기물 하치장을 건설하여 그 위에 나무를 심는 일 같은 것을 한다. 그러나 그렇게 한다고 해서 쓰레기가 사라지지 않는다. 그것은 마치 양탄자 밑에 먼지를 쓸어버리는 것과 같다. 이 행성 위에는 바람직스럽지 않은 물질은 아무것도 없다. 우리는 항상 "이걸 가지고 무엇을 할 수 있는가?" 하고 스스로 물어보아야 한다. 그렇게 하는 순간 우리는 사태의 원천으로 갈 수 있을 것이다. 예를 들어 제혁공장은 굉장히 악취가 나고 끈적끈적하고 더러운 잡동사니 폐기물을 생산하는데, 그것에는 약 13퍼센트의 고체유기물질과 하나의 중금속 크롬이 포함되어 있다. 위생기사들은 보통 제혁공장에서 나오는 오물을 비우고 파묻을 큰 처리공장을 건설하고, 한편으로는 오염된 물이 강물로 들어가기 전에 어떤 물질을 첨가하여 물을 정화하려고 한다. 그런데 가죽처리과정에 나오는 유기물질이 지금 쓰레기가 되었고, 중금속으로 오염된 이 유기물질은 다음 세대들에게 대단히 위험하다. 만일 이와 상이한 철학이 적용되었다면 위생기술자들은 크롬조(槽)에서 크롬을 제거하고 그것을 재순환시키려 했을 것이다. 그들은 가죽원료가 칼슘과 황화물로 처리될 때 처음의 수조(水槽)에서 유기물질이 나타날 때 그것을 추출했을 것이다. 찌꺼기들은 각기 분리처리되었을 것이고 쓸모있게 이용되었을 것이다. 실제 브라질의 어떤 제혁공장에서는 지금 그렇게 하고 있다. 농부들에게 그 찌꺼기 유기물들이 좋은 비료가 될 것이라고 믿게 하는 데 얼마간의 시간이 걸렸다. 그래서 우리는 처음에 그것을 무료로 제공했다. 이제는 농부들이 경쟁적으로 그것을 구입하려고 하며 제혁사업은 추가적인 이익을 올리고 있다.

자원이 무한하고, 쓰레기도 무한히 처리할 수 있다는 철학은 역전되어야 한다. 개방적으로 되어있는 유일한 흐름은 에너지의 흐름이다. 폐쇄사이클 속에서 생명체계들은 햇빛의 열린 흐름에 의해 유지되고 있다. 햇빛은 50억년이 더 지난 뒤에 종말을 고할 것이지만, 그것이 지속되는 한 이러한 재순환은 말하자면 영원하다. 그러나 유감스럽게도 우리는 전혀 다른 모델을 믿고 있는 것 같다. 그렇지 않으면 어떻게 지금 우리가 하는 것과 같은 일을 할 수 있는가? 우리는 미래를 희생하고서야 생산할 수 있을 뿐인 농업체계까지 세워놓았다. 예를 들어 우리는 북아프리카, 소련, 플로리다, 북부 브라질의 광산에서 채굴된 인(燐)을 사용하고 있고, 또 우리는 모든 토양의 양분들을 우리의 하수도를 통하여 바다로 씻겨나가게 허용하고 있다.

현대산업사회에서 세번째 도그마이자 산업사회의 가장 중요한 신조 중의 하나는 영원한 경제성장에 대한 믿음이다. 우리가 만일 연 5퍼센트의 경제성장률을 계획하고 4퍼센트밖에 성장하지 못한다면 그것은 위기로 간주된다. 물론 어떤 경우에 성장은 바람직스러운 것일지 모른다. 세살짜리 아이가 성장을 멈춘다면 그것은 문제일 수 있다. 그러나 쉰일곱살에도 성장이 계속된다면 그것은 커다란 재난일 것이다. 경제학자들은 우리가 영원히 성장하는 경제를 필요로 하고 있다고 믿는 것으로 보인다. 사이버네틱스의 언어로 말하자면 이것은 포지티브 피드백의 요소를 체계 속에 도입한다는 것을 의미한다. 자연 속에서 우리는 여러개의 행동유형을 가지고 있다. 움직이지 않는 것들도 있다. 예를 들어 우주비행사들이 달 표면에서 발견한 돌은 40억년 이상이나 조금도 움직이지 않았다. 그것은 정적인 상황이다. 동적인 상황 가운데서는 두 개의 양극단이 있다. 하나는 수학자들이 지수행동이라고 부르는 것이며 다른 하나는 생태론자들이 항상적(恒常的) 행동이라고 부르는 것이다. 지수(指數)행동은 눈덩이 만들기에서 보는 것과 같은 유형이다. 눈덩이는 포지티브 피드백을 받는다. 눈덩이가 굴러감에 따라 그것은 점점더 빠르게 구르게 된다. 그런데 이런 종류의 행동은 본질적으로 오래 지탱할 수 없는 것이다. 눈덩이를 영원히 굴린다는 것은 불가능하다. 온 세계 안에 영원히 눈덩이를 굴릴 수 있을 만큼 비탈도 눈도 충분치 않다. 여하튼 그것이 지나치게 거대한 덩어리로 되기 훨씬 전에 눈덩이는 부서지고 굉장한 눈사태를 만들어낼 것이다.

바로 이것이 오늘날 우리가 우리의 경제에 포지티브 피드백을 계속하여 도입하고 있는 한 일어나고 있는 일이다. 이미 우리는 눈사태가 일어날 지점까지 도달하고 있다. 그런데 경제학자들은 여전히 보다 많은 자원을 찾아냄으로써 상황을 개선할 수 있다고 생각하는 것이 분명하다. 그러나 보다 많은 자원은 보다 큰 재앙을 의미할 것이다. 우리가 약간의 시간을 더 벌 수 있을지 모르지만, 시간을 버는 그만큼 재앙은 더 지독한 것이다. 우리는 눈덩이 굴리기와 같은 행동을 포기할 필요가 있다.

우리는 다른 유형의 행동, 지수적 행동이 아니라 항상적 행동으로 나아가야 한다. 인습적인 경제학자들에게 — 그런데 다행스럽게도 더이상 인습적이지 않은 많은 경제학자들이 있다 — 우리가 안정된 상황을 필요로 한다고 말해줄 때 그들은 즉각적으로 항변한다. "아니요, 우리는 경기침체를 받아들일 수 없습니다." 그러나 항상성의 상황은 엄청나게 동적일 수 있다. 우리의 태양은 항상적인 상황이다. 태양빛은 지난 45억년간 거의 변함없는 강도로 유지되어왔는데, 그것은 바깥으로 미는 힘과 안으로 미는 힘이 완전히 균형을 이루고 있기 때문이다. 입구와 출구가 있는 물탱크에는 항상적 상황이 존재한다. 이들 탱크에는 물이 너무 많이 빠져나갈 때는 코크가 열리고, 너무 많은 물이 들어올 때는 코크가 닫히는 장치가 입구에 있다. 이것은 네가티브 피드백이다. 네가티브 피드백이 존재하는 곳에서는 굉장히 역동적인 상황이 존재할 수 있다. 엄청난 양의 물이 그 탱크를 통해 흐를 수 있지만 안정된 상황이 유지된다. 매우 좁은 범위 안에서 수위(水位)가 끊임없이 조정되는 것이다.

마찬가지로 우리는 안정되면서 비정상적인 매우 역동적인 경제를 가질 수 있다. 그러나 우리가 영원한 성장을 믿고 있는 한 그것은 눈덩이 굴리기가 영원히 계속될 수 있다고 믿는 것과 같은 것이다. 우리 경제의 영원한 성장에 대한 믿음을 우리가 오래 유지하면 할수록 우리는 우리의 아이들을 위해 그만큼 더 큰 재앙을 준비하고 있는 셈이다.

많은 다른 오류가 있지만 내 생각에 가장 중요한 오류들을 나는 언급했다. 우리의 아이들을 위한 미래를 우리가 원한다면 우리가 지금 해야 하는 것은 완전히 다른 이데올로기로 변화해가야 하는 것이다. 다행하게도 사람들이 변화하기 시작하고 있다. 예를 들어, 많은 사람들이 화폐가 그 자체 가치가 있다는 생각을 포기하고 있다. 불교철학자 앨런 와츠는 언젠가 말하기를 우리가 때때로 그렇다고 생각하지만 실제 현대산업사회는 물질적이지 않다고 했다. 우리가 만일 물질적이라면 우리는 지금 우리가 하는 것과 같은 방식으로 물질을 다루지는 않을 것이다. 우리는 아마존 삼림과 같은 경탄스러운 것들을 파괴하지 않을 것이고, 귀중한 물질들을 낭비하고 있지 않을 것이다. 우리는 물질주의자가 아니라 추상론자들이다. 우리는 오직 우리의 책 속에 나와있는 수치만을 본다. 우리가 만일 진정한 물질주의자라면 우리는 진정한 한계를 볼 것이다. 그런데 우리가 책속의 수치에만 집중하고 있는 한, 한계란 존재하지 않는 것이다. 일단 우리가 1조(兆)를 적는다면 수만 수억조를 적는 것도 가능하다. 우리가 지구를 파괴하는 것은 우리가 수치를 믿고 있기 때문이다. 이 사실을 우리가 깨달을 때 우리는 돈이란 것이 일정한 한계 내에서만 흥미로운 것임을 알게 될 것이다. 내 주머니에 10파운드를 가졌다는 것과 500파운드를 가졌다는 것 사이에는 엄청난 차이가 있고, 500파운드와 500만 파운드 사이에는 커다란 차이가 있다. 그러나 내가 10만 파운드를 가지고 있다면 20만 파운드가 내게 무슨 소용이 있는가? 다행스럽게도 점점더 많은 사람들이 이 사실을 주목하기 시작하고 있는데, 이것은 변화에 이바지하게 될 것이다.

우리가 할 수 있는 것들이 많다. 우리는 현재의 농사방법을 포기하고, 토착적 자원으로 농사를 짓는 법을 배워야 한다. 그것은 유기농법을 해야 한다는 것을 의미한다. 독성물질을 사용하지 않고 지금 수준의 높은 수확률을 유지한다는 것은 완전히 가능하다. 우리는 보다 많은 조림에 착수해야 한다. 그러나 오늘날 우리가 하는 것과 같은 이국종(異國種) 나무로 된 단작(單作)의 방법으로는 안된다. 우리는 진짜의 복잡한 자연적인 삼림이 형성되도록 허용해야 한다. 그렇게 하면 열대삼림이나 유럽에 존재했던 토착림과 같은 고도로 균형잡힌 사이버네틱 시스템이 가능해지는 것이다. 우리는 적어도 살아남을 수 있는 모든 형태의 생태계를 보호해야 한다. 우리가 산을 파괴할 때 우리는 식물공동체 전체를 파괴한다. 그런 산에는 가장 경탄스러운 형태의 식물공동체가 있는데, 그것들은 어떤 특정장소에만 볼 수 있고 지구상의 다른 어떤 곳에서도 볼 수 없는 토착적인 종(種)들로 이루어져 있다. 그러한 식물들의 삶터를 우리가 제거해버릴 때 그 종들은 사라진다. 하나의 종이 사라지면 우주는 그만큼 가난해진다. 그 종(種)들은 수억년에 걸쳐 계속되어온 진화의 축적된 지혜를 가지고 있는데, 우리는 그것들이 전혀 아무 의미가 없는 것처럼 파괴를 일삼고 있는 것이다. 우리는 실제 그런 종들이 가이아 속에서 수행하는 기능이 무엇인지도 모른다. 그것들은 유황의 재순환을 책임지고 있는 해초들처럼 대단히 중요한 기능을 가지고 있는지도 모른다. 너무나 때늦어서야 우리는 그것을 이해하게 될지 모른다.

우리는 또 우리의 인구를 조절하는 법을 배워야 한다. 우리는 적합한 기질(基質)만 있으면 흥청망청 마구잡이로 증식하는 박테리아처럼 행동하는 것을 계속할 수 없다. 박테리아는 처음에 급속도로 번식을 하지만 어떤 지점에서 갑자기 모두 사멸하고, 그 수효는 다시 거의 영(零)으로 떨어져버린다. 이것이 오늘날 우리의 상황이다.

변화한다는 것은 교육적인 과정이다. 하룻밤 사이에 그것이 일어날 수 없다. 가장 중요한 것 중의 하나는 우리 자신의 테크놀로지를 이해하는 것이다. 오늘날 우리의 생활의 모든 국면은 어떤 종류의 복잡한 기술에 침투되어 있다. 우리는 적어도 즉각적으로는 이 기술을 모두 포기할 수 없고, 모든 기술을 우리가 포기해야 한다고 나는 생각하지도 않는다. 예를 들어, 텔레비전이 어떻게 작동하는가 — 기술적 세부가 아니라 원리상으로 그것을 설명할 수 있는 사람이 극소수에 불과하다는 것은 흥미로운 사실이다. 보통의 자동차 엔진과 디젤 엔진 사이의 차이를 설명할 수 있는 사람이 몇이나 될까? 대다수 사람은 이런 것들에 관해 아는 것이 별로 없다. 그리고 좀더 복잡한 것, 예컨대 경제를 유지하고 있는 기술적 하부 구조 같은 것에 대해서는 대부분의 사람들은 아무것도 모른다. 얼마나 흥미로운 모순인가! 우리는 고도로 — 아마도 순수하게 — 기술공학적인 문화 속에 살면서 실제로는 모두 기술공학적으로 까막눈이다. 게다가 우리는 전문가들이다. 이것은 치명적인 상황이고, 그렇다는 것을 우리가 깨닫고 있지 않기 때문에 그만큼 더 위험스럽다. 중세의 기술은 아주 복잡했지만 누구에게나 투명했다. 풍차나 수차(水車)를 이해하기 위해서 방앗간 주인이 될 필요는 없었다. 오늘날 우리들의 대부분은 인간적인 필요를 위해 구상된 기술과 권력자의 이해관계를 위해 구상된 기술과의 차이를 더이상 구별할 수 없다.

예를 들어, 내 고향 브라질 남부에는 커다란 사과농장과 배농장이 있고, 다섯 개의 큰 통조림공장이 있다. 약 십년 전 수백명의 여성들이 그 공장들에 고용되어 칼을 가지고 과일껍질을 벗기는 일에 종사하였다. 그런데 오늘날 부식성 소다 욕조에 담그는 방법에 의해서 과일껍질은 화학적으로 벗겨지고 있다. 이 새로운 기술을 도입한 경영자는 관습적인 이데올로기에 따라 행동한 것이다. 그가 도입한 것은 효율성의 제고였다. 지금은 두세 사람이 기계를 가지고 수백명의 여성이 손으로 하던 일을 할수가 있다. 그는 아마 그의 결정이 윤리나 정치와는 아무런 관계가 없는 단순히 기술적인 것이라고 확신했을지 모른다. 이것은 또하나의 기술관료주의의 암시적인 도그마인데, 그것에 의하면 기술과 과학은 다소간 동의어적(同義語的)이며, 윤리나 정치와는 아무런 관계가 없다는 것이다.

그런데 이 경영자가 화학적인 껍질벗기기 기술을 도입하기로 결정했을 때 그는 실제로 그 지역사회에 매우 심각한 손상을 야기시킨 것이다. 첫째로, 계절적이고 나쁜 보수이기는 하지만 정말로 그 일자리를 필요로 하는 수백명의 가난한 여성들이 실직보상제도가 없는 나라에서 일자리를 잃었다. 경영자는 빈곤에 이바지하였으므로 하나의 정치적인 행동을 수행한 것이다. 둘째로, 과일껍질이 손으로 벗겨지는 한, 공장 옆의 작은 강은 깨끗하고 수정처럼 맑고 물고기로 가득 차 있었다. 그런데 지금은 그것은 지독한 냄새를 풍기는 죽은 하수도가 되었다. 가난한 사람들은 그들이 버는 급료를 잃어버렸을 뿐만 아니라 하나의 자원 — 강에서 얻는 훌륭한 단백질을 잃어버렸다. 게다가 또다른 상실이 있었다. 과일껍질이 손으로 벗겨지는 동안에는 다섯 개의 공장에서 내놓는 연 5천 톤의 껍질이 돼지의 먹이가 되었고, 돼지는 또한 식량의 한 원천이었다. 그렇게 하여 우리는 일자리와 강과 돼지를 모두 잃어버렸다. 그리고 누가 이득을 취했는가? 오직 그 기업만이다. 그 기술전문가가 보다 큰 효율성 쪽으로 가기로 결정했을 때 그는 실제로 정치적인 결정을 내린 것이다. 이런 종류의 결정은 오직 지방의회에서만 내려져야 하고, 전체 주민이 그러한 문제를 결정해야 하는 것이다. 아마 세계의 다른 어떤 곳, 예컨대 가난한 사람들이 없는 스톡홀름 같은 곳에서는 그것이 적합했을지 모른다. 그러나 거기서도 폐수처리장을 요구해야 할 것이다.

모든 기술적 결정은 정치적인 결정이다. 그러나 우리는 아직 테크놀로지 하나하나를 사회 전체를 위해 유익한지, 오직 소수의 권력있는 사람들에게만 좋은 것인지에 따라 분석할 수 있는, 테크놀로지에 대한 필요한 정치적 비판을 가지고 있지 않다. 이것은 우리가 테크놀로지를 포기해야 한다는 것을 의미하는 것이 아니고 ― 전혀 반대로 ― 그것은 우리가 연성(軟性)테크놀로지, 즉 민중의 이익을 위해 고안된 테크놀로지를 향해 가야 한다는 것을 의미한다. 우리는 그러한 방향으로 진화해나갈 길을 찾아야 한다.

우리가 지금의 곤경으로부터 벗어나려면 우리는 완전히 새로운 경제모델을 필요로 한다. 그것은 기술전문가적인 사고방식의 오류를 포기하고, 그 대신 생태학적인 사고방식에 기초하는 모델인데, 그 속에서는 완전한 재순환이 포함되고 우리가 실제로 가진 에너지, 즉 태양에너지만이 이용되어야 한다. 이 행성 위에서 우리가 가진 모든 항구적으로 지탱가능한 형태의 에너지, 예컨대 수력 같은 것은, 모두 태양에너지의 형태들이다. 원자를 분열시키거나 우주공간에 파넬을 설치하여 추가적인 태양광선이 이 행성에 반사하도록 하는 수단에 의해서거나 우리가 외부로부터 에너지를 도입할 때, 우리는 균형을 교란시키고 지구에 너무나 많은 에너지를 투입하기 때문에 커다란 재난에 봉착할 것이다. 무엇보다, 우리에게는 생명에의 외경을 가르치는 새로운 종교가 필요하다. 그것은 알버트 슈바이처나 성 프란체스코가 가르쳤고, 많은 오래된 비기독교 문화 예컨대 아메리카 인디언들이 실천했던 것이다. 그들은 자연세계의 모든 것이 하나도 빠짐없이 중요하고, 그들 자신이 전체 생명의 일부라고 믿었다. 우리에게 필요한 것은, 우리가 우리 자신을 자연의 정복자가 아니라 자연의 청지기로서 보는 것을 배울 수 있게 하는 가이아적인 종교이다.

위협받는 토착문화

라다크의 개발과 반개발

헬레나 노르베리-호지

편집자의 말

스웨덴 출신 언어학자인 헬레나 노르베리-호지(Helena Norberg-Hodge)는 1975년에 공식허락을 얻어 인도 북부에 있는 라다크를 처음 방문한 외국인 중의 한 사람이었다. 그때까지 외부세계에 문을 닫고 있었던 이 지역을 방문한 목적은 당시 런던대학교의 동양언어학 관계 학위준비를 위해서였다. 그는 방문 1년 만에 복잡한 라다크 언어를 습득하고, 라다크의 민중과 문화를 깊이 있게 이해하게 되었다. 그 이후 그는 라다크의 전통문화에 크게 매료되어 그곳에 장기체류하였고, 거기서 얻은 경험을 *Ancient Futures — Learning from Ladakh*(1992)라는 책으로 써냈다. 이 책은 하나의 전통문화가 불행하게도 개발정책에 의해서 극적으로 오염되고는 있지만, 그럼에도 불구하고 여전히 생태적으로 건강한 세계질서를 위한 영감을 제공하고, 서구식 산업문화를 근본적으로 재평가하는 데 필요한 대조적인 사례를 제공해줄 수 있다는 것을 생생하게 증언하고 있다. 헬레나는 근대화과정이 본래 인간 및 생명가치가 풍부하게 살아있던 라다크 사회를 어떻게 오염시켜 왔는가를 직접 경험자의 처지에서 증언하면서, 새로운 대안으로서 반개발(counter-development)이라는 개념을 제시한다. 이것은 산업주의적 방식이 아닌 방식으로만 진정한 사회발전이

256

이루어질 수 있다는 가정에서 출발하고 있다.

이러한 태도가 중세사회로의 복귀를 뜻하는 것으로 오해되어서는 안된다. 여기서 제시되는 것은 분권적이고 가능한 한 자급자족적인 공동체를 기초로 하여 소규모의 적정기술을 향유하면서 자연과의 조화 속에서 살아가는 생활이다. 이러한 생활만이 지속가능한 것이고, 건강한 민중생활을 보장한다고 보는 점에서 이것은 오늘날 일반적으로 녹색운동의 기본관점과 일치하고 있다. 헬레나 노르베리-호지는 지금도 일년 중 반은 라다크에서 살고 있다. 다음에 소개하는 것은 1986년 12월에 Right Livelihood Award라는 생태운동가들을 위한 상을 받으면서 행한 강연이다.

라다크로 가기 전에 나는 '진보'의 방향은 어떻든 불가피하고, 의문의 여지가 없는 것이라고 생각하곤 하였다. 그 결과, 나는 공원 한가운데로 새로운 도로가 뚫리고, 2백년이나 넘게 교회가 서 있던 자리에 강철과 유리로 된 은행건물이 세워지고, 구멍가게 대신 슈퍼마켓이 들어서는 것을 수동적으로 받아들였다. 삶이 나날이 더 힘들어지고 속도가 빨라지는 것도 받아들여야 하는 사실이었다. 그러나 이제 나는 더이상 그러한 것들을 받아들이지 않는다. 라다크에서 얻은 나의 경험은 미래로 나아가는 길이 하나뿐이 아니라는 것을 내게 확신시켜 주었고, 나에게 엄청난 힘과 희망을 주었다.

라다크에서 나는 내가 지금껏 보아왔던 것과는 다른, 보다 건강한 삶의 방식을 체험할 수 있는 특권을 갖게 되었다. 나는 우리 자신의 문화를 바깥으로부터 볼 수 있게 되었다. 나는 근원적으로 판이한 원리에 기초하고 있는 한 사회에서 살아 보았고, 바로 그 문화에 현대세계가 미치는 영향을 목격하였다. 내가 몇십년 만에 처음으로 그곳을 방문한 최초의 국외자의 한 사람으로 거기 도착했을 때, 라다크는 본질적으로 아직 서구의 영향을 받지 않은 채였다. 이 두 개의 문화간의 충돌은 특히 극적인 것이라고 할 수 있다. 그것은 너무나 강력하고 생생한 대조를 보여주기 때문이다.

나는 우리의 산업화된 사회를 지탱하는 심리학과 가치와 사회 및 기술적 구조에 대해서, 그리고 저 오래된 자연에 근거한 사회에 대해서 무엇인가를 배웠다. 우리의 사회경제제도를 또하나의 더욱 근원적인 생존양식 — 인간과 지구 사이의 공진화(共進化)에 기초한 생존양식과 비교해본다는 것은 희귀한 기회였다.

라다크를 통해서 나는 파괴적인 변화에 직면하여 내가 수동적인 자세를 취하는 것은 적어도 부분적으로 문화와 자연을 혼동한 것에 기인한다는 것을 깨닫게 되었다. 나는 내가 본 많은 부정적 경향들이 우리의 통제범위를 넘어서 있는 어떤 자연적 진화의 힘이 아니라 우리 자신의 산업문화의 결과라는 것을 깨닫지 못했다. 또한 제대로 생각해보지도 않고 나는 인간은 본질적으로 이기적이고, 경쟁하고 살아남기 위해서 투쟁하며, 그리고 좀더 협동적인 사회란 다만 유토피아적인 꿈에 지나지 않는 것이라고 가정하고 있었던 것이다.

쓰레기가 없는 문화

라다크는 인도의 맨 북쪽 끝부분에 속하는 지역인데, 히말라야의 북쪽 티베트 고원에 인접한 산맥에 자리잡고 있다. 몇년 전까지만 하더라도 라다크는 온 세계를 휩쓸어온 서구문화의 영향을 받지 않은 아주 드문 몇몇 지역 가운데 하나였다. 실제로, 1975년에 내가 그곳에 갔을 때 라다크의 마을생활은 지난 8백년 동안 그랬던 것과 같은 방식으로 영위되고 있었다.

약 4만 평방마일에 이르는 그 크기에도 불구하고 라다크의 인구는 겨우 12만명이다. 대히말라야에 가로막혀 강수량이 적은 지대에 자리잡고 있는 탓에 이곳은 거의 사막이다. 게다가 고지대여서 심히 가혹한 환경을 이루고 있다. 그래서 처음부터 사람들은 자연의 한계를 인식하지 않을 수 없었다. 살아남기 위해서 그들은 자연환경과의 조화와 균형 속에서 살아가는 전통을 발전시켰다. 그것은 안정된 인구를 유지하고, 땅의 분리를 막는 전통이었다. 마을들은 자급자족을 하는데, 여러가지 면에서 간디가 생각한 마을 민주주의의 모범이라고 할 만하다. 빙하가 녹은 물이 냇물을 이루고 있는, 부채꼴의 충적토에 밭이 일궈져서 관개되었다. 기본 농작물은 보리와 밀이며, 여름 고지대 초원에 양과 소와 야크와 드조(야크와 소의 트기)를 위한 목초지가 약간 있다. 라다크는 그 자연자원을 주의깊게 이용하고, 결코 오용하지 않음으로써 살아남을 수 있었다. 거기에는 쓰레기라는 것이 절대로 없다. 드물게 있는 나무들 ─ 살구나무, 버드나무, 포플라 ─ 은 혹심한 겨울 추위에도 불구하고 땔감으로 사용되지 않는다. 나무들은 조심스럽게 보살펴지고, 그 목재는 건축이나 악기, 도구들을 위해서만 사용된다. 땔감으로는 짐승의 마른 똥이 이용되고, 인분은 거름으로 이용된다. 집집마다 퇴비변소가 있고 모든 '쓰레기'는 재순환된다.

라다크에 도착한 직후 나는 어느 냇물에서 빨래를 하고 있었다. 내가 막 더러운 옷을 물 속으로 던져넣으려 할 때 일곱살밖에 안되어 보이는 조그만 여자아이가 지나가고 있었다. 그 소녀는 부끄러움을 타면서 "거기서 옷을 빨면 안돼요. 아랫마을에서 그 물을 마셔야 해요"라고 말했다. 소녀는 적어도 일 마일이나 아래로 떨어져있는 한 마을을 가리켰다. "저기 있는 저 물을 이용하세요. 저것은 그냥 밭으로 들어가는 물이거든요."

나는 라다크 사람들이 그처럼 험난한 환경에서 어떻게 하여 생존해가고 있는지를 배우기 시작했다. 나는 또한 '검소'라는 낱말의 의미를 배우기 시작했다. 서양에서는 '검소'라고 하면 늙은 아주머니와 자물쇠가 잠가진 광 같은 이미지를 떠올리게 된다. 그러나 라다크에서 보는 검소함이라는 것은 사람들이 번영을 누리고 사는 데 근원적이다. 제한된 자원을 주의깊이 이용한다는 것은 인색함과는 아무 상관이 없다. 검소함은 적은 것에서 많은 것을 얻어낸다는 것을 의미하는 것이다.

생활수준

이러한 주의깊은 자원이용을 통해서, 그리고 땅과 긴밀히 어울려 살아감으로써, 라다크 사람들은 비교적 높은 생활수준을 가진 사회를 창조해낼 수 있었다. 극단적인 자원부족과 거칠고 험난한 환경을 고려해볼 때, 그리고 이 사람들이 오직 '석기시대' 기술만을 이용했다는 사실을 생각할 때, 그들의 성공은 대단히 놀라운 것이다. 많은 서양사람들은 이러한 상황에서 살아남는다는 것도 불가능하다고 생각할 것이다. 그러나 라다크 사람들은 살아남았을 뿐만 아니라 실제로 번영을 누려왔다. 사실상 누구나가 잘 먹고 건강하게 지낸다. 사람들은 아름다운 능라(綾羅)와 장신구와 귀금속과 같은 사치품을 살 만큼 충분히 여분의 것을 생산하기도 했다. 게다가 이 모든 것이 비교적 짧은 노동계절 동안 이루어지는 것이다. 여름 넉달 동안에 그들은 모든 기초적인 의식주의 필요를 충족시킨다. 대부분의 물레질과 베짜기도 이 기간 동안 이루어진다. 나머지 여덟달 동안에는 많은 여가가 주어진다. 2주간이나 계속되는 결혼잔치, 승원(僧院)축제, 이야기와 음악이 있다. 물은 길어 와야 되고, 짐승도 먹여야 되지만, 이런 것은 겨울 동안 해야 하는 일의 전부이다. 일하는 계절의 정점이라고 할 수 있는 수확기에는 하루 열여덟 시간을 일하지만, 그러나 여기서도 노동에 유희가 섞여 있다. 모든 가족과 친구들이 다함께 들에 나와 있고, 증조부모에서 증손자들에 이르기까지 누구나가 서로 돕고 함께 노래 부른다. 그리고 언제나 쉬면서 잡담을 나누고 보리로 만든 술을 마실 시간이 있는 것이다.

삶의 질이라는 관점에서 볼 때, 라다크 사람들은 산업화 이전 사회에서 우리가 보통 기대하는 것보다 더 잘산다. 사회 모든 구성원들 사이에 높은 수준의 협력이 있고, 부유한 사람과 가난한 사람, 남성과 여성, 늙은이와 젊은이 사이에 거의 차이가 없다. 누가 무슨 역할을 하느냐 하는 것은 매우 유연하다. 여자들이 남자들보다 어떤 일거리를 더 많이 맡아 하고, 그 반대도 사실이지만, 그러나 엄격한 구분을 짓는 것은 드문 일이다. 전문화가 거의 이루어지지 않았기 때문에 작업이 단조롭고 지루한 경우가 별로 없다. 누구든지 나무를 어떻게 심고, 집을 어떻게 짓고, 음악을 어떻게 즐기며, 물레질을 어떻게 하는지 알고 있다. 어떤 종류이건 범죄는 사실상 존재하지 않는다고 할 만큼 거의 볼 수 없다. 조금도 불안해하지 않고 밤에 혼자 걸어다닐 수 있다. 파티에서 술에 취한 뒤에도 사람들이 공격적으로 되는 일이 없다.

경쟁이 아니라 협력이 라다크 사회의 토대를 이루고 있다. 그것은 삶의 모든 영역에서 찾아볼 수 있다. 집안일을 나누어서 하고, 짐승 풀 먹이는 일을 돌아가면서 할 뿐만 아니라 아이들끼리의 상호관계에서도 협력의 원칙이 통하고 있다. 이런 점에 관련하여 내가 본 한 가지 흥미로운 점은, 라다크에서 아이들은 자기 또래 집단으로 격리되는 일이 없다는 것이다. 그 대신에 사람들은 언제나 온갖 나이에 속한 사람들에 둘러싸여서, 그리고 그들과 상호작용하면서 평생을 보낸다. 이런 사실이 함축하는 바는 엄청난 것이다. 라다크의 아이들은 자기들보다 나이가 많은 사람들이 제공할 수 있는 도움과 지원으로부터 혜택을 받는다. 서른명의 한살짜리 아이들로 꽉찬 방을 상상해보라. 그 아이들은 아무도 제대로 걷지 못한다. 아이들은 모두 균형을 얻으려고 낑낑댄다. 여기에서 누가 누구에게 도움을 줄 수 있겠는가? 그러나 한살에서 서른살까지의 사람들이 모여있는 또다른 방을 상상해보라. 그리고 그 차이를 상상해보라. 이와 같이 서로 판이한 상황이나 사회에서 생애를 보낼 때 개인들에게 그 차이는 굉장한 것이 되지 않겠는가. 이런 것을 보면서 나는 인간성에 관한 나의 신념을 극적으로 변화시키지 않을 수 없었다. 이렇게 완전히 전통적인 사회와 산업사회 사이의 극단적인 차이를 보면서 나는 사회적 환경이 굉장한 정도까지 사람에게 영향을 미치고 사람을 형성시킨다는 결론을 내리지 않을 수 없었다. 그것은 특히 협력과 공격성과 같은 중요한 특성에서 그러했다.

아마도 인간성에 관한 나의 믿음을 재검토하게 한, 라다크 사람들의 가장 중요한 특징은 그들이 놀라울 만큼 삶의 기쁨을 누리며 살고 있다는 것이었다. 처음에 나는 라다크 사람들이 많이 웃고 행복해 보이지만 그 밑에는 틀림없이 모든 다른 인간처럼 많은 문제가 있을 것이고, 질투와 분노와 우울이 있을 거라고 생각했다. 그러나 몇해 동안 그들과 함께 살고 난 다음에 나는 그들의 웃음이 깊은 평화와 만족감에 연결되어 있다는 것을 깨닫기 시작했다. 그리고 흥미로운 것은, 라다크가 외부세계의 영향과 근대화 때문에 변화되기 시작함에 따라 '근대적 부문'에 속한 사람들이 서구에서 흔히 보는 것과 같은 우울증, 불안, 분노, 공격성의 징후를 발전시키기 시작한다는 것이 분명해진다는 사실이었다. 기술과 경제적 압력과 교육이 ― 다른 말로 하여, 사회 전체가 ― 변화함에 따라 라다크 사람 개인들이 변화하는 것을 보면, 그것은 인간이 사회적 압력에 극적으로 영향을 받는다는 사실을 가장 설득력 있게 보여주는 증거가 된다. 그리고 라다크 전통사회는 우리가 협력과 행복을 장려하는 사회를 가지는 것이 가능하다는 것을 내게 증명해 보여주었다.

라다크는 거의 2천년에 걸친 종교적 전통을 가진 압도적으로 불교적인 사회이다. 불교문화의 표시는 곳곳에 있다. 마을마다 승원(僧院)이 있고, 사람이 지나는 길마다 기원을 드리는 돌무더기가 있다. 그러나 흥미롭게도, 불교도 밖에 상당한 수효의 회교도도 있고, 또 수도 레에는 소수의 힌두교도, 기독교도, 시크교도 들이 있다. 놀라운 것은 이 모든 종교집단들이 평화롭게 공존하고 있다는 사실이다.

세계의 모든 위대한 종교들이 핵심적으로 가르쳐온 것은 모든 생명의 통일성 ― 상호의존성 ― 이라고 생각된다. 불교는 매우 철학적인 방식으로 감각할 수 있는 세계의 한계를 특히 강조하고 있다. 이것은 보이고, 고립되고, 객관적으로 측정될 수 있는 것만이 어떤 가치를 가진 것처럼 행동하는 과학에 정면 대립하는 것이다. 사물이 감각의 차원에서 그렇듯이 자기 나름의 절대적이고 분리된 존재를 가진 것처럼 보일지라도, 초월적 진실은 모든 사물의 상호의존성이며 개체와 우주의 통일성이다. 우리가 명상하고 성찰할 때, 모든 것이 하나라는 것이 분명해지고, 분리되어 있다라고 보는 환상은 사라질 것이다.

이러한 상호의존성에 기초한 세계관은 모든 것이 연결되어 있는 것으로 보이는 삶의 방식과 나란히 간다. 여기서 사람들은 자기들이 서로서로에게 또 땅에 의존하고 있다는 것을 잘 인식하고 있는데, 그러한 연관이 명백히 보이고, 또 조화롭게 유지되고 있는 것이다.

우리사회와는 너무나 뚜렷하게 대조된다. 서구에서 과학의 융성은 신앙이 쇠퇴하는 것과 나란히 이루어졌다. (세계 어디에서나 근대화과정은 그와 같은 결과를 낳았다.) 그리고 모든 것이 모든 다른 것으로부터 분리되어 있음을 주장하는 우리의 세계관은 사람들이 서로서로에게서 또 땅으로부터 분리된 세계를 만들어왔다.

라다크가 지상 천국이고, 거기에 모든 것이 완전하다는 인상을 혹시 주는지는 모르지만, 그건 사실이 아니다. 실제로, 아무것도 완전하지는 않다. 라다크에서는 건강이건, 농업이건 혹은 건축이건 언제나 개선할 방법이 있을 것이다. 특히 신체적 불편 — 주로 극심한 추위에 말미암은 — 은 정말 문제이다. 그러나 '전체성'을 놓치지 않는 것이 중요하다. 전체적으로 볼 때, 오늘날 세계에는 라다크와 비교될 수 있는 곳이 단 한 군데도 없을 것 같다. 라다크는 평화롭고 안정되어 있으며 지속가능한 사회이다.

비극적 변화

라다크가 많은 점에서 모범적인 사회인 까닭에, 오늘날 라다크의 젊은이들이 원시적이고 추하다고 자기들의 문화를 거부하기 시작한 것은 참으로 비극적인 일이다. 앞에서 말한 것처럼, 라다크는 1975년 내가 도착했을 때 서양의 영향을 거의 완전히 받지 않고 있었다(이것은 매우 드문 상황이었다. 미대륙의 인디언들, 호주 원주민들과 기타 많은 토착민들은 이미 수세기 전에 유럽문화에 극적으로 영향을 받았다). 1960년에 카시미르와 라다크 사이에 도로가 완성되었지만, 그 지역에는 여전히 거의 아무런 변화가 없었고, (전략적인 이유로) 외국인들에게는 접근금지 구역이었다. 그러나 갑자기 1974년 가을에 라다크는 관광객에게 문을 열었다.

그곳의 많은 사람들의 눈에 비친 최초의 서구인으로 내가 도착했을 때, 젊은이들과 노인들은 다같이 자기들 사회에 자부심을 갖고 있었다. 그들은 자기들이 가진 것을 자랑스러워했고, 스스로 부유하게 산다고 생각하고 있었다. 지금도 잘 기억하고 있는 것은 노르부라는 한 친구의 손님으로 내가 헤미아 슈크파찬 마을에 갔던 일이다. 그 마을은 크고 훌륭한 집들이 즐비한 특히 아름다운 곳이었으므로 나는 호기심으로 그에게 마을의 가장 가난한 집을 보여달라고 부탁하였다. 그는 잠시 생각하였다. 그러고는 "우리는 가난한 집이 없습니다"라고 말했다. 이것은 아홉 해 전의 일이다. 지난해에 나는 노르부가 어떤 관광객에게 하는 말을 엿들었다. "정말 우리 라다크를 도와주시면 좋겠어요. 우리는 너무 가난합니다."

이러한 가슴 아픈 변화를 나는 지금 보고 있다. 사람들이 스스로를 바라보는 인식이 극적으로 변하고 있는 것이다. 관광객들과의 접촉을 통해서 얻는 외부세계에 대한 왜곡된 인상 때문에 젊은이들은 자기자신들을 가난하고 박탈된 존재로 생각하기 시작하였다. 라다크가 처음 문을 연 뒤부터 해마다 1만5천명 가량의 부유한 서양인들이 침입해 들어왔다. 서양인들은 부유하고, 쾌락을 위해서 수천 마일을 여행할 수 있다. 그들은 단지 며칠간 머물기 위해 먼 길을 와서는 하루에 백 파운드를 소비한다. 기초적인 필요를 돈 없이 충족시킬 수 있는 생존경제체제에서 그것은 화성인들이 브리스톨에 와서 하루에 5만 파운드나 소비하는 것과 같은 꼴이다. 백 파운드는 라다크의 한 가족이 일년 동안(여기서 돈은 사치품을 사는 데만 사용되는데) 소비할 수 있는 돈이다.

젊은이들에 대한 피해는 파멸적이다. 그들은 갑자기 딴 사람들은 일도 하지 않고 여행하면서 엄청난 돈을 쓰고 멋지게 지내는데, 추한 모습으로 일하고 사는 자기들의 부모와 조부모들은 어리석은 사람들이 틀림없다고 생각한다. 라다크 사람들에게 일이라는 것은 육체노동을 뜻한다. 정신노동으로부터 오는 스트레스라는 개념은 이곳에 알려져 있지 않다. 그래서 그들은 현대적인 사람은 일을 하지 않는다는 인상을 갖는다. 기계가 모든 일을 다 해준다고 생각하는 것이다. 그 결과 라다크의 젊은이들은 자기들이 원시적인 농부들의 무리에 속하지 않고 우아한 현대세계에 속한다는 것을, 블루진과 선글라스와 라디오와 전동자전거를 가지고 보여주려고 한다. 블루진이(그건 흔히 불편스러운데) 그 자체 고유한 흥미가 있어서가 아니라 그것들은 현대세계를 상징하기 때문이다. 그와 마찬가지로 영화는 스포츠카를 타고 질주하면서 사람들에게 충격을 가하는 일이 현대적이고 찬미할 만한 것이라는 인상을 준다.

갑작스럽게, 라다크 사람으로 산다는 사실은 좋지 않은 것이 되었다. 현대적으로 보이기 위해 무슨 짓이든 하지 않으면 안되게 되었다. 비극적이게도 이것이 뜻하는 것은 마을을 버리고 수도로 가서 온갖 현대세계의 장식품들을 살 수 있는 돈을 번다는 것이다. 그 당연한 결과로 이제 기초적인 필요를 독자적으로 마련한다는 것은 불가능해진다. '현대적' 의상이 수입되어야 하고, 현대적인 콘크리트 집에서 현대적인 음식을 먹어야 한다. 수입된 흰쌀과 밀가루를 먹어야 하는 것이다.

이 현대적인 콘크리트 가옥은 내가 방금 묘사한 태도변화의 산물이다. 전통적인 건축은 보기에 만족스럽다. 그것은 주변 환경을 반영하고 있다. 그것은 어도비벽돌과 돌과 목재 같은 토착 재료들을 사용한다. 지붕이 평평한 집들은 비가 드문 땅의 기후를 반영하고 있는 것이다. 그런데 수도레의 새로운 건물들은 이와는 완전히 반대를 이루고 있다. 그것은 플로렌스나 북경이나 로스앤젤레스에서 보는 것과 같은 세계적인 단일문화의 상징인 콘크리트 상자인 것이다. 그 건물들은 추하고 낯설며 어떠한 환경에도 어울리지 않는다. 그런 건물이 더 경제적이라고들 하지만, 그러나 그 재료들은 돈을 주고 사야 하는 것이며, 더욱이 라다크의 경우에는 세 개의 높은 히말라야 고개를 가로질러 이틀에 걸쳐 자동차로 끌어와야 하는 것이다. 가장 나쁜 것은, 이러한 서구적 재료와 방법을 수입하면 그 결과로 중앙집권화와 도시화가 수반된다는 점이다. 이러한 새로운 개발의 혜택을 누리기 위해서 사람들은 빽빽하게 들어찬 도시로 몰려들지 않을 수 없다. 그들은 어느새 자연환경으로부터 단절된다. 진흙벽돌을 공짜로 얻을 수 있었던 땅으로부터 더 멀어졌기 때문에 이제는 그걸 이용하고 얻기 위해서 화물차값을 지불하지 않으면 안되는 것이다.

좁은 서구경제학의 틀에서 보더라도 새로운 방식은 옛날 방식보다 더 비경제적이다. 그러나 좀더 넓은 시야에서 볼 때 그 파멸적인 영향은 너무나 끔찍하다. 간염발생률이 높아지고 여태까지 알려지지 않았던 위장병들이 만연하는 따위로 도시의 건강 상황이 쇠퇴하고 있다. 사람들의 정신적 태도도 변화하고, 알콜중독이 또하나의 전혀 새로운 위협이 되고 있다. 전에는 사람들이 모여서 즐겁게 술을 마시고 취하기도 했다. 그런데 지금 도시에서 상황은 매우 달라졌다. 사람들은 자기들의 매일매일의 생존현실로부터 도피하고자 알콜에 기대어버린 것이다. 폭력도 증가하고 있다. 더욱 미묘하게, 그러나 더욱 근본적으로 옛 상호의존사회는 공격을 받고 있고, 삶의 질은 떨어지고 있다. 전통적으로 남성들과 거의 대등하며 강력한 지위를 가지고 있던 여성들은 새로운 산업화가 그들에게 아무런 자리를 마련하지 않는다는 것을 발견하게 되었다. 노인들도 비좁은 도시공간에서 아무런 기능도 역할도 없이 제외되고 있다. 그리고 이제 남자들은 일년 중 열한달 동안 고정된 시간에 단조로운 꼭 같은 노동을 되풀이하고 있는 것이다.

서구식 단일문화의 불가결한 부분인 서양교육제도가 산업화와 더불어 들어오고 있다. 그것과 함께 테크놀로지와 그에 결부된 경제제도도 들어온다. 아이들은 '일리아드'와 씨름을 하면서도, 야크의 털을 가지고 신발을 만드는 방법이나 어도비벽돌집을 세우는 방법은 배우지 않는다. 그들이 집짓는 방법에 대해 배운다면 그것은 콘크리트와 강철을 이용하는 엔지니어로서이다. 신발 만드는 방법을 배운다면 그것은 공장에서 플라스틱을 가지고 노동할 때이다. 보리재배에 관해 말하더라도, 그것은 세계적인 단일문화에 기초한 책 속에서 배울 뿐이지 토착적 다양성을 고려하는 농사법이 아니다. 이 책들에 씌어있는 것은 해발 1만1천 피트의 조건이나 거기서 자라는 보리의 다양한 품종에 전혀 관심이 없다. 뿐만 아니라 그 지역의 농부가 잘 적응하고 있는 토양과 기후의 섬세한 차이들에 대한 오래된 온갖 토착적 지식들에 관심이 없는 것이다. 그리하여 실제로 교육받은 아이들은 마을에서 생존할 수 없게 된다. 그들이 살 수 있는 유일한 장소는 도시이며, 도시에서 그들은 소비자로서 살게 된다. 더 많은 교육을 받기를 원하면 델리로 가야 하고, 또 더 많이 교육을 받으면 그들은 미국이나 영국에서만 생존할 수 있는 것이다.

그러나 서구적 관점에서 보면 이 모든 변화는 '진보'이다. 이 모든 경제 활동은 전통경제에서 사실상 영(零)이었던 GNP를 증가시킨다. 서구적 제도는 전통적인 생존경제를 어떻게 분류해야 할지 모르고, 그래서 그런 경제를 무가치한 것으로 본다. 예컨대 1984년에 내가 방문한 바 있는 부탄은 라다크와 매우 유사한 곳인데, 세계은행에 의하여 세계에서 가장 빈곤한 지역으로 분류되었다. 현대적 평가방법은 전통제도들의 가치를 측정할 수 없을 뿐만 아니라 새로운 제도가 치르는 비재정적인 대가를 전혀 무시해버린다. 사람과 환경에 대한 파괴, 실업의 심리적 영향, 땅과 공기와 물의 오염은 고려되지 않는 것이다.

일반적으로 개발이라는 것은 인공적인 체계로 땅 표면을 덮어버리는 증기롤러 같은 것이다. 하나의 생활방식으로서 이 인공적인 체계는 무한히 다양한 땅이나 인간문화와 아무런 연관이 없다. 이러한 '진보'는 신성한 원리, 즉 지상의 모든 생명의 상호의존성에서 전적으로 벗어난 것이다.

그러나 변화에 대한 진정한 필요가 있는 곳에 다른 방식의 발전이 있을 것임이 틀림없다. 우리가 땅에 의존하고 있다는 사실을 잊지 않는 방식 말이다. 내가 라다크에서 하려고 애써온 것은 대안이 있다는 것을 보여주려는 것이다. '적정' 기술을 이용하여 생활수준을 비산업적 방식으로 개선할 수 있는 길이 있다. 개발도상 지역뿐만 아니라 서양인들을 위해서도 하나의 모범이 될 수 있는 그러한 방식으로 생활수준을 높이도록 라다크 사람들을 도울 수 있는 기회는 있다.

라다크에서 몇 안되는 진짜 문제 중의 하나는 겨울의 추위이다. 전통적으로 그들은 짐승 똥을 연료로 하는 연기 나는 난로 주변에서 겨울을 보낸다. 지금 수도에서 여유가 있는 사람들은 집을 덥히기 위해서 수입된 코크스를 사기 시작했다. 이 비용을 치르기 위해 그들은 근대적 현금경제에서 일자리를 찾아야 하고, 흙일을 포기했다. 이것은 악순환의 시작이다. 내가 도입을 주선하였던 최초의 적정기술은 트롬비 태양열 공간난방체계라고 알려진 것이었다. 그것은 매우 성공적이었다. 바깥 기온이 영하 15도로 떨어질 때에도 방의 내부는 오직 약간의 기복이 있을 뿐 밤이나 낮이나 대개 20도에서 머물러 있다. 지금 라다크에는 약 60개의 트롬비 벽이 설치되어 있다. 수도 레 바깥에, '티베트마을'에는 스무 채의 집과 한 개의 병원이 이런 식으로 난방되고 있고, 라다크 전역에 이렇게 난방되는 집들이 산재해 있다. 이 방식은 비용이 값싸다. 오직 유리만 살 필요가 있는데, 그것은 레에서 구할 수 있다. 나머지 재료들은 전통적으로 쓰이던 진흙 벽돌과 목재들이다. 그 결과로 이 난방벽은 전통적인 건축 및 그 환경과 썩 잘 어울린다. 더욱 중요한 것은 라다크의 농부가 자기의 독립성을 잃지 않고, 혹은 자기의 환경을 훼손하지 않고 그의 생활수준을 높일 수 있다는 사실이다.

에콜로지와 통밀빵

이러한 최초의 노력들이 라다크에서 크게 환영받았다는 것은 매우 고무적이다. 이 계획을 둘러싸고 자치적 그룹이 형성되었다. 라다크 생태발전그룹이라고 알려진 이 그룹은 현재 각계각층에 약 백명의 회원을 가지고 있다. 이 그룹의 활동초점으로서 우리는 레에 하나의 센터를 세워서 (많은 일이 아직 마을에서 행해지고 있지만) 현대교육을 받아온 젊은이들에게 영향을 주려고 노력하고 있다. 그들은 라다크 사회의 변화를 위한 가장 큰 세력이기 때문이다.

그 센터에는 도서관이 하나 있는데, 거기서 라다크 사람들은 오늘날 서양에서 '건강하고 지속가능한' 사회에 관해 논의되고 있는 바가 무엇인지 읽어볼 수 있다. 그 도서관은 오로지 시멘트, 살충제, 화학비료와 항생제에 관해서만 배우는 것이 고작이었을 젊은 엔지니어와 농업전문가와 의사들에게 대안적인 길이 있다는 것을 알려준다. 또한 그 센터에는 우리가 소개해온 적정기술의 본보기들이 있다.

이 계획이 시도하려고 하는 가장 중요한 일의 하나는 정말 현대적인 것이 무엇인가 보여주는 것이다. 즉, 가공된 흰빵을 먹고 콘크리트 상자 속에 사는 것이 현대적인 것이 아니고, 에콜로지와 통밀빵과 옛 돌집들이야 말로 진짜 현대적인 것임을 보여주려는 것이다. 오늘날 서양에서 이런 쪽의 움직임이 가장 현대적인 경향을 이루고 있다는 것을 라다크 사람들이 이해하는 것은 매우 중요하다. 그것이야말로 가장 설득력 있는 주장이 될 수 있다.

지금 서양사회가 산업사회에 대한 대안을 찾고 있다는 사실, 그리고 그 대안으로 제시된 새로운 원리들과 라다크에 현실로 지금 존재하는 것 사이에 많은 유사성이 있다는 사실은 설득력이 있다. 점점더 많은 서양사람들이 통밀빵을 먹고, 순수한 양털과 면(綿)을 구하기 위해 값비싼 비용을 물며, 심지어 그 원리에 있어서 라다크의 변소와 꼭 같은 스웨덴제 퇴비변소를 구입하기 위해 2천 파운드나 되는 값을 치르고 있다는 사실은 더욱 설득력을 높이는 증거가 된다.

건강한 사회란 각 개인에게 무조건적인 정서적 지원의 그물을 허락하면서, 긴밀한 사회적 유대와 상호 의존을 장려하는 사회이다. 이러한 틀 속에서 개인들은 정말 자유롭고 독립적인 존재로 될 만큼 충분히 안전감을 느끼는 것이다. 역설적이게도, 나는 라다크 사람들이 산업사회의 우리들보다도 훨씬 정서적인 의존도가 덜하다는 것을 발견하였다. 사랑과 우정이 있었지만, 한 사람을 다른 사람이 소유한다든가 하는 관계에서 빚어지는 격렬한 감정은 없었다. 나는 언젠가 일년이나 떨어져있다가 집으로 돌아온 열여덟살 먹은 아들과 어머니가 만나는 장면을 본 적이 있다. 그 어머니는 마치 아들을 애타게 그리워하지 않은 듯 놀랄 정도로 침착했다. 이런 행동을 이해하는 데 나는 오랜 시간이 걸렸다. 나는 겨울 동안 헤어져 있다가 내가 되돌아올 때 나의 라다크 친구들이 보여주는 행동을 이상하게 생각했다. 나는 그들이 좋아할 선물들을 가지고 갔다. 나는 그들이 나를 다시 만나 기뻐하고, 선물을 받고 행복해 하리라고 기대했다. 그러나 그들에게는 내가 어디에 멀리 다녀온 사람이 아니었다. 그들은 선물에 대해서 고맙다고 말했으나 내가 기대한 방식으로는 아니었다. 나는 그들의 흥분된 모습을 보고, 우리들의 특별한 우정을 확인하기를 바랐던 것이다. 나는 실망했다. 내가 떠나있은 기간이 6개월이건 단 하루건 그들은 나를 꼭 같이 취급했다.

그러나 나는 어떤 상황에라도 적응하고, 개별적인 상황에 관계없이 행복을 느낄 수 있는 능력이야말로 엄청난 힘이라는 것을 깨닫게 되었다. 나는 나의 라다크 친구들이 보여주는 편안하고 긴장이 없는 태도를 올바르게 인식하게 되었다. 라다크 사람들은 서양사람들처럼 무엇인가에 집착하지는 않은 것으로 보인다. 다른 사람들이나 주위환경에 대한 라다크 사람들의 관계는 내적 고요와 만족감을 기르는 데 도움이 되었고, 그들의 종교는 그들에게 사람이란 건강하고 안락하게 지낼 수 있지만, 그러나 '무지'한 상태로는 결코 행복할 수 없다는 것을 계속 상기시켜 주었다. 만족감은 자기자신이 생명의 흐름의 일부라는 것을 느끼고 이해하는 것으로부터 나온다. 긴 여행을 막 출발하려는 때 비가 내리기 시작하더라도 그 때문에 비참해져야 할 것은 없다. 비 내리는 것이 원하는 바는 아닐지 모르지만, 그러나 "왜 행복해서는 안되는가?" 하는 것이 라다크 사람들의 태도이다.

유린되는 티베트

데이빗 니콜슨-로드

달라이 라마에게 신왕(神王)이라는 칭호를 사용하면 껄껄 웃으며 그 칭
호를 거절한다. "첫째로 우리는 신(神)을 받아들이지 않습니다" 하면서 그
는 유쾌하게 웃는다. "신이 없으면 신의 왕이라는 것도 있을 수 없지요. 그
리고 신을 받아들인다 해도 신왕(神王)이라는 것은 심히 불쾌한 말입니다."

느슨하게 옮기면 그 이름이 '지혜의 바다'라고 할 수 있는 달라이 라마
는 최근에 자기의 장래에 관해 골똘히 생각하게 되었다. 격식 차리기를
싫어하는 사람인 그에게 붙어있는 신화적 장식들은 역설처럼 보인다. 그
는 아무 '어려움 없이' 붓다와의 정신적 유대를 받아들인다. 마찬가지로,
그는 그가 마지막 달라이 라마가 될지도 모른다고 말하고 있다. "달라이
라마라는 제도는 특정한 시기에 시작되었으니까 어느 시기엔가 끝날 것입
니다. 중요한 것은 티베트 문화, 티베트 민족입니다."

달라이 라마는 작년에 티베트 망명집단들과의 접촉을 새롭게 하기 위
해서 영국과 미국을 방문하고 — 적어도 정치인들이 아닌 사람들에게서 —

데이빗 니콜슨-로드 (David Nicholson-Lord) — 영국의 저널리스트로서 주로 환경관계를
다루는 글을 써 왔다. 이 글의 출전은 *Resurgence* 1992년 1-2월호이다.

따뜻한 영접을 받았다. 그는 또 서방세계에서 불교에 대한 인식이 대부분 녹색운동의 덕분으로 과거 어느 때보다도 높아진 것을 보았을 것이다. 그러나 그와 불교에 대한 서양인들의 호의에도 불구하고 그의 망명지인 인도의 다람샬라에 돌아온 달라이 라마는 냉정한 현실을 생각하지 않을 수 없을 것이다. 1950년 중국에 의해 점령된 이래 세계의 정부들은 ― 민중들과는 반대로 ― 티베트라는 나라가 일찍이 존재한 일이 없었던 것처럼 행동하였다. 그런데 조만간 그것이 사실이 될지도 모른다.

중국사람들은 티베트의 천연자원을 뻔뻔스럽고 난폭하게 약탈하고 있는데, 여기에 비하면 쿠웨이트에 대한 이라크의 약탈은 거의 아무것도 아니라고 할 수 있다. 여행자들의 얘기를 들어보면, 빽빽한 숲들은 형편없이 벌거벗겨지고, 벌목차량들이 끊임없이 줄을 잇고 있으며, 한때 야생생물로 가득 차 있던 곳들이 텅 비어 있다고 한다. 금과 석유와 석탄과 광물들이 파올려져서 트럭에 실려나가고 완만한 풀밭들은 과도하게 방목되고 있으며 가파른 산기슭에도 쟁기질이 가해져 있다. 거기에 핵무기들이 설치되어왔고, 핵과 유독성 폐기물이 버려져 있다고 한다. 화학전 연습이 인민해방군에 의해서 수행되어왔다.

증거는 많은 경우 일화적이다. 티베트는 서방세계에 거의 닫혀진 채로 있다. 이 모든 주장들은 중국 측에 분노를 불러일으켰고, 홍콩문제와 같은 서방(西方)의 관심사에 영향을 끼쳤다. 그리하여 서방세계는 전략적으로 눈을 감아버린 것이다. 달라이 라마의 방문이 있기 직전에 영국정부의 한 대변인은 일년 동안의 티베트 여행 중 '아무런 생태학적 붕괴'를 목격하지 않았노라는 어느 미국인 인류학자의 말을 인용하였다. 그런데 이 미국인의 발언은 티베트 망명객들과 그들을 지원하는 서구인들 사이에서는 믿지 못할 것으로 받아들여졌다.

언론매체들도 역시 죄를 지어왔다. 미국의 한 지도적인 야생생물 사진작가인 갈렌 로웰은 전국 규모의 잡지들이 티베트의 생태적 파손에 대한 직접적인 체험기를 어떻게 되풀이하여 거부해왔는가를 묘사하고 있다. 그런 이야기들은 충분히 '재미나는' 것이 아니라는 이유로, 게다가 중국은 우리의 친구라는 이유로 빈번히 퇴짜맞았다. 로웰은 "가장 강력한 거절 동기는 장차 언론이 취재원에 접근할 수 있는 기회를 잃어버리지나 않을까 하는 두려움이지만, 이것은 실제로 이야기되지 않는다"고 덧붙인다. 편집자들은 비판적인 기사로 인하여 언젠가 그들의 기자들이 중국에 들어가는 것을 거부당하지나 않을까 하고 겁내는 것이다. 이런 요인들은 티베트의 생태학적 유린에 대한 서방세계의 이상스러운 침묵을 설명하는 데 도움이 된다.

실제로, 40년간의 점령의 결과 전체적으로 티베트의 생태계가 결정적인 훼손을 입게 되었다는 것을 보여주는 증거는 뚜렷하다. 그들 자신의 환경 기록을 그릇되게 말하는 데 습관이 되어있는 중국인들도 — 예컨대 1980년대에 인민공화국의 삼림훼손은 영(零) 퍼센트였다고 그들은 주장하지만 실지로 중국에서는 해마다 웨일즈보다 더 큰 삼림지역이 상실되었다 — 경비병이 보이지 않을 때는 티베트에 가해진 손상을 시인한다.

예를 들어 '개혁을 위한 문호개방기'인 1983년에서 1987년 사이에 이루어진 삼림벌채 덕분에 동쪽 및 동남아시아의 대부분의 중요한 강들이 심대한 영향을 입었음을 그들은 인정하였다. 그런데 브라마푸트라강, 메콩강, 살윈강, 양자강과 황하와 같은 이러한 강들은 대개 티베트 고원에서 발원하고 있는 것이다. 숲이 없어지자 수백만 톤의 흙이 강으로 쓸려 들어갔고, 강들의 하구(河口)에 토사가 쌓였으며, 댐이나 저수지들의 기능이 상실되고 홍수와 가뭄을 증가시켰다. 방글라데시의 홍수와 같은 '자연재해'들도 실은 그 원인이 중국 공산주의의 탐욕에 있는지도 모른다.

사실들 자체가 그동안의 사정을 잘 말해주고 있다. 동부 티베트 지역에서 중국인의 점령이 시작된 이후 68퍼센트의 삼림이 상실되었다. 어떤 여행자의 기록에 따르면, 1987년에 그가 양자강의 지류인 민계곡을 버스를 타고 올라가면서 본 것이라곤 190마일에 걸친 빽빽한 '벌목차량들'뿐이었다. 티베트 고원의 높이와 규모 때문에 이러한 삼림벌채는 예를 들어 몬순을 약화시키는 것과 같은, 전지구적인 차원의 기후변화를 초래할 수 있다는 의견이 있다.

거대한 인구유입이 — 지금 티베트에는 6백만명의 티베트인들에 대하여 7백50만명의 중국인들이 있다 — 이 나라의 생태계에 엄청난 긴장을 주고 있다.

점령 이전에 티베트에는 도로가 없었다. 그런데 지금은 가장 궁벽한 지역까지 열어놓은 수천 마일의 도로가 뚫려있다. 예전에 티베트의 암도지방에 속했던 변경지역 킹하이는 중국의 클론다이크(캐나다 유콘강 유역의 유명한 금광지대 — 역주)라 할 만한 곳으로 여기서 해마다 억만 파운드어치의 금이 광포하고 무분별한 채광을 통해서 상실되었다. 그런가 하면 북부 티베트에서 대량으로 추출된, 광범위하게 이용되는 산업용 광물인 붕사는 중소(中蘇)분열 이전에 소련에 졌던 부채를 모두 갚을 수 있게 해주었다고 한다.

다른 곳도 아니고 하필이면 티베트에서 이런 일이 일어났다는 것은 끔찍한 아이러니이다. 여러 세대에 걸쳐 서구인들에게 — 제임스 힐튼의 샹그리라를 기억하는가? — 티베트는 신비와 조화의 땅, 일종의 지상의 열반이었다. 거기서 살고 있는 사람들은 서구인들에게는 허락되지 않는 어떤 만족스러운 상태에 도달한 것처럼 여겨졌다. 지나친 신비화와 헐리웃의 엉터리짓에도 불구하고, 그러한 믿음이 기본적으로는 진실을 내포하고 있다.

이것은 분명히 다른 형태의 생명을 해(害)하지 말 것을 가르치는 불교에 크게 연유했다. 하인리히 하러는 《티베트에서 보낸 7년》 속에서 티베트 수도인 라사에서 겪은 일, 즉 홍수방비용 수로를 건설하는 일의 어려움에 대하여 썼다. 공사 중에 누구라도 삽에서 벌레 한 마리를 발견하기만 하면 비명이 터져나왔고, 흙을 치우고 벌레를 안전한 곳에 갖다 두지 않으면 안되었다. 반세기 전에 영국의 무역사절단의 우두머리였던 휴 리차드슨은 그때 사실상 경찰과 군대가 없던 '통합된 전체'인 티베트 사회를 회상하고 있다. "나는 시기심, 미움, 악의, 불친절의 증거가 그곳보다 더 적은 곳을 보지 못했습니다"라고 그는 덧붙인다. 환생에 대한 믿음, 그래서 미래를 위한 염려가 일종의 자기보호로 되어있는 것이 어떤 역할을 한 것인지도 모른다.

그의 자서전《망명 속의 자유》속에서 달라이 라마는 신분을 감추고 자기 나라를 여행하다가 어느 목동과 대화를 갖게 된 경험을 적고 있다. "키가 크고 튼튼하며 마치 야크와 같은 길고 덥수룩한 머리를 한" 이 남자는 중국인에 관해 아는 바도 거의 없었고, 라사에 가본 일도 없었다. 그는 얇은 흙으로부터 삶을 이끌어내는 일에 너무 바빠서 먼 도시와 그 너머 보다 넓은 세계에서 일어나는 일에 관심을 가질 수가 없었다.

"그러나 이 모든 그의 소박성에도 불구하고" 하고 달라이 라마는 회상한다. "나는 그가 깊은 종교적인 확신을 가지고 있고, 불법(佛法)이 이러한 오지(奧地)까지 번창하고 있음을 알고 기뻤다. … 무엇보다 나는 이 사람이 전혀 교육을 받지 못했음에도 불구하고 만족한 느낌으로 살고 있다는 것, 그리고 그 자신 물질적 안락을 조금도 가지고 있지 않지만 그의 삶이 수없이 많은 세대에 걸친 조상들에게 그랬던 것과 똑같은 것이고, 또 자기의 아이들과 그들의 아이들에게도 틀림없이 똑같은 인생이 계속될 것임을 확신하고 있다는 것을 알았다."

많은 서양인 방문자들에게 티베트인들의 이러한 내적 정신은 그들의 외부세계에 구현되어 있는 것으로 보였다. 자연주의자들은 티베트에 와서 감탄을 금치 못했다. 가문비나무와 노간주나무와 갖가지 꽃나무들의 숲이 우거져있었고 놀라울 만큼 풍부하고 다양한 야생생물들이 있었던 것이다. 1930년의 《내셔널 지오그라픽》에 따르면 티베트는 '하나의 거대한 동물원'이었다. 영국의 자연주의자 킹던 워드는 티베트를 '지구의 식물보고의 하나'라고 했다. 사람 눈길 닿는 곳에 어디서나 영양(羚羊)과 곰과 표범과 늑대와 사슴의 무리를 볼 수 있었다고 다른 사람들은 말했다.

그와 대조적으로 중국인들은 티베트를 생활권으로서 보았다. 그것은 봉건적이고 시대착오적이며 미개척된 곳이었다. 아닌게아니라 티베트를 뜻하는 중국의 단어는 '서쪽의 창고(西藏)'인 것이다. 여태까지 금지되었던 사냥이 이제는 의무적으로 되었다. 승려들과 아이들은 '불필요한' 새와 동물과 곤충을 죽이도록 할당을 받았다. 만약 그들이 그 증거 — 다리나 날개 따위 — 를 내놓지 못하면 그들은 구타를 당했다. 군인들은 사냥을 조직하여 야생생명들을 기관총으로 쏘았다. 그들은 또한 고양이나 개들도 눈에 뜨이면 죽였는데, 그 근거는 그것들이 '기생적'이라는 것이었다. 문화혁명 동안 25만 그루의 호두나무들이 엘리트적이라고 규정된 뒤 베어져버렸다.

그 결과 농작물에 해충이 창궐하였을 뿐만 아니라 예전에 흔했던 종(種)들 — 눈표범이나 사향노루나 목이 검은 학들 — 이 거의 멸종될 위기까지 되었다. 1981년에 갈렌 로웰은 점령 이후 최초로 티베트의 벽지를 여행하는 미국인 원정대를 이끌었다. "3주 동안 백 마일 넘게 우리는 걸었습니다"라고 그는 회상한다. "우리는 사실상 아무것도 보지 못했습니다. 야생생물들은 사라져버리고 없었습니다."

환경파괴는 문화적 파괴 및 민족말살과 나란히 진행되었다. 1백20만명의 티베트인이 죽었고, 6천 개 이상의 수도원이 파괴되었다. 완화의 기미는 보이지 않는다. 작년에 중국은 티베트에 있어서의 '건설의 세번째 물결'을 선언했다. 거대한 새로운 석유와 크롬마이트의 매장지를 파헤치고, 티베트의 네 개의 신성한 호수 중의 하나로부터 수력전기를 끌어내자는 것이다. 라사 근처의 방대한 우라늄 매장지도 공격의 또다른 목표이다.

오늘날 생물다양성에 관해 많이 이야기되고 있다. 우림(雨林)이나 산호초나 기타 위협받고 있는 생물서식지들에 살고 있는 엄청나게 많고 다양한 종(種)들을 보존해야 할 필요는 널리 알려져 있다. 언젠가 우리는 식량이든 약이든 합성품을 위해서든 그것들이 필요하게 될지 모른다고 사람들은 말한다. 이런 논의가 흔히 경제적 관심 속에 이루어지기는 하지만, 그것은 근원적으로는 자기 보존을 위한 논의이다.

티베트에서 우리는 생물다양성의 원칙에 따라 한 인간종족이 보존되어야 할 필요성을 본다. 이곳은 매우 특별한 곳으로서 한 민족과 그들의 믿음과 자연환경이 외부세계로부터 거의 고립된 채 하나의 뚜렷하고 독특한 생활방식으로 진화해왔다. 이곳이 열반의 경지가 아니라는 것은 분명하다. 그러나 이들이 어떻게 하면 우리가 더욱 조화롭게 자연과 더불어 살 수 있는지를 우리에게 가르쳐줄지도 모르기 때문에 그러한 문화를 잃어버릴 여유가 우리에게 없다는 것도 마찬가지로 분명하다. 중국인들은 우리의 미래로부터 하나의 커다란 페이지를 찢어버리고 있는 것이다. 나중에 어느 땐가 우리는 찢겨진 가장자리를 — 티베트와 그 문화의 잔존물 — 보면서 이것이 본래 어떤 모습이었을까 하고 궁금해 할지 모른다. 우리는 우리가 과연 무엇을 잃어버렸는지도 모를지 모른다.

그러나 이 세계가 — 더 정확히 말하여 서구세계가 — 그 자신을 위하여 티베트를 필요로 한다면, 티베트는 스스로 보존되어야 할 권리가 있다. 그리고 하나의 대안이 있다. 티베트를 위한 5개항의 계획 속에서 달라이 라마는 티베트를 아힘사지구로 전환할 것을 제안하였다(아힘사는 비폭력이라는 힌두용어이다). 그렇게 하여 평화로운 중립과 환경보호가 나란히 지켜지게 하자는 것이다. 그러면 티베트는 세계의 가장 큰 자연공원 또는 생물권이 되어 그 속에서 소박하게 자연과 조화롭게 살아가는 티베트불교의 실천이 이 세계의 나아갈 길을 가르쳐줄 수 있을 것이다. 서양인들은 방문객으로 와서 "큰 호텔에 머물지 않고 가정집과 같은 작은 건물들 속에 머물게 될 것이다."

이것은 놀라운 아이디어인데, 국제정치의 낯익은 어휘들로부터 크게 거리가 먼 것이다. 그것은 불교적 확신으로부터 나오는 생각이다. 그 확신은 세계의 환경문제가 궁극적으로 해결될 수 있는 유일한 장소가 있고, 그 장소는 바로 인간의 마음이라는 것이다. 벌채된 목재들을 실어나르는 차량들이 끊임없이 덜컹거리며 지나가는 것을 보고 있노라면 그것은 실현되기 아득한 희망인 것처럼 보인다.

풍요의 비용 — 일본의 여가산업과 환경파괴

게이번 매코맥

일본이 지난 십년간 경제적 초강국으로 발전해왔다는 것은 잘 알려져 있다. 최고의 일인당 GNP를 가진 세계 최대의 자산국가인 일본은 세계 십대 은행 전부와 많은 세계적 기업들을 소유하고 있고, 세계경제활동의 15퍼센트의 근거지이다. 세계무역체계의 가장 역동적인 부문의 중심지인 일본의 토지가격은 미국의 그것보다 네배로 평가되고 있다. 일본의 공장은 고급상품들을 세계에 공급하고 있고, 일본 건설회사들은 지구 전역을 통해 거대한 하부구조 공사를 맡아 하고 있다.

이런 사실로부터 흔히 일본이 성공했고, 성공했을 뿐만 아니라 성공의 모범이 되었으며, 따라서 일본국민이 부유해지고 그 성공의 과일을 즐기고 있는 것으로 가정되고 있다. 아닌게아니라 소비자 소득은 높아져서 일본의 도로는 6천만 대의 자동차들로 꽉 메워져 있다. 세계 전체의 참치 어획량의 3분의 1과 새우의 5분의 2가 일본인의 위장을 통과하고 있고, 열대삼림의 4분의 1을 일본에서 수입하고 있다. 그러나 식도락을 위한 식

이 글은 New Left Review 1991년 7-8월호에 실린 Gavan MaCormack, "The Price of Affluence: The Political Economy of Japanese Leisure"를 옮긴 것이다.

품과 해외여행과 자동차와 전자제품들이 풍족한 반면에 일본의 주택사정
은 나쁘고, 하수시설과 같은 기초 쾌적시설도 부족하며, 공원이나 공공장
소는 너무나 적은데다가, 일본인에게는 자기가 하고 싶은 것을 할 시간이
없다. 일반적으로 생활조건에 대한 높은 수준의 불만은 심각한 문제를 제
기하고 있다. 유럽이나 북미의 다른 선진자본주의 나라들과 비교할 때 일
본은 오직 일인당 소득과 텔레비전 세트와 전자장비에 있어서만 맞먹거나
앞서 있을 뿐이다. 노무라조사연구소에 따르면, 1995년이 되어도 일본은
생활수준에 있어서 미국이나 (서부) 독일과 같은 나라에 크게 뒤떨어져 있
을 것이라고 한다. 1990년 12월의 보도에 따르면, 도쿄의 57평방미터짜리
아파트의 평균가격은 8천만 엔으로서 이것은 평균적 도쿄 거주자의 연간
소득의 열두배에 달하는 것이다. 게다가 도쿄의 주택신청은 공급의 마흔
배를 넘어서고 있다는 것이다. 일본의 기업이 유례없는 번영에 도달한 반
면에 사회적 빈곤은 실질적으로 광범위하게 된 것이다. 자본주의는 언제
나 불균등 발전을 보여왔다. 그러나 자본주의의 생산능력이 전세계적으로
찬탄을 불러일으켜온 바로 그 시기에 일본이 드러내는 이 모순들은 면밀
하게 들여다볼 가치가 있다.

　일본경제는 오일쇼크와 그에 따른 지난 20년간의 경제적 재편과정을
놀라우리만큼 민첩하게 통과해왔다. 그 과정은 분명히 철강, 조선, 중화학
이라는 "무겁고, 두껍고, 길고, 큰" 산업으로 특징지어지는 '근대적' 산업
기지로부터 "가볍고, 얇고, 짧고, 작은" 하이테크와 서비스부문이 주류를
이루는 '탈근대적' 혹은 정보사회산업으로 이행해온 것으로 볼 수 있다.
그런데 여기서 특히 주목하고자 하는 것은 최근 일본경제가 여가산업 쪽
으로 방향을 돌리고 있는데 이것이 경제적·사회적으로 어떤 의미를 갖는
가 하는 점이다.

　일본 안에서 제공될 수 있는 오락설비의 범위와 질을 증대시키려고 하
는 거대한 노력은 일본 시민들을 위한 행복한 생활이 마련되기 시작했다
는 신호인가? 아니면, 그것은 비생산적이고, 중독적이며, 많은 사람을 패
자로 만들며, 승자에게도 별로 위로를 제공하지 않는 카지노 같은 전형적

으로 탈근대적인 게임의 표현에 지나지 않는 것인가?

무엇보다 역설적인 것은 물리적인 오락시설이 엄청나게 증가하면서도 사람들이 그러한 시설을 즐길 수 있는 시간은 전혀 증가하지 않고 있다는 사실이다. 레저 시장은 1985년에 약 52조 엔이었고, 이것은 세기 전환기에 두배가 될 전망이다. 그러나 같은 시기에 일본인의 연간 평균 노동시간은 2,168시간으로 1970년대 중간 이래 사실상 달라진 것이 없는데, 이것은 산업화된 세계의 다른 곳보다 2백 내지 5백 시간 많은 것이며, 1950년대 초 경제회복기의 유럽과 대체로 비슷한 수준이다. 이틀간의 주말을 누리는 일본 노동자는 전체의 20퍼센트도 안된다. 연간 평균 190시간에 달하는 초과근무시간은 1986년 이래 증가해왔다. 일본의 연간 유급휴가는 평균 9일인데, 이에 비해 미국은 19일, 영국은 24일, 프랑스는 26일, (서부) 독일의 경우는 29일이다.

주어지는 여가시간이 주어진 시설에 따라가지 못하는 것으로 보이지만, 레크리에이션의 필요성은 명백한 것 같다. 그것은 업적에 대한 기여를 보상해야 한다는 면에서뿐만 아니라 건강상의 필요라는 면에서도 명백하다. 후생성의 통계를 보면, 1955년에서 1985년 사이 일본인들의 건강상황은 일반적으로 여덟배나 악화되었는데, 그 중에서도 고혈압과 신경질환은 보다 큰 증가율을 기록하고 있다. 과로에 의한 급작스러운 사망은 광범위하게 목격되는 사회현상이 되었다. 1988년에 경제계획청이 행한 여론조사에서 58.5퍼센트의 사람들이 그들의 여가수준, 혹은 스스로 하고 싶은 것을 할 수 있는 시간과 공간의 확보수준이 부적절하다고 말한 것은 놀라운 일이 아니다.

주식회사 일본은 이러한 문제를 인식하고 그 해결책을 강구하였는데, 그것은 작업시간의 단축, 인구의 비집중화, 그리고 자연환경 속에서 값싸게 긴장을 풀 수 있는 시설제공과 같은 당연하게 생각될 수 있는 방법이 아니라 정교한 하이테크를 통해 스트레스를 풀 수 있는 기술적 방법이었다. 그들은 특수한 종류의 껌을 개발하고, 명상실을 마련하고(1990년에 스트레스 해소 살롱이 백여 개나 문을 열었다), 자궁처럼 생긴 작은 '기분

전환 밀실'을 고안하였다. 이 밀실에는 녹음테이프가 장치되어 있어서 그 장치를 이용하여 사람들은 "졸졸 흐르는 시냇물, 노래하는 새, 부드럽게 부서지는 파도" 소리들을 들을 수 있는 환경에 완전히 잠길 수 있게 되는 것이다.

리조트산업 붐

1987년에 국회를 통과한 보통 '리조트법'이라고 알려진 법률이 휴식과 회복과 자연으로의 복귀라는 사회적 욕구를 정당하게 수용하려는 진지한 시도의 일부였다고 생각하고 싶은 사람이 있을지 모르지만, 그러나 나타난 증거는 완전히 다른 것을 보여주고 있다. 그 법률은 "좋은 자연조건을 갖추고 있는 지역에서" 스포츠와 레크리에이션과 교육과 문화활동을 종합적으로 제공하는 사업을 위해 "사기업의 능력을 이용"하도록 구체적으로 명시하였다. 그 효과는 즉각적이고 놀라운 것이었다. 나라 전체를 통해 도시와 마을과 현(縣)들이 '리조트' 지역으로 지정받기 위해 치열한 경쟁으로 들어갔고, 그 결과 1989년 12월에 일본 전토의 19.2퍼센트가 여기에 포함되었다. 그때까지 646개의 공사가 시공단계로 들어가 있었고, 205개가 계획수준에 있었다. 이것은 농업에 바쳐진 5백50만 헥타르의 땅보다 훨씬 많은 땅(7백25만 헥타르)이 '리조트' 활동에 바쳐지고 있다는 것을 의미한다.

스키장과 골프장과 유람선 정박장들이 가을 버섯처럼 마구 돋아나고 있다. 예를 들어, 큐슈에서는 26.7퍼센트의 토지가 1백 개의 골프장과 디즈니랜드식의 주제공원을 포함해서 평가투자액 약 3백억 엔에 이르는 135개의 리조트용지로 계획되어 있다. 일본의 가장 빈곤한 현(縣)인 오키나와로 말하면 70개의 섬들 전부가 '열대리조트'로 선언되었다. 현재 연간 2백40만의 관광객을 세기 말까지 하와이 수준의 약 6백만명으로 증대시키려는 노력이 진행 중에 있다.

골프는 핵심적인 리조트 활동이다. 1990년 3월 〈아사히신문〉의 평가에 따르면, 일본에는 1,700개의 골프장이 있고, 325개가 건설 중이며, 983개가 계획 중에 있는 데다가 또 많은 골프장이 고려 중에 있다. 계획 중이거나 건설 중에 있는 골프장의 수효는 1989년에 두배로 증가되었다. 1955년에 겨우 1백 개의 골프장이 있던 일본은 건설 중에 있는 것들이 완성되면 2,085개의 골프장을 가지게 되고, 그 면적은 17만 헥타르에 이르게 된다. 협소한 데다가 산악지대로 주로 이루어진 일본 땅의 0.54퍼센트가 골프에 바쳐지게 되는 셈이다. 이런 광란적인 활동이 휴식과 여가의 필요에 대한 반응이라는 것은 아이러니이다. 다른 선진 산업국가들에서 이와 비슷한 현상은 볼 수 없지만, 이런 현상을 일본에서 추진시키는 힘은 지금 태평양지역 전체를 통해 급속히 팽창하고 있다.

골프장은 어떻게 건설되는가? 오사카 부근에서 18홀짜리 골프장을 건설하는 데 소요되는 비용은 약 2백억 엔으로 평가되고 있다. 따라서 천명의 회원들이 4천만 엔으로 가입한다면 이미 백 퍼센트의 이윤이 있는 셈이다. 그러한 이윤은 흔히 골프장이 개장되기도 전에 실현된다. 클럽 회원권은 거래가능한 상품으로서, 최근에 그 가격은 엄청나게 치솟았다. 1982년과 1989년 사이에 약 4백 퍼센트로 오른 데다가 1989년 동안에 190퍼센트나 더 올랐다. 도쿄 바로 바깥에 위치하는, 이른바 '긴자 골프장'이라고 하는 지역에 속하는 지바 현에서 지금 건설 중에 있는 어떤 골프장은 그 비용이 7억 엔에 달하고 있다. 관계회사는 자기 돈 8천만 엔을 가지고 1,400명의 회원을 등록시킬 계획을 하고 있다.

신입회원 등록은 여러 단계로 이루어진다. 처음에 수백명의 제한된 사람들에게 특별 창립회원이란 명분으로 3백만 엔을 제시하고, 나중에는 점차로 올려가다가 약 천만 엔에 이르도록 한다. 이 경우에 만사가 잘 된다면, 처음 8천만 엔의 투자로 3억 엔을 거두게 된다. 오사카 쪽의 평균회원권이 대략 4천만 엔에 이르고 있으므로 불평할 사람은 별로 없을 것이다. 요즘은 회원권 백만불짜리의 컨트리클럽들이 늘어나고 있고, 골프장을 독점 이용하고자 하는 사람들을 위한 가격은 4억 엔 이상이다. 골프 기업자산의 매력의 하나는 회원으로부터 받는 회비가 일시적인 수탁금으로 간주되기 때문에 과세 대상이 아니라는 것이다. 이와 비슷한 분석은 스키장 개발에 대해서도 이루어질 수 있다. 현재 6백 내지 7백 개의 스키장이 있는데, 그 수효는 급속히 팽창하고 있다.

이런 유형의 개발이 가져다줄 경제적·사회적 결과는 매우 심각하다. 특히 쉽게 부패할 수 있는 잠재적 경향이 내재되어 있는 점에서는 더 그러하다. 엄청나게 할인된 가격으로 컨트리클럽의 창립회원으로 등록되는 권력과 영향력을 가진 정치가나 관료들은 골프장 건설허가를 확보하고, 지역주민들의 반대를 좌절시키는 일에 이해관계를 가지고 있다. 골프장의 증설은 계속될 운명인 것처럼 보인다. 자기네의 정치조직을 운영하는 데 연간 백만 달러를 필요로 하는 정치가들은 이러한 새로운 달러박스에 열광적이다. 특히 1982년에 클럽회원권은 유가증권이 아니라는 최고재판소의 판결이 있었기 때문에 여기에 뇌물문제는 거론될 수 없는 것이다. 실제로 회원권은 거래되고 있으며, 은행대출의 담보로 이용되고 있으므로 최고재판소는 매우 좁은 관점을 취한 것이다.

현재 예정된 1,500개의 골프장이 건설되고 골프장마다 2백 내지 3백의 창립회원을 가지게 된다면, 일본 전인구 가운데 영향력을 가진 약 30만명이 법적으로 뇌물이든 아니든 기득권적 이해관계를 가진 사람들이 될 것이다.

간단히 말하면, 골프현상은 수요의 증가에 따른 반응이라기보다는 공급측으로부터 추진된 것이다(골프수요도 증가하였다. 1988년 말 현재 골프인구는 1천만으로 추정되고 있다). 그리고 바로 일본의 골프장이라는 요새 주위에 세워진 돈의 성채로부터 환태평양, 특히 퀸스랜드 주변으로 팽창되는 휴양산업과 관광개발을 위한 자금이 조달되고 있다. 1989년 말에는 약 1백 개의 해외 일본골프장이 많은 호텔과 기타 리조트시설과 함께 있게 될 것이다. 수년 전 시드니에 있는 모든 개인 골프장들을 사겠다고 한 일본의 제의는 이런 배경에서 이해할 수 있다.

환경파괴

장기적으로 볼 때, 가장 심각한 문제는 현재의 골프붐이 환경에 미칠 영향이다. 경제 상황의 변화로 말미암아 현재 건설되고 있는 많은 리조트들이 조만간 붕괴할지도 모른다. 그러나 지금 개발 때문에 파헤쳐지고 있는 지역들의 환경파괴는 쉽게 회복될 수 없을 것이다. 골프장을 개발하는 데는 약 1백 헥타르의 땅이 필요하고, 그것도 주요 인구중심지로부터 가까운 물결모양의 시골땅이 선호의 대상이 된다. 그러한 지역으로 주택이나 농사용으로 쓰여지고 있지 않은 곳은 지금 일본에는 없다. 그리하여 많은 골프장들이 산기슭의 삼림지대에 개발되고 있는 형편이다. 개발자들은 숲을 베어내고 불도저를 사용하여 산꼭대기를 평평하게 하고 골짜기를 채운다. 이런 방법으로 골프장 건설은 변명의 여지 없이 삼림파괴가 되고 있다. 일본 전체 국토의 67퍼센트가 숲으로 덮여있지만 임산물 자급도는 겨우 30퍼센트로 떨어져버렸다.

그러나 '리조트법'의 통과는 가장 고위급에서 정치인들과 관료들의 합의가 이루어졌다는 것을 의미한다. 그 결과 농사나 국립공원, 삼림, 집수(集水)를 위한 토지 혹은 준공용지들을 리조트용으로 전환하는 것을 용이하게 하기 위해서 일련의 행정조치와 몇몇 새로운 법안이 채택되었다. 세제상의 특전이 너그럽게 주어지고, 다양하고 매력적인 재정적 유인이 제공되고, 행정절차가 간소화되었다. 70년대 중반 악명높은 '일본열도 재편'을 시도하던 다나카 정부 때보다도 훨씬더 많은 땅이 동원되고 있을 뿐만 아니라 그때 국립공원과 산악과 해안환경을 보호하기 위해 채택되었던 법적, 행정적 조치들이 이른바 '인간 녹색계획'이라는 공식적 이름 밑에서 희석되거나 포기되었다.

이 계획으로 산악 및 해안 리조트들의 '녹색' 분위기가 증진된다고 하는 것은 속임수다. 골프장의 경우마다 그러한 '녹색'이 이루어지기 위해서는 해마다 발암물질이거나 여러가지 건강문제를 일으키는 화학물질을 포함해서 3톤 내지 4톤 정도의 제초제, 살균제, 살충제, 발색제, 유기 염소와 기타 비료들을 사용해야 하는 것이다. 나오키상 수상자인 오사무 다카하시에 따르면, 나리타 공항에 접근하기 위해 우리가 그 공중을 나는 지바 현의 산들이 고엽제로 인해 나무들이 말라죽은 베트남과 닮았고, 그만큼 회복하는 데도 오래 걸릴 것이라고 한다. 가장 심하게 화학농사를 하는 농부가 토마토에 뿌리는 것의 세배만큼의 강도로 살포되는 이러한 풍성한 화학물질들은 궁극적으로 강과 연못과 늪과 호수와 바다로 흘러들어간다. 보건성이 발견한 바에 따르면, 골프장으로 인해 950군데의 장소가 물의 질과 양에 나쁜 영향을 받고 있다. 동물과 새와 곤충과 해양 및 인간 생명에 광범위한 손상이 끼쳐지고 있음이 보고되었고, 그것에 반대하기 위해서 한 환경시민단체가 조직되고 있다. 오키나와는 1972년에야 일본의 사법관할권에 되돌아왔지만, 이미 80퍼센트 이상의 산호가 죽었고, 가장 좋은 해변은 사유화되었으며, 연안 어부들은 어획량이 급격하게 감소했음을 보고하고 있다. 앞으로 있을 관광개발로 물에 대한 수요가 크게 늘 것이 예상되고 그것에 대처하려면, 오키나와의 모든 강들에 댐을 만들어야 한다. 그렇게 되면 상류 생태계가 엄청난 손상을 입고, 하구에 토사가 막히는 현상이 가속화될 것이다. 일본생태협회는 여가라는 이름으로 자연에 가해지는 손상, 특히 국립공원의 침해에 대해 깊은 우려를 표명하였다. 스키장을 위해 산을 발가벗기고 다른 모양으로 바꾸는 것도 사태를 일으키는 원인이 된다. 생태협회의 추산에 따르면, 스키장 하나를 개발하는 데 일년에 십 톤짜리 덤프트럭으로 1백 내지 2백대 분량의 흙이 주변 강으로 유실되어 버린다고 한다. 이미 있는 두 개의 골프장에 열 개의 새로운 골프장이 추가적으로 개발되도록 계획되어 있는 아와지 섬과 같은 작은 섬의 경우는 이 문제가 가지고 있는 심각한 차원을 말해준다.

일본의 '개발'이 － 환경청에 따르면 － 628종의 야생동물과 899종의 야생식물을 거의 멸종시키고 있는 단계에 이르렀다는 것을 인식할 때, 현재의 정책들이 잠재적으로 얼마나 큰 재난을 초래할 수 있는 것인가는 쉽게 이해될 것이다. 위협받고 있는 동물들 가운데는 나가라 강의 사츠키송어와 오키나와의 산고양이, 사도 섬의 볏달린 따오기, 줄무늬 올빼미, 일본

수달, 흰기러기 등이 있고, 위협받는 식물들 가운데는 술달린 난초와 앵초 같은 것이 있다.

토지가격의 폭등

그럼에도 불구하고 이 과정은 복잡한 경제적 동기에 의해서 무자비하게 진행되고 있다. 폭등하는 토지가격은 중심적인 문제이다. 일본의 상품가격 인플레이션 수준은 산업국가 중 가장 낮은 쪽에 속하지만, 토지가격 상승률은 유례가 없는 것이다(역사적으로도 선례가 없다). 일본은 이중가격체계를 운용하고 있다고 할 수 있다. 한쪽은 엔화가 있고, 다른 한쪽은 '토지가격'인데, 이것은 부동산시장과 정치적 이해관계에 연결되어 있다. 그런데 그 두 개는 토지나 증권을 담보로 은행신용이 발행되는 체제로 관련되어 있다. 지난 20년 동안 일본의 토지와 증권가격의 인플레이션 규모는 놀라운 것이다.

토지가격 인플레는 '실질' 경제부문의 성장률을 훨씬 능가하며, 동시에 그 경제를 추진시키고 있다. 1970년대를 통해서 일본의 GNP는 다섯배 증가하였지만 토지자산은 열배나 증가하였다. 이러한 불균형은 계속하여 벌어져왔다. 79만명을 고용하고 있는 부동산산업은 1,468만명을 고용하고 있는 제조업과 거의 맞먹는 운영 잉여금을 산출하고 있다. 그 기하급수적 성장은 모든 다른 경제부문들을 앞지르고 있다. 말할 것도 없이, 이러한 성장에는 실질적인 국부나 국민복지에 대한 진정한 기여가 있을 수 없다. 오히려 투기의 순환과정 바깥에 있는 수많은 보통 사람들에게 주어질 부담을 고려하면 그 반대가 진실이라고 할 수 있다. 일반 민중에게는 토지가격의 계속적인 상승은 하나의 악몽인 것이다. 토지는 일본 전체 국부(國富)의 65퍼센트를 차지하고 있는데, 이것은 (서부) 독일의 경우 25퍼센트, 미국에서는 33퍼센트, 그리고 겨우 2.5퍼센트밖에 되지 않는 영국의 경우에 매우 대조적이다. 현재 도쿄 중심부의 1백 평방미터 정도의 토지 가격으로 유럽의 성 하나 혹은 캐나다나 호주의 웬만한 섬 하나를 살 수 있다.

오늘날 일본이 보여주는 이러한 불균형은 1688년 명예혁명 직전의 영국이 조금 가까운 예가 되지만 역사적으로 선례가 없는 것이다.

'리조트국가' 일본이 진화해온 맥락을 되돌아보기로 하자. 일본의 거대한 교역 잉여가 1980년대 초부터 쌓이기 시작한 이래 일본은 국내 펌프를 자극하고 수입을 촉진하라는 무역전쟁으로 일어나는 압력에 직면해왔다. 동시에 도쿄를 포함한 동해 연안 거대도시와 이 나라의 나머지, 특히 농촌지역 사이의 생활상의 격차는 점점더 벌어지고 있었다. '테크노폴리스' 전략을 비롯한 여러가지의 '종합국가개발계획' 밑에서 이루어진 시도들은 별 성과를 거두지 못했다. 1986년부터 쌀지지가격이 꾸준히 줄어듦에 따라 농업은 엄청나게 쇠퇴하였다. 쌀비축을 위하여 엄청난 보조금이 소모되었는데, 일본 전체의 논 20만 헥타르의 오직 반만으로도 사람들을 먹여살리기에 충분하였다. 다른 농업 및 임업산업들도 특히 무역자유화 때문에 위기에 빠졌다. 국가소유의 삼림기업들은 분명히 불가피한 재정적 수렁에 빠졌는데, 1975년에서 88년까지 기간에 8천억 엔이 넘는 결손을 누적적으로 보았고, 같은 기간에 쌓여진 장기부채는 무려 1조 9천만 엔에 달하고 있다. 1980년대에 '행정개혁' 원칙 밑에서 이루어진 부채 없는 재정에 대한 강조는 국토개발과 적극적인 리조트개발을 제약하는 장애물들을 제거하는 것밖에 다른 어떠한 선택도 남겨놓지 않았다.

일본 전역을 통해 농어촌과 산촌은 엄청난 부채, 인구감소, 고령화, 고립으로 고통당하고 있을 뿐만 아니라 이러한 문제들을 해결하기 위한 국가정책이 끊임없이 변경되고 포기되는 현실에 절망하고 있다. 1985년 '플라자' 협약에 따라 엔화가 엄청나게 평가절상됨에 따라 이러한 압력들은 더욱 심각하게 되었다. 철강과 조선을 중심으로 하는 '구식의' 수출산업은 흔들리고, 제조업은 지역근거지가 아닌 해외로 나가게 되었으며, 농업은 또다시 수입확장이라는 지상명령에 희생되었다. 1986년 4월의 마에카와 보고서는 이런 문제를 분명히 알려주고 있다. 거대한 규모의 하부구조와 도시개발과 토지확보를 위한 프로그램들이 만들어졌다. 민간 주도로 한다는 것은 줄곧 강조되었다. 국내경제는 무역잉여와 엔화 재평가로 말미암은 자본이득으로 파묻혔지만, 저금리정책으로 자극되었다. 이른바 '도시 르네상스'기라고 하는 1985~87년 사이에 도시의 토지투기 붐이 크게 일 어났는데, 그때 도쿄의 토지가격은 평균 3백 퍼센트나 뛰어올랐다. 1987년 부터 제4차 종합국가개발계획과 리조트법의 영향을 받아 토지투기는 나 라 전체로 확산되었다. 이 종합개발계획은 1986년부터 세기전환 때까지 일본 전역에 기본적인 쾌적시설을 위한 하부구조를 마련하는 데 1천조 엔 을 투자할 것을 전망하고 있다. 공공자산 특히 토지를 중심으로 하는 공 적투자에 보완적으로 수송, 건물, 통신, 정보기술과 도시재개발에 대한 사 적투자가 계획되고 있다. 리조트법은 이 종합개발계획의 원칙을 상세히 규정한 것이다.

'리조트'와 '여가' 전략은 여러가지 목적을 한꺼번에 달성하는 매력을 가진 것이다. 그것은 국내경기를 활성화하고, 지역 및 농업부문의 위기에 반응하고, 중앙 및 지방수준에서 공공부문 부채를 감소시키고, 정치적으 로 중요한 비중을 가진 건설·부동산업계의 이해관계에 봉사하면서, 일본 자본주의의 팽창속도를 늦추는 것으로 보이게 할 수 있는 것이다. 그러나 국민들에게 휴식이니 녹색생활이니 생활의 향유니 하고 주어진 약속은 공 허한 것이었음이 드러난 것이다.

휴식 혹은 '속도를 늦춤'과 같은 것은 일반적으로 관료와 기업 엘리트 들 간에는 '영국병' 혹은 '선진국병'의 징후로 해석되고, 따라서 어떤 대가 를 치르더라도 회피해야 할 것으로 인식되고 있다. 나카소네수상이 고안 한 '리조트열도'는 잉여를 줄이고 교역상대국들을 달래기 위해 계획되었 다. 그것은 엄청나게 큰 새로운 시장을 만들었고, 필요한 구조개혁을 회 피함으로써 격렬한 팽창압력을 진작시켰다. 재정문제를 해결하는 요술지 팡이가 초대되어, 나라 전체에 걸쳐 자산을 불리는 오래된 수법이 쓰여졌 다. 일본의 고도성장이 정상적인 흐름 대신에 보다 광적인 국면에 들어간 것이다. 여기에는 부동산과 개발회사들만이 아니라 무역회사, 호텔 체인, 철도회사, 보험회사, 은행, 조선업자들과 금융그룹들도 포함되어 있다. 1982년 7월에 발표된 '녹색 일본계획 제2단계'에서 리조트 산업은 처음으로 '일본의 새로운 기간산업'으로 묘사되어 있다.

도쿄 돈이 나라 전역으로 퍼지면서 그같은 현상이 지방에서도 되풀이 됨에 따라 일본 전체가 또하나의 '선진국병', 즉 투기와 인플레이션의 영 향을 받게 되었는데, 이러한 현상은 일본이 회피하고자 노력해온 것보다 더 치명적인 결과를 낳게 될지 모른다. 리조트 그 자체들이 물리적 환경 에 그렇게 하듯이 '토지가격의 고의적 인플레이션'과 '빠른 회전율'이라는 쌍둥이 현상은 일본의 지역공동체에 사회·도덕적으로 무거운 대가를 요 구한다.

국제적 차원

게다가, 일본의 경제적 영향력이 확대됨에 따라 당연히 일본의 국내 정 치경제의 패턴이 점점 넓어져가는 지역적·세계적 영향권을 통해서 재생산 되고 있다. 1980년대를 통해서 일본으로부터 주변 지역의 관광과 부동산개 발에 흘러들어간 자본수준은 꾸준히 증가하였는데, 그것은 교역잉여의 축 적, 국내토지와 증권자산의 인플레이션, 값싼 신용(보통 4퍼센트)으로 자극 받은 것이었다. 1990년에 세계에 대한 직접해외투자금의 유출(441억불)은 미국의 것(317억불)과 영국의 것(318억불)을 능가했다. 호주에서 1989~90년 사이 통계는 거꾸로 미국과 영국으로 돈이 나가고 있음에 반하여 일본 돈 은 계속적으로 강력하게 유입되고 있음을 보여주고 있다. 총량의 관점에 서도 가까운 장래에 일본은 '넘버 원'이 될 가능성이 큰 것으로 보인다. 그 결과로 1980년대 말에는 호주의 황금연안 지역과 하와이에 있는 많은 일류호텔, 골프장, 호화호텔과 아파트들이 일본인의 수중에 있었다. 황금 연안 지역에 1980년대 동안 연간 1억불 이상의 비율로 일본 자금이 흘러 들어왔고 서퍼스 패러다이스 한 지역만으로도 1990년에는 7억2천5백만불 로 상승했다. 그리하여 이 지역 상업중심지의 재산 가운데 반이 일본인 소유로 되었다는 보도가 있었다. 북부 퀸스랜드와 서부 오스트레일리아와 북부 뉴사우스웨일스에는 선착장, 골프장, 호화아파트와 호텔을 위한 대규모 공사가 진행 중이다.

노무라연구소 호주 주재대표 히로시 사카이의 논평에 간명히 표현되어 있듯이 여기에는 특이한 아이러니가 있다. "많은 일본기업인들은 아침 여덟시부터 밤 열한시까지 일하고, 휴가도 길지 않습니다. 그런데 사람들이 아홉시부터 다섯시까지 일하고, 4주간의 휴가를 즐길 뿐만 아니라 승용차 두 대를 위한 차고와 수영장이 딸린 저택에 살고 있는 미국과 호주와 다른 나라에 투자하느라고 이렇게 한다는 것은 기이한 일입니다."

일본식의 패턴이 호주에서 어느 정도로 재생산될 것인가를 보여주는 지표는 '다기능 폴리스' 계획의 운명일 것이다. 아직 호주 바깥에서는 알려지지 않았지만, 이것은 1987년에 호주땅에 합동으로 '미래도시'를 건설하자고 일본정부가 호주에 제안한 것에 그 기원을 두고 있다. 일본 MITI가 제출한 이 도시의 원래 설계안은 1980년대의 일본의 쌍둥이 전략, 즉 하이테크와 하이터치 혹은 테크노폴리스와 리조트의 융합을 강력하게 제시하고 있다. 전자에 대한 호주의 열망과 후자에 대한 일본의 강조 사이에서 이 문제는 아직 해결되지 않고 있다. 그러나 풍향을 짐작할 수 있게 하는 것은 1990년 8월에 MFP계획에 대한 국제자문위원회의 공동의장으로 에이시로 사이토가 임명된 사실이다. 1990년 경단련 회장인 사이토는 1979년에 일본기획산업위원회(JAPIC)를 창설한 핵심인물 중의 한 사람이었는데, 이것은 당시에 철강과 시멘트 같은 기간산업들을 위협하는 불경기와 싸우기 위해서 조직된 110개의 회사들로 구성된 그룹이다. 산업위원회의 압력으로 사적부문 역할의 팽창을 위해서 공공부문의 보조와 지원을 보장하는 일련의 조치가 이루어졌다. 그 조치들은 첫째 일본의 도시재개발, 둘째는 국가종합개발계획에 의한 하부구조 개발, 그리고 리조트 개발을 위한 '녹색일본' 계획이다. 사이토가 호주 쪽에 제공하는 조언이 이러한 다양한 프로그램들의 착잡한 성과를 어떻게 반영할 것인지는 두고 볼 일이지만, 그러나 일본 리조트 개발의 팽창적이고 재생산적인 에너지가 장래의 호주 및 많은 태평양 국가들에서 '개발'의 의미를 결정짓는 데 중대한 역할을 할 것이라는 것은 의문의 여지가 없다.

"국가를 부강하게, 민중을 빈곤하게"

내가 묘사하고 있는 현상은 일본 돈이 국제 은행자산의 거의 40퍼센트를 차지하고, 세계 전체 자본 및 금융자산에서도 거의 비슷한 비중을 차지하고 있다는 사실로 인해 그 중요성이 확대된다. 이 방대한 돈의 핵심은 도쿄의 토지 및 돈 놀음에서 내기 돈으로 사용되거나 딴 돈이다. 게다가, 도쿄 증권거래소에 상장되어 있는 상위 839 기업들에 대한 최근의 어떤 연구는 토지자산이 명목상으로는 이들 기업의 총자산의 불과 4퍼센트로 되어있지만 실지로는 총자산의 44퍼센트를 차지하고 있다고 주장하였다. 1990년 1월에서 10월 사이에 일본 니케이 지표상으로 증권가격은 48퍼센트로 떨어졌다. 이것은 제3세계의 미지불 부채의 두배에 해당하는 손실이다. '빚 바다'에서 부유하고 있는 토지가격도 한창때로부터 10 내지 20퍼센트 폭으로 떨어지기 시작했다고 보도되었다. 신용은 고갈되고, 금융이나 다른 기관들도 "금세기에 있었던 가장 큰 투기거품이 파열됨"에 따른 금융상해에 직면하고 있다고 보도되었다. 이 모든 것들이 포함하는 문제를 고려하여, 에코노미스트는 "세계의 주어진 신용의 엄청나게 큰 부분이 그토록 비능률적이며 비유동적인 시장에 제공되었다는 것은 매우 두려운 일"임을 주목했다.

그러한 현상이 국내뿐만 아니라 국제적으로 (지역적으로 또 세계 전체적으로) 커다란 영향을 미칠 거라는 것은 의심할 수 없다. 이미 1991년 초에 호주의 최대 외국인 투자가인 일본회사 EIE는 거래은행들의 수중에 장악되었고, 막강한 기업유지 메커니즘과 저금리자본 동원력이 적어도 일시적으로 붕괴되었다. 그밖에 다른 리조트, 부동산, 투기회사들은 수축되고 있거나 경찰이나 세무당국에 의해서 주식조작, 내부거래, 탈세 혐의로 조사받고 있었다. 커다란 토지거품이 일본에서 마침내 터져버리고 말 것인지 아니면 그냥 서서히 수축될 것인지 두고 볼 일이다. 어떤 일이 일어나든지 전세계가 영향을 받게 될 것이다.

일본 안에서 휴식과 여가에 대한 욕구는 충족되지 않고 있다. 오히려 생활의 광란적 속도는 더 강화되었다. 최근까지 일본이 지구상의 가장 매력적인 나라 가운데 하나가 되게 하였던 훼손되지 않은 자연환경은 '리조트' 개발로 망가지고 있는 중이다. 일본에서 골프장 개발을 위해 삼림의 1퍼센트를 벌목하는 일은 환경에 복합적인 손상을 끼친다. 숲의 감소로 온실효과가 가속화되지만, 일본 국내 목재자원의 감축은 또한 수입목재에 대한 의존도를 증가시키고, 따라서 제3세계 삼림에 대한 약탈을 자극함으로써 '온실효과'에 대한 일본의 기여가 배가되는 것이다.

인플레이션으로 말미암은 이 뒤죽박죽의 방대한 변화 속에서 일본 민중은 방향감각을 잃고 휩쓸려가고 있다. 소외와 불안이 깊어지고, 정치적·경제적 도덕성이 상실되고, 조상으로부터 이어받은 유산들이 파괴된다. 일본 북쪽 시레토고의 거대 삼림이 산림청의 예산부족을 메우기 위해 벌목되고 있는 다른 한편으로 먼 남쪽 이시가키섬에서는 예정된 리조트 개발로 세계에서 가장 아름다운 푸른 산호의 군거지 중의 하나가 위협받고 있다. "기차는 긴 터널을 거쳐 눈의 나라로 들어왔다. 밤하늘 아래 땅은 하얗게 누워있었다"라는 구절로 시작되는 가와바타의 고전적 소설 《설국》을 알고 있는 사람들이나 일찍이 그 터널을 지나 가와바타의 세계로 가본 일이 있는 사람들은 오늘날 그곳에서 마주치게 되는 고층건물들의 모습에 경악할 것이다. 에치고 유자와의 온천마을은 1987년에 720만명의 방문객을 받아들였으며, 1989년 이전 3년 사이에 그 토지가격은 열배로 뛰어올랐다. 167킬로미터나 떨어져있지만 이 마을은 도쿄에 의해 글자 그대로 삼켜져버린 것이다.

농촌은 조용한 절망에 사로잡혀 있다. 도시에서 토지가격의 상승과 악화되는 주택사정은 보통 사람들의 통근거리를 자꾸만 멀어지게 하고 있다. 도쿄에 직장을 가진 사람의 20퍼센트 이상이 하루 세 시간이 넘는 통근을 하고 있다. 이 문제의 해결이 실패했음을 보여주는 증상은 '거꾸로된' 리조트 생활방식이라고 할 수 있는 것의 상승인데, 도쿄 바깥에 집을 두고 주중에는 도쿄 시내에 있는 캡슐호텔(혹은 그 비슷한 것)에서 살다가 주말에 이른바 '리조트 맨션'인 집으로 되돌아가곤 하는 생활 스타일이 그것이다. 리조트는 여가와 레크리에이션과는 별로 관계가 없고, 국제적 압력에 대한 대응과 건설과 투기자본이 국내 경제 속에서 점점 중심적인 비중을 차지하는 것과 큰 관계가 있는 것이다. 리조트 전략이 고안된 것은 국내 압력집단을 만족시키고, 국제적 압력을 완화시키기 위해서였다. 그것은 국내시장을 자극·팽창시키고, 수입자유화를 통해 외국 수입품 특히 농산물의 수입을 장려하는 것이다. 이러한 것들은 벌써 성취되었다고 말할 수 있다. 그러나 이 전략은 쇠퇴하는 지역 공동체들에 활기를 불어넣어 주고, 농촌지역의 고립과 만성적인 고령화를 해소하며, 일본 국민 전체에 휴식과 레크리에이션을 위한 시설을 마련해주는 방법으로도 제시된 것이다. 이러한 목표는 처음부터 실패했는데, 그것은 본질적으로 그 계획의 순조로운 집행을 위해 고안된 프로파간다에 지나지 않았던 것으로 보인다.

장기적으로 볼 때, 거시경제적 이득도 환상적이거나 반생산적일지도 모르며, 리조트 전략은 단순히 도시와 농촌의 기초적 문제들, 주택과 식량 문제를 해결하지 못한 것에 대한 은폐작업으로 판명될지도 모른다. 그리고 무역 압력을 경감시키기는커녕 오히려 전체 태평양 지역의 리조트 및 관광산업에 대한 일본의 증대되는 투자 물결은 그러한 압력을 날카롭게 할지도 모른다.

일본의 도서지역들에서 꼭 같은 도쿄식의 설계에 의존하는 단일적이고, 속악하며, 벼락출세의 '리조트'들이 급격히 불어나고 있다. 지방 고유의 이해관계나 특이성들은 부정되고 있다. 본래 리조트 시설이 자리잡게 된 원인이 되었던 자연환경은 훼손되고 있다. 그리고 그 궁극적인 대가가 ― 경제적 비용을 포함해서 ― 헤아릴 수 없이 큰 자연손상이 확대되고 있다. 투기라는 바이러스가 퍼지고, 원래 일본의 '성공'의 원인이 되었던 노동과 생산윤리가 붕괴됨에 따라서 사회적 도덕성이 망가지고, 공동체는 분열되었다.

1990년 12월 세무당국이 토시유키 이나무라 씨를 조사하기 시작했을 때 놀라는 사람은 별로 없었다. 그는 1986~87년간 환경청 책임자로서 리조트 붐의 초기 단계를 지휘한 사람인데, '개발'에 능동적으로 관계한 기업들과의 증권거래에서 발생한 2억8천만 엔이라는 이윤에 대한 탈세혐의로 조사를 받게 된 것이다. 조사관들은 예전에 증권가격 조작혐의로 기소된 바 있던 미쑤히로 코타니라는 유명한 투기가와 이나무라가 가졌던 관계를 중점적으로 따지고 있었다.

이러한 문제들을 해결한다는 것은 쉬운 일이 아니다. 지금 밀물처럼 솟아오르는 골프장, 스키장, 유람선 선착장들은 지역 공동체들의 필요와 문제에 전혀 관련이 없다는 것이 특기할 만하다. 많은 지역민들은 이 전체 과정을 현대적 형태의 종획운동, 즉 공유지와 숲과 산과 해안이 사적 이해관계를 위해 박탈되는 과정으로 보고 있다. 주식회사 일본은 번창하는 반면에 민중은 고통을 겪고 있다고 말한다. 그리하여 최근에 부국빈민(富國貧民)이라는 새로운 조어가 생겨났다. 이러한 것이 풍요를 추구하는 데 일본이 성공함으로써 치르는 대가이다.

일본관계 평론가들은 일반적으로 대안으로서 몇가지 점에 의견의 일치를 보인다. 도쿄의 거대한 기업들과 관료들로부터의 외부적 간섭을 통제할 수 있는 힘과 의지를 가진 강력한 지방자치 제도에 근거하여 지역 자신의 고유한 필요와 욕구에 부응하는 문제해결책을 발견함으로써만 오로지 지역활성화가 가능할 것이라는 것이다. 그러한 처방에서 우선권을 가지는 것은 농업과 공예 혹은 비용이 저렴하고 비폭력적인 여러가지 활동에 뿌리를 둔 소규모의 개발이다. 지역 공동체의 조상들에게 집이라고 할 수 있는 삼림과 산들은 보호되어야 하고, 기초적 생계의 원천인 땅과 바다는 존경받아야 한다. 투기라는 바이러스는 흑사병처럼 강력하게 저지되어야 할 것이고, 스트레스로 시달리는 거대도시의 노동자들과 주민들은 자연세계와 매우 가까운 거리에서 휴식과 회복의 기회를 가질 수 있게 되어야 할 것이다.

그러한 노선을 따라 민주적이고 생태학적인 기풍을 심화하면서, 지금의 그 광적인 들뜸을 극복하기 시작하는 일본만이 궁극적으로 외부세계와의 관계에서 겪는 스트레스와 마찰을 해소할 수 있을 것이다.

파국을 향해 가는 자동차
세계 자동차 위기와 인간의 책임

볼프강 주커만

동물이나 사람의 힘으로 끌지 않아도 되고, 레일도 필요 없이, 혼자 힘으로 갈 수 있는 자동차가 백년 전에 발명되었을 때 인간의 오랜 꿈은 실현된 것으로 보였다. 이제부터는 편안하게 고통 없이 돌아다닐 수 있는 수단을 갖게 된 것이다. 더이상 뜨겁고 먼지 나는 길을 터벅터벅 걸어가거나 진창길을 밟을 필요도 없고, 무거운 꾸러미나 짐을 가지고 다닐 필요가 없게 되었다. 우리가 가고 싶은 곳 어디든지 꿈같이 편하게 우리를 데려다주는 기계하인을 마침내 발견했던 것이다.

이윽고 이 새로운 하인을 데리고 살 만한 여유가 있는 사람들은 모두이 하인에게 반해버렸다. 어떤 사람들은 심지어 둘이나 셋까지도 가지게되었다. 그러자 예상하지 못한 일이 일어나기 시작했다. 방대한 숫자가 갑자기 도로를 가득 채우기 시작하였고, 한때 그렇게나 민첩하고 충실하

볼프강 주커만 (Wolfgang Zuckermann) ─ 1922년 베를린 태생으로 미국에 이민하였다가, 현재는 프랑스에서 EcoPlan International이라는 비영리 환경관계 연구소의 연구원으로 일하고 있다. 이 글은 최근 발간되어 주목받고 있는 그의 저서 *End of the Road*(1992)를 발췌, 우리말로 옮긴 것이다.

던 꿈의 수레들이 점점더 느림보로 움직일 수밖에 없게 되었다.

그러나 이런 느린 움직임에도 불구하고 우리들 대부분은 여전히 우리들의 차를 사랑한다. 문제를 인식하고, 문자 그대로 우리가 끝까지 왔다고 생각하는 사람들도 이 수송수단에 대한 커다란 애착을 버리지 못하고 있다. 사태의 핵심에는 근원적인 지각(知覺)의 문제가 숨어있다. 우리들 대부분은 아직도 예전처럼 자동차를 보고 있는 것이다.

한때 이 무죄한 수송수단은 우리를 고통 없이 이동시켜줄 뿐만 아니라 우리가 가고자 하는 곳 어디든지 우리를 데려다주었다. 그런데 이제 이 자동차들로 말미암아 사람의 이동이 어려워졌다.

그리하여 자동차생산을 장려하던 정부와 기업은 악순환에 처하게 되었다. 생산되는 차의 수효가 많아질수록 자동차의 움직임은 더욱 어려워지는 것이다.

우리는 모두 차량이 빚어내는 혼잡, 오염, 위험에 관해 알고 있다. 그러나 우리는 현대과학이 이 모든 것을 고쳐줄 것이라고 생각한다. 그러면서 우리는 우리의 자동차를 계속하여 좋아하고 심지어 사랑하는 것이다. 멋진 차를 가지고, 밀짚바구니에 피크닉 도시락과 샴페인병을 싣고 오염되지 않은 탁 트인 시골길을 운전해가는 기쁨과 쾌락을 생각해보라. 물론 오늘날 자동차는 옛날만큼 아름답지도 않고, 붐비는 도로와 사고 때문에 운전하는 기쁨이 줄어든 것은 사실이다.

그렇지만 자가용을 타는 사람은 말할 것이다. 나는 내 차를 사랑합니다. 나는 차를 이용하여 몸이 성치 않은 장모님을 태워드리고, 딸 아이들을 발레교습소에 데려다주고, 슈퍼마켓에서 집까지 커다란 쇼핑백 다섯 개를 운반해올 수 있습니다. 혼잡한 것은 사실이지만 그건 도로가 충분치 않기 때문이지요. 요즘은 직장까지 가는 데 한 시간이 넘게 걸리기는 합니다만, 그러나 언젠가는 자동안내체계로 이 문제도 해결될 겁니다. 교통량을 줄이려고 자동차 풀제를 이용하라고 하지만, 솔직히 나는 내 차를 딴 사람들과 나누어 쓰고 싶지 않아요. 운전하고 있는 동안은 직장과 가정에서 벗어나는 유일한 시간입니다. 나는 혼자 앉아서 좋아하는 프로그램을 즐깁니다.

이런 식으로 우리는 생각한다. 우리는 자동차를 아무런 의문도 없이 받아들인다. 이 비인격화된 세계에서 적어도 자동차만은 나 자신에게 속한 그 무엇인 것이다. 우리는 우리 자신의 사람됨에 어울리는(그리고 사람됨을 표현하는) 차를 선택하고, 차의 내부를 우리의 개인적인 취향대로 꾸민다.

기계적 척도와 인간적 척도

하나의 수송수단이 보다 큰 공간을 차지하면 할수록 다른 도로이용자들을 위한 여지는 보다 작아지고, 움직임이 빠르면 빠를수록 그 수송수단은 보다 큰 면적을 요구한다는 것은 매우 단순한 사실이지만, 사람들은 이것에 별로 주목하지 않는다.

만약 자동차가 우리의 일상생활의 친밀한 일부가 아니라면, 우리는 자동차들이 외계에서 온 어떤 침략군의 전위가 아닌가 하고 생각했을 수도 있다. 우리들에게 남아있는 농촌과 야생지역들이 도로에 의해 이리저리 가위질 당하고, 도시들이 잿빛 고속도와 얼굴 없는 주차장들에 의해 찢겨지며, 단조로운 교외들이 끊임없이 사방으로 뻗어나가는 것을 보면서 우리는 세상의 모습을 아마도 영원히 변화시키는 데 자동차가 엄청난 역할을 하고 있음을 인식하지 않을 수 없다. 세상은 확실히 자동차가 없던 시대의 모습이 아니다. 자동차 이전 시대와 자동차 이후 시대의 차이는 예컨대 로마 이전과 로마 이후 혹은 빅토리아 이전과 빅토리아 이후 시대의 차이보다 더 큰 것이다. 자동차가 없던 때에는 시대의 변화에도 불구하고 세상은 늘 알아볼 수 있는 모습을 띠고 있었다. 이제 우리는 세상을 전혀 알아볼 수 없을 정도로 변화시키고 있는 것이다.

이 모든 것은 한 세기 동안에 일어났다. 그것은 지질학적으로 볼 때 찰나에 지나지 않은 기간이다. 이 기간 동안에 우리는 지구의 얼굴을 장미빛 뺨을 가진 소년의 얼굴에서 도리언 그레이의 초상에 그려진 쭈글쭈글

한 얼굴로 변화시켰다. 한때 흙길과 풀섶과 아름다운 포석이 있었던 땅을 우리는 아스팔트 생채기와 주름살로 뒤덮어버렸다.

이러한 변화과정에서 우리가 잃어버린 것은 땅과의 직접적인 연결인데, 이러한 연결은 우리의 심리적 건강과 복지의 유지에 필수적인 것이다.

서서히 자신도 모르게, 우리는 네 개의 바퀴가 달린 폐쇄된 금속용기 속에 갇히게 됨으로써 우리의 땅으로부터 문자 그대로 단절되어버렸다. 옛날 우편마차도 그랬다고 주장할 사람이 있을지도 모른다. 그러나 수송수단에 관련되어서는 흔히 더 나은 것이 더 나쁜 것이다. 말이 이끄는 수레보다 자동차는 훨씬 부드럽고, 신속하게, 그리고 엄청나게 대량으로 우리를 운반해주며, 우리를 훨씬 완전하게 고립시킨다.

개인적 수송수단의 발달로 말미암아 도시와 마을이 붕괴되고, 상점과 일터와 학교와 의료, 오락, 문화센터와 같은 쾌적시설들은 따로 밀집되는 것이 세계적인 경향이다. 우리가 사회적 교섭을 최소화하고 수송을 최대화하는 가장 효율적인 방법을 찾는다면, 바로 이것이 그러한 방법일 것이다.

많은 나라에서 지배적인 흐름은 마을학교와 우체국과 기차역과 작은 가게들을 폐쇄하고, 그러한 편의시설들을 대규모의 비인격화된 센터에 집중시키는 것이다. 그러면 사람들 자신은 소외되고 만다. 사람들은 그곳까지 가기 위해서 개인수송수단에 의존하지 않을 수 없게 되거나 일자리나 생동적인 동네가 사라진 탓에 본래 살던 지역을 떠날 수밖에 없게 된다.

자동차에 대한 우리의 지나친 의존 때문에 우리의 뿌리와 순진성이 상실되었다면 우리가 얻은 것은 무엇인가?

우리 시대의 몇몇 깨어있는 정신들은 무자비한 기계화가 초래할 황폐화를 정확히 예견하였다. 올더스 헉슬리, 헨리 밀러, 루이스 멈포드, 그밖의 몇몇 사람들이 우리들에게 말하려고 했던 것은 기계적인 물건들이 우리들을 대신해서 하는 일은 마땅히 우리들 자신이 스스로 하지 않으면 안될 일들이며, 기계가 우리들을 대신한다면 예측하기 어려운 가공할 결과가 나타날 수 있으리라는 것이었다.

이것은 증명하기 어려운 주장이다. 그러나 어떤 주어진 과제를 수행하는 데 요구되는 노력의 크기와 그 노력의 결과 사이에는 미묘하지만 필연적인 관계가 있는 것으로 보인다. 만약 보통 사람의 힘으로 두 주일이 걸릴 일을 단추 하나만 눌러서 해결한다면, 만약 보통 3주일이 걸릴 대양횡단이 세 시간 만에 실현된다면, 테크놀로지의 도움을 받는 사람이 이 일에 바치는 노력은 최소한의 수준에 그치게 되며, 따라서 그는 그렇게 쉽사리 성취된 결과에 대하여 충분한 이해를 갖기 어려울 것이다.

작은 산 하나를 불도저로 밀어버리는 데 단지 며칠밖에 걸리지 않고, 몇개의 지렛대를 움직이는 것으로 충분하다면, 그것이 필요한 일이든 아니든 그 산을 옮기고자 하는 유혹은 커진다.

푸른 들이 있다. 다음날 측량사들이 나타나고, 뒤이어 불도저들이 따라온다. 미처 생각해볼 틈도 없이 4차선 도로의 그물이 만들어지고, 곧 어디로 가는지 알 수 없는 자동차들로 꽉 메워지는 것이다.

우리의 짐을 덜어주는 기계적 수단의 발명에 내포된 철학적 문제에 대하여 우리가 끊임없이 논쟁하는 동안, 그러한 발명들의 실제적인 결과들은 우리의 세계를 엄청나게 변화시키고 있다. 그리고 그러한 것들로 우리의 삶이 훨씬 편하게 되지만, 좀더 안락한 생활이라는 선물에는 값비싼 대가가 붙어있다. 한때 몇 주일이 걸리던 도시들에 지금은 몇 시간 만에 당도할 수 있다. 이러한 신속한 수단으로 우리가 절약하게 된 시간에도 불구하고, 우리는 어느 때보다도 더 분주하고, 더 쫓기고 있다. 새롭고 보다 빠른 기계적 척도와 인간적 척도가 불안스럽게 맞물려 있는 셈이다.

이번 세기에 인간은 깊이 생각해보지도 않고 진보라고 하는 것에 자기 자신을 넘겨주고 말았다. 새로운 발명이 있을 때마다 경탄과 칭송과 영광된 미래에 대한 비전이 뒤따랐다. 동시에 새로운 발명들 하나하나에는 그것이 인간의 충실한 하인이 아니라 도리어 인간의 상전이자 독재자로 될 위험이 숨겨져있었다. 이러한 독재적 경향은 무엇보다 자동차의 발전 속에서 현저한 것이다.

위대한 자동차 경제

사람들 마음속에 자동차와 미국이 너무나 긴밀히 연결되어 있기 때문에 차의 자동동력장치가 기본적으로 독일인들의 발명이라는 사실을 잊기 쉽다. 이것은 1885년에 고트프리드 다임러와 칼 벤츠에 의해서 (독립적으로이지만) 거의 동시에 개발되었던 것이다.

헨리 포드가 최초로 자동차를 대량생산하여 '모든 집에 차 한 대'라는 꿈의 실현을 약속하였다면, 독일민족 구성원 모두가 자동차 소유자가 되는 '자동차 민족공동체'를 약속하면서 최초의 자동차 도로를 건설한 것은 히틀러였다. 현재 연방문서보관소와 코펜하겐 영화박물관에 있는 1930년대의 선전영화를 보면, 나치독일의 아스팔트 서정시라고 할 수 있는 것을 볼 수 있다. 자동차를 찬양하는 시인, 화가들 이외에 자동차 영화들도 있는데, 그것들은 어떻게 고속도로를 장악하는 남자가 언제나 가장 예쁜 처녀를 차지하는가를 묘사하고 있다.

히틀러도 포드도, 그리고 그때나 지금이나 다른 어떤 자동차 예찬론자들도, 정말 모든 집에서 자동차를 가지게 되면 세상이 어떻게 될 것인가에 대해서는 전혀 생각하지 않았다. 그들의 사고와 몽상에서 제외된 것은 — 도로와 주차장이 집어삼킬 거대한 공간, 자동차들로 인한 도시의 변질과 붕괴, 자동차를 생산하는 공장과 자동차를 묻을 공동묘지들, 그리고 공기를 가득 채울 독성물질들이었다.

1930년대의 정신은 좀더 최근의 정치적 발언 속에 살아있다. "파리는 자동차에 적응해야 한다. 그것이 어떤 낡은 미학주의의 포기를 뜻하는 것이라 해도"라고 1971년에 프랑스의 대통령 조르쥬 퐁피두는 말하였다. 스웨덴 수상 잉바르 카를센은 최근에 "자동차 소유는 인권에 속한다"라는 의견을 표명하였다. 1989년에 영국 교통장관 피터 보텀리는 "현재 개인수송의 혜택을 누리지 못하고 있는 여성, 소수민족, 생활보호자들이 장차 구입할 자동차를 위해 더 많은 도로가 건설되어야 한다"고 생각하였다.

사회적 불평등문제에 대한 이러한 영국식의 해결은 기왕의 차 소유자들에게는 "사다리를 끌어내리지 말고" 나머지 모든 사람도 뒤따라 사다리를 기어오르게 하자는 것으로 받아들여진다. 영국에서 '나머지 모든 사람'은 오늘날 전체의 60퍼센트를 의미한다. 미국에서도 인구의 거의 절반 가량이(1985년 통계에 따르면) 차가 없다. 서유럽에서는 세명 가운데 두명이 차가 없다. 남아프리카와 동유럽에서는 오직 11명 가운데 한명이 차를 가지고 있다. 그 숫자는 소련으로 가면 24명 중 한명으로, 아시아에는(일본, 중국, 인도를 제외하고) 65명 중 한명, 인도에는 500명 중 한명, 중국에는 2천명 중 한명으로 올라간다. 이처럼 세계의 방대한 다수 인간은 현재 "개인수송의 혜택을 누리고" 있지 않다.

일반적으로 보다 잘살고, 보다 큰 권력을 가지고 있는, 현재 개인수송의 혜택을 누리고 있는 사람들은 별 생각도 없이 이른바 '위대한 자동차 경제'를 전폭적으로 지지하고 있다. 그러한 정책의 결과가 세계의 모든 주요 도시에서 명백히 드러나 있는데도 말이다.

암세포와 자동차

계속하여 더 크고 더 강력한 자동차를 소유하려고 하는 거의 외설적인 질주로 인해 미생물학자이며 암연구가이자 사회철학자인 프레데릭 베스터의 다음과 같은 경고는 현재 가려져 있다.

우리는 점점더 종양세포처럼 행동하고 있다. 우리는 우리의 숙주(宿主)인 생물권을 우리 자신이 파괴하기 시작했음을 인식하지 못하고 있다. 기업경영가들과 정치가들에게 이러한 발전을 인식하도록 가르친다는 것은 암세포에게 자기가 생각하는 엄청난 성공과 성취, 즉 기하학적인 성장이 실은 자살을 뜻하는 것임을 가르치는 일만큼 어렵다.

세계 승용차 생산은 1950년에 연간 8백만 대였는데 1988년에는 연간 거의 4천만 대로 증가했다. 세계적으로 사용중에 있는 자동차 대수는 1950년의 5천3백만 대에서 오늘날에는 5억 대로 증가했다. 40년 동안 거의 열배가 된 것이다. 해마다 5천만 대의 새로운 자동차들이 기성의 대열에 편입되고 있다. 이것은 일백 대의 자동차가 이미 비좁을 대로 비좁아진 도로에 일분마다 추가되고 있음을 뜻한다.

자동차는 기하학적 성장으로 치닫고 있다. 따라서 우리는 자동차 제조자와 장려자들에게 그들이 생각하는 엄청난 성공과 성취가 사실은 자살적인 것이라고 설득시켜야 한다.

그러나 자동차 제조자와 장려자들을 설득하기 이전에 우리는 먼저 자동차에 대한 전적인 의존 없이도 삶이 가능하다는 것을 우리 자신에게 설득해야 한다. 그러한 생각이 대부분의 '합리적인' 사람들의 마음속에 잘 들어가지 않기 때문에 그것은 쉬운 일이 아니다. 그러나 가만히 생각해보면, 파업이나 비상사태나 전쟁과 같은 급작스러운 상황변화는 그러한 삶이 어떤 것이 될 수 있는가를 예견할 수 있게 한다. 절대적인 필요가 있을 때 우리는 우리의 습관을 하루아침에 근본적으로 변화시킬 수 있는 것으로 보인다. 1965년 뉴욕에서 발생한 정전사태는 개인자동차를 공공수송수단으로 변화시켰고, 사람들이 일찍이 모르던 동지애와 형제애를 — 비록 짧게나마 — 불러일으키면서 완전히 다른 생활방식을 사람들에게 보여주었다.

자동차 의존도가 작은 생활방식은 실제로 지금보다 너무 딴판이어서 우리는 그것을 상상하지도 못한다. 상상할 수 있다 해도 우리는 아무것도 하지 못한다. 집 바로 앞의 믿을 만한 수레를 탄다는 것은 너무나 유혹적이고 안락한 것이다. 버스를 타려고 걷고, 기다린다는 것은 너무나 힘드는 일이 아닌가! 우리는 우리의 작은 편의가 우리 자신과 우리의 이웃과 우리의 세계에 어떤 대가를 요구하는지 조금도 생각하지 않고 자동차를 몰고 간다.

사다리 위에서 땅으로

물론 이 문제의 궁극적인 해결은 단순히 자동차를 제한하는 일보다 더 나아가야 한다. 우리는 근원적으로 우리의 태도와 삶의 방식을 바꾸어야 한다. 강력한 메르세데스의 플래쉬라이트를 비추어 나으리의 통행권을 주장하는 행동이 부러움이 아니라 혐오감 혹은 심지어 연민을 불러일으켜야 한다.

우리는 어느날엔가에는 자동차에 대한 욕구를 거의 배제하고, 자동차여행이 마치 치과에 가는 일처럼 필요악으로 간주되도록 우리의 삶을 재조직할 수 있어야 할 것이다. 그러나 현재로서는 우리의 생활에서 자동차를 제거한다는 목표는 도달불가능하거나 지나치게 순진한 것으로 보인다. 그럼에도 불구하고 차를 가진 소수가 지배하는 세상은 이번 세기가 끝나기 전에 공격을 받을지 모른다. 말할 필요도 없이, 특권적이고 흔히 교만한 소수에 대하여 억눌린 다수가 취하는 모든 공격과 마찬가지로 이 경우에도 정의는 억눌린 다수 편에 있다.

모든 딴 사람이 자동차를 포기하지 않고 자동차 없이 지내는 부담(그것이 축복이 아니고 부담이라면)이 평등하게 나누어지지 않는다면 아무도 쉽게 자동차를 포기하지 않을 것이다. 따라서 우리는 사다리를 끌어올리는 일(즉, 우리가 가진 다음부터는 딴 사람들이 못 가지게 하는)도 해서는 안되고, 딴 사람들도 우리를 쫓아 사다리를 오르게 하는 일(그 나름의 정의는 있지만)도 해서는 안되며, 그냥 사다리에서 내려와야 한다. 내려오는 데 많은 계단이 있고, 시간이 걸릴 것이다. 그리고 그 신화적인 사다리가 진짜 사다리인 양, 즉 한걸음 한걸음씩으로만 우리는 내려올 수 있을 것이다. 그러나 그 사다리를 타고 내려오면 마침내 우리는 그 어떤 곳에서 보다 안락감을 느낄 수 있는 땅으로 되돌아오게 될 것이다.

가스구름 속에서

네포스(구름)라고 알려진 스모그를 말미암아 아테네에서는 단 하룻동안에 2백명이나 되는 사람들이 입원을 한다. 스모그가 심한 그런 날에는 적어도 여섯 사람이 사망한다고 의사들은 믿고 있다. 그럼에도 불구하고 우리는 문자 그대로 구름 속에서 버티고 있기를 고집한다.

승용차, 버스, 트럭, 비행기 따위가 내뿜는 오염물질들은 - 일산화탄소, 질소산화물, 탄화수소, 납, 미세입자물질(에어로졸), 섬유(석면), 광화학산화물, 산(酸) 침전물, 염화불화탄소, 이산화탄소 - 인간과 동물과 식물의 건강에 중대한 악영향을 끼친다. 이런 악영향은 공기 중에서 화학적 변화(변화를 한다면)를 겪기 이전의 오염물질 그 자체에 의해 직접 야기되기도 하고, 오염물질들의 혼합에 의해서 간접적으로 야기되기도 한다. 오염물질들의 혼합은 오염원으로부터 멀리 떨어진 곳에서도 흔히 발견된다. 따라서 문제는 개별적 부분들의 합계보다도 훨씬 크다고 할 수 있다. 왜냐하면 가스들은 복잡하고 예측할 수 없는 방식으로 상호작용하기 때문이다.

그러한 결합이, 아직 완전히 해명되고 있지는 않지만, 중부 유럽 삼림의 죽음의 원인이라고 생각되고 있다. 나무들이 소멸되는 것은 산성침전물, 오존, 중금속을 포함한 유독성 오염물질 칵테일에 기인하는 것으로 지금 생각되고 있는 것이다. 이러한 오염물질들은 가뭄이나 극단적인 더위나 추위 혹은 마름병과 같은 일련의 자연적 스트레스에 대해 숲이 견디는 힘을 약화시킨다. 1988년 한 해 동안에 유럽에서 약 5억 헥타르의 숲이 파괴되었다. 그러나 이러한 통계들은 사람들을 졸리게 한다. 그리고 깨어났을 때 사람들은 그것을 잊어버린다.

이러한 숲의 파괴에 자동차들은 중대한 역할을 하고 있다. 그러나 정치지도자들과 일반 대중은 그 상호작용의 복잡성과 통계정보를 소화하는 일의 어려움 때문에 혼란을 느끼고 있다. 상황을 명백히 이해하기 위해서 정책결정자들은 파괴된 숲을 통과하는 여덟 시간의 도보여행을 해야 한다.

지금 일산화탄소의 65 내지 80퍼센트는 자동차에서 나오는데, 이것은 매우 유독한 물질이다. 그것은 호흡기계에 문제를 일으키고, 심장을 손상시키며, 다른 오염물질들과 결합한다. 질소산화물질은 화학적으로 다른 오염물질과 작용하여 오존과 그밖의 고도로 유독한 오염물질들을 형성한다.

그 3분의 1이 자동차 배기가스로 나오는 탄화수소에는 벤젠이 포함되어 있고, 이것은 발암성이 우려되는 물질이며 백혈병을 일으킬 수 있다.

비교적 덜 유독한 다른 탄화수소물들도 눈따가움, 기침, 재채기, 졸리움과 같은 부작용을 일으킨다. 또한 대부분의 탄화수소물은 햇빛 속에서 질소산화물과 작용하여 광화학스모그 오존을 생산한다.

대류권 혹은 지표오존은 - 자외선으로부터 우리를 보호해주는 성층권의 오존과 혼동되어서는 안되는 - 온대지방에서 가장 광범위한 대기오염 문제이다. 오존에 노출되면 눈이 따갑고, 호흡기에 문제가 생기고, 두통이 나고, 천식이 증가된다. 저공 오존이 자동차로부터 직접 나오는 것은 아니지만, 자동차들은 오존을 만들어내는 탄화수소와 질소산화물의 주요 원천이다. 그러니까 자동차는 해로운 지표오존에 책임이 있고, 동시에 이로운 성층권 오존의 고갈에 공헌하고 있는 것이다.

자동차 배기가스와 환경파괴 사이의 연결이 담배와 암 사이의 연결처럼 명백한데도 불구하고, 우리는 여전히 변화를 위한 시도를 내켜하지 않는다.

자동차 5억 대와 생태균형

많은 정부와 심지어 일부 환경론자들도 촉매변환장치가 부착된 새세대 자동차에 희망을 걸고 있다. 전자적으로 통제되는 촉매변환장치는 일반적으로 보다 나은 환경관리의 열쇠로 생각되고 있다. 이것이 몇몇 자동차 배출가스의 최악의 효과를 최소화하는 데 도움이 된다는 것은 사실이지만, 그러나 이것은 대부분의 사람들이 생각하는 것처럼 만병통치약이 결코 아니다.

무엇보다 촉매장치 자신이 내뿜는 배출물의 적어도 10분의 1이 발암물질이다. 촉매변환기는 이산화탄소에 대해서는 무용지물이고, 그리고 정지와 출발을 거듭하는 혼잡한 교통지역에서 나오는 배출가스에 대해서도 무력할 수밖에 없다. 뿐만 아니라 그것은 엔진이 차가울 때는 작동하지 않는다. 대부분의 자동차 여행이 짧은 거리이기 때문에 이것은 심각한 약점이 된다. 상황이 괜찮다면 촉매장치는 몇몇 오염물질을 제거하는 데 성공하겠지만, 그것도 연료소비의 증가라는 대가를 치르고 가능한 것이다.

촉매장치에 대해 많은 사람들이 갖고 있는 믿음은 해마다 5천만 대의 새로운 자동차가 추가되고, 그 가운데서 현재 에너지나 환경의 관점에서 최신의 기술이 적용된 것이 거의 없다는 사실로 인해 더욱 흔들리게 될 것이다. 설사 모든 새 자동차들이 최신기술로 생산되었다 하더라도 그것들이 눈에 뜨일 만한 영향을 끼치려면 오랜 세월이 걸릴 것이다. 왜냐하면 그런 차들은 이미 도로에 나와 있는 5억 대의 자동차 가운데 미미한 비중밖에 차지하지 못하기 때문이다. 이러한 계산에서 얻는 교훈은 우리가 환경을 개선하는 데 테크놀로지에만 의존해서는 안된다는 것이다.

촉매장치가 몇몇 오염물질을 제거한다 해도 이산화탄소에 대해서는 아무런 효과도 미치지 못한다. 오늘날 자동차는 인간이 만들어낸 전체 이산화탄소(주요 온실효과 가스인데)의 4분의 1을 내뿜고 있고, 그 양은 빠르게 증가하고 있다. 주유소에서 채운 15갈론의 기름마다 3백 파운드라고 하는 믿을 수 없는 양의 이산화탄소가 결국 공기 중으로 배출된다.

이산화탄소는 광합성에 필수적인 자연적 대기구성물질이기 때문에 '오염물질'이라고 할 수 없다. 그것이 없으면 지구는 춥고 살 수 없는 곳이 될 것이다. 그러나 5억 대의 자동차는 자연의 균형을 무너뜨리는 데 기여해왔다. 이산화탄소 함유량은 꾸준히 증가하여 지구의 기후와 식물과 생태계에 악영향을 끼치기에 이른 것이다.

옛날에는 이산화탄소의 수준은 200 내지 300ppm 사이에서 오르내렸다. 그러한 기복 가운데서 우리는 두 차례의 빙하시대와 가장 더운 시기들을 거쳐왔다. 그러나 이제 과학자들 중 온실효과에 회의적인 사람들도 이산화탄소가 600ppm 수준으로 증가하여 다음 40년 동안 두배에 이를 것이라고 생각하고 있다. 600ppm이라는 수치는 세상의 종말을 예고하는 것이라고 할 수 있다. 빙하가 녹고 엄청난 침수가 동반될 것이다. (해수면 1야드의 상승은 미국의 매사추세스 크기만한 지역을 침수시킬 것이다.) 걸프만의 지형이 바뀔 것이고, 세계를 먹여살리는 식물들이 더위로 인해 파괴될 것이며, 견딜 수 없는 환경을 피해서 대규모의 인구이동이 있을 것이다. 그리고 사막이 확대됨에 따라 지구가 갈색으로 변할 것이다.

소음지옥

온실효과가스 배출을 줄이는 일은 또하나 중요한 문제인 소음을 줄이는 문제이기도 하다. 때때로 부자들의 클럽이라고 일컬어지는 '경제협력 및 개발기구(OECD)' 회원국들의 인구 50퍼센트 이상이 55데시빌이 넘는 소음수준에 노출되어 있다고 평가되었다. 데시빌 수준은 사막의 10에서 항공기 이륙시의 120에 이르기까지 다양하다. 이들 나라에 살고 있는 약 1억3천만의 사람들에게 소음수준은 65데시빌이 넘는다. 이 수준은 자동차도로나 고속도로 부근의 실외 소음수준에 근접하는 것이다.

소음은 스트레스를 일으킨다. 청각의 영구적 손상을 떠나서도 소음은 개인의 정신적·신체적 기능에 중대한 영향을 끼친다. 사람이 소음에 적응하는 데 필요한 노력도 엄청나지만, 열악한 삶의 질과 수면결핍으로 오는 좌절도 엄청난 것이기 때문이다. 오늘날 도시나 농촌 혹은 심지어 야생지역에서도 내연기관 소리에 방해받지 않고 침묵이 15분 동안 연속적으로 유지된다는 것은 쉬운 일이 아니다. 자동차엔진이 자연세계에 가하는 것은 폭력이다. 엔진은 끊임없는 폭발과정에 의해 추진되고, 이 폭발은 세계 전역에서 들린다.

우리는 도시에서 15분간의 침묵을 누릴 수 없다. 질주하는 오토바이, 자동차 시동 거는 소리, 앰뷸런스와 경찰차의 사이렌, 성급한 운전자의 경적소리, 덜컹거리는 바퀴소리가 끊임없이 방해하는 것이다. 도시의 소음 풍경은 현대 대중음악이 흔히 어째서 그렇게 고음으로 연주되는지 그 이유의 하나를 설명해준다.

시골에서는 일반적으로 침묵이 자연스럽게 기대되기 때문에 더욱 상황이 나쁘다. 도시의 자동차 소리에다가 여기서는 트랙터 소리, 도로건설기계, 비행기, 멀리서 들려오는 자동차들의 소리가 덧붙여져 있는 것이다. 그리고 야생지역에서 우리는 동력톱, 제트엔진, 설차(雪車), 모터보트에 의해 공격을 당한다. 단 한 대의 오토바이 혹은 단 하나의 전기톱이라도 온 사방 몇 마일까지 평화로운 정적을 깨뜨리는 막강한 힘을 가지고 있다.

우리는 인간정신에 참으로 중대한 의미를 갖는 정적(靜寂)의 경험을 잃어버렸다. 우리에게 현대세계는 진실로 견딜 수 없는 것이 되었다.

사라지는 땅

인간과 동물과 식물의 건강에 끼치는 악영향과 세계의 소음수준에 대한 기여에 덧붙여서, 자동차는 또하나의 오염에 책임이 있다. 이것은 대규모의 토지를 소비하려는 자동차와 그 하부구조의 경향이다. 미국에서는 6만 평방마일이 이미 포장되었는데, 이것은 미국 전국토의 2퍼센트에 이르고, 경작가능지의 10퍼센트를 차지한다. 영국에서는 1마일의 차도마다 25에이커의 땅이 소모되며, 해마다 4천 에이커의 농촌 땅이 도로에 바쳐지고 있다. 영국정부가 예견하는 자동차 증가에 따른 주차장의 크기는 62만5천 에이커 정도로 계산되는데, 이것은 버크셔지방의 두배에 해당한다. 그 자동차가 움직일 수 있는 도로를 위해서는 또다시 버크셔지방 크기가 필요할 것이며, 그리하여 한때 '푸르고 아름다운 땅'이었던 영국의 모습은 영원히 사라질 것이다.

경작지를 소비해버린다는 것은 훨씬더 심각한 문제이다. 농토는 살충제와 표토유실과 같은 다른 원천으로부터도 공격을 받고 있다. 그리고 다가오는 지구온난화로 인해 사막이 확대되면 남아있는 경작지들은 한층더 중요해질 것이다. 여기서도 자동차의 공헌은 이중적이다. 한편으로 그것은 그 하부구조로써 경작지를 삼켜버리고, 다른 한편으로 오염과 온실효과로써 농경지를 감소시키는 것이다.

슈베르트의 송어

대부분의 정치지도자들은 (대부분의 주류경제학자들의 지원을 받아서) 아무 간섭 없이 내버려두면 시장기능이 자원고갈과 환경악화에 대처할 기술적 반응을 자동적으로 생산해낼 것이라고 보고 있다. 그러나 생태적으로 지속가능한 미래를 향해 가는 이러한 고통 없는 길은 사실상 존재하지 않을 것이다. 거의 대부분의 경제상품(자동차를 포함하여) 가격은 너무나 낮고 그렇기 때문에 경제를 가열시키고 있는 것이다. 그 가격들은 값비싼 환경손상을 반영하지도 않고, '생태적 진실'을 말해주지도 않는다. 이렇게 인위적으로 낮은 가격에 자극받아서 대부분의 서구인들은 너무나 많이 먹고, 너무나 많이 자동차를 몰고, 너무나 많이 에너지를 쓰고, 너무나 많은 쓰레기를 (문자 그대로 또 비유적으로) 생산하고 있다.

우리의 경제가 달리 조직된다면, 우리가 "대량소비와 무한한 움직임과 경제성장이라는 성배(聖杯)"에 대한 가망없는 추구를 포기한다면, 아마도 우리의 소비자로서의 심리 및 신체적 건강은 훨씬더 나아질 것이다. 그러나 그러한 가망없는 추구를 포기하지 않더라도, 좀더 주의깊이 접근하여, 기술과 자원의 무절제한 이용이 측량키 어려운 위험을 수반한다는 새로운 인식 속에서 우리의 행동 하나하나를 고려하는 것이 좀더 안전할 것이다. 이것이 의미하는 것은 새로운 도로를 건설하는 것과 같은 활동에 곧장 뛰어들기 전에 먼저 주의깊이 생각해보아야 한다는 것이다. 새로운 도로 건설에 따르는 두 가지 확실성을 우리는 염두에 두어야 한다. 즉, 새로운 도로는 새로운 교통혼잡을 일으키며, 새로운 도로는 자동차의 하부구조를 더욱 확대하고, 거기 수반하여 공기, 소음, 미학적 오염을 증대시키는 것이다.

레이첼 카슨의 《침묵의 봄》은 인간이 자연에 어떤 짓을 했는가에 대한 깊은 탄식으로 시작된다. 현재와 같은 무자비한 공격이 있기 이전의 세계에서 "읍내는 번영하는 농장들 가운데 놓여있었다. 봄이면 흰구름들이 푸른 들 위로 흘러갔다. 길을 따라 월계수, 가막살나무, 오리나무 … 야생꽃들이 나그네의 눈을 즐겁게 했다. … 사람들은 낚시질을 하러 시냇물이 흐르는 곳으로 갔다. 산에서 흘러오는 깨끗하고 차가운 시내는 군데군데 그늘진 웅덩이를 만들어놓았고, 거기에 송어가 놀고 있었다."

이러한 그늘진 웅덩이에서 프란츠 슈베르트는 그의 유명한 송어에 관한 아름다운 노래를 쓸 수 있었다. 그러나 그러한 세계는 이제 가버렸다. 크나큰 기쁨과 부드러운 마음으로 묘사되었던 깨끗한 시냇물은 음침하고 메마른 곳이 되었고, "화살처럼 민첩하게" 움직이던 송어는 오염되거나 멸종되었다. "감미로운 고요" 속에 물가에 앉아있던 시인은 이제 그의 주변을 둘러싼 현대생활의 소음 때문에 시냇물의 웅얼거림을 들을 수 없게 되었다.

우리의 행성에 일어난 일에 대해서 분노를 느끼는 것은 당연하지만 그래도 아직 노래하는 새들이 있고, 오염된 물이긴 해도 그 속에 아직 물고기가 남아있으며, 오존층에 구멍이 뚫렸건 아니건 아직도 해가 떠 있다. 우리는 쓰라리면서도 달콤한 향수와 공포가 뒤섞인 감정으로 우리가 저질러놓은 엄청난 일을 바라볼 수 있다. 아니면, 우리는 우리가 저질러놓은 엉망진창의 세계를 침착하게 직시하면서, 우리가 행한 것을 우리 자신이 해결할 수 있으리라는 한가닥 희망을 가질 수도 있다. 우리가 우리의 세계에 가한 환경파손을 수리하기 위해서도 우리는 자동차를 억제해야 한다.

도시의 변질과 파괴

자동차가 세계를 손상시키고 자연을 오염시켜 왔다면, 그것은 도시에서는 한걸음 더 나아갔다. 자동차는 도시를 송두리째 파괴하기 시작하였다. 사회 및 건축비평가인 제인 제이콥스는 이러한 파괴과정을 설명한다.

자동차로 인한 도시의 망실은 너무나 낯익은 과정을 밟는 것이어서 이것을 묘사할 필요성도 거의 없다. 도시가 파괴되는 과정은 처음에는 조금씩 야금야금 뜯어먹다가 마침내 무섭게 집어삼키는 식으로 진행된다. … 어떤 거리 하나가 이쪽에서 넓혀지고, 또다른 거리 하나가 저쪽에서 직선화된다. 넓은 길이 일방통행로로 바뀌고, 기존의 가교가 수용능력이 한계에 다다름에 따라 이층화되고, 저 너머를 통해서 고속도로가 뚫리고, 그리고 마침내 거미줄 같은 고속도로망이 뚫린다. 점점더 증가하는 자동차들이 놀 때를 위해서 점점더 많은 땅이 주차장으로 편입된다. 이 과정에서 어떠한 단계도 그 자체로는 결정적이지 않다. 그러나 그 단계 하나하나는 전체적 변화에 그 나름으로 기여할 뿐만 아니라 그

과정을 가속화한다. 이것은 마치 습관성 중독에 걸린 것과 같다.

자동차, 그 다음에 마누라

지금까지 논의되어온 모든 재앙에도 불구하고, 사람들은 여전히 그들의 자동차를 사랑한다. 우리가 자동차에 대해 가지고 있는 이미지는 현실과 매우 다른 것이다. 그 이미지는 마치 조용하고 길다란 해변을 끼고 깨끗하고 푸른 물이 아름답게 펼쳐진 바다의 이미지와 조금 비슷한 것인지 모른다. 막상 실제로 당도해보면 바다는 오염되어 있고, 해변은 자동차들로 빽빽히 들어차 있는 것이다.

꿈과 현실의 차이에도 불구하고, 독일에서는 때때로 첫째는 자동차, 그 다음이 마누라라고 얘기되고 있다. 프랑스의 대중잡지 《엘르》에 따르면, 자동차는 프랑스 처녀들의 가장 친밀한 벗이며, 자동차 없이는 마비된다고 한다. 32살로 미혼인 파비안느는 자신의 차가 수리중인 날은 침실에 머물 권리가 있다고 말한다. 38살의 기혼자 다니엘르에게는 자동차가 아니면 죽음이다. 세 아이를 가진 발레리에게 자동차는 집과 사무실이라는 정신병원으로부터의 유일한 탈출구이다. 27살 난 세실리에게 자동차는 어느 누구도 관심을 가지려고 하지 않는 그녀의 온갖 사소한 비밀까지도 속속들이 알고 있는 위대한 연인이며, 진실한 벗이다.

우리의 차에 대한 사랑이 너무나 열렬한 탓에 우리가 그 결함에 눈을 감는 것은 당연하다. 그러나 그 결함들은 거기에 있고, 사라지지 않는다. 자동차가 우리의 삶에 가져다준 모든 이득마다 그에 대응하는 손실이 있다.

어떤 신체부자유자에게 축복이 되는 바로 그 자동차가 사고를 통해서 다른 사람들을 평생토록 신체적 부자유자로 만든다. 어떤 노인들을 자유롭게 돌아다닐 수 있게 허용하는 바로 그 자동차로 인해 다른 노인들은 분주한 거리에 한발짝도 나가지 못하고 갇혀 지내게 된다. 어떤 아이들을 디즈니랜드로 데려다주는 바로 그 차들 때문에 훨씬더 많은 아이들이 자기네 동네 길에서 자유롭게 놀지 못한다. 우리들 중 몇몇을 편하게 직장에 갈 수 있게 하는 자동차들이 다른 사람들의 출근길을 점점더 힘들게 만든다. 우리를 병원에 빨리 데려다주는 바로 그 차들이 없었다면 애당초 우리가 병원에 갈 필요가 없었다. 우리들 중 몇몇의 사교생활을 넓혀준 바로 그 차들로 말미암아 다른 사람들은 동네와 거리를 잃고, 친구와 이웃사람들을 잃어버렸다. 그러나 이러한 불유쾌한 부작용을 넘어서 아마도 훨씬더 불길한 문제가 있다. 즉, 자동차는 현대인의 영혼을 점령해버린 것이다. 자동차는 점차로 자아를 대신하고 있다.

1980년대 동안 어느 독일제 차의 광고는 빈번히 "당신은 당신이 타고 다니는 차와 같습니다"라고 사람들에게 말했다. 스웨덴의 사회심리학자 요한 아스플룬트는 사람들이 어떻게 자동차로 상대방을 알아보는지 설명한다.

내가 사는 스카니아에서 마을사람들은 흔히 '붉은 사브'를 가진 남자, 혹은 '낡은 폭스바겐을 가진 사람'으로서 사람들을 인식한다. 스카니아에는 차가 없는 은퇴한 사람들이 많이 있는데, 좀더 젊은 마을사람들은 이들을 구별하는 데 어려움을 겪는다.

스웨덴의 에콜로지스트 에민 텡스룀은 "자동차는 많은 사람들이 그들의 실존적 문제와 자기동일성의 문제를 다루는 데 중대한 역할을 한다. 그러므로 자기의 자동차에 대한 위협은 때때로 개인 그 자신에 대한 위협으로 해석된다"라고 쓰고 있다. 자동차가 어째서 그처럼 중요한 것이 되었는지 그 까닭의 하나는 자동차가 오래된 딜레마를 해결하는 것처럼 보이기 때문이라고 그는 생각한다. "자기자신의 영토 안에 머물고자 하는 의지와 이 영토 밖으로 움직일 필요성, 이 두 가지가 자동차 속에서 성취될 수 있는 것으로 보인다."

출생 자체가 우리가 결코 잊지도 용서하지도 못할 하나의 외상(外傷)이라고 하는 일부 정신분석가들 사이에서 유행하는 이론에 동의한다면, 우리는 한걸음 더 나아가서 자동차를 자궁에 비유할 수 있다. 그 아늑하고,

따뜻하고, 기분좋게 우리가 누워있던 자궁 말이다. 그러므로 그러한 자동차로부터 차갑고, 위협적이며 불친절한 바깥세계로 나온다는 것은 거의 비슷한 정신적 충격이 된다. 사람들은 흔히 차가 정지상태에 있을 때에도 아늑한 '자궁'을 떠나려 하지 않고 계속 차 속에 앉아있다. 혹은 '자연 속으로' 긴 여행을 하고서도 자동차 안이나 자동차 바로 옆에서 도시락을 먹는다. 그들은 자동차라는 안식처로부터 떨어지고 싶지 않은 것이다.

남성주의의 상징

자동차를 남성주의와 일치시키는 성적 상징주의는 자동차관계 광고와 문헌에서 잘 알려져 있고, 빈번히 이용되고 있다. 그 세계에서는 야생의 길들여질 수 없는 동물들, 힘, 기술적 정확성 같은 것에 대한 많은 이야기가 있는데, 이것들은 패배를 모르는 지배(바로 옆의 동료를 앞지르고 나가는)를 표현하고 있다. 이러한 상투성에 대해 젊은이가 저항하고 싶어도 끊임없이 남자가 되어야 한다는 말을 들어온 문화 속에서 그것은 쉽지 않다. 남자가 된다는 것은 "넘치는 에너지와 힘과 성적 매력으로 폭발"하는 것이다. 자동차광고가 유행을 타기는 하지만 그 본질은 늘 같다. 모험적이고 공격적이며 정복하고, 명령하고, 길들이고, 맞서고, 이끌고, 행동하고, 이겨야 한다는 것이다. 자동차는 이러한 요구에 이상적으로 적합하다.

어느 정신분석가는 써핑이나 스키타기나 빠른 속력으로 운전하는 데 중독된 사람은 내면적 공허와 인간관계의 결핍이 의심되는 사람이라고 하였다. 그 견해에 의하면, 그런 사람은 자신의 내적 자아와 대면하게 되는 고요한 환경을 견디지 못하여 자기자신이나 딴 사람들과의 접촉을 회피하기 위하여 광란적인 활동에 스스로를 던지지 않을 수 없다는 것이다. 이것은 극단적인 관점일지 모르지만, 일말의 진실이 거기에 담겨있는지도 모른다.

말할 필요도 없이, 모든 운전자들의 과속이 내면적 불안과 공허의 표현인 것은 아니다. 어떤 무책임한 운전은 순전히 의식적이고 고의적이다.

많은 운전자들은 자신의 자동차와의 사이에 애증(愛憎)관계를 가지고 있다. 그들은 흔히 그들 자신의 행동에 대해 잘 알고 있으면서도 어쩔 수가 없다. 우리는 자연이 우리에게 준 두 발과 산업시대가 우리에게 준 네 개의 바퀴를 동시에 갖고 있는 것 같다. 그리고 그 둘은 흔히 갈등을 일으킨다. 그것은 한 사람 내부에서 벌어지는 일종의 내란이다. 보행자의 처지에서 순전한 힘과 크기를 과시하며 질주하는 운전자들의 교만에 분개하는 바로 그 사람이 자동차를 몰고 갈 때는 입장이 달라진다. 그리하여 그들은 보행자나 자전거를 탄 사람들을 장애물로 보거나, 없애버려야 할 벌레로 보는 것이다.

1980년대에 유럽의 석유와 자동차기업은 52퍼센트의 남자가 매일 자동차를 이용하는 데 반해 오직 19퍼센트의 여자만이 차를 매일 운전한다는 통계를 보았다. 그리하여 기업은 자동차 고객으로서 여성들을 목표로 하기로 결정하였는데, 이것은 오늘날 담배와 분유와 농약기업들이 제3세계를 노리고 있는 것과 같은 방식이다. 자동차와 권력의 연상이 남자들과는 달리 여자들에게는 별로 효과가 없기 때문에, 광고주들은 차선의 것을 포착했다. 그것은 여성해방이라는 것이다. '오늘날'의 여성은 남성에 못지않게 활동적인 새로운 히어로인이 되었다. 오늘의 여성은 물론 여전히 아름답고, 유혹적이며, 은밀스럽다. 그러나 이제 그녀는 또 유능하고, 성공적이며, 독립적이라는 것이다.

권력은 부패한다

세계적으로도 자동차들은, 줄여 잡더라도 일년에 25만명을 죽이고, 3백만명에게 중상을 입힌다. 좀더 넓게 잡은 보고에는 연간 50만명이 사망하고, 1천5백만명이 부상을 당한다. 수치가 어떠하든 간에, 자동차사고 통계에서 우리가 보는 숫자는 "받아들일 수 없는 것을 우리가 받아들이게 한다." 14세기에 흑사병의 희생자들은 거리에 누워있었다. 자동차 사고의 희생자들은 우리 자신이 바로 그 희생자가 아닌 경우에는 한 조그마한 통계숫자로서만 나타날 뿐이다. 자동차사고는 전시의 사상자와 공통한 데가 있다. 그러나 전쟁은 인명살상에 대하여 사람들의 의식을 높이지만, 대부분의 전쟁보다 더 많은 희생자가 발생하는 교통사고는 그렇지 않다. 예를 들어, 미국의 연간 교통사고는 동남아시아에서 십년 동안 발생했던 미국인의 인명피해보다도 더 많은 죽음을 낳았다.

운전자들에 대해서 이성에 귀기울이지 않고, 세계를 파괴하러 나온 이기적인 인간이라고 비난할 수 있다. 그러나 이 운전자들이야말로 우리들 각자가 아니면 누구인가? 우리 각자가 우리의 손과 발에 우리 자신들을 극단으로 이끌고 갈 수 있는 강력한 수단을 갖추고 있는 것이다. 액턴 경이 권력에 관해 했던 말은 특히 자동차의 힘(권력)에 적용된다. ― 권력은 부패할 경향이 있다. 게다가 권력이 절대적일수록 ― 자동차가 더 빠르고 더 강력할수록 ― 그것은 더욱 절대적으로 운전자를 부패시킨다.

자동차 없이도 지낼 수 있음을 깨닫기 위한 충격요법으로서, 우리들을 우리들 자신으로부터 구원하기 위해서 우리는 자동차를 억제하지 않으면 안된다. 차에 대한 전적인 의존 없이도 삶이 가능하다는 것을 발견한다면 우리는 판이한 형태의 생존으로 들어갈 수 있을지도 모른다. 걷기와 자전거타기, 사회적 접촉, 이웃끼리의 사귐, 노래하는 새들, 살아있는 나무들이 있을 뿐만 아니라 평화롭고, 고요하게, 그리고 기쁨 속에서 걸어다닐 수 있는 숲이 있는 세상이 가능할지도 모른다.

값비싼 운전

캘리포니아에서 혼자 운전하여 출퇴근하는 사람은 대중교통수단을 이용하는 전형적인 출퇴근자보다도 열배나 넘는 교통비를 쓴다는 계산이 나와 있다. 급진적 철학자이며 사회비평가인 이반 일리치는 자동차에 관련하여 소모되는 시간을 다음과 같이 설명하였다.

전형적인 미국남자는 연간 1,600시간 이상을 자기의 자동차에 바친다.

차가 달리고 있을 때, 또 엔진이 공전하고 있을 때에도 그는 차 속에 앉아있다. 그는 차를 주차시키고, 주차한 차를 찾는다. 그는 자동차에 쏟아붓고, 월부금을 물기 위하여 돈을 번다. 그는 연료, 유료도로비, 보험, 세금, 범칙금을 지불하기 위하여 일한다. 그는 깨어있는 16시간 중 4시간을 차 속에서 혹은 차를 몰기 위한 재원 마련을 위해서 소비한다. 거기다가 이 수치는 차로 인해 강요되는 다른 활동에 소비되는 시간을 고려하지 않은 것이다. 예를 들어, 병원, 재판소, 수리공장에서 보내야 하는 시간, 다음번에 차를 구입할 때를 위하여 자동차광고를 보거나 소비자 교육모임에 참가하는 데 소비되는 시간 말이다. 결국 전형적인 미국인은 7,500마일을 달리기 위해 1,600시간을 투입하는 것인데, 이것은 시속 5마일도 안되는 셈이다.

세계를 친근하게 이해하려면

물론 오늘날에도 우리는 여전히 걷는다. 그러나 현대적 보행은 대부분 자동차에 연관되어 있다. 이반 일리치에 의하면, 현대 미국인들은 자기네 선조들만큼 걷지만, 그 걸음의 대부분은 터널, 복도, 주차장, 상점 속에서 이루어지고 있다. 자동차를 타고 훨씬 빨리, 편안하게 갈 수 있는 여행을 황량한 거리를 따라 터벅터벅 걸어간다는 것은 어리석은 일로 보인다.

'바퀴공화국'이라고 하는 독일에서 행해진 조사는 사람들이 자동차문제에 대해 전혀 무지한 것이 아니라는 것을 보여준다. 대다수 시민들은 지금 자동차에 연관된 교통상황과 환경파괴를 점점 견딜 수 없는 것으로 보고 있다. 그런데 바로 이 사람들이 그렇다고 해서 걷거나 자전거를 타는가? 전혀 그렇지 않다. 독일의 저 정직한 시민들이 구입하고 이용하는 차들이 그 숫자와 크기와 힘에 있어서 계속하여 증가하고 있음을 통계는 보여준다. 현실인식과 그것에 관해 무엇인가를 하려는 의지 사이에 커다란 간극이 있음이 분명하다.

보행에 대한 태도가 왜 중요한가 하면 독일에서 모든 자동차 여행의 3

분의 1이 2마일 이내에서 이루어지고 있으며, 따라서 그 여행은 보행이나 자전거로써 충분히 가능하기 때문이다. 그러한 짧은 여행이 차지하는 비율은 프랑스에서는 훨씬더 높다.

10분이나 15분 이내의 거리를 걸어서 갈 수 있게 하기 위해서 볼 만한 흥미꺼리라든지 어슬렁거릴 수 있는 카페와 같은 유인(誘引)이 있어야 한다. 우리는 자동차로써 벌게 되는 시간을 계산하지 말아야 한다. 우리는 보행을 하나의 독립적인 이동수단, 그것도 아주 특별한 수단으로서 보아야 한다. 보행의 효율성은 매우 높고, 환경피해는 거의 무시할 만하며, 연료는 전혀 들지 않는다.

예전에, 우편마차를 탈 여유가 없는 도제(徒弟)들이나 나그네들은 몇달 혹은 몇년이 걸려서 걸어서 목적지에 이르곤 하였다. 노상에서 그들은 우편마차의 좌석에서는 볼 수 없는 것들을 보곤 했다. 그들은 생울타리 속에 피어있는 갖가지 꽃들을, 길을 가로질러 달려가는 토끼들을 볼 수 있었다. 그들은 긴 흰수염을 가진 괴상한 노인들을 보기도 하고, 그들에게 빵과 치즈와 포도주를 주는 너그러운 부인들을 만나기도 하였다. 그리고 마을 우물에서 어여쁜 처녀들에 마주치는 즐거움도 누렸다. 이것은 흔히 이들의 삶에서 가장 행복하고, 또 가장 기억에 남는 시기가 되었다.

이러한 초기 방랑자들의 전통은 나중에 괴테와 멘델스존에서 릴케, D. H. 로렌스와 시몬느 드 보봐르에 이르는 예술가, 시인, 작가, 음악가들에 의해 계승되었다. 이 예술가들은 걸어서 이탈리아와 스페인과 남불(南佛)을 여행하였다. 그들은 좀더 고급스러운 수송수단을 이용할 여유가 있었음에도 불구하고, 세계를 친근하게 알기 위해서 그들 자신의 발을 선택하였던 것이다.

보행은 즉각적인 만족을 주지 않는다. 보행의 혜택을 충분히 맛보려면 우선 철저하게 걸어야 한다. 어느 기간만큼 한쪽 발을 다른쪽 발 앞에 놓는 활동을 되풀이하면 리듬이 생기고, 마침내 자기 스스로의 내면적 박자에 따라 먼길을 걸어갈 수 있게 된다. 그러나 보행자는 또한 걸어가면서 흥미로운 것들을 보고 마주칠 필요가 있는데, 바로 여기에서 현대세계는 보행자를 좌절시킨다.

세계의 보다 오래된 나라들에서 마을들은 보행자의 척도로 상거해 있었다. 마을에서 마을까지 보통 걸어서 한 시간 가량 걸렸다. (공간과 시간을 잡아먹는 자동차로는 5분이면 된다.) 우리는 그러한 척도를 본받아 우리의 새로운 읍내와 공동체를 한 시간의 보행거리로 상거해 있도록 설계할 수 있다. 그리고 우리의 도시는 15분 내지 20분간의 산책이 그늘이 많은 나무들과 꽃이 피어있는 길을 따라 이루어질 수 있게 만들 수 있다. 현재로서는 물론 유토피아적인, 그러한 방식으로 우리는 여가활동이 아니라 실제적 수송수단으로서 보행을 도시와 시골에 되돌려놓는 데 기여할 수 있을 것이다.

감추어진 보조금

지금까지의 이야기는 열렬한 자동차팬에게는 매우 일방적인 것으로 보일 것이다. 그가 만약 여기까지 읽어왔다면 지금쯤은 모든 참을성을 다 잃어버렸을지 모른다. 만약 이 모든 것을 신문에서 읽었다면 그는 틀림없이 곧장 자기의 개인용 컴퓨터로 달려가서는 분노에 찬 편지를 편집자에게 썼을 것이다.

이게 도대체 무슨 수작인가요? 자전거 타는 사람은 자전거를 살 때 조금 돈을 내고는 그만입니다. 그는 세금도, 등록세도 물지 않고, 경제를 지원하는 것도 아니면서, 공짜로 도로를 이용합니다.

반면에 자가용차 운전자인 우리들은 차를 구입하고 유지하는 데 엄청난 비용을 지불할 뿐 아니라 세금도 철저하게 물어야 합니다. 그렇게 해서 경제를 자극하고, 딴 사람들의 일자리도 만들지 않습니까? 게다가 차를 달리게 하기 위해서 자꾸만 더 많은 연료값을 지불해야 한단 말입니다. 그러나 비용을 물고, 자기가 하고 싶은 것을 선택하는 것 — 이것이 우리의 체제가 아닌가요? 나는 차를 선택하고, 자유를 선택한 거란 말입니다.

자유로운 선택은 좋지만, 그러나 과연 치러야 할 비용을 제대로 지불하고 있을까 — 하고 우리는 반응할 수 있다. 우리의 자본주의, 자유시장, 사기업체제의 상징이자 별인 '위대한 자동차경제'가 실은 공산주의 경제에서 보는 보조금과 흡사한 국가보조금을 은밀히 받고 있는 것이 아닌가?

　　공산주의 경제에서 정부는 국민들에게 식량과 주택임대료와 같은 필수품들을 시장가격보다도 훨씬 낮은 가격으로 제공하였음을 우리는 기억해야 한다. 동구진영에서 보는 현재의 동요는 많은 경우 이러한 정부보조금제를 어떻게 철폐하고, 가장 고통 없는 방법으로 자유시장경제를 회복할 것인가 하는 문제에 관련되어 있다. 이 문제를 해결하려는 노력 속에서 여러 정부와 제국들이 비틀거리고 있다. 그런데 많은 서구와 제3세계 국가들에서 그와 유사한 보조금이, 식량이나 집보다는 분명히 필수적이라고 볼 수 없는, 자동차에 주어지고 있고, 그럼에도 불구하고 비틀거리는 정부는 없다. 이유는 단순하다. 그 보조금은 너무나 잘 은폐되어 있기 때문에 정부나 국민들이 그러한 각도에서 생각하지 않기 때문이다.

　　자동차산업에 주어지는 보조금을 추정하려는 다양한 시도가 있어왔다. 그런 것의 하나로 캘리포니아 주 파사데나에서 자동차를 위해 쓰여지는 공공지불이 얼마인가를 평가해본 연구가 있다. 그 연구에서 표로 제시된 항목들은 자동차관련 시행정(市行政), 경찰과 법원이 자동차로 인해 바쳐야 하는 시간, 공공 공사와 부채서비스, 자동차관련 자본증식 등등이다. 파사데나를 미국의 전형적인 공동체로 이용하여 그 연구의 기초 위에서 전체 미국의 자동차관련 보조금은 대개 6백억 달러로 계산되었다. 이것은 현재 저소득 내지 무소득자들에게 가는 사회보장비와 거의 같은 수준이다. 그러나 이 수치는 오직 영수증을 근거로 산출된 시(市)공금 지불 상황을 참조로 한 것이며, 따라서 주(州)와 연방 수준에서 지불된 도로건설과 그 유지비용은 고려하지 않은 것이다. 그런 비용이 포함될 때 미국 전체의 자동차에 대한 보조금 수치는 훨씬더 높아진다. 월드워치연구소의 평가에 따르면 거의 3천억 달러에 육박하고 있다. 이것은 기묘하게도 미국 환경청이 1990년에 미국의 위험한 폐기물처리장, 산성비, 방사능폐기물, 공기에 대한 전면적인 정화비용으로 추정한 금액과 정확히 일치하고 있다.

독일의 조사연구에 의하면, 1986년 한 해 동안 자동차의 사회적 비용은 1천90억 마르크에서 1천1백70억 마르크 사이였다. 이 평가는 도로건설과 유지, 대기오염비용, 차량소음비용, 사고, 주차를 위한 토지비용을 포함시켰다. 그러나 그것에는 재판행정이나 경찰법원에서의 소요시간, 배출가스로 인한 건강비용 혹은 교통혼잡으로 잃어버린 값비싼 생산시간에 포함된 수십억 마르크는 들어있지 않았다. 독일정부가 자동차들과 자동차기업으로부터 거두어들이는 세입은 그 해에 약 3백억 마르크였다. 그러므로 우리는 이러한 수입과 경비 사이의 차이인 8백억 마르크가 그 한 해 동안의 국가보조금에 이른다고 결론내릴 수 있다. 그 수치를 독일의 자동차 3천2백만 대로 나누어 달러로 환산하면, 대당 2천2백 달러의 보조금을 받은 것으로 되는데, 이것은 미국의 경우와 거의 비슷한 수치이다.

자동차에 대한 보조금 내역에 중동의 기름을 방어하는 데 드는 높은 비용을 덧붙이기 위해서 우리가 냉소주의자가 될 필요는 없다. 그 방어의 이유는 값싼 기름 공급을 위해서라고 되어있다. 그런데 그 기름이 정말 값싼가? 전비(戰費)를 계산하지 않더라도, 군대유지비와 중동국가에 대한 외국원조, 이러한 기금을 빌리기 위한 이자지불 등이 계상되면 배럴당 기름값은 거의 80달러, 즉 오늘날의 가격의 세배에 달한다.

이러한 보조금의 진정한 비극은 정부예산의 막대한 낭비가 아니라 매일 아침 도로를 메우는 수백만 대의 차량이다. 이렇게 되는 것은 운전자들이 자동차 운행을 특가품으로 간주하면서, 그 대부분의 비용을 정부가 지불하는 것을 당연하게 보기 때문이다. 달리 말하면, 자동차들은 공정한 경기규칙을 받아들이지 않는다.

공공 수송수단은 — 개인 수송수단과 달리 일반적으로 필수적인데 — 그 나름으로 수지를 맞추어야 한다고 사람들은 생각한다. 그렇지 못할 때, 정치가들은 불평을 늘어놓고, 수지맞지 않는 노선을 폐기한다. 뛰어난 공공 수송체계를 갖추고 있다고 하는 프랑스에서도 자가용에 지불되는 것보다 열네배나 적은 돈이 공공수송에 소비되고 있다. 영국에서는 '브리티쉬

레일'은 아무런 보조금 없이 운영되도록 기대되고 있는 반면에 차들은 보조금뿐만 아니라 세제상의 특전을 받고 있다. 그 결과는 매일 아침 런던으로 이어지는 모든 차도에서 분명하게 드러나 있다. 세상에서 가장 큰 선의를 가진 사람, 환경의식이 아무리 강한 사람이라 할지라도 값비싸고 믿을 수 없는 기차를 이용할 여유는 없는 것이다.

때때로 공공수송에 소비된 돈조차도 실상은 숨겨진 승용차보조금이다. 값비싼 지하철 건설이 그러한 범주에 들어갈 수 있다. 왜냐하면 훨씬 싼 지상전차가 엄청난 비용 절감과 더불어 건설될 수 있었기 때문이다. 그러나 전찻길은 속력을 내며 달려가는 자동차들에게 방해가 될 수 있기 때문에 도로 밑으로 들어간다. 이것은 다수 대중들이 지하의 세계로 내려가야 한다는 것을 뜻한다.

흔히 오직 한 사람의 개인을 태우고 햇빛 속에서 자동차가 굴러가는 고속도로는 사정이 다르다. 지하철 건설은 값비싼 것이기는 하지만, 도시고속도로 건설에 필요한 돈에 비하면 아무것도 아니다. 그런 비용은 프랑스의 엔지니어들에 의하면 밀리미터 당 1천 프랑(혹은 인치당 5천 달러)으로 계산된다. 보스턴의 도시 중심 간선도로공사 계획은 거의 50억 달러로 예정되어 있다. 만약 이런 비용이 자동차운전자들에게 전가된다면 매회 도로사용료가 14달러가 될 것이다.

자동차에 주어지는 보조금에 대한 다양한 조사·연구의 결과를 더 들 수 있지만, 그러한 보조금이 실제로 존재하고, 수십억에 달한다는 사실은 의심할 수 없이 입증되었다. 우리의 첫째 과제는 이러한 보조금들에 관한 지식을 갖고, 그것을 다른 사람들이 알도록 하여 그 보조금들을 철폐하는 방향으로 나아가도록 정부에 압력을 넣는 것이다.

"딴 사람이 먼저 시작하라"

병적인 성급함, 분열된 목표,
지나치게 복잡해진 머리, 마비된 심장,

현대생활의 이 이상스러운 질병이
무르익기 전 옛날에,
지혜는 신선하고 청명하며
삶은 테임즈강처럼 명랑하게 흘러가던
그 옛날에 태어났더라면!

　　　　　　　　　　　　— 매슈 아놀드 〈스콜라 짚시〉

　타임머신을 타고 백년 전으로 되돌아가서 매슈 아놀드를 만날 수 있다
면, 그에게 이렇게 말해주고 싶은 유혹을 크게 느낄 것이다. "아놀드 양
반, 당신은 아직 아무것도 보지 못했다오!"
　현대생활의 신비 중의 하나는 우리 모두가 끊임없는 움직임을 아무 의
심도 없이 받아들이고 있다는 사실이다. 우리는 시간 속에서 그 의미와
기원이 상실된 일종의 의식(儀式)으로서 이 쉴없는 움직임을 받아들인다.
아마도 우리는 시간의 종말까지 저 끝없는 동그라미를 돌고 돌아야 할 —
흔히는 도시의 내부로 한번도 들어가보지도 못하고 도시 전체를 맴돌기만
하면서 — 운명에 처해 있는지도 모른다.
　그러나 이 엄청난 흐름을 거역하고자 하는 노력에 힘을 기울이는 사람
들도 있다. 필라델피아에 살고 있는 한 사람의 주부이자 자유기고가는 자
기가 자동차 없이 어떻게 지내는지를 묘사하고 있다.

　　이번 가을에 나는 마흔살이 된다. 나는 운전을 하지만, 차를 소유하고
　싶은 적은 없었다. 말할 필요도 없이, 필라델피아의 우리 이웃집 사람들
　은 우리가 차 없이 지내는 것에 대해 당혹하고 있다. 언제 차를 살 거냐
　하는 질문이 이제는 왜 차를 소유하지 않느냐는 질문으로 바뀌었다.
　그리고 싶지 않기 때문이라고 하는 우리의 간단한 반응은 이웃사람들에
　게 별로 효과가 없다. 그들에게 그 말은 아무 의미가 없는 것이다. 움직
　이려면 차가 필요한데, 차 없이 어떻게 살아남을 수 있느냐? 우리는 걷
　기를 좋아하고, 버스나 철도를 이용하는 것이 별로 힘든 일이 아니라고
　설명해보았자 소용없다.

우리가 자동차 소유를 원칙적으로 배제한 것은 아니다. 다만 우리는 오랫동안 차 없이 잘 지내왔고, 계속하여 그렇게 지낼 뿐이다. 가게, 학교, 교회, 도서관, 의사와 치과의사가 모두 걸어서 닿을 수 있는 거리 안에 있고, 20분간의 철도여행은 내 남편을 자기 직장에 데려다준다. 이웃사람들이 세 블록밖에 떨어져있지 않은 에어로빅교실에 차를 타고 갔다오는 것을 보면서 우리는 서로 팔꿈치를 건드리고, 히죽이 웃는다. 그 반대로, 우리가 어느 때나 걸어다니면서 볼일을 보고 있으면 사람들이 눈썹을 추켜세운다. 운전면허를 취소당한 것이 아니냐 하는 수군거림이 우리한테 들려온다.

우리는 결벽주의자도 완고한 고집쟁이도 아니다. 이따끔 우리는 차를 빌려서 가족소풍을 간다. 임대차를 되돌려줄 때 나는 하룻동안 돌본 친구의 아기를 되돌려줄 때와 같은 기분을 느낀다. 하룻동안 즐거웠지만, 이제 작별을 해야 할 시간인 것이다.

이번에는 독일의 어느 가족이 자동차와 어떻게 결별했는지 묘사하고 있다.

단도직입적으로 말하여, 종종 그러한 비난을 받아왔지만, 우리는 녹색운동가도 아니고 물레를 돌리고 있는 기계파괴자도 아니다. 우리는 두 살에서 아홉살까지의 아이들 다섯을 가진 큰 가족이다. 어머니는 국민학교 교사이며, 아버지는 생물학자이다. 우리의 이유는 단순하다. 환경파괴는 심화되는데 새로운 도로는 끊임없이 건설되고, 촉매변환장치와 속도제한과 자동차 없는 일요일에 관한 끝없는 (그러면서 쓸데없는) 이야기만 되풀이되고 있다. 정부는 환경에 어떤 일이 일어나고 있는지 잘 보고 있으면서도 말만 할 뿐 아무것도 하지 않는다. 녹색당은 우리들더러 버스와 기차를 타라고 하면서 자기네는 흔히 자기자신의 조언에 귀를 기울이지 않는다. 그리고 마지막으로 우리 아이들 앞에서 우리가 느끼는 괴로운 양심이 있었다.

대부분의 독일인들처럼 우리도 단지 편의를 위해 자동차를 사용했다. 학교와 할아버지, 할머니께 가는 데, 상점 볼일을 보러가고, 소풍을 갈 때 차를 썼다. 그러나 차를 갖지 않게 된 이후 우리는 보다 조용해졌다. 더이상 서둘러서 분주하게 다니는 일도, 자동차 뒷좌석에서 아이들이 울고 싸우는 일도 없어졌다. 그 대신 주말버스를 나는 독차지했다.

남편의 학생들은 그가 면허를 잃어버린 게 아닌가 하고 생각한다. 한편 나는 버스운전사에게 정기승차권을 내미는 대신에 말을 건다. 우리 이웃들의 의견은 갈라져 있다. 어떤 사람들은 우리를 미쳤다고 하면서 차가 환경을 파괴하지 않는다고 말한다. 또다른 어떤 사람들은 차 없이 지내는 것은 좋은 생각이지만, 그러나 자기들로서는 그렇게 할 수 없다고 한다. 젊은이들은 그러한 행동 하나가 무슨 의미가 있겠느냐고 말한다. 모든 사람이 차를 다 같이 그만둘 때까지 그들은 계속할 것이라고 한다.

차를 사용할 때 우리는 한달에 450마르크가 들었다. 버스값은 150마르크이다. 우리는 지금 동네가게에서 물건을 산다. 지금 우리는 전보다 더 비판적인 눈으로 자동차와 자동차가 가하는 손상을 보고 있다. 사람들이 버스나 기차를 이용하기 시작만 한다면 우리는 좀더 나은 서비스를 가지게 될 것이고, 좀더 시간낭비를 적게 하게 될 것이다. 그러나 자동차를 몰고 다니는 사람들 모두가 딴 사람들이 먼저 시작하라고 한다. 어쨌든 우리는 시작했고, 시작한 것에 대해서 후회하지 않는다.

서로 수천 마일이 넘게 떨어져있는 나라들로부터 나온 이 두 개의 보고에서 놀라운 것은 그 유사성이다. 두 가족이 다 같이 결백주의자니 미치광이니 하는 비난에 대해서 방어할 필요를 느꼈고, 운전면허를 취소당했다거나 이상한 사람이라는 혐의를 받았다.

이 사람들은 도시에 살면서 걷거나 버스를 탈 수 있지만 우리는 어쩌란 말이냐고 교외거주자나 시골거주자들은 반문할 것이다. 이것은 닭과 달걀 증후군의 한 형태일지 모른다. 걷거나 버스를 탈 수 있는 거리 안에 편의시설들이 없으면 사람들은 차를 포기하지 않으려 할 것이고, 그들이 차를 가지고 있는 한 편의시설들은 멀리 떨어져있게 될 것이다.

이반 일리치는 말하기를, 자동차는 자동차만이 좁힐 수 있는 거리를 만들어낸다고 하였다. 그런 특별한 종류의 축소수단 없이 지낼 수 있도록 하는 근접성을 만들어내는 일은 전적으로 우리에게 달려있다.

한술 더 뜨는 제3세계

자동차의 올바른 자리를 찾아내려는 노력은 아직 자동차에 의존하고 있는 정도가 덜한 제3세계를 살펴보게 한다. 우리 자신들은 자동차를 현명하게 사용하는 방법을 잃어버렸기 때문에 우리는 제3세계로부터 무엇인가를 배울 수 있을지도 모른다.

그런데, 제3세계를 한번 흘낏 들여다보면 우리는 전율을 느낄 가능성이 크다. 우리가 속한 세계의 교통상황이 나쁜 것이라면, 제3세계의 상황은 실로 끔찍한 것이라고 할 만하다. 혼잡한 차량과 도시혼돈의 가장 끔찍한 모습은 멕시코시티, 상파울로, 라고스, 카이로, 마닐라, 방콕, 뉴델리 같은 곳에서 볼 수 있다. 도시의 이름들은 계속하여 나열될 수 있는데, 여기에는 거대 도시들뿐만 아니라 개발도상세계의 문자 그대로 수천 개의 장소가 포함된다.

이들 대부분의 도시들은 지난 수십년 동안 그들의 교통 및 도시도로 체계의 대부분을 건설해왔다. 그러한 개발에 책임이 있는 사람들은 그들 자신의 문화와 전통 속에서가 아니라 서구세계에서 본보기와 길잡이를 구했다. 그들은 런던, 로마, 로스앤젤레스에서 하고 있는 것을 보았고, 꼭 같은 것을 그들 자신도 하기로 결정했다. 즉, 자동차에 기초하는 도시를 건설하기로 한 것이다. 서울이나 타이페이는 심지어 우리보다 한술 더 떠서 10차선 고속도로를 건설했는데, 지금 이미 그 길들은 차량으로 꽉 막혀있다.

많은 가난한 나라들은 우리를 찬미하고 있다. 우리는 그들의 문제를 이해하려고도 우리의 것보다 더 건강한 것으로서 그들의 삶의 방식을 이해하려는 아무런 시도도 하지 않았다. 그 대신에, 우리는 그들에게 우리의 우월한 스타일을 모방하도록 장려하기를 계속하였고, 국제기구를 통해 예지의 대사(大使)들과 전문조언자들과 은행과 원조기관과 교육기관들을 파견하였다. 제3세계는 그들의 기술자와 계획자와 정책결정자들을 우리의 대학들에 보냈다. 그들은 우리가 가르친 것을 잘 배우고, 우리가 제공한 본보기를 주의깊이 바라보고, 그리고 고향으로 돌아가서는 그들이 보고 배웠던 것을 정확히 적용하였다. 그리고, 그들도 우리처럼 문제를 이해하려고 하지 않으며, 하물며 거기에 관해 무엇이라도 해보려고는 더더욱 하지 않는다. 세계의 모든 민족들이 개인자동차 앞에서 최면에 걸려있는 것 같다. 가장 가난한 나라들에서도 정부는 다른 수송수단에 대하여 배타적으로 승용차를 선호하고 있다. 그것은 아마도 관리들이 승용차를 사용하고 있기 때문이거나 혹은 자동차가 권력의 상징으로, 즉 잘사는 나라의 사람들처럼 강하고, 부유하고, 빨리 움직이게 되는 방법으로 비쳐지기 때문인지 모른다. 현대생활과 거의 아무런 접촉이 없는 에티오피아의 어느 고립된 공동체에 살고 있는 하마르족 부인들은 자기 아이들에게 마치나(자동차)나 카미오네(트럭)와 같은 이름을 붙여주고 있다.

그리하여 세계는 두 부류로 나뉘어 있는 것으로 보인다. 한쪽은 실제로 사람을 질식시키고 있는 자동차를 소유할 여유가 있는 부류이고, 다른 한쪽은 나머지 한쪽을 부러움으로 바라보면서 그 본보기를 뒤따르는 일보다 더 좋은 아무것도 꿈꾸지 않는 부류이다. 이러한 상황은 "이 세상에는 오직 두 개의 비극만이 있다. 하나는 원하는 것을 못 가진 비극이고, 다른 하나는 그것을 가지는 비극이다"라는 오스카 와일드의 격언을 상기시켜 준다.

대부분이 차를 소유하고 있지 않은 제3세계에서 사람들이 산업국가들에서보다 스무배나 넘는 치명적인 오염과 혼잡과 사고율 속에서 살고 있어야 한다는 사실에 대해서 어느 누구도, 혹은 적어도 정책을 결정하는 사람 어느 누구도 개의치 않는다. 제3세계에서 자동차는 산업선진사회에서보다 훨씬더 많은 위험을 숨겨놓고 있다.

저개발국가들에서는 사람도 길도 자동차의 갑작스러운 대규모적인 출현에 준비가 되어있지 않았다(혹은 되어있지 않다). 아르메니아의 수도 예레반을 방문했던 한 여행자의 보고에 의하면, 그 도시에서는 보행자들은 전혀 아무런 권리가 없다. 운전자들은 도로규칙에 대해 아는 바도 없고, 개의치도 않는다. 그들은 어떠한 법률도 따르지 않고, 걸어가고 있는 사람에게로 곧장 돌진하는 데 즐거움을 누리고 있는 것처럼 보인다. 거리는 구멍투성이여서 자동차가 행인들 가까이 위험스럽게 다가들 때가 허다하다.

테헤란에서는, 1979년 이후 자동차운전자들의 구호는 "우리는 교통신호에 복종하기 위해서 팔레비를 무너뜨리지 않았다"라는 것이다. 게다가 많은 저개발사회는 강한 남성우월주의 문화를 가지고 있다. 그러한 사회들에서 오늘날 자동차는 남자들이 그들의 힘을 과시하고, 여성이나 보행자들과 같은 약한 존재들에 대한 경멸감을 표시하는 수단이 되어있다.

하이티에서는 오직 2백명 중 한 사람이 차를 갖고 있는데도, 이 나라의 수입예산 중 3분의 1이 연료와 수송에 바쳐지고 있다. 마찬가지로 카이로시는 차량 1대당 3달러의 돈을 국가재정에서 지불케 하는 고가도로를 건설했는데, 그것은 이 가난한 도시의 다른 곳에 좀더 요긴하게 쓸 수 있었던 돈이 분명하다. 이들 가난한 나라들에서 복잡한 도로체계를 건설하고 유지하기 위해서 엄청난 자원이 소모되고, 기차나 공공수송은 희생되고 만다. 세계은행은 공공수송계획에 대해서 편파적인 경향을 보여준다. 승용차를 통한 수송문제해결에 제공되는 지원금의 3분의 1보다 적은 돈이 공공수송 프로젝트를 위한 기금으로 제공되고 있다.

고통스럽게도, 공공수송을 소홀히 하는 경향은 제3세계 전역에 걸쳐서 명백히 나타나 있다. 가난한 사람들이 더위나 추위나 빗속에서 기다리고 있는 동안, 잘사는 자들은 개인승용차를 타고 본래 공적 공간이어야 할 곳 - 거리, 골목, 광장들 - 을 질주하고 있는 것이다. 때때로 보도도 자동차가 차지하는가 하면 어떤 도시들은 (마닐라처럼) 인력거나 기타 비동력 운송수단에 제약을 가하고 있다. 자카르타에서는 베카스(3륜 인력거)가 금지되고 있는데, 그 이유는 교통혼잡을 일으킨다는 것이다. (다시 말해서 자동차의 순조로운 통행을 방해한다는 뜻이다.) 방글라데시 당국은 1987

년에 수도 다카에서 승객용 3륜 자전거를 금지한다고 발표했는데, 이 수송체계에는 십만명이 넘게 고용되어 있었다.

중국인들도 개인자동차를 숭배하기 시작하였고, 주요 수송수단인 자전거를 깔보기 시작하였다. 중국의 교통문제에 대한 한 방대한 세계은행 보고서에는 '자전거'라는 단어조차 언급되어 있지 않다. 중국의 계획자들은 지금 자전거를 부수적인 수단으로 축소시키려는 궁극적인 의도 밑에서 자전거를 엄격히 통제하기를 요구하고 있다. 평범한 중국 노동자가 제일 값싼 피아트차를 사는 데도 16년간의 임금보다 많은 돈을 지불해야 한다는 것을 잘 알면서도 민 펭쿠이라는 한 계획가는 자전거가 스포츠나 레크리에이션용으로만 쓰여지기를 바라고 있다.

그리하여 보행자와 전통적 수송수단들이 현재 압도적인 대다수에 의해 이용되고 있는 나라들에서도 그것들은 점차로 주변으로 밀려나가고 있다. 이러한 상황 속에서 우리가 그들에게 자동차가 없거나 적어도 자동차의 비중이 훨씬 작은 방향으로 발전의 길을 전환하라고 충고해보았자 소용없는 일이다. 이들에 대한 우리의 책임을 수행하는 길은 우선 우리 자신이 우리의 도시와 공동체에서 자동차문제를 어떻게 바로잡을 것인가를 배우는 것이다. 그때는 아마, 일단 좋은 본보기를 가지게 된다면, 우리는 좀더 능동적인 방식으로 그들을 도울 수 있는 처지에 있게 될지 모른다.

저항의 시작

그리고 그들은 그들이 앉아있는 가지를 톱질했다.
그리고 어떻게 하면 더 잘 톱질할 수 있는지를
자신들이 배운 것을 서로서로에게 큰 소리로 말해주었다.
그러고서는 요란한 소리를 내며 나락으로 떨어졌다.
그걸 바라보던 사람들은 고개를 흔들었다.
그러고는 다시 열심히 톱질을 계속했다.

— 베르톨트 브레히트

고등학교 중퇴자건 박사학위 소유자건, 우리 모두가 아무런 변화를 위한 노력을 하지 않는 주요한 두 가지 까닭이 있다. 하나는 무지이다. 사실상 우리 모두는 무지한 상태에 있다. 문제를 인식하고 있지 못하다는 점에서 무지한 것이다. 혹은 삶의 다른 방식을 상상할 능력이 없다는 점에서 무지하다고 할 수 있다. 우리가 매일 몇 시간이나 꽉 막힌 도로에서 갇혀 지내고, 슈퍼마켓에서 실제 필요한 것보다 훨씬더 많은 것을 사면서 지내고 있으면서도 우리는 이것을 자연적인 것으로 받아들이기 쉽다.

우리는 지구의 어딘가에서 사람들이 서로서로 범퍼스티커나 경적이나 자동차 번호와 같은 수단에 의하지 않고, 장터마당에서 얼굴을 맞대고 친밀히 의사소통하고 있으리라고 막연히 인식하고 있을지 모른다. 그걸 인식하면서 우리의 현재 생활 스타일에 거북한 느낌을 갖게 될지도 모른다. 그러나 그런 인식도 두번째의 이유, 즉 관성에 의해서 패배당하고 만다. 한 대, 두 대, 석 대, 혹은 심지어 넉 대의 자가용과 함께 계속하여 같이 지내는 것이 세계를 휩쓸고 있는 자동차 홍수의 물결을 막는 데 필요한 노력을 기울이는 일보다 어떻든 더 편한 것이다.

기술과 경제적 수단을 사용함으로써 현대세계를 좀더 조화롭게 만들고, 우리가 지금 이곳에서 저곳으로 분주하게 움직이는 광란적인 방식에 어떤 질서를 잡아줄 여지는 많을 것이다. 그러나 기술과 경제적 조치만으로는 그걸 이룩할 수는 없다. 최종적으로 우리는 생각만이 아니라 우리의 전존재로써 현재의 위기를 이해하지 않으면 안된다.

깨달음의 반 정도만이 우리의 두뇌 속에서 일어난다. 나머지 반은 우리의 가장 깊은 존재의 어두운 심연으로부터 나온다. 이 문제를 이해한다는 것이 과연 무엇을 뜻하는 것인가를 보여주기 위해서 우리는 온갖 불편과 위신상실을 감수하고 자기의 차를 포기하기로 결정하는 도시거주자를 상상할 수 있어야 할 것이다.

우리가 정말 이해한다면, 보다 큰 기동성과 속도에 대한 우리의 끝없는 분별없는 추구는 일시적인 탈선행위로 보일 것이다. 그리고 개인적 수송을 위해 우리가 그 속에 들어앉는, 공간을 잡아먹는 저 상자들은 참으로 괴상하고 왜곡된 그 무엇으로 보일 것이다.

1988년 6월 역사적인 주민투표에서 캘리포니아 사람들은 세 개의 교통 조치를 지지하는 표를 던졌다. 그것은 다음 수년간 연료세를 두배로 인상하고, 공공수송체계를 개선하기 위해 주정부가 20억 달러의 공채를 발행할 수 있게 하는 조치였다. 인도와 파키스탄과 중국의 자동차들을 모두 합친 것보다 많은 자동차들이 있는 그 주에서, 시민들은 정부나 전문가나 다른 기관들의 도움을 별로 받지 않고, 문제를 이해하기 시작한 것이 분명하다. 신문의 분석가들은 이 결과를 그릇되게 이해하여 '조세저항의 종말'이라고 말했다. 이것은 세금에 대한 저항의 종말이 아니라 자동차에 대한 저항의 시작이었다.

그러면서도 우리들 대부분은 (캘리포니아인들도 포함해서) 우리의 차 안으로 올라타기를 계속하거나, 자동차가 있으면 그렇게 하려고 한다. 우리들 대부분은 한가닥 의심도 없이 그렇게 한다.

사회구성원들이 개 훈련장에 개를 태워가기 위해 리무진을 빌릴 수 있는 사회, 혹은 그러한 권리를 행사하기 위해서 기꺼이 전쟁을 할 수 있는 문명이, 변화의 의지를 갖고 있느냐 없느냐 하는 것은 참으로 의문스럽다. 우리는 우리가 변화를 원치 않는다는 것을 발견하게 될지 모른다. 대파국에 맞서는 경주에서 지금 수준으로 머물러 있기 위해서도 자동차 배기가스를 반 이상 즉각 줄이지 않으면 안된다는 사실을 무시하고, 또 우리를 기다리는 것이 무엇인가를 충분히 알면서도 우리가 정말 우리의 현재 노선을 고집한다면, 우리는 우리에게 닥칠 모든 것을 마땅히 감수해야 할 것이다.

V

시민과 농민이 두레로 짓는 공동체농장

농민만으로 우리 농업 못 살린다

천규석

《녹색평론》 제3호에 〈우리 농업 어디로 가야 하나〉가 실린 뒤 한살림 서울 공동체에서 농촌담당이사로 일하고 있는 이상국 씨가 필자에게 혹시 《미래의 농장》(김종무 엮음, 유한문화사, 1992)이란 책을 읽었느냐고 물었다. 못 봤다고 하니까 "그 글의 구상과 비슷한 공동체농장을 외국에서는 이미 오래 전부터 시도하고 있는 것을 소개한 번역서"라고 했다. 순간 나는 그 책을 읽고 그 글을 썼더라면 하는 아쉬움과 함께 참혹하게 파괴되고 있는 우리 밥상을 되살리기 위해 오랜 세월 동안 고민해서 스스로 짜낸 우리의 대안조차, 병 주고 약 준다더니 바로 민족밥상공동체 파괴의 장본인인 이른바 선진산업국에서 먼저 나왔다는 사실에 서글픔과 분노가 교차했다.

묶은 자가 풀고 파괴한 자가 건설해야 함은 도덕적 인간사회의 책무임에 틀림없다. 그러나 지금도 유전자농업, 수경재배, 자동화시설농업 등의

천규석 — 대구한살림·공생농두레 이사. 《쌀과 민주주의》, 《유목주의는 침략주의다》, 《소농 버리고 가는 진보는 십리도 못 가 발병난다》 등 저자.

공업적 죽임의 농업을 삶의 농업이라고 제3국에 이전하고 있는 그 나라들에서 삶의 근본인 농업부활의 어떤 대안이 먼저 모색되고 있었다는 것은 그들의 앞선 도덕적 책무감에서라기보다 제 나라의 농업파괴의 현실이 우리보다 절박했기 때문일 것이다.

기분이야 내키지 않았지만, 어쨌든 자신이 오랜 세월 대망해온 농업중심공동체 부활에 비판적 자료로 섭취하기 위해 이상국 씨에게 부탁해 곧바로 구해 본 이 책은 그러나 필자의 게으름 탓이겠지만 쉽게 읽히지가 않았다. 우리와 크게 다르지 않은 농업원칙의 되풀이에다 수확한 농산물의 분배를 위한 주식배분 등 어디서나 만나게 되는 서양인들의 합리주의가 거슬렸기 때문이다.

기회 있을 때마다 확인해온 우리의 미래농업원칙은 사람의 손길 대신 화학기계에 의존하는 대규모 식품산업도 아니고, 열 사람 먹고살 곡식으로 한 사람 몫의 동물단백열량을 생산하는 반공생적(독점적) 양어, 축산을 통해서 나오는 분뇨퇴비를 전제한 오늘의 유기농도 아니고, 주로 사람 손에 의존함으로써 열량 손실은 최소화하면서도 최대한의 생명생산자인 곡채식을 다양하게 가꾸는 소규모의 순환공생농업이다. 이를 실현하는 기본단위로서 구상중인 미래의 공동체농장도, 동일한 종교나 사상을 가진 사람끼리 모여 외부폐쇄적으로 자급자족하는 기존의 이념적 은둔공동체와는 달리 우리의 미래농업 원칙에 생각을 같이하는 사람을 중심으로 지역사회와 연대하는 개방적인 생명농업공동체이다.

이쯤에서 이 글의 애초의 목적이었던 공동체농장으로 바로 넘어가서 시간과 지면을 절약할 것인가 아니면 우리의 농업원칙을 다시 한번 다지고 그 길을 통해 농장으로 넘어갈 것인가를 놓고 한참 망설이게 된다. 그냥 지나가기엔 우리의 농산물시장과 밥상에 한창 유행중인 얼굴없는 유기농산물들이 무슨 원칙에 따라 생산·소비되는지 너무 혼돈스럽다.

그러나 같은 내용의 반복은 보는 이보다 반복하는 이에게 더 재미없는 일이다. 더구나 우리가 살고 있는 이 땅이, 가까이 있는 이웃의 진실보다도 편집자의 편견으로 걸러내는 신문, TV 등의 상업매체를 통하거나 외국의 수입품이라야 그 권위를 인정해주는 비주체적 풍토라면, 비록 수입품일지라도 우리와 원칙면에서 다르지 않은 《미래의 농장》을 앞세워 우리의 원칙을 다시금 확인·구체화 못할 이유도 없다.

'지역사회가 지원하는 유기농장, 유기농장이 지원하는 지역사회'라는 부제를 단 《미래의 농장》의 핵심부분은 이 책의 제3장과 4장이다. 먼저 제3장 미래의 농장으로 가는 10단계 과정을 요약 인용해본다.

첫번째 단계는 농부나 정원사들이 생태계에서 자연적으로 생산되는 재료로 농장과 정원을 유지해가는 것이다. (자연농법 — 이하 괄호 안은 필자 주)

두번째, 농장 내에 여러가지 종류의 동물들을 키워서 건강한 식물을 키우기 위해 필요한 퇴비를 그 동물로부터 자력으로 생산해내는 일이다. 참고로 한 마리의 소가 1년을 살아가는 데 필요한 초지는 2에이커(1에이커＝1,224평)인데 소 한 마리의 1년간의 배설물로 만들 수 있는 퇴비로는 4에이커(약 5,000평)의 토지에 풀이 자라게 할 수 있다. (이 부분에 대해서는 전폭적으로 동의할 수 없다. 2에이커에 자라는 풀을 바로 퇴비로 만들어 4에이커의 작물을 기르는 방법과 따로 초지를 두지 않고 6에이커의 농장에서 나오는 사람이 안 먹는 농업부산물로 소를 키워 퇴비로 만드는 방법과 소를 통하지 않고 바로 퇴비로 만드는 방법 등의 비교 실천이 없었기 때문이다.)

세번째, 모든 가축들은 그 농장에서 나오는 식물들로만 사육되어야 한다. (1백 퍼센트 수입곡물사료로 하는 대규모 축산분뇨와 톱밥발효퇴비에 의존하고 있는 지금의 맹목적 반공생적 유기농추종자들은 이 점을 특히 명심해야 할 것이다.)

네번째, 동·식물간의 물질순환을 조화롭게 하기 위해서 재배되는 식물의 다양화가 필요하다. (공생농법)

다섯번째, 토양과 공기, 식물 속에 있는 탄소를 비롯한 유기물질의 순환은 영구히 토양을 비옥하게 만든다는 것을 명심할 일이다. 전문가들은 지난 1백 50년 동안 침식에 의해 부식토의 50퍼센트가 손실되었다고 예상한다. 부식토는 동물의 배설물이나 동·식물의 사체가 분해되어 생기는 퇴비에 의해 만들어진다. 1에이커에는 3천 파운드의 탄소유기체가 존재해야 한다. 이렇게 되기 위해서는 먼저 각 농장에서 재배되는 곡식 중에 얼마만큼이 시장에 판매될 것이고 얼마만큼이 다시 토양에 환원되어 퇴비가 될 것인가부터 알아야 한다. (이 대목에서는 마땅히 땅으로 되돌려져야 할 사람의 똥오줌이 도시의 구조적 모순과 위생이라는 미명으로 수세식 변소를 통해 오히려 물과 땅을 오염시키고 있는 지금의 도시적 삶의 양식에 대한 근본적 반성을 요구한다.)

여섯번째, 미생물의 활발한 활동을 위해 토지 내의 규소의 순환을 강화시키는 것이다. "규소 없이는 어떠한 유기체나 생물체도 존재할 수 없다." 그런데 규소는 물에 녹지 않고 토양에 있는 작은 미생물에 의해서만이 식물체에 흡수가 가능하다. (그런데 최근 보도에 따르면 지금까지 석탄·석유에서 탄소고분자 물질을 개발해온 탄소화학이 탄소화합물보다 훨씬 강한 신물질을, 지표면의 25퍼센트를 차지하는 규소로 대신 합성해서 이미 상품화하고 있는 규소화학에게 자리를 빼앗겼다고 한다. 땅 속의 탄소생명유기체를 바닥내는 것도 부족해서 이제 다시 지표면의 핵심생명유기체인 규소까지 땅 주인과 한마디 사전 의논도 없이 탕진하겠다는 이 탐욕스런 과학기술을 우리는 어떻게 받아들여야 할지 당혹스럽기만 하다.)

일곱번째, 토양, 동물, 식물이 환경 속에서 균형적인 상태를 만들어내는 것이다.

여덟번째, 파괴된 환경이 복구되어야 한다. (완전한 환경복구는 사람이 이슬만 받아먹는다는 매미나 신선이 되지 않는 한 불가능할지 모른다.)

아홉번째, 생물학적으로 잡초나 해충을 제거해내는 것이다. 잡초와 해충을 제거하는 가장 효과적인 방법은 일정한 면적의 토지 안에서 여러가지 식물을 돌아가면서 재배하는 것이다. (윤작—돌려짓기)

열번째, 지구, 달, 태양을 비롯한 많은 우주 행성들 같은 우주적인 환경이 가지고 있는 동식물들의 서식지의 경계선과 농지를 가꾸는 데 있어서의 주기적인 질서를 재확립하는 것이다. (요령부득의 표현인데 아마 풍토기후에 맞는 적지 계절농을 뜻하는 것 같다.)

이상의 단계들은 우리에겐 미래라기보다 불과 30년 전까지 경험해왔던 과거의 우리 농장 모습과 별다른 것이 없다는 점을 알 만한 사람은 짐작할 것이다. 그러나 미래의 생명농업은 과거농업의 단순한 부활이 아니라 과거와는 전혀 다른 새로운 농민의 탄생 부활로서만 전망된다고 할 때 이 책에서 정작 중요한 대목은 제4장의 세 가지 기본규칙이다.

첫번째 규칙은 너무 많은 시간 동안 육체적 노동에 혹사당하지 말라는 것이다. 활동적인 농부가 너무 긴 시간 동안 일만 할 때 그는 자연을 관찰하고 반성하고 음미·이해할 수 있는 시간을 잃게 되는 것이다. 그는 아무런 생각 없이 행한 과도한 노동으로 인해 기술(생각?)을 잃게 된다는 것이다. 이러한 행위는 농법을 단순한 물질문명적인 자연(기술)과학으로 만들어버린다.

두번째는 농장을 위해 외부로부터 구입하는 물품을 최대한으로 줄이라는 것이다. 기계나 농장 안에 있는 건물에서 필요한 궤변적인 기구들을 적게 구입할수록 재정적으로 더욱 자유스럽고 독립적일 수 있다. 아미쉬(Amish − 지금도 말이 끄는 쟁기로 농사지어 자급자족하는 농업중심 종교공동체로 미국에 있다)들이 경제적으로 성공할 수 있었던 비결은 농장일을 하는 데 많은 기구들에 의존하지 않고 인간들을 서로 더 신뢰하는 데 있다. 만약 사람들과 협동해서 일한다면(이것이 바로 미래의 농장형태다) 비싼 농기구 기계를 외부로부터 구입한다는 것이 공동사회를 악화시킨다는 것을 알 것이다.

세번째는 농장에서 (농업을) 돈이 아닌 정신적인 면(氣)을 더 중시하는 독창적이고 진취적인 생각을 가지라는 것이다. "우리를 둘러싼 자연공간을 꿰뚫어보면, 모두가 우리를 압도하는 지혜라는 것을 알 수 있다. 우리가 과학적으로 말하는 생태계도 이러한 지혜에 의해 간파되고 그 지혜로 인해 생태계는 가장 경제적인 상태를 취하게 된다. 우리는 사실 벌떼나 개미들이 인간보다 더욱 높은 지적 능력을 갖고 있을지도 모른다는 두려움 속에 있는 것이다. 벌레나 도약충과 같이 토양 속에서 식물을 분해시켜 부식토를 만드는 미생물집단에서도 인간이 무엇이라고 정확히 정의내릴 수 없는 현명함과 합리성이 존재한다. 우리는 이것을 자연 속에 있는 기(氣)라고 표현하는 것이다. (중략) 우리는 농지를 포함해 모든 땅을 투기와 담보물이 되는 것으로부터 해방되게 해야 한다. 또 미래의 농부들을 훈련·공부시키기 위해 생태적으로 양호한 자연환경에 존재하는 농장과 깊은 연관을 가지고 있는 교육계획을 만들고 지원해야 한다. 이러한 농장과 관련해서 모든 목적을 위한 연구조사도 이루어져야 한다. 미국의 수천만 이상의 농장소유자들은 단지 농장을 소유할 뿐 농장을 담보물로 이용하지는 않으나 농장의 발전을 위해 노력하지도 않는다. 우리는 이러한 사람들과 또 이러한 땅을 살 만한 자금을 가지고 있는 이들에게 호소해야 한다. 이러한 개념 속에서 구입된 땅은 법적으로 보호되어 생태학적으로 좋은 방향으로 사용되고 개인의 이익을 추구하는 데는 절대로 사용되지 못하게 해야 한다. 토지의 신탁제도는 이미 이러한 목적에 적합한 제도로 받아들여졌고, 신탁토지 조직망제도는 하나의 모델이 된 것이다. 이러한 목적을 달성하기 위하여 사회적인 운동을 벌이고 새로운 농장의 운영체계를 준비하는 것이야말로 오늘의 시급한 과제이다."

이 세 가지 기본규칙도 우리에겐 결코 낯선 것이 아니다. 특히 첫번째와 세번째의 규칙들은 동양적인 선비의 자연관과 세계관을 그대로 옮겨간 듯한 느낌을 강하게 받는다. 양의 동서를 넘어 부활로 기대하는 미래의 농부와 농업의 모범은 결국 동양적인 자연관을 가진 기품 있는 선비들이 우리의 전통농법을 오늘에 맞게 되살린 창조적 생명농법이라는 데 일치한다. 그리고 세번째 규칙의 앞부분에서 '자연 속의 기' 문제를 제기했다가 뒷부분에서 표면상으로는 내용이 전혀 다른 토지의 투기와 방치로 인한 생태계의 파괴를 막기 위한 하나의 대안으로 토지신탁제도의 확립과 새농장운동을 주장하는 방향으로 슬그머니 넘어간 것으로 보아(편역자의 실수인지 모르지만) 그쪽의 토지와 농업 사정도 정도의 차이일 뿐 우리와 크게 다르지 않음을 아울러 전해준다.

독일 출신의 리비히(1803~1873)가 지속적인 식물재배에 따른 땅 속의 유기성분의 탕진을 화학비료로 보충해줄 수 있다는 이론을 개발한 이후 화학농법은 식량문제의 해결을 위해 다른 선택의 여지 없는 최선의 길로 여겨졌다. 이 화학적으로 지어진 농산물에 어떤 유독한 물질이 잔류하며 인체에는 어떤 영향을 주고, 장기적으로 화학물질이 토양의 영구적 보존과 생태계 전반에 어떤 파괴력을 미치느냐에 대한 반성은 오랜 세월이 지나 농업학자가 아니라 철학자인 오스트리아인 루돌프 슈타이너(1861~1925)에 의해 비로소 이루어진다. 그가 사망하기 직전인 1924년 유고의 코베르비쯔에서 행한 '농업의 공헌을 위한 정신과학적인 기초'라는 여덟 차례의 농업 강의 이후 유럽에서는 이미 유기농법, 대체농법, 지속농법, 생물학적 농법, 저투입물농법, 생태농법 등으로 화학농의 대안이 지속적으로 모색되어왔다. 그로부터 반세기나 지난 70년대의 이 땅에는 역설적이게도 유럽의 대안인 우리의 전통농법을 제치고 이미 본고장에서 한계를 드러낸 화학농법이 이 땅의 공업화와 함께 본격 도입되어 우리 땅 – 우리 밥상을 파괴하기 시작한다. 그로부터 다시 20여년 동안 이 땅을 싹쓸이하고 있는 광신적 공업화에 종속된 우리의 화학농업은 그야말로 화학적 파괴력으로 확산되고 있지만, 이제 농산물의 전면 수입개방 등 농업외적인 요인에 따라 그 화학농조차 설자리가 사라지고 있다.

모든 사람이 농민이었으며, 모든 산업이 농업중심이었음에도 종의 번식을 거듭해왔던 그 기나긴 인류사는 그 후예인 별종들의 공업만능주의로부터 원시적 가난, 저개발이란 이름으로 일거에 부인당하고 있다. 그리하여 이 땅의 농업도 농민은 없고 기계와 화학물질과 노동자가 대신 짓는 대규모의 농업, 땅으로서의 농장이 아닌 시설공간에서 식료품을 생산하는, 농업 아닌 '식품공업'만이 우리에게 허용된 유일한 예측이고 전망임을 강요하고 있다. 이 농촌도 농민도 없는 식품공업을 누가 소유하고 얼마나 넉넉하게 분배하느냐에 의견 차이가 있을 뿐, 그 식품산업의 생산방법과 양식에 대해서는 이른바 보수세력도 진보세력도 별다른 이견이 없는 것 같다. 그리하여 "기름진 문전옥답 잡초에 묻혀있고, 어부들 노랫소리 그

친 지 오랜" 이 땅엔 그 행위 자체가 살림이었던 진정한 농부도 사라지고 없다.

설사 다른 선택의 기회가 없었던 전통농민의 일부 후예들이 지역적인 의미의 농촌에 남아 땅을 죽이는 농사일을 한다고 농민으로 분류되는 사람이 전체 인구에서 15퍼센트쯤 차지하고 있다고 해서 그들이 본래 의미의 농민인 것은 아니다. 거름질과 풀매기와 병충해는 모두 다국적 공업의 화학상품에 맡겨두고 나머지 땅을 깔아뭉개서는 역시 다국적 곡물메이저로부터 100퍼센트 수입한 사료로 얼룩소, 닭, 돼지들이나 뻥튀겨 내면서 제 땅 옆으로 길이 뚫려 땅값이 오르기를 기다리는 사람은 사회적 신분은 농민인지 모르지만 그 생각은 이미 농민일 수 없다. 그 결과 넓지 않은 우리의 온 농토는 지금 공장, 축사, 별장지 등이 되고 그나마 생태를 보전하고 있는 산지는 참혹하게 난도질당해 관광지, 골프장, 스키장 등으로 개발되어 죽임의 쓰레기장이 되어 간다.

인간이 저지르고 있는 이같은 대재난으로부터 아직 살아남은 몇몇 처녀지도 이 지구를 휩쓰는 개발광기 앞에 황폐화·사막화의 운명은 시간문제일 것이다. 체제상의 이유 때문에 그나마 생명터전의 파괴가 지연되어 온 사회주의사회조차 끝내 개발의 파국을 맛보지 않고 죽을 수 없다고 이른바 개방의 광기를 뿜어내고 있다. 생명의 대량학살 시체로 풍요 삼는 물량주의, 내 생명 다음의 생명을 차단하는 당대주의, 그러고도 제 자식만은 건강하게 출세시키겠다는 홀로 보신주의, 이 모든 생명모순조차 기술공학적으로 미봉하겠다는 공업만능주의의 벼랑에서 인류구원의 전망은 아무래도 생명농업공동체밖에 달리 없겠건만, 누가 이 부활의 십자가를 다시 질 것인가? 진정한 농민과 농업 자체의 존재를 부인하는 공업사회에서 새로운 농적 인간의 부활은 공업의 마취적 약효로부터 깨어나서 이 공업사회의 풍요가 거짓이고 모두의 죽임이며 철저한 절망임을 깨달은 지식인들의 여유에서 기대할 수밖에 없다.

물량공세에 파묻힌 오늘의 사람들에겐 그것을 위한 맹목적, 체제적, 직선적 실천만 신앙화되어 있을 뿐 그 잘못된 실천을 바로잡을 어떤 여유와 틈을 허용하지 않는다. 우리의 삶을 규정하는 모든 체제라는 것은 개인이나 사회가 가진 어떤 여유의 산물이다. 돈의 잉여가 있는 사람은 돈을 통해 돈만 벌 영속적 돈의 지배체제를 전망하기 쉽다. 노동이 여유있는 사람은 노동으로 대상을 쟁취할 어떤 체제를 전망할 수 있다. 권력을 가진 자는 권력을 통해 권력을 재창출해낸다. 올바른 생각의 여유를 가진 자만이 현재에서 과거와 미래의 삶을 우주적으로 전망하는 참자유를 누릴 것이다. 역설적이게도 위기의 시대는 사람이 사람 자신만을 위할 때 그 자신도 살아남을 수 없다는 절망적 징후들을 도처에 드러냄으로써 비록 소수인에게나마 깨달음의 기회를 제공한다.

깨달음이라고 하면, 흔히 종교적으로 의미가 증가되고 왜곡된 역사 속의 성인처럼 평지돌출한 별종들의 전유물로 생각하기 쉽다. 또 이것은 세상악의 구조는 내 몰라라 한 채 제각기 어떤 밀교적 교리를 터득하고 개인적으로 실천하면 만사형통이라는 식으로 오해하기 쉽다. 그러나 깨달음은 그 자체가 개인적 차원에서 이루어질 수 없을 뿐만 아니라, 그것이 만인과 더불어 실천되지 않을 때는 참깨달음이라 말할 수도 없다.

사람의 손길을 통해 짓는 과거의 농업 대신 그 손으로 다른 기자재를 만들어서 그것을 통해 짓는 지금의 공업적 농업에서 누가 득 보고 손해 보는지 모를 사람은 지금 아무도 없다. 그리고 모든 공업적 영위들이 원자재(생명 자체)를 부수고 깎고 다듬어서 그 가운데 사람의 필요에서라기보다 돈 될 만한 것만 골라 팔고 나면, 그것도 생명의 재생순환을 원천적으로 차단시키는 죽임의 쓰레기 산업임을 모르는 사람도 없다. 문제는 그 깨달음을 통해 먼저 자신의 존재와 삶을 변화시키는 대신 만사를 세상구조로 돌리는 현실안주의 그 구조주의이다.

지금 우리 농업과 농촌의 괴멸 징후를 보다못한 극소수 농민과 도시의 지식인들이 개량주의자, 몰역사적 근본주의자 등의 갖은 비난을 무릅쓰고 유기농의 회복을 통해 농(農)·도(都)를 함께 살리고자 무농약 농산물 직거래운동을 대중적으로 확산시키고 있는 한살림 등도 우리 식의 깨달음의 산물이고 그 전망을 통해 세상을 살리려는 구조운동이다. 이제 저 꽁꽁

막힌 소시민들의 귀와 마음을 더불어 열지 않고 삶의 구조문제를 해결할 다른 방법이 없다. 물질로 닫힌 귀와 마음은 물질로밖에 열 수 없다. 그러나 물질로 열린 귀는 또다른 물량공세에 쉽게 닫힌다. 그래서 한살림 쌀자루에는 쌀뿐만 아니라 참농민의 마음과 농업적 세계관과 공생적 사상을 담아 넣으려고 애쓴다. 그 결과 비록 소수이긴 해도, 흙과의 만남 없이 사는 도시의 삶이 최고인 줄 알았던 사람들의 마음이 열려 손수 호미와 낫을 잡는 농업봉사노동도 이루어지게 되었다. 대단한 변화랄 수 있겠지만, 이것만으로는 공생농업 중심의 세상까지는 아득하다.

우리가 그리고 있는 공동체세상은 공생농장을 가운데 두고 모든 인간적 영위들이 이 농장의 생명을 위해 두레로 바쳐지는 작은 공동체다. 그러나 이것은 지금의 한살림 수준의 직거래와 농업노동봉사만으로는 불가능한 그림이다.

《미래의 농장》에서처럼 기존의 협동조합이나, 땅을 빌려 서양의 합리주의답게 필요한 몫의 주식을 배분하고 채소 따위를 가꾸어 먹는 지역농장 공동체도 하나의 대안이긴 하다. 그러나 이것은 그들 식의 민주적 전통에 따른 지방자치와 우리의 과밀한 거대도시와는 달리 전원적으로 분산된 소도시임에도 경제적 여유가 있는 사회적 배경 밑에서 가능한 그림이다. 늦게 배운 도적질 밤새는 줄 모른다는 식으로 뒤늦게 모방한 우리의 거대도시화와 중앙집중화는 무슨 일에나 우리를 당혹시킨다. 그러나 우리에겐 지금 비록 사라지고 없다 해도 일찍이 다른 민족이 가져보지 못한 자생자치적 농업공동체인 두레라는 자랑스런 전통이 일찍부터 있었다. 일제로부터 강제된 화폐경제의 농촌지배로 단절될 수밖에 없었던 이 전통도 전통은 유구해서 없었던 것보다는 소중한 법이다.

두레는 마을 공유지인 동답은 물론 마을의 모든 개인소유의 농지를 하나의 경작단위로 해서 농사일만을 두레로 하는 한계가 없지 않았지만, 두레 구성원에 들 수 없는 노약자, 과부 등의 농지에는 무상으로 노동을 재분배했던 아름다운 전통이다. 여기에는 또 오늘날처럼 분열된 삶으로 인한 정신분열적 위기 대신 비록 완벽할 수는 없어도, 노동과 놀이와 소비를 통일했던 전인적인 건강한 삶도 있었다. 이 자랑스런 전통을 가진 우리로서는 이 전통을 오늘의 모습으로 되살려내는 쪽이 남의 흉내를 내는 것보다 훨씬 손쉬운 우리 식의 합리주의일 것이다.

지금 이곳에서 현실성 있는 농업부활의 제1단계 대안은 한살림처럼 저공해 농산물 직거래와 농·도 상호방문 등을 통해 몸은 비록 도시에 얽매여 있어도 추억 속에 잠재하는 우리 농촌과 농업양식을 더 늦기 전에 되살려서 시민을 농민정신화시키는 일이다. 그러나 이같은 실천이 이미 대중적으로 확산되어 축적된 다음의 단계에는 학교, 직장, 지역, 행정조직, 교회 등과 지역농민들이 마을두레의 공유지처럼 공동농장을 마련하고 제 먹을 농사일에 직접 참여하는 새공동체농장운동으로 넘어가야 한다. 설마 제가 거두어 먹을 농장에 죽임의 농약은 삼갈 것이고, 제 농장과 주변에 공해공장, 골프장 건설, 관광지 개발 등을 허용하지는 않을 것이고 제 먹을 음식에 똥싸는 일은 적어도 없을 것이다.

그러나 이런 농장공동체가 농촌마다 부활하고 영속적이기 위해서는 정책적으로 뒷받침되고 법제화되지 않으면 안된다. 그래서 나는 〈우리 농업 어디로 가야 하나〉에서 이같은 농·도 공동체농장의 제도적 보장을 위한 법제에 시민적 동참을 역설한 바 있다. 이 글을 쓴 얼마 뒤에 나는 농어촌 발전특별조치법과 동법시행령 제정에서 이미 영농조합법인법이 제정되어 있다는 소식을 듣고, 농림수산부에 확인 결과 그 법에 따라 이미 32개의 영농법인이 활동 중이라고 해서 반가운 마음으로 그 설립운영 규정과 정관을 보내 달라고 했다. 한데 이 영농조합법인 정관 제9조의 조합원 자격은 ① 조합법인 가입 당시 3년 이상의 영농에 종사하고 있는 자 ② 제4조(본 조합법인의 구역은 ○○시·군 ○○읍·면 및 ○○읍면 지역으로 한다)의 규정에 의한 조합법인의 구역 내에 주소를 가진 자 ③ 1만 제곱미터(3,025평) 미만의 농지를 소유하거나 가축 ○○두 이하를 사육하는 자 등으로 제한되어 있었다.

현행의 농지매매 규정에 따르면 농토는 농민만이 살 수 있다. 이 규정들에 따르면 도시인은 개인적으로도 법인으로서도 영원히 농사를 지을 수 없게 되어있다. UR 등의 수입개방에 대응하여 우리 농업을 지키겠다는 이 갸륵한 농업정책도 우리 농업을 단순히 농가당 생산규모 문제로만 보는 규모 미신을 그대로 반영하고 있다. 답답한 심정에서 농림수산부에 영농조합법인 조합원 자격에 비농민은 안되고, 농민 중에서도 소유농지 3천평 이하의 영세소농만이 참여하게 규정한 것은 가난하고 힘없는 농민끼리 모여 이 나라 농업의 임종이나 지켜보란 것과 무엇이 다르냐고 항의전화를 해봤다. 비농민의 참여를 제한한 것은 농토의 투기방지를 위해서고, 영농조합원 자격을 3천평 이하의 소유농지 농민으로 제한시킨 것은 재고 중이라는 대답이었다.

얼마 뒤 현재의 농지소유 3정 이하의 상한선을 농업진흥지역에 한해 20정이나 그 이상으로 높임과 동시에 영농법인의 1정 이하의 농지소유자로 조합원 자격을 제한시킨 것은 없애기로 했으나 농지투기의 우려 때문에 도시인의 조합원 자격은 계속 인정하지 않을 방침이라는 보도가 있었다(6월 22~23일).

투기는 봉쇄되어야 한다. 그러나 투기를 막겠다고 온갖 제도를 만들고 있는 당국이 오히려 투기를 부채질하고 있다. 농지를 과거처럼 절대와 상대로 나누거나 앞으로 진흥지역 보호지역 따위로 갈라서 그 보호지역을 농공단지, 축산시설, 주택단지, 별장농원, 관광농원, 효도농원, 휴양시설, 연수시설, 관광지 따위로 개발을 예고하여 비농민의 투기심리를 부추기고 있는 것이다.

공생적으로 지속가능한 농업을 생명차단적인 공업적 농업으로 파괴하고자 할 때 그에 부적합한 산간오지의 농지가 상대적으로 비진흥구역인지 모르겠지만, 오늘날처럼 총체적 생태파괴의 국면에서는 오히려 산지와 오지야말로 우리에게 마지막으로 남은 생명의 근원임을 필자는 여러 차례 역설한 바 있다. 그럼에도 이같은 반공생적 개발정책 결과 이미 투기의 대상이 된 도로나 풍치 좋은 상대농지와 산지들은 그같은 당국의 투기방지 장치들에도 불구하고 어떤 법구멍을 통해서건 도시인의 소유로 빠져나가 끝없이 '개발' 당하고 있다. 영리한 도시사람들이 이미 다 해먹고 지

344

나간 파장에 새삼 투기방지를 이유로 투기에 관심 없이 이 땅의 농업부활을 기대하는 선의의 도시인의 농업동참을 차단하는, 비농민의 영농법인 조합원 자격제한은 어떤 변명에도 불구하고 진정 농업을 살리기보다 그 임종에서 이득을 보려는 개발지상주의자들의 음모다.

다른 것과 마찬가지로 농업문제도, 생산양식, 유통구조, 소비양식 등의 실제 문제들과 함께 한 나라 국민의 농업에 대한 태도와 전망을 제약하는 농업정책에 따라 좌우된다. 지금처럼 농산물을 수입개방시켜 놓고 생산농민과 소비자의 시장대결을 통해 돈 버는 사람이야 따로 있겠지만, 우리의 밥상은 독상이 되거나 영원히 잃게 될 것이다. 때는 늦었지만 이제라도 농촌을 떠나버린 농민의 농심과 시민의 귀향에 장애만 될 뿐 정작 투기방지에 아무 구실도 못할 비농민의 영농법인 조합원 참여 제한을, 농업을 고무·부활하는 다음과 같은 내용으로 개정해야 한다.

비농민이 참여하는 영농법인은 곡채소 위주의 순수농업만 하게 하고 환경파괴와 반공생적인 대규모 축산은 못하게 한다. 여기에는 또 일정비율의 현지 농민을 조합원으로 참여시킴이 좋겠다. 현지 농민은 농지나 농기계 등의 현물 출자를 하게 하는 대신 비농민의 출자금은 한 사람당 일정비율로 한도액을 정해서 순환농법을 위한 연구와 적정기술, 농사시설, 보관, 가공, 유통시설, 교육시설, 숙박시설, 이에 필요한 농지 구입 등에 사용하되 그 모든 것은 개인이 아니라 법인 소유로 한다. 법인구성원 수에 따라 소유농지 면적과 부대시설을 제한시킬 수도 있다.

도시조합원도 한 주일에 한번 이상 농사일에 봉사하도록 의무화한다. 아이들도 일요일에나 방학 때 따로 무슨 놀이를 보낼 것이 아니라 이 농장일을 통해 농업의 존귀성과 신성성을 체험케 한다.

수확물은 스스로 값을 정해 소비하고 남는 것은 뜻을 같이하는 다른 공동체에 공급하여 농장의 운영자금으로 쓴다. 상주 농민에겐 사회적 평균임금을 지불하고, 그 자녀들이 도시의 제도교육을 원할 경우 이들을 위한 기숙사 등의 시설을 법인 이름으로 가질 수 있게 한다.

비농민들이 참가한 영농법인의 농지와 시설들은 공생농업과 그 관련시설 외의 목적에는 영원히 전용할 수 없도록 하기 위해, 현지 농민조합원은 원할 경우 자기 현물출자분을 당시 시가나 현물로 되돌려받고 탈퇴할 수 있게 해도, 가입 당시 비농민에겐 조합원 명의를 상속·증여할 수는 있게 하되 출자지분은 돌려주지 않고 법인소유로 영구히 공유화한다. 그리하여 설사 처음 출자한 조합원이 모두 탈퇴해도 법인은 존속시킨다. 이런 공백기의 영농법인은 그 지역의 농업기관이 대리자가 되어 그 법인농지와 시설들을 귀농의사가 있는 젊은이들에게 같은 목적의 영농법인, 현지농민 순으로 무상 대여한다.

신입구출(新入舊出)은 자연현상이다. 젊은이가 떠나버린 진공의 우리 농촌에서 새농업의 부활은 새농민의 귀농 없이 전망할 수 없다. 자원하는 젊은이가 없다 해도, 농업몰락의 시대에 귀농운동만큼 절박한 사회운동도 없을 것이다. 그러나 농촌에 농지와 연고자가 있는 경우는 모르지만, 도시출신의 맨주먹의 젊은이가 새농사에 뜻을 두고 취농을 하고자 할 때만큼, 막막한 일도 드물 것이다.

농사를 하자면 먼저 적당한 면적의 농지가 있어야 한다. 그런데 현행 농지매매 규정에는 비농민은 농지를 살 수 없다. 법이 허용한다 해도 농민이 농사를 짓기에는 땅값은 터무니없이 비싸다. 일손 부족과 지을 만한 작목이 없어 이른바 생산성 낮은(?) 농지가 해마다 묵어난다 해도, 그것의 단기적 이용은 모르되, 장기적 삶의 과정인 공생농장으로 사용할 자유는 땅 주인밖에 없다.

설사 땅문제가 해결된다 해도, 먹고 잘 거처가 있어야 하고, 농사시설이 있어야 하고 최소한의 농기구가 있어야 하고, 영농자금이 있어야 한다. 또 수확이 돈 된다는 어떤 보장도 없는 불확실성의 농사지만, 그래도 최소 반년 이상 걸리는 수확기까지 먹고살 생활비가 있어야 한다. 이것은 빈털터리 젊은이로서는 감당할 수 없는 큰 자본이다.

문제는 여기에서 끝나지 않는다. 흔히 다른 일에 실패한 사람들이 "고향에 돌아가 농사나 지을까" 하지만 그것도 옛말 — 농사라고 아무나 짓는 세상이 아니게 되고 말았다. 농촌에서 어린 시절을 보내는 아이들조차 결과적으로 극소수 아이들의 들러리나 서주기 위해, 농사일과 전인교육의 기회를 철저히 차단당한 진학경쟁교육 때문에 과거에는 누구나 할 수 있던 농사일까지 세상에서 가장 힘든 전문직(?)이 되어버렸다. 이래서 농촌 젊은이도 농사밑천 있으면 차라리 그 돈으로 손쉬운 구멍가게라도 하겠다며 소재지의 건달로, 아니면 대도시의 노동자로 몰려오고 있다.

드문 일이긴 해도, 이 역풍을 거슬러 한살림운동이나 귀농에 뜻 있는 젊은이가 사무실을 찾는 경우가 있다. 그런데도 한살림을 올바른 농업으로부터 시작해서 전인적인 소우주를 만들어가는 농업공동체라고 믿고 있는 내가 이들에게 농사일과 농민정신 훈련의 기회를 제공할 마땅한 농장을 안내해줄 수 없는 것이다. 한살림 서울공동체에서는 기대를 걸었던 젊은 두 일꾼을 얼마 전 산안농장(山岸農場)에 빼앗긴(?) 아픈 사례도 있었다. 현재로서는 이 나라 안에 산안농장말고 찾아 보낼 만한 공동체농장이 없다. 산안농장이 일본에 본부를 둔 훌륭한 공동체농장인 줄 짐작하지만, 그러나 이것만이 이 땅 공생농업의 모범이라고는 생각하지 않는다. 그것이 하나의 모범이라면 더구나 하나로 남지 말고, 여기저기 적당한 규모로 많아져야 한다.

자연채취식 시대로 되돌아갈 수 없는 오늘의 인류에게 농업 없는 삶은 있을 수 없다. 파멸적인 화학기계농업은 말할 것도 없고, 농법 자체는 유기적이었으나 그 수확물의 독점으로 가난을 벗어날 수 없었던 과거의 농업이든, 우리가 대망하는 미래의 공생농이든, 모든 농업은 정도의 차이가 있긴 해도 자연 소모적이다. 그러나 이것이 생명은 생명을 소비하지 않고 살 수 없는 생명질서 속에 제약된 동물적 인간으로서 피할 수 없는 운명이라면, 최소한의 생명소비로 자기 생명을 극대화하는 공생농업공동체밖에 우리가 살길은 달리 없다. 그러나 이것은 개개인의 선의만으로는 불가능하다.

인간의 물량화에 비례하는 우주적인 위기, 그보다 더 황폐해진 인간의 정신적 위기를 근본적으로 치유할 유일 최선의 대안이 농업적 생활과 사상의 부활이라면 이 땅의 맑은 지혜가 선택할 수 있는 진짜 투기는 미래의 우리 삶인 젊은이들에게 활농의 근거지가 될 이 조건 없는 농장투기밖에 달리 없다. 나를 포함한 모두가 농사를 내팽개치고 돈 따라 힘 따라 도시로만 투기해온 공범자들이 투기구조만을 탓할 때가 아니다. 토지투기꾼, 정치투기꾼, 말 많은 사상투기꾼 등 모든 꾼은 이 활농 활인의 투기로 통일전선해야 한다.

이런 미래의 투기를 위한 영농조합법인에 어떤 도시인이 농지투기를 목적으로 끼어들 것인가? 이 땅의 농업부활을 진정으로 갈망하는 양심적인 사람들만이 동참할 것이다. 리조트산업 따위 거짓과 죽임의 개발로 예정된 농지는 사람살림을 위한 농장공동체로 되돌리는 시민운동도 함께 벌여나가야 한다. 투기라는 것이 그 개발에 따른 토지소유자의 초과이익의 독점이라고 할 때, 이같은 영농공동체의 공유토지의 확대를 통해 토지의 독점적 가치를 떨어뜨림으로써 그것은 원천적으로 봉쇄될 것이다.

또 이런 공동체농장과 시설이 있는 한, 고향 상실로 인한 시민들의 정서적 박탈감과 탈도시화의 욕구를 상업적·정치적으로 매수하기 위한 별장농원, 주말농원, 관광농원, 연수시설, 관광지, 골프장, 스키장 따위 생명파괴적 시설공간을 따로 허용할 이유는 더욱 없어진다. 이런 농장과 시설들이야말로 가장 공생적으로 그 모든 구실을 동시에 흡수해주는 전인적 공간이기 때문이다. 또 그것은 과영양과 소외노동과 극심한 공해 등으로 인한 도시적 질병을 소비적으로 치유하기 위한 도시 안의 온갖 스포츠, 레저 등의 열량낭비적 상업시설들을 획기적으로 줄일 수도 있을 것이다.

우리는 다른 농업선진국(?)처럼 생명농업 육성을 위해 정부의 재정지원까지 바라지는 않는다. 다만 뜻있는 도시사람들의 농업 동참을 제도적으로 개방하고 고무하는 돈 안 드는 활농정책만을 바란다. 그러나 돈이 되기보다는 되레 갖다주는 이 공동체농장이 법적으로 허용된다 한들 과연 몇 사람의 지식인들이 호응해올 것인가? 그보다도 땅장사도 정치자금도 안될 이 '반개발법'을 어느 성인정치집단이 있어 스스로 법제화해줄 것인가?

결국 내 밥상 살리는 일도, 더불어 살지 않고 차릴 수 없는 건강한 밥상공동체의 부활도, 이를 위한 법제도 모두 '우주적인 생각'의 여유를 통해 깨달음을 얻은 사람 각자의 '지역적' 연대과제와 책무로 되돌아왔다. 그래도 가야만 한다. 새농업, 새농촌공동체의 부활을 향해 — 그렇지 않고는 장사도 정치도 못 해먹는 그날까지 누군가는 길을 찾아 앞서가야 한다.

작은 行星을 위한 食事

프란시스 무어 라페

《작은 行星을 위한 食事》가 출판되고 나서 그 영향에 대하여 가장 놀란 사람은 바로 나 자신이었다. 그것은 1960년대 말에 한 페이지짜리 인쇄물로 태어났고 1971년에 책이 되었다. 그 이래로 그 책은 6개 국어로 번역되어 2백만권 가까이 팔렸다. 나는 내가 상상한 것보다 훨씬 많은 사람들이 내가 찾고 있던 것과 똑같은 것을 찾고 있다는 것을 알게 되었다. 그것은 어떻게 시작할 것인가이다.

거대한 사회문제들, 특히 기아의 문제나 생태계의 파괴 같은 지구적인 문제는 우리를 마비시킨다. 그런 문제들의 뿌리는 너무나 깊고 그 결과는 끝이 없는 것처럼 보인다. 그래서 우리는 무력감을 느낀다. 우리가 어떻게 무슨 일인들 할 수 있겠는가? 이런 문제들은 그냥 '전문가들'에게 맡겨

프란시스 무어 라페(Frances Moore Lappé) — 식량과 기아문제에 관해 세계적 권위를 가진 영양학자이며, 샌프란시스코에 있는 식량 및 개발정책연구소의 창립 멤버이다. 이 글은 초판이 1971년 출간되어 큰 주목을 받은 책 *Diet for a small planet* 의 제1부 제1장을 옮긴 것으로 여기에서 강조되어 있는 것은 사람의 식사습관이 세계의 운명에 중대한 관계를 갖고 있다는 사실인데, 저자는 오늘날 특히 심해진 동물성 단백질의 과다 섭취가 개인의 건강뿐만 아니라 어떻게 지구생태계를 교란시키는가를 이야기하고 있다.

야 하지 않는가? 우리는 나쁜 소식에는 귀를 막아버리고 어딘가에 우리보다 더 많이 아는 사람이 어떤 대답을 가지고 있으리라는 막연한 희망을 가지려고 애를 쓴다.

비극은, 큰 문제들은 '전문가들'에게 맡겨야 한다는 이 이해할 수 있는 느낌이 우리가 처한 곤경의 바로 근원에 있다는 사실이다. 왜냐하면 전문가들은 현 체제와 이해를 함께 하는 사람들이기 때문이다. 권력기관에서 교육을 받은 그들은 우리가 대답을 발견하려면 변해야만 되는 많은 양식들을 당연한 것으로 받아들인다. 따라서 해결책은 '갇혀있는' 정도가 덜한 사람들, 즉 여러분이나 나 같은 보통사람들에게서만 나올 수 있다. 우리가 사회의 중요한 결정에 참여할 수 있는 능력과 권리를 가지고 있다는 사실을 알게 될 때에 비로소 해결책이 나타날 것이다. 이 점을 나는 확신한다.

그렇지만 어떻게 그 사실을 알게 되는가?

이 세계의 문제들은 너무나 심하게 서로 얽혀있어서 비집고 들어갈 틈이 없는 것처럼 보인다. 모든 것이 서로 닿아있는 것처럼 보일 때 어디에서 시작을 해야 하는가? 나는 음식이, 뚫고 들어갈 수 없는 요새처럼 보이는 것에 틈을 낼 수 있는 도구라는 것을 발견했다. 음식을 근거점으로 하여 나는 전에는 겁을 주는 사실들의 혼돈으로 보이던 것에서 의미를 보기 시작할 수 있었고, 지난 십년 동안 수천명의 다른 사람들이 나와 같은 경험을 하고 있다는 것을 알게 되었다. 음식의 정치학에 대하여 알게 된 것은 "세상에 대한 나의 관점을 변화시켰을 뿐만 아니라 나의 새로운 견해에 따라 행동을 하도록 격려하여 주었다"라고 샐리 배크먼은 뉴욕에서 보낸 편지에 쓰고 있다.

가장 큰 문제에 대하여 묻기 위해서 우리는 가장 개인적인 문제, 즉 우리가 무엇을 먹는가에서 시작할 수 있다. 우리가 먹는 것은 우리의 통제 범위 안에 있지만 그것은 지구 전체의 경제, 정치, 생태적 질서와 우리를 연관시키는 행동이다. 우리의 몸에도 좋고 지구를 위해서도 좋은 음식을 의식적으로 선택하는 겉보기에 조그마한 변화조차도 우리의 삶 전체를 바꾸어놓는 일련의 선택으로 이어질 수 있다. 캘리포니아 주 알라모사의 티나 킴멜은 "음식이 내 인생에서 가장 큰 스승이었습니다"라고 나에게 써 보냈다.

　그저 한 가지 일이 다음 일로 단순히 이어지도록 하는 것보다 변화의 과정이 더욱 의미 깊은 일이라고 나는 확신한다. 이 책의 초판에서 나는 다음과 같이 썼다.

　　전에는 슈퍼마켓에 갔을 때 내가 광고문화에 예속되어 있다는 느낌이 들었다. 나의 입맛이 남들에 의해 조작되어 있었다. 그리고 음식이 자양분을 주는 대지(大地)와 가장 직접적으로 연결되어 있는 것이 아니라 단순한 상품으로 되어버렸고 그것에 의해 나는 '훌륭한' 소비자의 역할을 수행하게 되었다.

　기만당했다는 기분이 들고 나는 무력감을 느꼈다. 그러나 점차로 내가 하는 모든 선택에 의해서 나의 일상생활을 사물이 마땅히 이러해야 된다라는 나의 생각에 맞출 수 있다는 것을 알게 되었고, 그것은 내가 힘이 있다는 느낌을 갖게 해주었다. 내가 스스로 자신감을 갖게 됨에 따라 다른 사람들도 나를 더 신뢰하게 되었다. 나는 더욱 힘을 가지게 된 것이다.

　그래서 음식과 배고픔에 관한 많은 책들이 대개 죄책감과 공포심에 호소하고 있지만 이 책은 그렇지 않다. 도리어 나는 여러분에게 자신감을 주고자 한다. 자신감이라는 것은 알다시피 나쁜 것이 아니다!

　이 일은 나에게 이렇게 시작되었다. 1969년에 나는 우리의 경작면적의 반에서 수확된 농작물이 가축을 먹이는 데 소모된다는 것을 알게 되었다. 동시에 나는 가축에게 먹이는 곡식과 콩 7파운드에서 겨우 평균 1파운드의 고기가 나온다는 것도 알게 되었다. 우리가 먹는 동물들 중에서 소가 곡식을 고기로 상환하는 비율이 가장 낮은 것이다. 오늘날 미국에서 1파운드의 쇠고기를 생산하는 데 16파운드의 곡식과 콩이 들어간다.

　게다가 내가 건강한 식사법이라고 믿어온 것이 거짓임을 발견한 것은 결정적인 타격이 되었다. 나는 많은 양의 단백질이 좋은 식사에 꼭 필요한 것이라고 생각해왔고 충분한 단백질을 섭취하는 유일한 방법은 끼니 때마다 고기를 먹는 것이라고 알고 있었다. 그러나 나는 평균적으로 미국인들은 그들의 신체가 사용할 수 있는 것의 두배나 되는 단백질을 먹고 있다는 것을 알게 되었다. 우리의 몸은 단백질을 저장하지 않으므로 사용되지 않은 것은 버려진다. 더구나 고기의 단백질의 '질'은 – '효용성'이라는 용어를 쓰는 것이 나을지 모르겠는데 – 어떤 식물성 식품들을 섞어서 먹는 것으로 충분히 얻을 수 있다는 것을 알게 되었다. 그렇게 하여 마지막 남은 신화도 깨어져버렸다.

나는 충격을 받았다. 세계의 전문가들이 식량의 부족만을 이야기하고 있는 동안에 나는 미국의 고기 중심의 식사법 속에 들어있는 믿을 수 없을 정도의 낭비를 발견한 것이다. 그리고 영양학상으로도 그것은 전혀 불필요한 것이었다! 세계에 대한 나의 관점은 뒤집어져버렸다. 1960년대 말의 많은 다른 사람들과 함께 나는 의문을 갖기 시작하였다. "모든 사람들에게 식량을 제공할 수 있는 지구의 한계능력에 우리는 얼마나 가까이 가 있는 것일까?" 그러자 나 자신이 그 능력을 적극적으로 줄이고 있는 체제의 일부라는 사실을 깨닫게 되었다.

동물성 식사의 낭비성

내가 십년 전에 충분히 이해하지 못한 것은 곡식을 먹여 키운 고기 중심의 식사법을 만들어내는 생산체계가 우리의 자원을 낭비할 뿐만 아니라 자원을 파괴하는 데에도 일조하고 있다는 사실이다. 대부분의 사람들은 우리의 식량을 생산해내는 자원들, 즉 토양과 물 등이 재생가능한 것이라고 생각한다. 그러니 어떻게 그런 것이 파괴될 수 있는가? 그 대답은 우리의 생산체계가 농부들에게 생산량을 계속해서 늘리도록 종용하기 때문에 자연의 재생 사이클이 손상된다는 것이다. 이에 대한 증거로 우리의 장기적 식량확보를 위협하는 몇가지 사실을 들어보겠다.

물의 낭비

1파운드의 스테이크 고기를 생산하는 데 2,500갈론이 물이 소모되는데 이것은 우리 가족이 한달 동안 쓰는 물과 같은 양이다. 미국에서 가축을 생산하는 데 필요한 물은 외국의 가축들에게 먹일 농작물에 필요한 물을 포함해서 미국 전역에서 소비되는 물의 약 절반을 차지하고 있다. 점점더 많은 물을 지하의 호수에서 뽑아내는데 그것은 비가 와도 크게 보충되지 않는 경우가 많다. 이미 텍사스 북부의 관개용 수자원이 고갈되어가고 있으며 수십년 이내에 지하의 수자원도 크게 줄어서 현재의 관개시설의 3분의 1이 경제적인 관점에서 사용할 수 없게 되리라고 과학자들은 계산하고 있다.

토양 유실

이 나라의 주된 사료용 작물인 옥수수와 흰콩은 다른 어떤 작물보다도 더 심하게 표토 유실을 초래한다. 어떤 지역에서는 현재의 표토 유실이 건조평원지대(Dust Bowl) 형성기보다도 더 심하다. 현재의 속도로 계속된다면 표토의 유실이 우리가 살아있는 동안에 농경지의 생산성에 치명적인 영향을 미칠 것이다.

에너지 낭비

1파운드의 고기는 우리에게 식물에너지 500칼로리를 준다. 그런데 그 1파운드의 고기를 생산하기 위해서 화석연료 2만 칼로리가 소모되는 것이다. 그 화석연료는 주로 가축사료용 농작물을 생산하는 데 소비된다.

수입 의존도

옥수수만 해도 우리의 주된 비료의 40퍼센트를 쓴다. 미국의 농업은 점점더 수입비료에 의존하고 있는데 현재에는 암모니아비료의 20퍼센트와 칼리비료의 65퍼센트가 수입비료이다. 그리고 현재 미국이 가장 큰 인산비료 생산국이지만 현재의 사용속도로 나간다면 20년 후에는 인산비료도 역시 수입해야 될 것이다.

생산체계의 파괴적 논리

내가 더 많이 알게 될수록 나는 곡식을 먹여 키운 고기 중심의 식사법이 자원낭비와 자연파괴 등의 원인이 아니라는 것을 더욱 깨닫게 되었다. 거의 종교적이라고 해야 할 정도의 미국인의 고기에 대한 신앙은 우리의 생산체계의 밑바탕에 깔려있는 논리의 상징이자 그 증상이다. 그 논리가 생산체계를 자기파괴적인 것으로 만들고 있는 것이다.

우리의 농촌경제는 맹목적인 생산제일주의의 압력을 받고 있다. 늘어가는 생산비와 떨어지는 농산물 가격 사이에 끼여서 농민들의 에이커당 이익은 계속 줄어들어 1979년에는 1945년의 농사 수익의 절반이 되었다(수치는 인플레이션에 맞추어 조정된 것임). 그러므로 같은 정도의 수입을 유지하기 위해서라도 농민들은 계속해서 생산을 늘려야 한다. 생태적인 영향에는 상관없이 더 많은 땅을 경작하고 더 많은 수확물을 거두어들여야 하는 것이다. 그들은 또 끊임없이 그들의 증가하는 생산품을 흡수할 새로운 시장을 찾아야 한다. 그러나 미국과 제3세계의 배고픈 사람들은 이 곡식을 살 돈이 없으니 그것을 어떻게 해야 하는가?

한 가지 대책은 해마다 약 2억 톤의 곡식과 콩 등을 국내의 가축에게 먹이는 것이다. 또하나의 대책은 특히 최근 10년간에 대두된 것인데 해외에 파는 것이다. 대부분의 미국인이 우리의 농작물 수출이 세계의 굶주린 사람들을 먹이고 있다고 생각하지만, 실제로 우리의 수출농산물의 3분의 2는 짐승의 먹이로 되고 있고 외국의 배고픈 사람들은 고기를 살 돈이 없다. 문제는 우리가 당연한 것으로 받아들이는 이 체제하에서는 이 모든 일이 논리적인 것으로 보인다는 점이다. 그러므로 우선 우리는 너무나 많은 것을 당연하게 받아들이기를 멈추고 묻기 시작해야 할 것이다. 우리의 생산체계로부터 정말 이익을 얻는 자는 누구인가? 현재와 장래에 정말 상처를 입는 것은 누구인가?

풍요로운 행성을 위한 식사법

내 책에서 가장 나쁜 것이기도 하고 가장 좋은 것이기도 한 것은 제목이다. 그 제목은 인상적이고 기억하기 쉽다. 그러나 이 제목은 또 오해를 일으키기도 한다. 어떤 사람들에게는 그것이 결핍을 의미하는 것으로 보이는 모양이다. 우리가 살고 있는 행성이 너무나 '조그맣기' 때문에 우리는 소비를 줄여야만 된다는 것이다. 그래서 내가 그 다음에 출판한 책 《음식부터(Food First)》가 '결핍의 신화를 넘어서'라는 부제를 달고 나왔을 때 많은 사람들이 내가 생각을 완전히 바꾸었다고 생각했다. 사실 나의 생각은 진화를 겪었다. 그러나 《작은 행성을 위한 식사》에서 내가 전하고자 한 생각은 결핍이 아니라 풍요의 개념이었다. 문제는 그 풍요를 우리가 어떻게 사용하는가인 것이다. 미래의 식량확보에 관건이 되는 토양과 수자원을 고갈시키는 방식의 생산을 계속 확장시킬 것인가? 그리고 그렇게 생산된 농작물을 점점더 많이 가축들에게 먹여 소비할 것인가? 대답은 우리가 만들어내는 정치적 경제적 질서에 있다. '작은 행성'이라는 이미지는 우리가 무엇을 먹는가가 이 지구가 너무나 작은 것인지 혹은 이 지구의 풍요로움이 유지되고 모든 사람이 즐길 수 있게 될 것인지를 결정한다는 사실을 우리에게 상기시켜 주어야 할 것이다. 이 책은 지금도 그렇고 앞으로도 '풍요로운 행성을 위한 식사법'이라고 불리는 것이 더 나을는지도 모른다.

몸에 좋은 식사법

이 책에 실린 좋은 소식 중에는 지구를 위해 좋은 것이 우리들에게도 좋은 것으로 밝혀졌다는 것도 있다. 전세계의 건강과학자들은 점점더 식물성 위주의 식사법을 권장하고 있다. 미국에서 죽음을 초래하는 10대 원인 중 여섯 가지는 지나친 지방질과 설탕, 부족한 섬유질의 식사법과 관련이 있다고 보고되어 있다.

나에게는 작은 행성을 위한 식사법으로 살아간다는 것이 신체의 활력을 높인다는 것을 뜻한다. 그리고 내가 받은 수백통의 편지도 나의 경험이 유별난 것이 아님을 증명하고 있다.

전통적인 식사법

많은 사람들이 《작은 행성을 위한 식사》의 저자를 만나고 놀랐다. 그들은 내가 흰머리의 노부인일 것으로 기대했는데 그렇지 않았기 때문이다. 나는 자연으로 돌아가자고 주장하는 순수주의자도 아니다. 그런데 내가 채식주의자가 아니라고 설명하면 사람들은 벌린 입을 다물지 못할 정도로 놀란다. 지난 10년 동안 나는 고기를 먹거나 다른 사람에게 대접한 일이 거의 없다. 그러나 내가 주장하는 것과 사람들이 '채식주의'라고 할 때 흔히 생각하고 있는 것과는 차이가 있다.

대부분의 사람들은 채식주의를 동물을 죽이는 것에 반대하는 윤리적 입장으로 이해하고 있다. 그 입장은 비인습적이고 확실히 비전통적이다. 그런데 내가 주장하는 것은 우리의 육체가 진화해온 바탕인 전통적인 식사법으로 돌아가자는 것이다. 전통적으로 인간의 식사는 식물성 식품이 중심을 이루고 있었고 동물성 식품이 보조적인 역할을 하였다. 우리의 소화와 신진대사체계는 그러한 식사법에 준하여 수백만년간 진화해왔다. 아주 최근에 와서야 미국인과 다른 산업국가의 사람들이 고기 위주의 식사를 하기 시작했다. 그래서 지금 고기 중심의 식사법 — 그것도 곡식을 먹여 키운 고기 중심의 식사법이 유행이다.

나는 내 책이 동물들의 불필요한 고통을 줄이기 위해서 육류섭취를 거부하는 사람들에게 가치가 있기를 바란다. 그러나 이 책의 주제는 인간의 먹을 것을 위해 동물을 죽이는 것에 반대하는 윤리적 입장을 취할 준비가 되어있는 사람이건 아니건 간에 거의 누구에게나 의미가 있는 것이라고 나는 믿는다.

사람이 먹기 위하여 동물을 죽이는 것에 반대하는 채식주의자의 입장에 맞서서 세계의 여러 지역에서 가축이 인간의 삶을 유지하는 데 결정적인 역할을 한다는 점을 지적하는 사람들이 많이 있다. 즉, 가축만이 풀이나 버려지는 것들을 고기로 바꾸어놓을 수 있다는 것이다. 훌륭한 경작지가 부족한 곳에서 초식동물의 이 독특한 능력이 인간의 생존에 결정적일 수 있다. 이론적으로는 나도 동의한다. 그러나 나는 '이론적으로는'이라고 말하는데 그것은 먹을 수 없는 물질을 인간이 섭취할 수 있는 단백질로 바꾸어놓기 위해 가축을 이용하는 것이 이치에 닿는 일이기는 하지만 일단 내가 고기를 가지고 요리하는 것을 중단했으니까 내게는 호소력을 갖지 못함을 느끼기 때문이다. 우리가 평생 동안 살코기와 피를 만진다면 그것에 익숙해질지 모른다. 한번 그것을 그만두고 나니까 나는 절대로 다시 시작하고 싶지 않다. 그러나 이러한 견해는 전적으로 개인적인 것이고 이 책의 주제는 아니다.

도피냐 도전이냐?

우리가 당면한 문제의 심각한 정치적·경제적 뿌리를 이해하게 된 많은 사람들에게 식사법의 변화는 사물을 바꾸어놓기 시작하는 방법으로 매우 불합리한 것으로 보이는 모양이다. 그런 개인적인 결정들은 문제의 구조적인 근원에는 손대지 않은 채 죄책감을 줄여주는 손쉬운 방법일 뿐이라고 생각되는 것이다. 거기에 나도 동의한다. 식사법의 변화가 그 이상 아무것도 아닐 수도 있다.

그러나 우리가 나날의 삶에서 우리 자신의 개인적 선택을 보다 책임있게 행하는 일은 우리를 변화시키는 한 가지 방법이 될 수 있다. 그것은 우리의 능력을 높여주고 우리의 통찰을 깊게 해준다. 그것은 바로 우리사회가 갖고 있는 문제들의 근원에 우리가 도달하려면 우리에게 가장 필요한 일이다. 우리가 먹는 방법을 바꾸는 것이 세상을 변화시키지는 않을 것이다. 그러나 그것이 우리 자신을 변화시키기 시작할 것이고 그러면 우리는 세계를 변화시키는 힘의 일부가 될 수 있는 것이다.

우리의 소비습관을 살펴보는 일은 그것이 우리를 해방시키고 동기를 부여해주는 만큼만 가치있는 일이다. 왜 곡식을 먹여 키운 고기 중심의 식사법이 발달했는지, 그리고 건강하고 만족스러운 식사법을 구성하는 것이 무엇인지를 아는 일이 나에게는 그러하였다. 내 삶의 한 영역에서 나는 진정한 선택 - 그 결과가 어떤 것인가를 아는 것에 기초를 둔 선택 - 을 할수 있게 되었다고 느낀다. 둘째로 미국인의 식사가 더 많은 고기뿐만 아니라 더 많은 가공식품을 포함하게 된 원인을 알게 될수록 나는 우리의 전체 생산체계가 기초하고 있는 경제의 기본법칙에서 기본적인 결함을 파악하게 되었다. 예를 들자면 우리의 자원이용을 말해주는 가격들이 허구라는 것 - 실제로 그 생산에 소모된 자원비용을 전혀 알려주지 않는다는 것을 알게 되었다. 더군다나 우리의 생산체계가 삶의 필수적인 부분인 음식조차도 인간의 필요로부터 완전히 분리시켜 그저 또하나의 상품으로 만들 수밖에 없다는 것을 알게 되었다. 우리의 기본적 생존을 위한 생산활동이 인간의 필요를 충족시키는 것에 의식적으로 연결되지 않으면 우리 시대의 특징인 불필요한 굶주림의 비극에 대한 해결책은 있을 수 없다.

우리는 현실주의자이다

어떤 사람은 그러한 견해를 비현실적이고 환상적이거나 이상주의적이라고 말한다. 나는 지구의 위기를 인식하고 결정적인 변화를 가져올 수있는 우리 자신의 힘을 깨닫고 있는 우리들이야말로 현실주의자라고 대답한다. 우리의 낭비와 파괴의 체제가 계속되어야 한다고 믿는 사람들은 꿈을 꾸고 있는 것이다. 그렇다. 바로 우리야말로 현실주의자이다. 우리는 인류가 직면하고 있는 무서운 문제들을 직시하고 우리 각자가 지금 당장할 수 있는 일이 무엇인지 알고자 한다. 동시에 우리는 이상주의적이기도하다. 왜냐하면 사회가 우리가 바라는 방향으로 움직여가야 한다는 이상을 가지고 있기 때문이다. 내가 말하는 '우리'에는 그들의 생활 속에서 점점더 많은 선택을 그런 방향으로 맞추어가는 사람들이 포함되어 있다. 그런 사람들의 삶이 구현하고 있는 교훈들은 나에게 영감을 불어넣어 준다. 나는 그들의 통찰력과 내가 이 책에 포함시키고 있는 지침들이 당신이 당신의 생활에서 다음에 취할 행동을 정하는 데 도움이 되기를 희망한다.

이 책의 1975년판이 출판된 이후에 나의 생각이 크게 변했다. 어떤 이는 내가 자신이 '순진'했음을 깨달았다고 말한다. 어떤 이는 이 책의 초판이 나온 이래 내가 더 '정치적'으로 되었다고 말한다. 또다른 사람들은 내가 강조점을 개인이 어떤 일을 해야 하는가에서 집단행동에 대한 요구로 옮겨놓았다고 말한다. 이 모든 판단들이 얼마간의 진실을 담고 있기는 하지만 내가 보는 바와는 다르다.

내가 어떻게 보는지를 설명하기 위해서 나는 필사적인 사회사업활동가로부터 풍요의 세계 속에 존재하는 굶주림의 원인을 조사하는 국제적 식량활동센터의 공동설립자로 변해온 나의 개인적인 역정을 기록하였다. 많은 것이 달라져야 한다고 내가 믿는다면 나 자신도 기꺼이 달라질 수 있어야 할 것이다.

쇠고기를 넘어서

제레미 리프킨

　현재 지구상에는 12억 8천만 마리의 소들이 있다. 소들은 지구 땅덩이
의 거의 24퍼센트를 차지하고 있고, 수억의 인간을 먹여살릴 수 있을 만
큼의 곡물을 소비하고 있다. 소들의 무게를 모두 합하면 지구 전체 인구
가 차지하는 무게를 능가한다. 축산업은 지구환경과 인간의 건강과 우리
문명의 경제적 안정성에 유례없는 위협이 되고 있다. 축산업은 세계의 굶
주림과 오염과 삼림벌채와 사막화를 일으키는 주요 원인이며, 야생 생물
의 멸종에 중심적인 역할을 하고 있다. 뿐만 아니라 이 짐승들은 엄청난
양의 메탄가스를 방출하는데, 이것은 지구온난화의 관건적 요인이다. 글
자 그대로 축산업은 지구의 장래를 위협하고 있다.

제레미 리프킨 (Jeremy Rifkin) ─ 미국의 저명한 환경운동가이자 저술가. 《엔트로피》 등
많은 저서가 있다. 그의 책 《쇠고기를 넘어서 ─ 축산문화의 번영과 쇠퇴》(1992)는 현대적
축산업의 문제를 다각적인 측면에서 체계적으로 분석·정리함으로써 비상한 주목을 받았
다. 리프킨은 개인의 건강을 위해서든, 지구생태계의 보전을 위해서든, 제3세계의 굶주리
는 사람들을 위해서든, 또는 동물학대를 막기 위해서든, 산업사회에 있어서 고기 중심의
식사습관은 하루빨리 극복되어야 할 필요가 있음을 역설하고 있다.

식량이냐 사료냐

미국에서 지금 "쇠고기는 왕이다." 평균적인 미국인은 한 해에 65파운드의 쇠고기를 먹는다. 미국에서 십만 마리 정도의 소들이 스물네 시간마다 도살되고 있다. 전세계 쇠고기 생산량의 23퍼센트를 미국인들이 소비하고 있다.

미국사람들이 쇠고기 소비에서 선두에 있지만 호주사람들도 과히 뒤떨어져 있지 않다. 서유럽 사람들의 쇠고기 소비는 미국사람들의 반쯤 되고, 일본사람들은 약 10퍼센트쯤 소비한다. 이러한 수치는 앞으로 10년간 극적으로 변화할 가능성이 크다. 왜냐하면 세계의 이 특권적인 쇠고기클럽에 가입하는 일본사람들의 수가 자꾸만 증가하고 있기 때문이다. 일본의 쇠고기값은 미국보다 네배나 비싸지만 1990년에 일본의 쇠고기 수요는 1965년 수준의 3.5배로 올랐다. 1990년에 뉴욕 시보다도 도쿄에서 더욱 많은 맥도날드 햄버거가 팔렸다.

산업화된 나라들에서 보는 이와 같은 쇠고기중독은 전지구적인 식량위기를 초래하였다. 오늘날 제1세계의 소비자들이 차돌박이 쇠고기를 먹는 즐거움을 누릴 수 있도록 하기 위해서 귀중한 곡물이 수억 마리 소들의 먹이로 이용되고 있다. 북쪽 나라들에서 사람들이 곡물로 길러진 쇠고기를 게걸스레 먹고 있는 동안 개발도상국에서 수백만의 사람들은 굶주리고 있다. 곡물이 사람이 아니라 가축들에게 주어지고 있는 것은 우리 시대의 가장 중대한, 그러나 거의 인식되어 있지 않은 문제 중의 하나이다.

소와 기타 가축들은 지구상에서 생산되는 곡물의 3분의 1을 먹어치우고 있다. 오늘날 미국에서 생산되는 곡물의 70퍼센트 이상이 가축의 먹이로 제공된다. 이것은 농업의 역사에서 새로운 현상이다. 처음으로 소들이 방대한 양의 곡물을 먹게 된 것이다. 소들이 꼴이 아닌 곡물을 먹게 된 것은 전적으로 이번 세기 동안 일어난 일이지만 거의 아무런 논쟁 없이 이 일이 일어났다. 그런데 이 일은 토지이용과 식량배분 문제에 어떤 다른 한 가지 요인보다도 더욱 심대한 영향을 끼쳐왔다.

코넬대학의 데이비드 피멘틀의 추정에 따르면, 미국에서 가축의 먹이를 완전히 풀로 바꾸면 1억 3천만 톤의 곡물이 절약되어 4억이 넘는 사람들을 먹여살릴 수 있다는 것이다. 전세계적으로 가축 대신에 인간을 먹이는 데 곡물을 이용한다면 십억 이상의 사람들이 먹을 수 있게 될 것이다. 대부분 아이들인 4천만 내지 6천만명의 인간이 해마다 굶주림과 그에 관련된 질병으로 죽어가고 있다는 사실을 고려할 때 이러한 통계는 엄청난 의미를 갖는다.

1984년 에티오피아에서는 날마다 수천명의 사람이 기근으로 죽었다. 그런데 바로 그때 에티오피아가 영국과 기타 유럽 국가들에 가축사료를 수출하기 위해서 농토의 일부를 아마씨와 목화씨와 평지씨 깻묵을 생산하는 데 이용하고 있다는 사실을 알고 있었던 사람은 별로 없다. 현재 제3세계 토지 수백만 에이커가 유럽의 가축사료를 생산하는 데 전적으로 이용되고 있는 형편이다.

식량이냐 사료냐 하는 문제는 다가오는 수십년 동안 남북관계에 점점 큰 비중을 차지할 것으로 보인다. 다음 십년 동안 세계인구가 거의 20퍼센트나 증가할 것으로 예측되는 상황에서 세계 곡물생산의 삼분의 일이 소나 다른 가축들에게 주어지고 있다는 것은 세계적인 식량위기를 이미 자초하고 있는 셈이다.

죽음의 비계

제3세계에서 수백만의 사람들이 곡물 부족으로 굶주리고 있는 동안 산업화된 나라들에서 수백만이 넘는 사람들이 심장마비와 뇌졸중과 암으로 죽어가고 있다. 그런데 이 질병들의 원인은 부분적으로 쇠고기의 과잉소비에 있는 것이다. 해마다 동물성 지방의 소비에 관련된 질병으로 죽는 사람들의 숫자는 계속 증가하고 있다. 미국 공중위생국장의 한 보고서에 따르면 1987년에 사망한 2백 10만명의 미국인들 가운데 1백 50만명의 경우는 식사요인에 관련되어 있는데, 여기에는 포화지방의 과잉소비가 포함되어 있다.

지금 새로운 연구에 의하면 미국에서 두번째로 흔한 종류의 암인 대장암이 고기 소비와 관계있다고 한다. 10만이 넘는 대장암 사례들이 해마다 진단되고 있고, 1990년 한 해만 해도 5만명 이상이 그 병으로 죽었다. 서른에서 쉰아홉살 사이에 있는 미국여성 88,751명에 대한 6년간에 걸친 어떤 연구에서 연구자들이 발견한 것은 날마다 고기를 먹는 여성들이 고기를 드물게 먹거나 혹은 전혀 안 먹는 여성들보다 대장암에 걸릴 가능성이 두배 반이라는 것이었다. 이 연구를 주관한 보스턴의 브리검여성병원의 월터 윌레트는 이렇게 말했다. "객관적으로 자료를 보면, 우리가 먹는 붉은 고기의 적당량은 영(零)이어야 한다는 것을 알게 됩니다." 서구세계의 쇠고기문화 속에서 대장암이 발생하는 비율은 아시아나 개발도상세계의 비쇠고기문화의 약 열배이다.

과학자들은 또 고기 소비와 유방암을 연결시키기 시작했다. 미국여성 아홉명 가운데 한 사람은 언젠가는 유방암에 걸리게 된다. 1960년 이래 마흔네살 넘은 여성들 사이에서 유방암 발생률은 해마다 2퍼센트씩 증가했다. 국립암연구소의 연구원들은 1백 개의 동물실험으로부터 얻은 자료를 분석하여 '지방과 열량'이 유방암 발생위험을 높인다는 결론을 내렸다. 그 연구에서 유방암으로 발전한 대부분의 여성은 평균적으로 "지방질에 출처를 둔 상대적으로 높은 열량을 일관되게" 소비하였다. 쇠고기나 다른 동물성 식품이 지방질 식사의 유일한 원천은 아니지만, 미국과 같은 풍요한 나라에서 그것은 지방질 식사의 주요 요소이다.

동물성 지방, 콜레스테롤과 인간의 질병 사이의 관련에 대하여 일찍이 수집된 아마도 가장 강력한 증거는 1990년 미국-중국 합동연구팀이 중국인의 식사습관과 건강에 관한 방대한 연구의 결과를 발표했을 때 나온 것일 것이다. 〈뉴욕타임스〉가 역학(疫學)의 '그랑프리'라고 말한 그 연구는 25개 성(省)에 걸친 69개의 군(郡)에서 8천명의 중국인의 식사습관을 추적한 것이었다.

중국사람들은 미국사람들보다 20퍼센트나 더 많은 열량을 소비하는데,

미국사람들이 25퍼센트 더 뚱뚱하다. 그 까닭은 미국인의 식사에서 열량의 37퍼센트가 지방질에서 나오고 있는 반면에 중국 농촌의 식사에서는 지방질은 총열량의 15퍼센트에 못 미치고 있는 것이다. 게다가 서구식 식사에서 단백질의 70퍼센트가 동물성이고 나머지 30퍼센트가 식물성인 데 반해서 중국에서는 불과 11퍼센트만이 동물성이고 89퍼센트는 식물성이다.

중국에 대한 이 연구는 최근의 많은 다른 연구들처럼 고기 소비와 심장질환 및 암발생과의 높은 관련성을 보여주었다. 어떤 사례들에서는 동물성 지방이 아직 평균 식사의 15퍼센트를 채 차지하지 않고 있는 지역에서보다 쇠고기문화권에서 심장병 발생률은 50배나 더 높게 나타나 있다.

미국인들과 유럽인들은 글자 그대로 먹어서 죽는다. 쇠고기문화가 약속한 '행복한 삶'은 미국인들이 무절제한 습관으로 풍요의 질병에 시달리게 됨에 따라 하나의 잔인한 조크가 되고 말았다.

열대우림의 파괴자들

세계의 축산업이 인간건강에 끼치는 악영향은 막대한 것이다. 그러나 이러한 대가는 쇠고기문제의 오직 일부분일 뿐이다. 산업화된 축산단지도 심대한 환경위협을 제기하는데, 이것은 지구생태계의 존속 그 자체에 영향을 미치고 있다. 1960년 이래 중앙아메리카 숲의 25퍼센트 이상이 목초지 조성을 위해 벌채되었다. 1970년대 말에는 중앙아메리카 전체 농토의 3분의 2를 소나 다른 가축들이 점유하게 되었는데, 그 대부분은 북미의 식탁으로 갈 운명에 있는 가축들이었다. 미국의 소비자들은 중앙아메리카로부터 수입되는 햄버거를 사먹음으로써 햄버거 하나마다 평균 5센트 정도를 절약할 수 있지만, 그러나 그 대신 환경에 대해 치르는 대가는 엄청난 것이고 돌이킬 수 없는 것이다. 수입되는 햄버거 하나를 위해 6평방야드의 숲이 발가벗겨져야 하는 것이다.

중앙아메리카에서 방대한 축산단지를 하나 만들면 소수의 부유한 지주들과 그들의 정치적 동맹자들은 더 부유하게 되지만, 이 때문에 많은 농민이 빈궁하게 되고, 광범위한 사회불안과 정치적 소요를 일으키는 원인이 된다. 중앙아메리카에서 농촌 가족의 반 이상이 — 3천5백만의 사람들이 — 현재 토지를 전혀 소유하지 못하고 있거나 아니면 자립하기에는 턱없이 모자란 토지를 소유하고 있다. 그런 반면에 토지귀족과 다국적기업들은 계속하여 토지점유를 확대하면서 그 가운데 많은 부분을 목초지로 이용하고 있다.

이러한 파괴적인 방식 — 삼림벌채, 토지집중, 농민분해 — 은 라틴아메리카 전체에 걸쳐 되풀이되고 있다. 멕시코에서는 1987년 이후 3천7백만 에이커의 숲이 방목지의 추가를 위해 파괴되었다. 멕시코 환경운동가 가브리엘 과드리가 다음과 같이 경고했을 때 그는 자기의 많은 동포들의 느낌을 요약하였다. "우리는 소수의 힘있는 축산업자들의 이익을 위해 멕시코의 장래를 외국에 팔아먹고 있습니다."

축산과 사막화

축산의 파괴적인 영향은 열대우림을 훨씬 넘어 지구의 광대한 땅덩이를 포함하는 데까지 미치고 있다. 가축은 이제 지구 전역에 걸친 사막화의 주요 원인이 되고 있다.

오늘날 대략 13억 마리의 소들이 지구상에 남아있는 초원의 많은 식물들을 짓밟으며 벌거벗기고 있다. 소 한 마리는 한달에 9백 파운드의 식물을 먹어치운다. 흙을 붙들어매고, 물을 흡수하며, 영양분을 재순환시키는 데 필요한 식물들이 사라지면서 땅은 나날이 약해져 바람과 물에 쉽게 침식당한다. 그리고 가축은 땅을 또다른 방법으로 파괴하기도 한다. 짐승들의 강력한 발굽들이 평방인치당 24파운드의 압력으로 흙을 압박하는 것이다. 이렇게 하여 흙이 굳어지면 흙의 입자들 사이에 공기가 통하는 것이 어려워지고, 물을 흡수할 수 있는 능력이 감소한다. 흙은 봄에 눈이 녹을 때 물을 받아들일 능력이 점점 없어지고, 급작스러운 홍수에 쉽사리 침식되고 만다. 지난 반세기 동안 세계 전체 목초지의 60퍼센트 이상이 과도한 방목으로 파괴되었다.

유엔의 추정에 따르면, 지구 땅덩이의 29퍼센트가 지금 '가볍거나 심각한 사막화'에 시달리고 있다. 약 8억 5천만의 사람들이 사막화의 위협을 받고 있는 땅에서 살고 있다. 그리고 2억 3천만명 이상이 사는 땅은 사막화가 너무나 심각해진 탓에 생존을 지속적으로 유지한다는 것이 불가능해지고, 영양실조와 아사(餓死)의 전망이 높아져가고 있다.

미국에서 소들은 서부의 많은 부분을 파괴하고 있다. 2백만 내지 3백만 마리의 소들이 현재 서부 11개 주의 공유지 수억 에이커에서 풀을 뜯고 있다. 이곳의 식육용 소들은 미국 전체 쇠고기 생산에서 미미한 부분을 차지하고 있을 뿐이지만, 심각한 환경파괴라는 문제를 일으키고 있다.

유엔이 마련한 1991년의 한 보고에 따르면, 서부 목장의 4억 3천만 에이커 이상이 주로 과도한 방목의 결과로 25 내지 50퍼센트의 생산량 감소를 기록하고 있다고 한다.

필립 프래드킨은 《오더본》 잡지에 실린 글에서 이러한 위기를 다음과 같이 요약하고 있는데, 이 위기는 지금까지 이 나라에서 가장 은밀히 숨겨져왔던 환경비밀에 속하는 것이다. "서부의 식물유형과 땅의 형태를 변경시키는 데 수많은 소들의 발굽과 입이 끼친 영향은 그 지역에서 이루어진 수리공사, 노천탄광, 발전소, 고속도로 건설, 구획분할 개발들을 모두 합친 것보다도 큰 것이었다."

지구온난화에 대한 쇠고기의 기여

곡물을 사료로 하는 축산단지는 온실효과를 일으키는 세 개의 주요 가스 ― 메탄, 이산화탄소, 일산화질소 ― 를 방출하는 데 중요한 요인이 되고 있고, 다가오는 몇십년 동안 지구온난화에 더욱 큰 역할을 할 가능성이 높다.

1987년에 대기 중에 추가된 이산화탄소량은 85억 톤이었는데, 이 가운데 3분의 2는 화석연료로 말미암은 것이다. 나머지 3분의 1은 삼림 및 초지를 불태우는 것에서 비롯되었다. 식물은 광합성 과정에서 이산화탄소를 흡수·저장한다. 식물이 죽거나 불태워질 때 저장되어 있던 탄소 – 흔히 수백년이나 넘게 쌓여있던 – 가 공기 중으로 다시 방출된다. 아마존 삼림 혼자만 그 나무들 속에 750억 톤의 탄소를 저장하고 있다. 목축장을 위해 나무들이 벗겨지고 불태워질 때 나무들은 엄청나게 방대한 규모의 이산화탄소를 공기 중에 뿜어낸다.

그러나 목장을 만들기 위해 숲을 불태우는 것은 이야기의 일부에 지나지 않는다. 상업 축산은 다른 방식으로도 지구온난화에 이바지한다. 고도로 기계화된 농업부문도 역시 상당한 양의 화석연료를 사용한다. 대부분 축우(畜牛)로 구성되어 있는 가축의 사료를 위하여 미국의 총곡물생산의 70퍼센트가 이용되고 있는데, 사료를 생산하고 실어나르는 데 쓰이는 연료는 이산화탄소 방출량의 중요한 부분을 차지하고 있다.

이제 미국에서 사료로 기른 1파운드의 쇠고기를 생산하는 데 1갤론의 가솔린이 필요하다. 그러니까 평균 네명으로 되어있는 한 가족의 연간 쇠고기 수요를 충족시키기 위해서는 260갤론 이상의 화석연료가 요구되는 것이다.

게다가 소들이 먹는 사료용 곡물을 생산하는 데 석유화학 비료를 이용하는 것이 필요하고, 이것이 또한 온실효과의 원인이 되는 가스의 하나인 질소산화물을 뿜어낸다. 비료와 기타 다른 원천에서 나오는 질소산화물은 현재 지구온난화에 6퍼센트 정도의 책임이 있다.

마지막으로, 소들 자신들이 강력한 온실효과 가스인 메탄을 뿜어낸다. 메탄은 이탄(泥炭)습지, 벼논, 매립장에서도 방출되지만 그 숫자가 늘어가는 소들이 지난 수십년간의 메탄가스 방출량 증가에 큰 책임이 있다. 전지구적인 온난화 경향을 초래하고 있는 가스들 가운데 18퍼센트를 메탄이 차지하고 있다.

동물학대

세계 축산업의 최종적인 희생자는 동물들 자신들이다. 태어나자마자 어린 숫송아지들은 좀더 '순종적'으로 되고, 그 고기의 질을 개선하기 위하여 거세된다. 동물들이 서로 상처를 내는 일이 없도록 하기 위해서 쇠뿔의 뿌리를 태워버리는 화학약품이 사용된다. 이런 일이 마취도 하지 않고 이루어진다.

송아지들은 어미소들과 함께 여섯달에서 열한달 동안 방목장에서 지내는 것이 허용되고, 그 이후에는 거대한 기계화된 사육장으로 옮겨져서 거기서 살이 찌고 도살되기를 기다린다. 미국의 주요 13개 쇠고기 생산 주(州)에 현재 4만2천 개 정도의 사육장이 있다. 그 가운데 가장 큰 2백 개의 사육장에서 미국 전체 소의 거의 반을 먹이고 있다. 사육장은 일반적으로 울타리가 쳐져 있는데 한 면을 따라 콘크리트로 된 먹이통이 딸려있다. 비교적 규모가 큰 많은 사육장에서 수천 마리의 소들이 굉장히 비좁은 공간에 빼곡히 들어차 있다.

최소한의 시간 안에 최적의 몸무게를 얻기 위해서 사육 관리자들은 성장촉진 호르몬과 사료첨가물을 포함한 여러가지 약제들을 소들에게 투여한다. 단백동화 스테로이드제가 조그만 시한탄환의 형태로 동물들의 귀에 박힌다. 그러면 그 호르몬은 서서히 혈류 속으로 스며들어가서 두 시간에서 다섯 시간 간격으로 호르몬 수준을 증가시킨다. 소들은 에스트라디올, 테스토스테론, 프로게스테론 따위의 호르몬을 주입받는다. 호르몬들은 세포를 자극하여 여분의 단백질을 생산케 하고, 근육과 지방조직이 더 빨리 붙게 한다. 사육장에서 기르는 미국의 소 전체의 95퍼센트가 현재 성장촉진 호르몬을 투여받고 있다.

전에는 사람들이 엄청난 양의 항생제를 투여하였는데, 그것은 동물들을 비좁고 오염된 우리나 사육장 속에 억지로 가둬놓고 살게 할 때 만연되는 질병을 막기 위한 것이다. 축산업자들은 소의 먹이 속에 항생제를 광범위하게 섞는 것을 중지하였다고 주장하고 있지만, 그 약들이 여전히 젖소들에게는 투여되고 있고, 젖소 고기는 미국에서 소비되는 쇠고기 전체의 거의 15퍼센트를 차지하고 있다. 사람들이 소비하는 고기에서 항생제 잔류물이 발견되고 있는데, 이것은 인체가 항생제 효과에 저항력을 갖도록 만들며 그렇게 함으로써 좀더 유독한 계통의 박테리아에 쉽게 감염되게 만든다.

거세되고, 온순해지고, 약물을 주입받으면서, 소들은 먹이통에서 옥수수와 사탕수수와 기타 곡물을 소비하면서 긴 시간을 보내는데, 그 곡물들은 온통 제초제로 절여진 것이다. 오늘날 미국에서 사용되고 있는 모든 제초제의 80퍼센트는 옥수수와 콩에 살포된다. 동물들이 이런 곡식들을 소비하고 난 다음에 그 제초제들은 동물의 몸에 축적되고, 그것은 또 쇠고기라는 형태로 소비자에게 옮겨진다. 미국 학술원의 국립조사위원회에 따르면, 쇠고기는 지금 제초제 오염에 제1위이고, 전반적인 살충제 오염으로서는 제2위를 차지하고 있으며, 살충제 오염으로 인한 가장 큰 발암 위협을 제기하고 있는 식품으로서 토마토 다음을 차지하고 있다.

어떤 사육장에서는 현재 비용을 줄이기 위해서 마분지와 신문지와 톱밥을 먹이에 첨가하는 실험을 하고 있다. 다른 축산농장에서는 닭집과 돼지우리에서 거름을 긁어모아서 그것을 바로 소먹이에 첨가하기도 한다. 미국 농무성에 의하면 시멘트 가루가 장래에는 특히 매력적인 보충사료가 될지도 모른다는 것인데, 왜냐하면 그것은 보통 사료보다도 30퍼센트나 빨리 체중이 불어나게 하기 때문이라는 것이다. 식품의약국(FDA) 관리들의 말을 들어보면, 어떤 사육장 운영자들은 비용을 줄이고 동물들을 더 빨리 살찌우기 위한 목적으로 산업폐수와 기름을 먹이에 섞는 일도 드물지 않다고 한다.

소의 몸무게를 최대한으로 확보하기 위해서 사육되는 소들의 삶의 모든 국면이 하나하나씩 감시되고 통제되고 있다. 파리떼를 쫓느라고 소들이 몸을 움직임으로써 매일 반 파운드까지 몸무게를 잃어버릴 수 있기 때문에 고도의 독성을 가진 살충제가 사육장 부근에 살포되는데, 오빌 쉘은 그의 책 《현대의 고기》에서 이 모양을 묘사하여 "우리와 때로는 그 안의 동물들이 독구름 속에 뒤덮여버린다"라고 쓰고 있다.

이상적인 체중인 1,100파운드까지 살이 찐 다음에 소들은 거대한 트레일러트럭에 무리지어 실려가게 되는데, 트럭에서 소들은 조금도 움직일 공간도 없이 서로 부대끼며 참아야 한다. 도살장까지 가는 여행은 흔히 거칠고 야만적이어서 동물들이 트럭 안에서 쓰러지고, 그러고서는 짓밟혀서 다리와 목과 등과 골반이 깨어지는 일이 허다하다. 흔히 소들은 몇 시간 혹은 며칠에 걸쳐 아무런 휴식도 먹을 것도 없이, 대개는 물도 먹지 못하고 고속도로를 따라 수송된다. 여행의 끝에서 여전히 서 있는 동물들은 도살장의 대기우리에 맡겨진다. 도중에 쓰러진 소들은 트럭에서 끌어내려지기를 몇 시간이고 기다려야 한다. 쓰러진 동물들은 흔히 엄청난 고통으로 괴로움을 당하고 있음에도 불구하고 이들에게 결코 안락사나 마취제가 주어지는 일이 없다. 왜냐하면 그렇게 하면 그들의 시체는 쓸모가 없어지고 따라서 이윤에 손실을 가져오기 때문이다. 일어서거나 걷지 못하고 대개 트레일러의 바닥에 큰대자로 드러누인 채로 이 불운한 동물들은 목이나 부러진 다리에 쇠사슬이 걸려 끌려서 트럭으로부터 램프로 옮겨져서, 도살장으로 가게 되는 것이다. 그 도중에 죽는 동물들은 '시체더미'에 집어던져져서 쌓이게 된다.

캔사스 주 홀콤에 있는 아이오아 쇠고기처리공장 같은 좀더 현대적인 도살장들은 14에이커 남짓한 면적을 갖고 있다. 소들은 일렬로 도살장으로 들어간다. 들어가자마자 공기총을 맞고 소들은 기절한다. 동물이 주저앉을 때 도살장 노동자가 재빨리 뒷다리의 발굽에 쇠사슬 하나를 건다. 그리고 동물은 기계적으로 마루에서 들어올려지게 되고, 몸이 뒤집혀진 채 걸려있게 된다. 피에 흠뻑 젖은 사람들이 길다란 칼을 가지고 황소의 목을 베는데, 칼날을 후두 속으로 깊이 1, 2초 동안 들이밀었다가 재빨리 칼을 거두면서 그 과정에 경동맥과 경정맥을 절단하는 것이다. 피가 용솟음치듯 터져나와 노동자들이나 장비가 피칠갑이 된다.

죽은 동물은 기계화된 라인을 따라 움직여가면서 가죽이 벗겨지고, 목이 잘리며, 창자가 제거된다. 내장들이 제거되고 난 뒤에 전기톱으로 등뼈의 가운데가 절단되고, 꼬리가 잘려나간다. 동강난 시체는 따뜻한 물로 흠뻑 적신 다음 천에 싸서 냉장고로 보내는데, 24시간 후에 그것이 스테이크, 목정, 갈비, 양지머리와 같은 알아볼 수 있는 조각이 되게 톱질이 가해진다. 이 조각들은 컨베이어벨트에 실려 30 내지 40개의 절단기를 통하여 최종적인 제품이 된다. 그리하여 깨끗하게 진공포장된 이 쇠고기 조각들은 슈퍼마켓으로 수송되고, 거기서 환하게 밝은 불이 켜진, 방부처리가 된 판매대에 전시되는 것이다.

쇠고기를 넘어서

우리의 나날의 식사에서 쇠고기를 먹지 않는 것은 개인적인 결정이지만, 그러나 그것은 매우 파급효과가 큰 결정이다. 지금 수백만의 미국인과 유럽인들이 쇠고기를 졸업하거나 아니면 적어도 쇠고기 소비를 줄이려는 개인적 선택을 하고 있는 중인데, 이것은 우리의 행성과 인간의 장래에 중대한 영향을 미칠 것이다.

미국에서 쇠고기 소비량은 지난 16년 동안 현저하게 떨어졌다. 1975년 일인당 연간 소비가 83파운드였는데 1990년에는 65파운드 이하로 떨어진 것이다.

다섯 대륙에 걸쳐 조직되어 있는 환경, 동물보호, 건강, 굶주림 및 개발을 위한 연락망인 '쇠고기 안 먹기 연합'은 모든 사람이 적어도 50퍼센트씩 쇠고기 소비를 줄이고 그 대신 곡식과 과일과 야채를 먹을 것을 권고하고 있다. 돼지고기나 닭이나 기타 곡물을 사료로 하여 키운 짐승고기를 풍성하게 소비하는 식사는 쇠고기의 경우와 같은 여러가지 문제를 제기하기 때문에 쇠고기를 대신하는 음식으로 고기 종류가 아닌 것들이 강조되는 것이다. 여전히 자기들의 식사에 얼마간의 쇠고기를 포함시키고자 하는 사람들을 위해서는 엄격한 유기농법 기준 밑에서 인도적으로 길러진 소들한테서 얻는 고기를 사 먹도록 권장되고 있다.

다가오는 여러 해 사이에 수백만의 더 많은 사람들은 다른 수백만의 사람들이 생존에 필요한 식량을 얻을 수 있도록 하기 위해서 먹이연쇄의 좀 더 낮은 쪽에 속하는 것을 먹기를 자발적으로 선택할 것이다. 이런 현상이 계속된다면 그 결과는 상업적 축산업의 붕괴를 초래할 것이고, 우리 자신과 제3세계와 이 행성을 포함하는 전지구적인 건강이 증진될 것이다. 하잘것없어 보이는 개인 식사의 변화로부터 얻을 수 있는 긍정적 혜택은 엄청난 것이다. 곡물을 사료로 한 쇠고기를 제거하고, 먹이연쇄의 낮은 쪽을 먹을 때, 심장병과 뇌졸중과 암의 발생빈도는 극적으로 줄어들 것이다. 수백만의 인간이 더 나은 건강을 즐기고, 더 오랜 삶을 누릴 것이다. 의료비용으로 쓰이는 수십억 달러가 절약될 것이다.

그와 동시에 더 많은 농토와 식량이 전세계 사람들에게 잠재적으로 주어질 것이다. 인간을 위하여 더 많은 곡식을 키울 수 있도록 토지를 해방시킨다면, 제3세계의 과밀도시들로부터 농촌으로 되돌아가는 대규모의 인구이동이 시작될 것이다. 그동안 뿌리뽑혀졌던 수백만의 농민들이 조상대대로 살아온 고향땅으로 되돌아갈 수 있을지도 모른다. 그들은 그러면 다시 한번 소규모의 생존농업을 일으켜서 땅으로부터 직접 자기 가족들을 먹여살릴 수 있게 될 것이다.

물론 농민들에 대한 적절한 토지 재분배를 보장하기 위하여 다국적기업들과 개발도상국의 지배 엘리트들에게 정치적 압력이 집중적으로 가해져야 한다. 토지와 식량에 접근할 수 있게 될 때 가난한 사람들의 아이들은 현재와 같은 많은 질병의 희생자가 되지 않고 유아기를 살아남을 수 있을 것이다.

인간의 식사에서 쇠고기를 꾸준히 줄여나가면 모든 대륙에 지금 긴급히 필요한 자연회복이 수반되고 생태학적 르네상스가 이루어질 것이다.

미국의 서부가 서서히 재생할 것이다. 오랜 옛날부터의 강물이 다시 흐를 것이며, 그 물은 대평원을 가로질러 손상된 풍경을 다시 살려놓을 것이다. 토착 야생화와 사철 푸른 풀들이 돋아나서 활짝 피면서 서부의 지평선을 가로질러 초록색 융단을 펼쳐놓을 것이다. 미루나무들이 다시 한번 평원에 그늘을 드리우고, 수천 마리의 본바닥 새들의 보금자리를 제공할 것이다. 강물과 샘들이 소생하고, 깨끗한 물에 송어와 다른 물고기를 도로 데리고 올 것이다. 몸짓이 큰 평원의 포유류들 ─ 고라니, 말코손바닥사슴, 영양(羚羊), 큰뿔양 ─ 이 다시 서부의 회복된 초원을 그들의 늘어난 숫자로 채울 것이다. 코요테, 늑대, 살쾡이, 쿠거, 스라소니들이 서부로 가만히 되돌아갈 것이다.

중남미에서 축산업의 해체는 불도저를 할 일 없게 만들 것이고, 태고의 숲을 절단하고 있는 전기톱들의 귀에 익은 단조로운 소리를 침묵시킬 것이다. 아마존 숲을 태우는 수천 개의 불은 꺼질 것이다. 한때 목장주들과 다국적기업들의 손아귀에서 틀림없이 멸종할 것으로 보였던 헤아릴 수 없이 많은 종(種)의 식물과 곤충과 동물들은 구제될 것이다. 그리고 토착민들은 오랜 세월 지켜온 그들 나름의 생활방식을 계속하도록 허용될 것이다.

아프리카에서 사막화의 속도는 늦추어지고, 자연이 다시 살아나도록 허락할 것이다. 한때 사하라사막 이남에 풍부했던 야생생물들이 서서히 되돌아올 것이다. 마찬가지로 풍요한 토착식물들이 되살아나서 반불모지의 대륙을 다시금 세계의 가장 풍성한 정원으로 되돌려놓을 것이다. 코끼리, 제브라, 코뿔소, 사자들이 다시금 툭 트인 사바나 대초원 위를 배회할 것이다.

소들이 줄어들면 세계에 지금 남아있는 깨끗한 물의 공급원에 대한 압력이 완화될 것이며, 공기 중에 방출되는 온실효과 가스가 줄어들 것이다.

쇠고기문화를 넘어서는 것은 하나의 혁명적인 행동이다. 현대축산업을 해체하고 인류의 식탁에서 쇠고기 소비를 꾸준히 줄여나가는 일은 인간정신의 전개에 새로운 장(章)을 예고한다. 쇠고기를 넘어서는 것으로써 인류는 새로운 의식을 향한 중대한 한걸음을 내딛는 것이다.

녹색평론선집 1

초판 발행 1993년 3월 20일
개정판 제1쇄 발행 2008년 9월 16일
　　　제7쇄 발행 2021년 3월 31일

편자 김종철
발행처 녹색평론사

주소 서울시 종로구 돈화문로 94 동원빌딩 501호
전화 02-738-0663, 0666
팩스 02-737-6168
홈페이지 www.greenreview.co.kr
이메일 editor@greenreview.co.kr
출판등록 1991년 9월 17일 제6-36호

값 16,000원
ISBN 978-89-90274-46-5 03300